H. Hofmeister / E. Garve
Lebensraum Acker

Heinrich Hofmeister / Eckhard Garve

Lebensraum Acker
Pflanzen der Äcker und ihre Ökologie

Mit 422 Abbildungen, davon 24 farbig,
und 19 Tabellen

Verlag Paul Parey · Hamburg und Berlin

Von Heinrich Hofmeister erschien ebenfalls im Verlag Paul Parey:

Lebensraum Wald
Ein Weg zum Kennenlernen von Pflanzengesellschaften und ihrer Ökologie
2. Aufl. 1983. 252 S., mit 375 Abb., davon 15 farbig.

CIP-Kurztitelaufnahme der Deutschen Bibliothek

Hofmeister, Heinrich:
Lebensraum Acker : Pflanzen d. Äcker u. ihre
Ökologie / Heinrich Hofmeister ; Eckhard Garve.
– Hamburg ; Berlin : Parey, 1986.
 ISBN 3-490-17018-0
NE: Garve, Eckhard:

Das Werk ist urheberrechtlich geschützt. Die dadurch begründeten Rechte, insbesondere die der Übersetzung, des Nachdrucks, des Vortrages, der Entnahme von Abbildungen und Tabellen, der Funksendung, der Mikroverfilmung oder der Vervielfältigung auf anderen Wegen und der Speicherung in Datenverarbeitungsanlagen, bleiben, auch bei nur auszugsweiser Verwertung, vorbehalten. Eine Vervielfältigung dieses Werkes oder von Teilen dieses Werkes ist auch im Einzelfall nur in den Grenzen der gesetzlichen Bestimmungen des Urheberrechtsgesetzes der Bundesrepublik Deutschland vom 9. September 1965 in der Fassung vom 24. Juni 1985 zulässig. Sie ist grundsätzlich vergütungspflichtig. Zuwiderhandlungen unterliegen den Strafbestimmungen des Urheberrechtsgesetzes. © 1986 Verlag Paul Parey, Hamburg und Berlin. Anschriften: Spitalerstr. 12, D-2000 Hamburg 1; Lindenstr. 44–47, D-1000 Berlin 61. Printed in Germany by Westholsteinische Verlagsdruckerei Boyens & Co., Heide/Holstein. Umschlag- und Einbandgestaltung: Evelyn Fischer, Hamburg, unter Verwendung eines Fotos von G. Wagenitz.
ISBN 3-490-17018-0

Vorwort

Pflanzen der Äcker – wer denkt dabei nicht an wogende Getreidefelder, die übersät sind mit farbenprächtigen Tupfern blühender Ackerwildkräuter wie Kornblume, Rittersporn und Mohn? Doch dieses Bild des Ackers hat sich in den letzten Jahrzehnten stark gewandelt. Um ökonomisch wirtschaften zu können, sind fast alle Landwirte auf Intensivackerbau mit Herbizideinsatz und hohen Düngergaben angewiesen. Flurbereinigungen und Meliorationen taten ein übriges: die Ackerflora verarmte stark. Der Leiter des Landesinstituts für Bienenforschung in Celle sagte dazu: ,,Ein wildes Bienenvolk würde in unserer modernen Feldmark verhungern, denn es gibt nicht mehr genug pollen- und nektarspendende Blumen." Dieser Satz charakterisiert treffend den Zustand der Äcker in vielen Teilen Deutschlands. Um bedrohte Ackerwildkräuter in ihrem Bestand zu erhalten, sind auf der Seite des Naturschutzes gegenwärtig Worte wie ,,Ackerwildkrautschutz", ,,herbizidfreie Randstreifen", ,,Feldflora-Reservat" u. a. im Gespräch. Wissenschaftler verschiedener Fachrichtungen haben ihre Aufmerksamkeit ebenfalls auf das Ökosystem Acker gerichtet und ihre Bemühungen intensiviert, den Einfluß verschiedener Bewirtschaftungsformen auf die Zusammensetzung dieser Lebensgemeinschaft zu erforschen. Auch in breiten Bevölkerungskreisen hat sich das Interesse vergrößert, sich eingehender mit dem Lebensraum Acker, speziell mit der bedrohten Ackerbegleitflora, zu beschäftigen.

Hauptziel des vorliegenden Buches ist es, die fachlichen Grundlagen zu diesem Problemkreis zu vermitteln und den Benutzer mit den ökologischen Zusammenhängen zwischen der Ackervegetation und ihren Umweltbedingungen vertraut zu machen. Außerdem leitet dieses Buch zum praktischen Tun an und liefert dazu zahlreiche Arbeitshilfen. Der Benutzer erhält die Möglichkeit, unbekannte Ackerpflanzen zu bestimmen, Ackerunkrautgesellschaften anzusprechen, den Standort zu beurteilen und die Gefährdung einzelner Pflanzenbestände einzuschätzen. Wegen der Komplexität dieser Thematik wird großer Wert darauf gelegt, die einzelnen Sachverhalte so darzustellen, daß sie auch für den wissenschaftlich nicht Vorgebildeten verständlich sind. So wird sowohl der Anfänger dieses Buch zu Rate ziehen, wenn er sich für die Ackerpflanzen und ihre Ökologie interessiert, als auch der Fachmann, der sich bespielsweise über Unterscheidungsmerkmale sehr ähnlich aussehender Wildkrautarten informieren will oder der sich mit bestimmten pflanzensoziologischen Fragen beschäftigt.

Der Bestimmungsteil am Anfang des Buches enthält Tabellen zum Bestimmen der Pflanzenfamilien sowie Abbildungen und Beschreibungen der behandelten Arten. Die dabei verwendeten botanischen Fachausdrücke sind in einem Glossarium und in Abbildungen erklärt.

Vorwort

Im weiteren Verlauf des Buches erhält der Leser die Gelegenheit, die häufigsten Ackerunkrautgesellschaften Deutschlands kennenzulernen und sich einen Eindruck von ihrem Aussehen, ihrer Verbreitung, ihren Standortbedingungen und ihrer Gefährdung zu verschaffen. Zum besseren Verstehen der Ackerunkrautgesellschaften ist diesem Kapitel eine kurze Einführung in die Methoden der Vegetationskunde und eine Erläuterung der wichtigsten Begriffe aus der pflanzensoziologischen Systematik vorangestellt. Außerdem werden Anleitungen gegeben, mit ökologischen Gruppen und Zeigerwerten Pflanzengesellschaften zu charakterisieren und den Standort zu beurteilen.

Besonderer Wert wird auf die Beschreibung der Standortfaktoren gelegt, die für das Gedeihen der Kulturarten und die Ausbildung gesetzmäßig auftretender Pflanzengesellschaften verantwortlich sind. Dabei wird deutlich, daß auf dem Acker die Bewirtschaftungsfaktoren neben Klima und Boden eine herausragende Rolle spielen. Die Ausführungen dieses Kapitels liefern eine knappe und leicht verständliche Übersicht der Lebensbedingungen auf dem Acker und geben gleichzeitig Anregungen zu einfachen bodenkundlichen Untersuchungen.

In dem abschließenden Kapitel ,,Gefährdung und Schutz der Ackerbegleitflora" werden Veränderungen in der Ackerlandschaft beschrieben, Aufbau, Inhalt und Zielsetzung der ,,Roten Listen" von Pflanzenarten und -gesellschaften erörtert sowie Maßnahmen zum Schutz der bedrohten Ackerwildkräuter angesprochen.

Wir danken allen, die zum Gelingen dieses Buches beigetragen haben, insbesondere denjenigen, die uns auf Exkursionen und in Gesprächen wertvolle Anregungen gaben, Zeichnungen anfertigten, Texte und Tabellen schrieben und Korrektur lasen.

Im Frühjahr 1986
Hildesheim   Heinrich Hofmeister
Sarstedt   Eckhard Garve

Inhalt

Pflanzen der Äcker 10
Erklärung botanischer Fachausdrücke 13
Abkürzungen zum Bestimmungsteil 22
Tabellen zum Bestimmen der Pflanzenfamilien 24
Abbildungen und Beschreibungen 34

Zur Geschichte des Ackerbaus 119

Herkunft und Eigenart von Ackerwildkräutern 127
Problematik des „Unkraut"-Begriffs 127
Ausbreitungsgeschichte 128
Anpassung an den Bewirtschaftungsrhythmus 130

Ackerunkrautgesellschaften 135
Vegetationsaufnahmen 136
Systematische Gliederung und Benennung 140
Erläuterung pflanzensoziologischer Fachausdrücke 143
Übersicht über die Klasse der Ruderal- und Ackerunkrautgesellschaften
(Stellarietea mediae) 148
  Ordnung der Windhalm-Gesellschaften *(Aperetalia spicae-venti)* 151
    Verband der Lammkraut-Gesellschaften *(Arnoseridion minimae)* 151
    Verband der Ackerfrauenmantel-Gesellschaften *(Aphanion arvensis)* 152
  Ordnung der Klatschmohn-Gesellschaften *(Secalietalia)* 157
    Verband der Haftdolden-Gesellschaften *(Caucalidion lappulae)* 157
  Ordnung der Knöterich-Gänsefuß-Gesellschaften
  (Polygono-Chenopodietalia) 161
    Verband der Liebesgras-Gesellschaften *(Eragrostion)* 161
    Verband der Fingerhirsen-Borstenhirsen-Gesellschaften
    (Digitario-Setarion) 162
    Verband der Knöterich-Spergel-Gesellschaften
    (Polygono-Chenopodion) 164
    Verband der Erdrauch-Wolfsmilch-Gesellschaften
    (Fumario-Euphorbion) 168
Ökologische Gruppen 176
  Pflanzen der Äcker als Zeiger des Standorts 176
  Beschreibungen der ökologischen Gruppen 177

Inhalt

Anleitung für die Beurteilung von Ackerstandorten 181
Bestimmung von Ackerunkrautgesellschaften 184

Standortbedingungen 187

Der Acker als anthropogenes Ökosystem 187
Überblick über die Standortbedingungen 187
Klimafaktoren 190
Bodenfaktoren 192
   Bodenart, Bodengefüge und Gründigkeit 195
   Organische Bestandteile 198
   Bodenwasser und Bodenluft 200
   Nährstoff- und Basenversorgung 203
   Bodentypen 206
   Bezeichnungen der Bodenhorizonte 207
   Beschreibung wichtiger Bodentypen 208
   Bodenbewertung 213
Bewirtschaftungsfaktoren 214
   Bodenbearbeitung und Erosion 215
   Fruchtfolge 216
   Düngung 217
   Unkrautbekämpfung 218

Gefährdung und Schutz der Ackerbegleitflora 224

Veränderungen und ihre Ursachen 224
,,Rote Listen" 227
Schutzmaßnahmen 239

Anhang 242

Verzeichnis von Zeigerwerten, ökologischen Gruppen und pflanzensoziologischen Rangstufen der Ackerwildkräuter 242
Literaturverzeichnis 251
Bildnachweis 258
Sachregister 260
Register der Art- und Gesellschaftsnamen 263

Sommer-Adonisröschen *(Adonis aestivalis)* – Südniedersachsen

Schützenswerte Wildkräuter der Kalkäcker

Echter Frauenspiegel *(Legousia speculum-veneris)* – Osnabrücker Hügelland

Ackerkohl *(Conringia orientalis)* und Vaillants Erdrauch *(Fumaria vaillantii)* – Unterfranken

Pflanzen der Äcker

Eine gute **Artenkenntnis** ist für alle, die sich mit dem Lebensraum Acker eingehender beschäftigen, eine unerläßliche Voraussetzung. Der erste Teil des Buches bietet daher die Möglichkeit, unbekannte Pflanzenarten zu bestimmen und ihre wesentlichen Merkmale kennenzulernen.

In diesem Buch sind 308 Pflanzenarten berücksichtigt, davon 39 Kulturpflanzen. Zur Auswahl dieser Arten wurden neben eigenen Beobachtungen Veröffentlichungen über Ackerpflanzen aus der Bundesrepublik Deutschland und den angrenzenden Gebieten herangezogen. Pflanzenarten, die bereits ausgestorben oder verschollen sind, wie z. B. die Vertreter der Leinacker-Begleitflora, wurden nicht aufgenommen. Unberücksichtigt blieben auch Arten, die nur äußerst selten auf dem Acker zu finden sind und ihren Verbreitungsschwerpunkt in anderen Lebensräumen haben.

Zur Identifizierung unbekannter Ackerpflanzen dienen die Tabellen zum Bestimmen der Pflanzenfamilien (S. 24–33), die Abbildungen und Beschreibungen der einzelnen Pflanzenarten (S. 34–117) sowie bei schwer bestimmbaren Artengruppen spezielle Bestimmungshilfen. Für das Erkennen morphologischer Unterschiede benötigt man außerdem eine Lupe mit 8–12facher Vergrößerung, wie man sie bei jedem Optiker leicht erwerben kann.

Beim Bestimmen der Pflanzenarten leisten die **Erklärungen botanischer Fachausdrücke** (S. 13–15), die Abbildungen zum Aufbau der Blütenpflanzen (S. 16–21) und die Erklärungen der im Bestimmungsteil verwendeten Abkürzungen (S. 22–23) eine wichtige Hilfe. Wer ohne botanische Vorkenntnisse die Bestimmungstabellen benutzen will, sollte sich zunächst anhand der Abbildungen mit den wichtigsten Bestimmungsmerkmalen vertraut machen und während der Bestimmung immer wieder die Erklärungen der botanischen Fachausdrücke sowie die Abbildungen zu Rate ziehen.

Die **Tabellen zum Bestimmen der Pflanzenfamilien** sind so aufgebaut, daß dem Benutzer immer zwei Merkmalspaare zur Wahl gestellt werden. Es ist unbedingt erforderlich, die beiden gegensätzlichen Fragestellungen sorgfältig zu lesen, weil die Gegenfrage den wesentlichen Unterschied oft erst richtig verdeutlicht. Nach der jeweiligen Entscheidung wird man anhand der Zahlen am rechten Seitenrand Schritt für Schritt durch den Bestimmungsschlüssel geleitet. Auf diese Weise ist es möglich, den Namen der entsprechenden Pflanzenfamilie zu ermitteln. Mit Hilfe der Familienmerkmale, die sich nicht nur auf Ackerpflanzen, sondern auf alle mitteleuropäischen Arten beziehen, kann man die Richtigkeit der Bestimmung überprüfen.

Zur **Bestimmung der Gattung und Art** wird die Pflanze dann mit den Abbildungen und Beschreibungen der Pflanzenarten verglichen, die für die einzelnen Familien zusammengestellt sind. Für schwer bestimmbare Artengruppen gibt es Bestimmungshilfen, die in ihrem Aufbau den Tabellen zum Bestimmen der Pflanzenfamilien entsprechen.

Die **Beschreibungen der einzelnen Arten** enthalten folgende Angaben: deutscher und wissenschaftlicher Artname einschließlich wichtiger Synonyme, Höhe der Pflanze, wichtige Merkmale von Stengel, Blatt, Blüte und Frucht, Lebensform, Blütezeit, Häufigkeit in der Bundesrepublik Deutschland, Standort, pflanzensoziologische Rangstufe, Gefährdungskategorie der ,,Roten Liste Bundesrepublik Deutschland" und Status (Archäophyt oder Neophyt).

Die **Nomenklatur** der wissenschaftlichen Artnamen entspricht EHRENDORFER (1973). In der systematischen Reihenfolge der Pflanzenfamilien und in der Benennung der deutschen Artnamen wird weitgehend der Exkursionsflora von ROTHMALER (1982) gefolgt. Die Schwarz-Weiß-Abbildungen der Ackerpflanzen stammen in erster Linie aus der ,,Illustrierten Flora" von GARCKE (1972), dem ,,HEGI-Illustrierte Flora von Mitteleuropa" und der ,,Flora der Schweiz" von HESS, LANDOLT und HIRZEL (1976 ff.). Besonderer Wert wurde auf die Darstellung von Details (z. B. Blüten, Früchte) gelegt, um möglichst viele Bestimmungsmerkmale abzubilden. Die Detailabbildungen einiger Arten (z. B. der Gattung Ehrenpreis) wurden den ,,Göttinger Floristischen Rundbriefen" entnommen.

Die **Bestimmungsmethode dieses Buches** soll nun am Beispiel des bekannten Klatsch-Mohns *(Papaver rhoeas)* genauer erläutert werden. Wir beginnen mit Tab. 1 (Haupttabelle) auf S. 24. Bei der Alternative 1 und 1* entscheiden wir uns für 1*, weil unsere Pflanze Blüten und Früchte besitzt. Wir werden so zum Fragenpaar 2 und 2* gelenkt. Aufgrund der fiedernervigen und geteilten Blätter sowie der 4 Kronblätter gehört der Klatsch-Mohn zu den Zweikeimblättrigen Pflanzen. So gelangen wir zu 3 und 3* und stellen fest, daß an den Blüten nur ein Kreis von Blütenblättern vorhanden ist. Wir werden auf Tab. 3, Merkmalspaar 8 und 8* verwiesen. Wegen der krautigen Wuchsform des Mohns gelangen wir zu 9 und 9*. Die Blätter sind nicht quirlständig angeordnet, sondern wechselständig. Dieser Befund führt zu 10 und 10*. Da die Blüten nicht in Köpfchen angeordnet sind, entscheiden wir uns für 12 und 12* und anschließend aufgrund des vorhandenen Milchsaftes für 13 und 13*. Die großen, roten Blüten erleichtern uns die Entscheidung zugunsten der Mohngewächse (Papaveraceae). Durch die Gegenüberstellung unserer Pflanze mit der Beschreibung der Familienmerkmale unter 41 (S. 29) wird die Richtigkeit der Bestimmung bestätigt. Wir können nun die Beschreibungen und Abbildungen der auf dem Acker vorkommenden Vertreter der Mohngewächse (S. 36) mit unserer Pflanze vergleichen. Dieses Verfahren wird durch die Bestimmungshilfe für Mohn-Arten erleichtert. Da die Fruchtkapsel kahl ist, die Staubfäden gleichmäßig dick sind, die Fruchtkapsel am Grunde abgerundet ist und die Kronblätter 20–40 mm lang sind, gelangen wir über 1* und 2 zum Klatsch-Mohn *(Papaver rhoeas)*.

Finkensame *(Neslia paniculata)* – Mittelfranken

Kleinblütiger Frauenspiegel *(Legousia hybrida)* – Südniedersachsen

Feld-Rittersporn *(Consolida regalis)* – Südniedersachsen

Eiblättriges Tännelkraut *(Kickxia spuria)* – Oberrheintal

Erklärung botanischer Fachausdrücke
(s. auch Abbildungen auf S. 16–21)

Achäne – einsamige Schließfrucht aus unterständigem Fruchtknoten, bei der die Samenschale ± eng der Fruchtwand anliegt (z. B. Korbblütengewächse) (Abb. S. 21)
Ährchen – Teilblütenstand der Süßgräser, bestehend aus Hüllspelze(n), Deckspelze(n) u. Blüte(n) (Abb. S. 21)
Anthere – Staubbeutel (Abb. S. 19)
Archäophyt – alteingebürgerte Art, die in vor- oder frühgeschichtlicher Zeit vom Menschen eingeschleppt wurde
ausdauernd – Pflanze, die mehr als 2 Jahre lebt u. mehrmals blüht u. fruchtet; ausdauernde Pflanzen sind fest im Boden verankert u. lassen sich meist nur schwer mit der Wurzel herausziehen
Ausläufer – horizontaler, ober- oder unterirdisch kriechender Seitensproß
Außenkelch – Hochblätter, die den Kelch am Grund umgeben

Balgfrucht – Streufrucht, die von einem Fruchtblatt gebildet wird u. sich an der Bauchnaht öffnet
Bastard – s. Hybride
Beere – Schließfrucht, bei der die Fruchtwand völlig aus Fruchtfleisch besteht, in das die Samen eingebettet sind (Abb. S. 21)
bewimpert – am Rande mit kurzen, abstehenden Haaren
Blättchen – Teilblatt eines zusammengesetzten Blattes
Blatthäutchen – s. Ligula
Blattscheide – scheidenförmig den Stengel umgebender Blattgrund (Abb. S. 18)
Blütenhüllblätter – Kelchblätter, Kronblätter od. Perigonblätter
Brutzwiebel – oberirdischer, zwiebelförmiger Brutsproß, aus dem sich vegetativ eine Tochterpflanze bildet (z. B. im Blütenstand von Lauch-Arten)

Chamaephyt – Staude od. Zwergstrauch, deren Erneuerungsknospen im Winter etwa 10–30 cm über der Erdoberfläche liegen
Cyathium – blütenähnlicher Teilblütenstand der Wolfsmilch-Arten (Abb. S. 20)

Deckspelze – spelzenförmiges Tragblatt der Einzelblüte am Ährchen der Süßgräser, begrannt oder unbegrannt (Abb. S. 21)
Diaspore – Verbreitungseinheit der Pflanzen (z. B. Samen, Früchte, Teile des Blütenstandes)
diözisch – s. zweihäusig
diploid – mit doppeltem Chromosomensatz (2n)
Drüsenhaare – Haare, die bestimmte Stoffe ausscheiden; meist als Köpfchenhaare ausgebildet (Abb. S. 16)

einhäusig – Blüten eingeschlechtig, ♂ u. ♀ Blü. befinden sich aber auf einer Pflanze
einjährig – Pflanzen, die innerhalb eines Jahres keimen, blühen, fruchten u. absterben; einjährige Pflanzen lassen sich meist leicht mit ihren Wurzeln aus der Erde ziehen

Fahne – oberes Kronblatt der Schmetterlingsblütengewächse (Abb. S. 19)
Fiederblatt – Teilblatt 1. Ordnung eines gefiederten Blattes (Abb. S. 17)
Flügel – seitliche Kronblätter der Schmetterlingsblütengewächse (Abb. S. 19)
freikronblättrig – mit freien, nicht miteinander verwachsenen Kronblättern
Frucht – Blüte im Zustand der Samenreife
Fruchtknoten – unterer, meist verdickter Teil der Fruchtblätter (Abb. S. 19)
Früchtchen – Teilfrucht, die aus einem Fruchtblatt besteht und sich einzeln ablöst; bei Blüten mit mehreren freien Fruchtknoten (z. B. Hahnenfuß)

Gaumen – vorgewölbter Teil der Unterlippe bei Rachenblüten (Abb. S. 19)

Pflanzen der Äcker

geflügelt – entsprechendes Pflanzenteil (z. B. Frucht, Stengel) mit schmalen, hervorstehenden Leisten versehen
Geophyt – Erdpflanze; ausdauernde Pflanze, deren Überwinterungsorgane (Zwiebeln, Rhizome, Knollen) unter der Erdoberfläche liegen
geschnäbelt – s. Schnabel
Granne – steife, verlängerte Borste an Deckspelzen der Süßgräserblüte
haploid – mit einfachem Chromosomensatz
Hemikryptophyt – Oberflächenpflanze; ausdauernde Pflanze, deren Erneuerungsknospen im Winter dicht über der Erdoberfläche liegen
Hochblatt – Blatt zwischen den normal entwickelten Laubblättern u. der Blüte, Form oft vereinfacht u. gelegentlich auffällig gefärbt
Honigblatt – verschieden gestaltetes Blattorgan in der Blüte mit Nektarien, z. T. kronblattähnlich
Hüllblatt – Tragblatt, das den gesamten Blütenstand od. einen Teil davon umgibt, verschieden gestaltet (Abb. S. 20)
Hüllchen – Gesamtheit der Tragblätter eines Döldchens bei den Doldenblütengewächsen (Abb. S. 20)
Hülle – Gesamtheit der Tragblätter einer Dolde bei den Doldenblütengewächsen (Abb. S. 20)
Hüllspelzen – Spelzen, meist 2, die das Ährchen der Süßgräser am Grund umgeben, stets unbegrannt (Abb. S. 21)
Hülse – Streufrucht, die aus einem Fruchtblatt hervorgegangen ist u. sich an Bauch- u. Rückennaht öffnet (Abb. S. 21)
Hybride – Bastard, Mischling; durch Kreuzung zwischen 2 Pflanzensippen entstanden; Hybriden werden bei der wissenschaftlichen Benennung durch das Hybridzeichen „×" gekennzeichnet; z. B. *Medicago* × *varia*
Hypokotyl – Stengelabschnitt zwischen Wurzelhals u. Keimblättern

Internodium – Sproßabschnitt zwischen zwei Knoten

Kapsel – Streufrucht, die aus zwei od. mehr verwachsenen Fruchtblättern gebildet wird (Abb. S. 21)
Karyopse – einsamige Schließfrucht aus oberständigem Fruchtknoten, bei der die Samenschale mit der Fruchtwand verwachsen ist (z. B. Süßgräser)
Klause – einsamige Teilfrucht eines vierteiligen Fruchtknotens (z. B. Rauhblattgewächse)
Knolle – kugel- od. spindelförmig verdicktes Speicherorgan von Sproß od. Wurzel
Knoten – Blattansatzstelle am Stengel

Ligula – Blatthäutchen am Übergang zwischen Blattscheide u. Blattspreite (z. B. viele Süßgräser) (Abb. S. 18)

monözisch – s. einhäusig

Nagel – stielförmige Verschmälerung am Grunde eines Kronblattes (Abb. S. 19)
Nebenkrone – kronblattartige Differenzierungen bzw. Anhangsgebilde innerhalb der Blüte, umgebildet aus Staub- oder Kronblättern (z. B. bei einigen Nelkengewächsen)
Neophyt – neueingebürgerte Art, deren Einschleppung erst seit dem Mittelalter bzw. nach der Entdeckung Amerikas erfolgte
Niederblatt – schuppenförmiges Blatt an Rhizomen, Sproßknollen, Ausläufern
Nußfrucht – Schließfrucht mit verholzter Fruchtwand

Ochrea – röhren- bzw. tütenförmige, stengelumgebende Verwachsung von Nebenblättern (z. B. Knöterichgewächse) (Abb. S. 18)

Pappus – Haare, Borsten oder Krönchen anstelle des Kelches bei unterständigem Fruchtknoten, z. T. als Flugorgan ausgebildet (Abb. S. 21)
Perigon – gleichförmige Blütenhülle ohne Differenzierung in Kelch u. Krone
Platte – verbreiterter oberer Teil eines Kronblattes (Abb. S. 19)

Erklärung botanischer Fachausdrücke

radiär, radiärsymmetrisch – Blüte mit mehr als 2 Symmetrieebenen
Rhizom – unterirdischer, meist waagerecht wachsender, verdickter Speichersproß mit kurzen Internodien u. Niederblättern
Rosette – Blattanordnung grundständiger Blätter, die dicht gedrängt an der Sproßbasis einer Pflanze stehen
Same – aus der Samenanlage im Fruchtknoten entstandene Verbreitungseinheit, meist bestehend aus Keimling, Nährgewebe u. Samenschale
Schiffchen – die beiden unteren, verwachsenen u. schiffchenähnlichen Kronblätter der Schmetterlingsblütengewächse (Abb. S. 19)
Schließfrucht – Frucht, die sich bei der Reife nicht öffnet, z. B. Nußfrucht
Schnabel – schnabelartige Verlängerung an der Spitze der Frucht, meist samenlos
Schötchen – Streufrucht, die aus einem zweiblättrigen Fruchtknoten entstanden ist, weniger als 3mal so lang wie breit (z. B. Kreuzblütengewächse) (Abb. S. 21)
Schote – s. Schötchen, aber mehr als 3mal so lang wie breit (Abb. S. 21)
Schwellkörper – kleines schuppenförmiges, schwellfähiges Organ der Süßgräserblüte, das zur Blütezeit das Ährchen spreizt
selten – als Häufigkeitsangabe: Pflanze kommt in Deutschland nur an wenigen, ökologisch oft spezialisierten Standorten vor
Spaltfrucht – Schließfrucht, zur Fruchtzeit in einsamige Teilstücke zerfallend, die einem Fruchtblatt entsprechen (z. B. Doldenblütengewächse) (Abb. S. 21)
Spelze – kleines schuppenförmiges u. trockenhäutiges Blatt im Blütenstand von Süßgräsern u. Sauergräsern
Sporangium – kapselähnlicher Behälter, in dem Sporen gebildet werden
Spore – haploide, einzellige u. einkernige Verbreitungseinheit
Sporn – kegel-, keulen- od. sackförmige Ausstülpung von Blütenhüllbättern
Sporophyll – sporangientragendes Blatt
Spreublatt – meist unauffälliges, schuppen- od. borstenförmiges Tragblatt des Blütenstandsbodens (z. B. Korbblütengewächse) (Abb. S. 20)
Sternhaare – Haare, die sternförmig verzweigt sind (Abb. S. 16)
Streufrucht – Frucht, die sich bei der Reife öffnet u. die Samen freigibt (z. B. Kapselfrucht)
Synonym – einer von zwei oder mehr Namen für dieselbe Sippe (z. B. bei Artnamen, Familiennamen u. a.)

Therophyt – einjährige Pflanze
Tragblatt – Blatt, in dessen Achsel ein Blütenstand, eine Einzelbüte oder ein vegetativer Sproß vorhanden ist

vegetative Vermehrung – ungeschlechtliche Vermehrung, z. B. durch Ausläufer
verbreitet – als Häufigkeitsangabe: Pflanze, die in Deutschland häufig ist u. deren Verbreitungsgebiet höchstens kleine, regionale Lücken aufweist
verwachsenkronblättrig – mit ± miteinander verwachsenen Kronblättern
Vorblatt – das erste Blatt oder die beiden ersten Blätter eines Seitensprosses, unterhalb der Blüten oft als kleine, schuppenförmige Blätter vorhanden
Vorspelze – schuppenförmige, oft zarte Spelze der Süßgräserblüte, gegenüber der Deckspelze
zerstreut – als Häufigkeitsangabe: Pflanze, deren Verbreitungsgebiet in Deutschland größere Lücken aufweist
zweihäusig – ♂ u. ♀ Blüten befinden sich auf verschiedenen Pflanzen
zweijährig – Pflanze, die im Frühsommer des 1. Jahres keimt u. Blätter hervorbringt u. im Sommer des 2. Jahres blüht, fruchtet u. abstirbt
Zwiebel – Speicherorgan mit gestauchter Sproßachse u. schuppenförmig verdickten Blättern
zwittrig – Blüten, die sowohl Staubblätter als auch Fruchtblätter enthalten
zygomorph – Blüten mit nur einer Symmetrieebene

Pflanzen der Äcker

Bau der Blütenpflanzen:

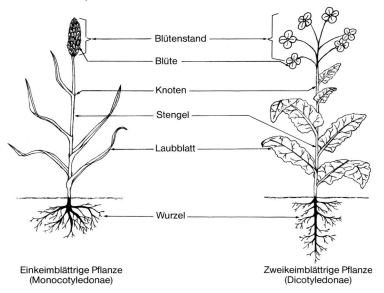

Einkeimblättrige Pflanze (Monocotyledonae)

Zweikeimblättrige Pflanze (Dicotyledonae)

Gliederung des Laubblattes:

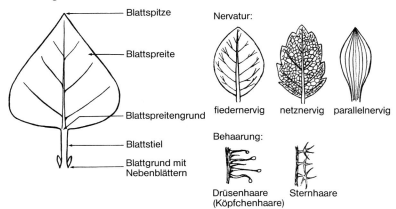

Erklärung botanischer Fachausdrücke

Blattstellung:

wechselständig gegenständig quirlständig grundständig

Blattform:
einfache Blätter

schuppen- lineal lanzettlich spatelförmig eiförmig oval
förmig

   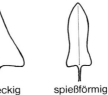 

rautenförmig herzförmig dreieckig spießförmig pfeilförmig

gelappt handförmig geteilt fiederspaltig fiederteilig
(leierförmig)

zusammengesetzte Blätter

3-zählig 3-zählig unpaarig paarig gefiedert 2-fach
gefingert gefiedert gefiedert (mit Ranken) gefiedert

Pflanzen der Äcker

Blattspitze:

ausgerandet gestutzt rund stumpf spitz mit Stachelspitze

Blattgrund:

keilförmig abgerundet gestutzt herzförmig stengelumfassend herablaufend

bei Süßgräsern **bei Knöterichgewächsen**

 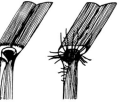 

mit Öhrchen mit Blatthäutchen (Ligula) mit Haarkranz statt Blatthäutchen Nebenblätter zu Nebenblattscheide (Ochrea) verwachsen

Blattrand:

ganzrandig gesägt doppelt gesägt gezähnt gekerbt gebuchtet

Erklärung botanischer Fachausdrücke

Gliederung der Blüte:

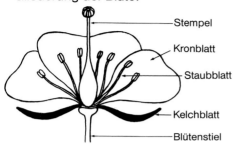

Stempel
Kronblatt
Staubblatt
Kelchblatt
Blütenstiel

Stempel:

Narbe
Griffel
Fruchtknoten

Staubblatt:

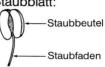

Staubbeutel
Staubfaden

Stellung des Fruchtknotens:

oberständig

unterständig

Ausbildung des Kelches:

mit Außenkelch

gleichmäßig 5-zipfelig

zweilippig

Einzelblüten:

radiär

Kronblätter frei

Kronblätter verwachsen, ausgebreitet

Kronblätter verwachsen, glockig

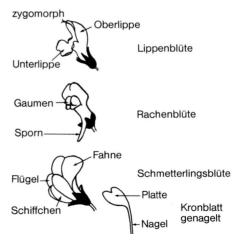

zygomorph
Oberlippe
Unterlippe
Lippenblüte

Gaumen
Sporn
Rachenblüte

Fahne
Flügel
Schiffchen
Schmetterlingsblüte
Platte
Nagel
Kronblatt genagelt

Pflanzen der Äcker

Blütenstände:

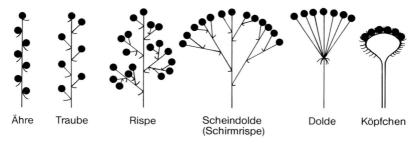

Ähre   Traube   Rispe   Scheindolde (Schirmrispe)   Dolde   Köpfchen

Spezielle Blütenstände:

♂-Blüte   ♀-Blüte

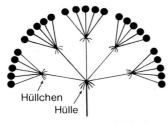

Hüllchen
Hülle

zusammengesetzte Dolde der
Doldenblütengewächse

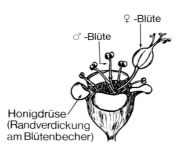

Honigdrüse
(Randverdickung
am Blütenbecher)

Cyathium der
Wolfsmilchgewächse

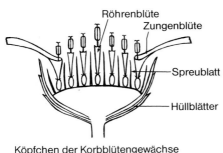

Röhrenblüte
Zungenblüte

Spreublatt

Hüllblätter

Köpfchen der Korbblütengewächse
(Vertreter mit Zungenblüten und
Röhrenblüten)

Zungenblüte

Röhrenblüte

Erklärung botanischer Fachausdrücke

Ährchen der Süßgräser:

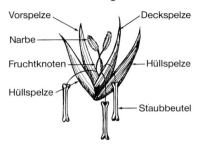

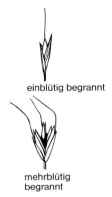

Früchte:

Hülse

Schote

Schötchen

Kapsel

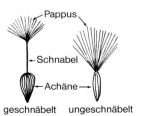
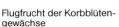
geschnäbelt   ungeschnäbelt

Flugfrucht der Korbblütengewächse

Spaltfrucht

Beere

Sammelfrucht

Pflanzen der Äcker

Abkürzungen zum Bestimmungsteil

AC	Assoziations-Charakterart
agg.	Sammelart im Sinne von EHRENDORFER (1973)
Ass.	Assoziation
aufr.	aufrecht
aufst.	aufsteigend
bes.	besonders
Blätt.	Blätter
blattachselst.	blattachselständig
Blü.	Blüte(n)
br	breit
cm	Zentimeter
DA	Differentialart der Assoziation
DV	Differentialart des Verbandes
einjähr.	einjährig(e)
endst.	endständig
f	fehlend
-fg.	-förmig
Fr.	Frucht, Früchte
Frchen	Früchtchen
-geb.	-gebiet
gegenst.	gegenständig
Ges.	Gesellschaft(en)
glgtl.	gelegentlich
grundst.	grundständig
incl.	inklusive, einschließlich
Jahrh.	Jahrhundert
KC	Klassen-Charakterart
Ke.	Kelch
Kr.	Krone, Kron-
lg	lang
mind.	mindestens
mm	Millimeter
mittelst.	mittelständig
N	Norden
niederlg.	niederliegend
ob.	obere(n)
oberst.	oberständig
OC	Ordnungs-Charakterart
od.	oder
OFläche	Oberfläche
OSeite	Oberseite
oseits	oberseits
Pfl.	Pflanze
quirlst.	quirlständig

Abkürzungen zum Bestimmungsteil

s	selten
s.	siehe
S	Süden
Sa.	Samen
seitenst.	seitenständig
ssp.	Subspezies, Unterart
Stg.	Stengel
syn.	synonym
u.	und
unt.	untere(n)
Untersch.	Unterschiede
unterst.	unterständig
urspr.	ursprünglich
USeite	Unterseite
useits	unterseits
v	verbreitet
VC	Verbands-Charakterart
vgl.	vergleiche
vor.	vorigen(n)
wärmelb.	wärmeliebend
wechselst.	wechselständig
z	zerstreut
I, II, III, IV . . .	Januar, Februar, März, April, . . . (Blütezeit)
☉	einjährig (Kräuter)
①	einjährig überwinternd (Kräuter)
⊙	zweijährig (Kräuter)
♃	ausdauernd, nicht verholzt (Stauden)
♄	ausdauernd, verholzt (Holzgewächse, z. B. Sträucher und Bäume)
♂	männlich
♀	weiblich

Pflanzen der Äcker

Tabellen zum Bestimmen der Pflanzenfamilien

Tabelle 1 Haupttabelle

1 Pfl. ohne Blüten u. Früchte, dafür mit Sporenbehältern u. Sporen; Stg. schachtelhalmartig gegliedert **Schachtelhalmgewächse (Equisetaceae)** S. 34
Familienmerkmale: Stauden; Sprosse hohl, gegliedert, oft regelmäßig etagenmäßig verzweigt; Blätt. quirlst., schuppenfg., im unt. Teil zu einer zylindrischen Scheide verwachsen; Vermehrung durch Sporen, die in Sporangien gebildet werden; sporangientragende Blätt. (Sporophylle) schildfg. auf der USeite mit hängenden Sporangien; Sporophylle ährenartig an der Spitze der fertilen Triebe angeordnet

1* Pfl. mit Blüten u. Früchten; Stg. nicht schachtelhalmartig gegliedert 2

2 Blätt. parallelnervig, ungeteilt, ganzrandig u. wechselst., meist grasartig; Blü. mit 6 BlüBlätt. (nicht in Ke. u. Kr. unterschieden) bzw. in Ährchen (Süßgräser) od. in getrenntgeschlechtlichen Ähren (Behaarte Segge); Keimling mit nur einem Keimblatt
Einkeimblättrige Pflanzen (Monocotyledonae) (Tabelle 2) 5

2* Blätt. meist fieder- od. netznervig[1], ungeteilt od. geteilt, ganzrandig od. nicht ganzrandig, wechselst., gegenst., quirlst. od. grundst.; Blü. meist 4–5zählig, oft in Ke. u. Kr. unterschieden; Keimling mit zwei gegenst. Keimblätt.
Zweikeimblättrige Pflanzen (Dicotyledonae) 3

3 BlüHülle fehlend od. einfach (d. h. nur ein Kreis von BlüBlätt. vorhanden), wenn doppelt (d. h. 2 Kreise BlüBlätt.), dann alle BlüBlätt. in Form u. Farbe gleichartig
(Tabelle 3) 8

3* BlüHülle doppelt, in einen meist grünen Ke. u. eine meist andersfarbige Kr. unterschieden 4

4 KrBlätt. frei, nicht verwachsen (d. h. sie lassen sich einzeln abzupfen) (Tabelle 4) 32

4* KrBlätt. verwachsen, aber z. T. bis fast zum Grund geteilt (d. h. die Kr. läßt sich nur als Ganzes abzupfen bzw. die KrBlätt. reißen ab) (Tabelle 5) 50

Tabelle 2 Einkeimblättrige Pflanzen

5 Blü. unscheinbar, nicht blumenartig; BlüHülle nur aus Spelzen bestehend, diese zur BlüZeit nicht sternfg. ausgebreitet 6

5* Blü. meist deutlich blumenartig, wenn trockenhäutig-spelzenfg., dann BlüHülle zur BlüZeit sternfg. ausgebreitet 7

6 Stg. dreikantig; Blattscheiden am Grund ohne Knoten; jede Einzelblüte mit nur einer Spelze hier: **Behaarte Segge** *(Carex hirta)*; **Sauergräser (Cyperaceae)** S. 108
Familienmerkmale: meist Stauden feuchter Standorte; Stg. meist dreikantig, markerfüllt (nicht hohl) u. ohne Knoten; Blätt. oft dreizeilig angeordnet; Blätt. grasähnlich; Blattscheiden verwachsen; BlüStand vielgestaltig, z. B. Ähren, Köpfchen, Spirre; Blü. klein, in den Achseln trockenhäutiger Tragblätt. (Spelzen), oft eingeschlechtlich; BlüHülle stark od. völlig reduziert; FrKnoten oberst; Nußfrucht

[1] Ausnahmen, d. h. Zweikeimblättrige Pflanzen mit parallelnervigen Blättern: einige Nelkengewächse S. 38–44, Gras-Platterbse S. 66, Rundblättriges Hasenohr S. 78, Rötegewächse S. 78–80 und Wegerichgewächse S. 90.

Tabellen zum Bestimmen der Pflanzenfamilien

6* Stg. rund od. zweiseitig abgeflacht; Blattscheiden am Grund mit knotiger Verdickung (Gelenk); jede Einzelblüte mit meist 2 Spelzen **Süßgräser (Poaceae)** S. 108
Familienmerkmale: Stg. (Halm) rund od. abgeflacht (nie dreikantig), fast immer hohl, mit verdickten Knoten; Blätt. zweizeilig angeordnet; Blattscheiden meist offen, oft am Übergang zur Blattspreite mit Blatthäutchen (Ligula); Blü. klein, von trockenhäutigen Hochblätt. (Spelzen) umhüllt, immer in Ährchen (ein- od. mehrblütig); Ährchen bestehen von außen nach innen meistens aus zwei Hüllspelzen, einer bis mehreren Deckspelzen (die begrannt sein können) u. den Einzelblü., diese bestehen meist aus 1 Vorspelze, 2 Schwellkörpern, 3 Staubblätt. u. 1 Fruchtknoten mit 2 Narben; mehrere Ährchen bilden Gesamtblüstände wie Ähren, Ährenrispen, Rispen u. a.; einsamige Schließfr. (Karyopse)

7 Kr. blumenartig weiß, gelb, blau, grün od. rötlich, nicht trockenhäutig
Liliengewächse (Liliaceae) S. 104
Familienmerkmale: Stauden mit Knollen, Zwiebeln od. Rhizomen; Blätt. meist grasähnlich u. ungestielt; Blüstand traubig, ährig, rispig od. Blü. einzeln endst.; Blü. auffällig gefärbt, meist radiär; BlüBlätt. meist 6 in zwei Kreisen, frei od. verwachsen; FrKnoten 3blättrig, oberst.; Beeren od. Kapselfr.

7* Kr. trockenhäutig u. spelzenfg.; Pfl. binsen- od. grasartig
hier: **Kröten-Binse** *(Juncus bufonius)*; **Binsengewächse (Juncaceae)** S. 108
Familienmerkmale: Stauden od. Kräuter von binsen- od. grasartigem Habitus; Stg. ohne verdickte Knoten; Blätt. grasartig flach od. stielrund u. hohl; Blattscheiden offen od. verwachsen; BlüStand: verbreitet Spirren, sonst Rispen, Scheindolden u. a., z. T. scheinbar seitenst.; Blü. zwittrig, klein, radiär, trockenhäutig u. spelzenartig, grünlich bis bräunlich; BlüBlätt. 6 in zwei Kreisen, frei; Staubblätt. meist 6; FrKnoten oberst.; Kapselfr.

Tabelle 3 Zweikeimblättrige Pflanzen mit fehlender, einfacher oder gleichartiger Blütenhülle

8 Pfl. mit holzigem Stamm; Stg. rankend; Kr. früh abfallend; Kulturpfl.
hier: **Weinrebe** *(Vitis vinifera)*; **Weinrebengewächse (Vitaceae)** S. 78
Familienmerkmale: Kletternde Sträucher od. Lianen; Blätt. wechselst., handfg. gelappt od. gefingert, mit hinfälligen Nebenblätt.; Ranken vorhanden; Blü. zwittrig od. eingeschlechtlich (einhäusig od. zweihäusig), radiär, 5zählig; Ke. unscheinbar; KrBlätt. frei od. an der Spitze zusammenhaftend; Staubblätt. 5; FrKnoten oberst.; Beerenfr.

8* Pfl. krautig, nicht verholzt   9

9 Blätt. quirlst. **Rötegewächse (Rubiaceae)** S. 78
Familienmerkmale: Kräuter od. Stauden; Blätt. gegenst., ungeteilt u. ganzrandig, mit gleichgestalteten Nebenblätt., daher quirlst. Blattstellung vortäuschend; Blü. klein, radiär in meist rispigen od. kopfigen BlüStänden; Ke. 4–6teilig, oft fast völlig reduziert u. kaum sichtbar; Kr. verwachsen, 3–5zipflig; FrKnoten unterst.; Spaltfr., reif in zwei Teilfr. zerfallend

9* Blätt. gegenst., wechselst. od. grundst.   10

10 Blü. in vielblütigen Köpfchen, am Grund von Hüllblätt. umgeben   11

10* Blü. anders angeordnet, wenn in Köpfchen, dann am Grund ohne Hüllblätt.   12

11 Blü. weiß, gelb, violett od. blau; Staubbeutel zu einer den Griffel umgebenden Röhre verwachsen; Fr. oft mit Haarkranz (Pappus) **Korbblütengewächse (Asteraceae)** S. 98
Familienmerkmale s. 53

25

Pflanzen der Äcker

11* Blü. violett bis rosa; Staubblätt. 4, mit freien Staubbeuteln; Ke. aus Borsten bestehend; Fr. ohne Haarkranz
hier: **Acker-Knautie** *(Knautia arvensis)*; **Kardengewächse (Dipsacaceae)** S. 82
Familienmerkmale s. 53*

12 Pfl. mit weißem od. gelbem Milchsaft (bei Verletzung austretend)   13

12* Pfl. ohne Milchsaft   14

13 Blü. groß, rot bis violett; KeBlätt. 2, nur an der Knospe vorhanden, später abfallend
Mohngewächse (Papaveraceae) S. 36
Familienmerkmale s. 41

13* Blü. klein, grün od. gelblich   **Wolfsmilchgewächse (Euphorbiaceae)** S. 62
Familienmerkmale: Kräuter od. Stauden, häufig mit Milchsaft; Blätt. gegen- od. wechselst., ungeteilt, z. T. mit Nebenblätt.; Pfl. ein- od. zweihäusig; GesamtblüStand ähren-, rispen- od. doldenartig; BlüHülle fehlend od. kelchartig; ♂ Blü. mit 1 bis vielen Staubblätt., ♀ Blü. mit 2–3 Griffeln; TeilblüStand zuweilen zwittrige Einzelblü. vortäuschend, z. B. der TeilblüStand (Cyathium) der Wolfsmilch-Arten (*Euphorbia* spec.) mit zentraler heraushängender ♀ Blü. (ohne BlüHülle) u. mehreren, jeweils nur aus einem Staubblatt bestehenden ♂ Blü. (ebenfalls ohne BlüHülle), das Cyathium wird von 5 becherartig verwachsenen Hochblätt. umschlossen, zwischen denen auf der Außenseite 5 Honigdrüsen (Randverdickungen des BlüBechers) sitzen; Kapselfr.

14 FrKnoten unterst. od. halbunterst.   15

14* FrKnoten oberst.   18

15 Blätt. gegenst.   16

15* Blätt. wechselst.   17

16 Blätt. 1 mm br; Blü. grünlich   hier: **Einjähriger Knäuel** *(Scleranthus annuus)*;
Nelkengewächse (Caryophyllaceae) S. 42
Familienmerkmale s. 49

16* Blätt. breiter; Blü. weißlich, rötlich od. bläulich
hier: **Feldsalat** *(Valerianella* spec.); **Baldriangewächse (Valerianaceae)** S. 80
Familienmerkmale: Kräuter od. Stauden; Blätt. gegenst. ohne Nebenblätt.; BlüStand dicht, oft geknäuelt od. schirmfg.; Blü. schwach zygomorph; Ke. zur BlüZeit oft nicht erkennbar, zur FrZeit aus Borsten (Pappus) od. 1–6 Zähnen bestehend; Kr. röhrig bis trichterfg., am Grund oft ausgesackt od. mit Sporn; Staubblätt. 1–4; FrKnoten unterst., 3fächerig mit nur einem fruchtbaren Fach; Fr.: vom Ke. gekröntes Nüßchen

17 Blü. in Doppeldolden   **Doldengewächse (Apiaceae)** S. 76
Familienmerkmale: Kräuter od. Stauden; Stg. hohl, oft gerillt; Pfl. meist von Ölgängen durchzogen, deshalb von aromatischem Geruch (viele Gewürzpfl.!); Blätt. wechselst., meist zusammengesetzt u. oft mit großer Blattscheide; BlüStand meist typische Doppeldolde, diese oft mit Hülle (Tragblätt. der Hauptdoldenstrahlen) u. Hüllchen (Tragblätt. der Döldchenstrahlen); Blü. klein, meist radiär, die Randblü. z. T. vergrößert u. zygomorph, nicht selten zwittrige u. ♂ Blü. in einer Dolde (z. B. Acker-Haftdolde); KeBlätt. 5, meist stark reduziert bis fehlend; KrBlätt. 5, frei; Staubblätt. 5, FrKnoten unterst., 2fächerig; Spaltfr.

17* Blü. in blattachselst. Knäueln, von Nebenblätt. umhüllt
hier: **Ackerfrauenmantel** *(Aphanes* spec.); **Rosengewächse (Rosaceae)** S. 64
Familienmerkmale s. 44

18 Alle Blätt. grundst.; Stg. ohne Blätt.   19

18* Blätt. gegen- od. wechselst.; Stg. beblättert   20

Tabellen zum Bestimmen der Pflanzenfamilien

19	Blätt. grasartig, 1–2 mm br *Familienmerkmale* s. 29	hier: **Mäuseschwänzchen** *(Myosurus minimus)*; **Hahnenfußgewächse (Ranunculaceae)** S. 34	
19*	Blätt. mehr als 3 mm br *Familienmerkmale* s. 55	hier: **Wegerichgewächse (Plantaginaceae)** S. 90	
20	Blätt. gegenst. (mind. die oberen)		21
20*	Blätt. wechselst. (mind. die oberen)		25
21	Blü. eingeschlechtlich, d. h. nur mit Staubblätt. od. nur mit FrKnoten		22
21*	Blü. zwittrig, d. h. mit Staubblätt. u. mit FrKnoten		24

22 Pfl. windend; Blätt. tief 3–5lappig
 hier: **Hopfen** *(Humulus lupulus)*; **Hanfgewächse (Cannabaceae)** S. 38
Familienmerkmale: Kräuter od. Stauden; Blätt. gegenst. od. wechselst., gefingert od. gelappt, mit Nebenblätt.; Pfl. zweihäusig; Blü. radiär, zu 1–2 blattachselst. od. in Rispen; Nußfr.

22* Pfl. nicht windend; Blätt. nicht tief 3–5lappig 23

23 Pfl. mit Brennhaaren; Staubblätt. 4
 hier: **Brennessel** *(Urtica* spec.); **Brennesselgewächse (Urticaceae)** S. 38
Familienmerkmale: Kräuter od. Stauden, oft mit Brennhaaren; Blätt. gegenst. od. wechselst., ungeteilt, mit od. ohne Nebenblätt.; BlüStände variabel; Blü. zwittrig od. eingeschlechtlich, radiär; BlüHülle unscheinbar, 2–5blättrig, frei od. verwachsen; Staubblätt. 2–5; FrKnoten 1, oberst.; Nußfr. od. Steinfr.

23* Pfl. ohne Brennhaare; Staubblätt. 9–12
 hier: **Einjähriges Bingelkraut** *(Mercurialis annua)*;
Familienmerkmale s. 13*   **Wolfsmilchgewächse (Euphorbiaceae)** S. 62

24 Griffel 2–5 od. 1 Griffel mit mehreren Narben
 Nelkengewächse (Caryophyllaceae) S. 38
Familienmerkmale s. 49

24* Griffel u. Narbe 1
 hier: **Sumpfquendel** *(Peplis portula)*; **Blutweiderichgewächse (Lythraceae)** S. 74
Familienmerkmale: Kräuter od. Stauden; Blätt. ganzrandig, meist gegenst., z. T. mit Nebenblätt.; Blü. zwittrig, meist radiär, 4–16zählig; kelchartiger Achsenbecher vorhanden, zwischen den KeBlätt. oft Außenkelchblätt.; FrKnoten mittelst.; Griffel meist 1; Kapselfr.

25	Blätt. mit Nebenblätt. od. mit häutiger Nebenblattscheide (Ochrea)	26
25*	Blätt. ohne Nebenblätt. u. ohne Nebenblattscheide	27
26	Blätt. ungeteilt; Nebenblätt. häutig **Knöterichgewächse (Polygonaceae)** S. 48	

Familienmerkmale: Kräuter od. Stauden, selten verholzt, z. T. windend; Stg. mit verdickten Knoten; Blätt. wechselst.; Nebenblätt. häutig, den Stg. röhrenfg. umfassend (Nebenblattscheide, Tute, Ochrea) (gutes Familienkennzeichen!); Blü. meist klein, radiär; BlüHülle 3–6blättrig, frei od. verwachsen, kelchartig od. bunt gefärbt, mit der Fr. abfallend; Staubblätt. 3–6; FrKnoten 1, oberst. mit 2–3 Griffeln; Nußfr.

26* Blätt. tief geteilt; Nebenblätt. krautig
 hier: **Ackerfrauenmantel** *(Aphanes* spec.); **Rosengewächse (Rosaceae)** S. 64
Familienmerkmale s. 44

27	Blü. mit langem od. kurzem, sackfg. Sporn	28
27*	Blü. ohne Sporn	29

Pflanzen der Äcker

28	Blü. blau, mehr als 2 cm lg	hier: **Feld-Rittersporn** *(Consolida regalis)*; **Hahnenfußgewächse (Ranunculaceae)** S. 34	
	Familienmerkmale s. 29		
28*	Blü. weiß bis rosa-violett, bis 1 cm lg	**Erdrauchgewächse (Fumariaceae)** S. 38	
	Familienmerkmale s. 38		

29 Staubblätt. 8 bis viele **Hahnenfußgewächse (Ranunculaceae)** S. 34
Familienmerkmale: Kräuter od. Stauden, selten verholzt (z. B. Waldrebe); Blätt. meist wechselst. u. ohne Nebenblätt.; Blü. meist zwittrig, radiär od. zygomorph; BlüHülle (Perigon) meist gleichartig, seltener KeBlätt. u. KrBlätt. vorhanden; zwischen BlüHülle u. Staubblätt. oft verschieden gestaltete, zuweilen kronblattähnliche Honigblätt.; Staubblätt. zahlreich, meist mehr als 10; FrKnoten 1 bis zahlreich, frei od. z. T. verwachsen (Schwarzkümmel), oberst.; Balg- od. Nußfrchen, selten Beeren

29* Staubblätt. 1–6   30

30 Staubblätt. 2 od. 6 (4 längere u. 2 kürzere); BlüHülle 4zählig; Fr. eine Schote od. ein Schötchen   **Kreuzblütengewächse (Brassicaceae)** S. 52
Familienmerkmale s. 46

30* Staubblätt. 1–5; BlüHüllblätt. oft 5; Kapsel- od Nußfr.   31

31 BlüHülle krautig, grün, wenn trockenhäutig, dann Blätt. nadelfg.
     Gänsefußgewächse (Chenopodiaceae) S. 44
Familienmerkmale: Kräuter, Stauden od. Sträucher; z. T. mit Blasenhaaren (weißlich „bemehlt") Blätt. vielgestaltig, ohne Nebenblätt., meist einfach; Blü. klein, unscheinbar, meist radiär, einzeln od. in knäueligen bis ährenfg. TeilblüStänden; BlüHülle fehlend od. 1–5blättrig, grün od. rötlich, frei od. verwachsen, nach der BlüZeit sich oft vergrößernd u. verhärtend, mit der Fr. abfallend; Staubblätt. oft 5; FrKnoten 1, oberst., mit 1–5 Narben; meist Kapsel- od. Nußfr.

31* BlüHülle trockenhäutig, weißlich, grünlich, bräunlich od. rötlich; Blätt. nie nadelfg.
     Amarantgewächse (Amaranthaceae) S. 44
Familienmerkmale: Kräuter; Blätt. einfach u. ganzrandig, gegenst. od. wechselst., ohne Nebenblätt.; Blü. klein, unscheinbar, radiär, jede mit 2 häutigen Vorblätt., einzeln od. in dichten, häufig knäueligen TeilblüStänden; BlüHülle 3–5blättrig, trockenhäutig, weißlich, grünlich, bräunlich od. rötlich, frei od. verwachsen, oft erst mit der Fr. abfallend; Staubblätt. oft 5; FrKnoten 1, oberst.; meist Kapsel- od. Nußfr.

Tabelle 4   Zweikeimblättrige Pflanzen mit doppelter, in Kelch und Krone geteilter Blütenhülle und mit freien Kronblättern

32 Blü. schmetterlingsfg. (Abb. S. 19)   **Schmetterlingsblütengewächse (Fabaceae)** S. 66
Familienmerkmale s. 51

32* Blü. nicht schmetterlingsfg.   33

33 Blätt. dick, fleischig   34

33* Blätt. dünn, nicht fleischig   35

34 KeBlätt. 5; Kr. gelbgrün bis purpurrot
     hier: **Purpur-Fetthenne** *(Sedum telephium)*;
     Dickblattgewächse (Crassulaceae) S. 66
Familienmerkmale: Kräuter od. Stauden; Blätt. einfach, ungestielt, dick u. fleischig (sukkulent), ohne Nebenblätt.; Blü. radiär, zwittrig, häufig 5zählig; KeBlätt. u. KrBlätt. frei od. verwachsen; Staubblätt. meist doppelt so viele wie KrBlätt.; FrKnoten mehrere, oberst., meist frei; Balgfrchen

Tabellen zum Bestimmen der Pflanzenfamilien

34* KeBlätt. 2; Kr. lebhaft gelb hier: **Gemüse-Portulak** *(Portulaca oleracea)*; **Portulakgewächse (Portulacaceae)** S. 48
Familienmerkmale: meist Kräuter; Blätt. ungeteilt u. ganzrandig, oft dick u. fleischig, mit od. ohne Nebenblätt.; Blü. meist radiär, zwittrig; KeBlätt. 2, KrBlätt. 4–5, frei od. verwachsen, früh abfallend; Staubblätt. 3–15; FrKnoten oberst. od. halb unterst.; Kapselfr.

35 FrKnoten unterst.; Blü. in Doppeldolden **Doldengewächse (Apiaceae)** S. 76
Familienmerkmale s. 17

35* FrKnoten oberst. od. mittelst. 36

36 Blü. radiär, KrBlätt. gleich 40

36* Blü. zygomorph, KrBlätt. ungleich 37

37 Blü. mit langem od. kurzem sackfg. Sporn 38

37* Blü. ohne Sporn; Blätt. in grundst. Rosette; Fr. ein Schötchen
 hier: **Bauernsenf** *(Teesdalea nudicaulis)*; **Kreuzblütengewächse (Brassicaceae)** S. 60
Familienmerkmale s. 46

38 KeBlätt. 2, rötlich, früh abfallend **Erdrauchgewächse (Fumariaceae)** S. 38
Familienmerkmale: Kräuter od. Stauden; Blätt. wechselst., meist tief geteilt, ohne Nebenblätt.; Blü. zygomorph; KeBlätt. 2, gezähnt, hinfällig; KrBlätt. 4, häufig gespornt; Staubblätt. 6, zu je 3 in 2 Bündeln verwachsen; FrKnoten oberst.; Fr.: Schote od. Nuß

38* KeBlätt. 5, grün od. blau 39

39 KeBlätt. grün; Nebenblätt. vorhanden **Veilchengewächse (Violaceae)** S. 52
Familienmerkmale: Kräuter od. Stauden; Blätt. wechselst., ungeteilt, mit Nebenblätt.; Blü. einzeln blattachselst., lg gestielt, nickend, zwittrig, zygomorph, 5zählig; KeBlätt. bei Veilchen mit Anhängseln; KrBlätt. frei, das unt. gespornt; FrKnoten oberst.; Griffel 1; Kapselfr.

39* KeBlätt. blau; Nebenblätt. fehlend hier: **Feld-Rittersporn** *(Consolida regalis)*; **Hahnenfußgewächse (Ranunculaceae)** S. 34
Familienmerkmale s. 29

40 Staubblätt. bis 10 45

40* Staubblätt. über 12 41

41 Pfl. mit weißem od. gelbem Milchsaft (bei Verletzung austretend)
 Mohngewächse (Papaveraceae) S. 36
Familienmerkmale: Kräuter od. Stauden mit Milchsaft; Blätt. wechselst. ohne Nebenblätt.; Blü. radiär, zwittrig; KeBlätt. 2, früh abfallend; KrBlätt. 4, ohne Sporn; Staubblätt. zahlreich; FrKnoten oberst.; Narben 2–20; Kapselfr.

41* Pfl. ohne Milchsaft 42

42 Blätt. gegenst.; KeBlätt. 5; Kr. gelb **Hartheugewächse (Hypericaceae)** S. 52
Familienmerkmale: Stauden od. Sträucher; Blätt. gegenst., sitzend, oft von Öldrüsen durchscheinend punktiert, ohne Nebenblätt.; KeBlätt. 5; KrBlätt. 5, gelb, wie die KeBlätt. nach der BlüZeit nicht abfallend; Staubblätt. zahlreich; FrKnoten oberst.; Griffel 3–5; Kapselfr.

42* Blätt. wechselst. 43

43 Staubfäden zu einer den Griffel umgebenden Röhre verwachsen
 Malvengewächse (Malvaceae) S. 60

Pflanzen der Äcker

Familienmerkmale: Kräuter od. Stauden; Blätt. wechselst., oft handfg. gelappt, mit Nebenblätt.; Blü. radiär, zwittrig, meist groß u. bunt gefärbt, 5zählig; Ke. frei od. verwachsen, oft mit Außenkelch; KrBlätt. frei od. am Grund verwachsen, in der Knospenlage gedreht; Staubblätt. zahlreich, zu einer den Griffel umgebenden Röhre verwachsen; FrKnoten oberst.; Griffel zahlreich; Kapselfr. od. Spaltfr.

43* Staubfäden bis zum Grund frei   44

44   Blätt. mit Nebenblätt.; Ke. im unt. Teil scheinbar verwachsen
                                            Rosengewächse (Rosaceae) S. 64
Familienmerkmale: Kräuter, Stauden, Sträucher od. Bäume, glgtl. mit Stacheln od. Dornen; Blätt. vielgestaltig, wechselst., fast immer mit Nebenblätt.; Blü. radiär, meist zwittrig u. in Ke. u. Kr. gegliedert; KeBlätt. meist 5, im unt. Teil scheinbar verwachsen, einfach od. mit Außenkelch; KrBlätt. meist 5, frei, oft auffallend weiß, gelb od. rot gefärbt, selten fehlend (z. B. Ackerfrauenmantel); Staubblätt. meist zahlreich; FrKnoten viele bis 1, frei od. verwachsen, oberst. bis unterst. (alle Übergänge); Fr. vielgestaltig (Balg- u. Nußfrchen, Sammelfr., Steinfr. u. a.)

44*   Blätt. ohne Nebenblätt.; Ke. deutlich freiblättrig
                                     Hahnenfußgewächse (Ranunculaceae) S. 34
    Familienmerkmale s. 29

45   Griffel u. Narbe 1; Narbe einfach od. 2lappig   46

45* Griffel 2–5 od. 1 Griffel mit mehreren Narben   47

46   Blätt. wechselst.; KeBlätt. u. KrBlätt. je 4; Staubblätt. 6 (4 längere u. 2 kürzere)
                                    Kreuzblütengewächse (Brassicaceae) S. 52
Familienmerkmale: meist Kräuter od. Stauden; Blätt. wechselst. od. grundst., vielgestaltig, ohne erkennbare Nebenblätt.; Blü. zwittrig, meist radiär (etwas zygomorph z. B. beim Bauernsenf), fast immer in endst. Trauben ohne Tragblätt., KeBlätt. 4 u. KrBlätt. 4 (selten fehlend, z. B. Schutt-Kresse), kreuzweise angeordnet (Name!); Staubblätt. meist 6 (4 längere u. 2 kürzere), selten 4 od. 2 (z. B. Schutt-Kresse); FrKnoten oberst.; Fr. eine 2klappig aufspringende Schote (od. Schötchen), meist mit falscher Scheidewand, davon abgeleitet Bruchschote (z. B. Hederich) od. Schließfr. (z. B. Finkensame); Griffel 1, Narben verwachsen, kopfig od. 2lappig

46* Blätt. gegenst.; KeBlätt., KrBlätt. (oft fehlend) u. Staubblätt. je 6
    hier: **Sumpfquendel** *(Peplis portula)*; **Blutweiderichgewächse (Lythraceae)** S. 74
Familienmerkmale s. 24*

47   Blätt. ungeteilt u. ganzrandig   49

47* Blätt. handfg. geteilt, gefiedert od. 3zählig gefingert   48

48   Blätt. 3zählig gefingert, kleeblattartig; Blü. hier gelb
                                     Sauerkleegewächse (Oxalidaceae) S. 72
Familienmerkmale: Kräuter od. Stauden; Blätt. wechselst. od. grundst., 3zählig gefingert, kleeblattartig, mit od. ohne Nebenblätt.; Blü. vor dem Aufblühen nickend, radiär, zwittrig; KeBlätt. 5; KrBlätt. 5, frei, weiß, rosa od. gelb; Staubblätt. 10; FrKnoten oberst.; Griffel 5; Kapselfr.

48* Blätt. handfg. geteilt od. gefiedert; Blü. rot od. violett
                                     Storchschnabelgewächse (Geraniaceae) S. 72
Familienmerkmale: Kräuter od. Stauden, oft mit Drüsenhaaren; Blätt. meist gegenst., gelappt, handfg. geteilt od. gefiedert, mit häutigen Nebenblätt.; Blü. meist radiär, 5zählig, zwittrig; KrBlätt. frei, rot, violett od. blau; Staubblätt. 10; FrKnoten oberst.; Narben meist 5; FrBlätt. sich zur FrZeit schnabelartig verlängernd (Name!); Spaltfr.

49   Blätt. gegenst.   **Nelkengewächse (Caryophyllaceae)** S. 38
Familienmerkmale: Kräuter od. Stauden; Blätt. fast immer gegenst. od. quirlst.,

Tabellen zum Bestimmen der Pflanzenfamilien

ungeteilt, ganzrandig, meist ohne Nebenblätt.; Blü. radiär, 4–5zählig, meist zwittrig, meist in Ke. u. Kr. gegliedert; KeBlätt. frei od. verwachsen; KrBlätt. frei, z. T. an der Spitze gezähnt od. tief 2teilig, glgtl. mit Nebenkrone, selten fehlend (z. B. Knäuel); Staubblätt. (1–)5 od. 10; FrKnoten meist oberst. (beim Knäuel halbunterst.); Griffel 2–5; meist Kapselfr., selten Schließfr. od. Beere

49* Blätt. wechselst.; Kr. blau
hier: **Saat-Lein** *(Linum usitatissimum)*; **Leingewächse (Linaceae)** S. 72
Familienmerkmale: Kräuter od. Stauden; Blätt. meist wechselst., ungeteilt, ganzrandig, ohne Nebenblätt.; Blü. radiär, 4–5zählig, zwittrig, in Ke. u. Kr. gegliedert; KeBlätt. frei od. etwas verwachsen; KrBlätt. frei; Staubblätt. 4–5; FrKnoten oberst.; Griffel meist 4–5; Kapselfr.

Tabelle 5 Zweikeimblättrige Pflanzen mit doppelter, in Kelch und Krone geteilter Blütenhülle und verwachsenen Kronblättern

50 Pfl. mit holzigem Stamm; Kr. früh abfallend, nicht eigentlich verwachsen, sondern oben zusammenhaftend; Kulturpfl.
hier: **Weinrebe** *(Vitis vinifera)*; **Weinrebengewächse (Vitaceae)** S. 78
Familienmerkmale s. 8

50* Pfl. krautig, nicht verholzt 51

51 Blü. schmetterlingsfg. (Abb. S. 19) **Schmetterlingsblütengewächse (Fabaceae)** S. 66
Familienmerkmale: Kräuter, Stauden, Sträucher od. Bäume; Blätt. wechselst., meist gefiedert od. 3zählig (Kleeblatt), stets mit Nebenblätt.; Blü. zygomorph, schmetterlingsfg., zwittrig, oft in Trauben; KeBlätt. 5, oft verwachsen, glgtl. zweilippig; KrBlätt. 5: das obere vergrößerte ist die Fahne, die beiden seitlichen sind die Flügel, die beiden unt. sind zum Schiffchen verwachsen; Staubblätt. 10, alle Staubfäden zu einer Röhre verwachsen od. 1 Staubfaden frei; FrKnoten oberst.; Griffel 1; Fr. eine Hülse

51* Blü. nicht schmetterlingsfg. 52

52 Blü. in vielblütigen Köpfchen, am Grund von Hüllblätt. umgeben 53

52* Blü. anders angeordnet, wenn in Köpfchen, dann am Grund ohne Hüllblätt. 54

53 Blü. weiß, gelb, violett od. blau; Staubbeutel zu einer den Griffel umgebenden Röhre verwachsen; Fr. oft mit Haarkranz (Pappus) **Korbblütengewächse (Asteraceae)** S. 98
Familienmerkmale: Kräuter od. Stauden; oft milchsaftführend od. aromatisch riechend; Blätt. meist wechselst., immer ohne Nebenblätt.; Blü. zwittrig od. eingeschlechtlich, fast immer zu mehreren in Köpfchen vereint u. diese mitunter Einzelblüte vortäuschend; auf dem Köpfchenboden zwischen den Einzelblü. mitunter trockenhäutige Spreublätt. (Tragblätt. der Blü.); Köpfchen außen von meist zahlreichen Hüllblätt. umgeben; Ke. fehlend od. als Borsten, Schuppen od. Haare (Pappus) ausgebildet; Kr. verwachsen, entweder radiär 4–5zipfelig (Röhrenblü.) od. auf der einen Seite zungenfg. verlängert (Zungenblü.); Köpfchen nur mit Röhrenblü., nur mit Zungenblü. od. innen mit Röhrenblü. u. außen mit Zungenblü.; Staubblätt. 5, die Staubbeutel zu einer Röhre verwachsen, durch die der Griffel durchwächst; Griffeläste 2; FrKnoten unterst.; Schließfr. (Achäne)

53* Blü. violett bis rosa; Staubblätt. 4, mit freien Staubbeuteln; Ke. aus Borsten bestehend; Fr. ohne Haarkranz
hier: **Acker-Knautie** *(Knautia arvensis)*; **Kardengewächse (Dipsacaceae)** S. 82
Familienmerkmale: Kräuter od. Stauden; Blätt. gegenst., ohne Nebenblätt.; Blü.

Pflanzen der Äcker

meist zwittrig, zu mehreren in Köpfchen vereint, diese flach kugelig od. zylindrisch; auf den Köpfchenboden zwischen den Einzelblü. oft trockenhäutige Spreublätt. (z. T. stechend spitz) (Tragblätt. der Blü.); Köpfchen außen von Hüllblätt. umgeben; Ke. meist aus Borsten bestehend, darunter noch ein häutiger, schüsselfg. Außenkelch; Kr. verwachsen, radiär od. zygomorph, 4–5zipfelig; Staubblätt. 4, mit freien Staubbeuteln; Narben 1–2; FrKnoten unterst.; Schließfr. (Achäne)

54 Stg. windend; Kr. trichterfg., 15–27 mm lg
  hier: **Acker-Winde** *(Convolvulus arvensis)*; **Windengewächse (Convolvulaceae)** S. 82
  Familienmerkmale: Stauden mit Milchsaft; Stg. windend; Blätt. wechselst., ungeteilt, meist ganzrandig, ohne Nebenblätt.; Blü. radiär, zwittrig, auffällig groß, 5zählig; KeBlätt. am Grund verwachsen od. frei; KrBlätt. trichterfg. verwachsen, in Knospenlage gedreht, weiß od. rosa; Staubblätt. 5; FrKnoten oberst.; Griffel 1–2; Kapselfr.

54* Stg. nicht windend 55

55 Stg. ohne Blätt.; Blätt. grundst.; Blü. in dichter Ähre, unscheinbar
  hier: **Wegerichgewächse (Plantaginaceae)** S. 90
  Familienmerkmale: Kräuter od. Stauden; Blätt. einfach, meist grundst. u. parallelnervig, ohne Nebenblätt.; Blü. radiär, zwittrig od. eingeschlechtlich, unscheinbar, meist in zylindrischen Ähren od. Köpfchen; Ke. u. Kr. trockenhäutig, meist 4zählig; KrBlätt. verwachsen; Staubblätt. meist 4; FrKnoten oberst.; Griffel 1; Kapselfr. od. Nußfr.

55* Stg. beblättert; Blätt. gegenst., wechselst. od. quirlst. 56

56 FrKnoten unterst. 57

56* FrKnoten oberst. 59

57 Blätt. quirlst. **Rötegewächse (Rubiaceae)** S. 78
  Familienmerkmale s. 9

57* Blätt. gegenst. od. wechselst. 58

58 Blätt. gegenst.; Kr. 1–2 mm br
  hier: **Feldsalat** *(Valerianella* spec.); **Baldriangewächse (Valerianaceae)** S. 80
  Familienmerkmale s. 16*

58* Blätt. wechselst.; Kr. 7–30 mm br **Glockenblumengewächse (Campanulaceae)** S. 96
  Familienmerkmale: Kräuter od. Stauden, oft mit Milchsaft; Blätt. wechselst., ungeteilt (aber oft gezähnt), ohne Nebenblätt.; Blü. meist radiär, zwittrig, 5zählig; Kr. zumindest am Grund verwachsen, oft trichterfg. od. glockenfg.; Staubblätt. 5; FrKnoten unterst.; Griffel 1 mit 2–5 Narben; Kapselfr.

59 FrKnoten deutlich 4teilig; Fr. reif in 4 Teilfr. (Klausen) zerfallend 60

59* FrKnoten ungeteilt; Fr. reif nicht in Teilfr. zerfallend 61

60 Blätt. gegenst.; Kr. meist deutlich zygomorph (zweilippig)
  Lippenblütengewächse (Lamiaceae) S. 92
  Familienmerkmale: Kräuter, Stauden od. Sträucher; Stg. vierkantig; Blätt. kreuzweise gegenst., meist ungeteilt, ohne Nebenblätt.; Blü. meist deutlich zygomorph (zweilippig), selten fast radiär (z. B. Minze), meist zwittrig u. ungestielt in Scheinquirlen; KeBlätt. verwachsen, regelmäßig 5zähnig od. 2lippig; KrBlätt. verwachsen, zweilippig (2 KrBlätt. bilden die OLippe, 3 die ULippe) od. 4–5zipfelig; Staubblätt. 4 (2 längere u. 2 kürzere), selten 2, in der KrRöhre angewachsen; FrKnoten oberst., deutlich 4teilig; Griffel 1 mit 2 Narben; Fr. reif in 4 Teilfr. (Klausen, Nüßchen) zerfallend

60* Blätt. wechselst.; Kr. radiär od. schwach zygomorph
  Rauhblattgewächse (Boraginaceae) S. 82

Tabellen zum Bestimmen der Pflanzenfamilien

Familienmerkmale: Kräuter od. Stauden; meist mit Borstenhaaren; Blätt. wechselst., ungeteilt, meist ganzrandig, ohne Nebenblätt.; Blü. radiär od. schwach zygomorph (z. B. Acker-Krummhals), zwittrig, 5zählig, oft in spiralig eingerollten Wickeln; KeBlätt. verwachsen, zur FrZeit oft auffallend groß werdend; KrBlätt. im unt. Teil (Schlund) verwachsen, dort meist mit Schuppen (Schlundschuppen) od. Haarbüscheln; Staubblätt. 5, in der KrRöhre angewachsen; FrKnoten oberst., deutlich 4teilig; Griffel 1 mit kopfiger od. 2teiliger Narbe; Fr. reif in 4 Teilfr. (Klausen) zerfallend; OFläche der Teilfr. glgtl. mit Borsten, Stacheln u. a.

61 Staubblätt. 2; Kr. blau od. bläulichweiß
  hier: **Ehrenpreis** (*Veronica* spec.); **Braunwurzgewächse (Scrophulariaceae)** S. 88
  Familienmerkmale s. 62

61* Staubblätt. 4–5 62

62 Kr. deutlich zygomorph (zweilippig), mit od. ohne Sporn; Staubblätt. 4
  Braunwurzgewächse (Scrophulariaceae) S. 86
  Familienmerkmale: meist Kräuter od. Stauden; Stg. vierkantig od. rund; Blätt. gegenst. od. wechselst., ohne Nebenblätt.; Blü. meist deutlich zygomorph (oft zweilippig), selten fast radiär (z. B. Ehrenpreis-Arten), zwittrig; KeBlätt. 4–5, frei od. verwachsen; Kr. 4–5teilig od. zweilippig, insg. aus 5 verwachsenen KrBlätt. bestehend; zweilippige Blü. glgtl. gespornt od. ihr Schlund durch Ausstülpung der ULippe verschlossen (maskiert); Staubblätt. meist 4, selten 5 (Königskerze) od. 2 (Ehrenpreis); FrKnoten oberst., äußerlich ungeteilt (im Gegensatz zu den oft ähnlichen Lippenblütengewächsen!); Griffel 1 mit 1–2 Narben; 2fächerige Kapselfr.

62* Kr. radiär od. schwach zygomorph, nicht zweilippig u. immer ohne Sporn; Staubblätt. meist 5 63

63 Staubbeutel zu einer den Griffel umgebenden Röhre zusammenneigend; Beerenfr.
  hier: **Nachtschatten** (*Solanum* spec.); **Nachtschattengewächse (Solanaceae)** S. 84
  Familienmerkmale: Kräuter, Stauden od. Sträucher; Blätt. wechselst., ohne Nebenblätt.; Blü. fast stets radiär (schwach zygomorph beim Bilsenkraut), zwittrig; KeBlätt. meist 5, verwachsen; KrBlätt. 5, verwachsen, flach ausgebreitet bis röhrenfg.; Staubblätt. 5, glgtl. zu einer den Griffel umgebenden Röhre zusammenneigend (bei Nachtschatten u. Paprika); FrKnoten oberst.; Griffel 1 mit 2lappiger Narbe; Kapselfr. od. Beerenfr.

63* Staubbeutel nicht zusammenneigend; Kapselfr. 64

64 Kr. gelblichweiß, violett geadert, schwach zygomorph
  hier: **Schwarzes Bilsenkraut** (*Hyoscyamus niger*);
  Nachtschattengewächse (Solanaceae) S. 84
  Familienmerkmale s. 63

64* Kr. blau, rot od. weiß, radiär 65

65 Blätt. ungeteilt u. ganzrandig; Pfl. nahezu kahl
  hier: **Primelgewächse (Primulaceae)** S. 64
  Familienmerkmale: Kräuter od. Stauden; Blattstellung verschieden, oft grundst., keine Nebenblätt.; Blü. radiär, zwittrig, 5zählig, selten 4zählig (z. B. Acker-Kleinling); KeBlätt. verwachsen, zur FrZeit nicht abfallend; KrBlätt. zumindest am Grund verwachsen, glgtl. glocken- od. trichterfg.; Staubblätt. 5; FrKnoten oberst.; Griffel u. Narbe 1; Kapselfr.

65* Blätt. gefiedert; Pfl. rauhhaarig hier: **Rainfarn-Phacelie** (*Phacelia tanacetifolia*);
  Wasserblattgewächse (Hydrophyllaceae) S. 82
  Familienmerkmale: Kräuter, meist rauhhaarig; Blätt. wechselst., ohne Nebenblätt.; Blü. radiär, zwittrig, 5zählig, glockenfg., in spiralig eingerollten Wickeln; Kr. verwachsen; Staubblätt. 5; FrKnoten oberst., ungeteilt (im Gegensatz zu den sehr ähnlichen Rauhblattgewächsen!); Griffel 1; Kapselfr.

Pflanzen der Äcker

Abbildungen und Beschreibungen

Abteilung: Gefäß-Sporenpflanzen (Pteridophyta)

Familie: Schachtelhalmgewächse (Equisetaceae)

1 Acker-Schachtelhalm *(Equisetum arvense)* 10–45 cm; Sporentragender Sproß astlos, gelbbraun, hinfällig, erscheint im März/April vor den nicht sporentragenden grünen Sommer-Sprossen; Sommer-Sproß gerieft mit meist astlosem Gipfelteil; Seitenäste vierkantig; unterstes Glied der Seitentriebe so lg od. länger als die StgScheide; ♃; v; Lehm- u. Feuchtezeiger; wegen hohen Kieselsäuregehalts früher Putzmittel für Zinngeschirr.

Abteilung: Samenpflanzen (Spermatophyta)
Klasse: Zweikeimblättrige Pflanzen (Dicotyledonae)

Familie: Hahnenfußgewächse (Ranunculaceae)

2 Acker-Schwarzkümmel *(Nigella arvensis)* 10–45 cm; Pfl. aufr., kahl; Blätt. 2–3fach fiederteilig; Blü. einzeln, ohne Hochblatthülle; BlüBlätt. meist 5, zugespitzt, hellblau mit grünen Adern; Honigblätt. zweilippig, gestielt; Staubbeutel stachelspitzig; FrKnoten 3–5, im unt. Teil verwachsen; ⊙; VII-IX; s; wärmelb., Basenzeiger; VC Haftdolden-Ges.; **Rote Liste 2**; Archäophyt; um 1850 max. Verbreitung in Mitteleuropa, jetzt nur noch südl. des Mains.

3 Feld-Rittersporn *(Consolida regalis;* syn.: *Delphinium consolida)* 15–50 cm; Pfl. aufr.; Blätt. gefiedert od. doppelt dreiteilig mit sehr schmalen Abschnitten; BlüStand wenigblütig; BlüBlätt. dunkelblau; Sporn bis 3 cm lg; FrKnoten 1, kahl; ⊙-☉; V-IX; z; wärmelb., Basenzeiger; VC Haftdolden-Ges.; lokal im Rückgang; Zierpfl.; Archäophyt.

4 Acker-Hahnenfuß *(Ranunculus arvensis)* 10–60 cm; Pfl. aufr.; Blätt. einfach bis doppelt dreiteilig, die unt. spatelfg.; Blü. hellgelb, 8–15 mm br; KeBlätt. aufr.; Frchen 4–8, mit Stacheln und 2–3 mm langem Schnabel; ⊙; V-VII; z-s; wärmelb., Basenzeiger; VC Haftdolden-Ges.; **Rote Liste 2**; Archäophyt.

5 Kriechender Hahnenfuß *(Ranunculus repens)* 5–40 cm; Pfl. niederlg. bis aufst. mit wurzelnden u. beblätterten Ausläufern; Blätt. dreiteilig, glgtl. dunkel gefleckt, der mittlere Abschnitt aller Grundblätt. gestielt; BlüStiel gefurcht; Blü. goldgelb, 20–30 mm br.; KeBlätt. aufr.; Frchen zahlreich, kahl; ♃; V–XI; v; Feuchtezeiger; formenreich.

6 Rauher Hahnenfuß *(Ranunculus sardous)* 10–30 cm; Pfl. aufr.; Blätt. dreiteilig mit gestieltem Mittelabschnitt, zottig behaart; BlüStiel gefurcht; Blü. hellgelb, 10–18 mm br; KeBlätt. zurückgeschlagen; Frchen zahlreich, seitlich mit Höckern; ⊙-☉; V-X; s; Bodenverdichtungszeiger; **Rote Liste 3**; unbeständig.
Ähnlich ist der **Knollige Hahnenfuß** *(R. bulbosus)*, der aber auf Äckern fehlt. Untersch. zur vor. Art: Pfl. ♃; Stg. am Grund mit Sproßknolle; Blü. goldgelb, 18–30 mm br; Frchen ohne Höcker.

7 Mäuseschwänzchen *(Myosurus minimus)* 2–15 cm; Pfl. aufr., kahl; alle Blätt. grundst., grasähnlich; KeBlätt. u. KrBlätt. meist je 5, hellgrün, 3–4 mm lg; Blü. nach der BlüZeit mit einem bis 6 cm verlängerten mäuseschwanzähnlichen (Name!) BlüBoden; ⊙; IV-VI; z-s; Bodenverdichtungszeiger.

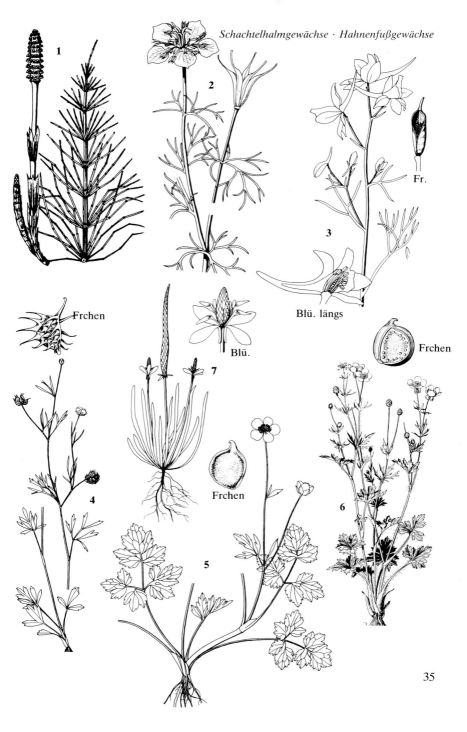

Schachtelhalmgewächse · Hahnenfußgewächse

Pflanzen der Äcker

Familie: Hahnenfußgewächse (Ranunculaceae) (Forts.)

1 Sommer-Adonisröschen *(Adonis aestivalis)* 15–60 cm; Pfl. aufr., kahl; Blätt. 3–4fach fiederteilig; Blü. 15–35 mm br; Ke. kahl; KrBlätt. meist 6–8, mennigerot, s hellgelb; Frchen mit spitzem Zahn auf der Rückenkante, nach der BlüZeit dicht stehend (FrAchse nicht sichtbar); ⊙; VI–VII; z, im N s; wärmelb., Basen- u. Trockniszeiger; AC Adonisröschen-Ass.; **Rote Liste 3**; Archäophyt.

2 Flammen-Adonisröschen *(Adonis flammea)* Untersch. zur vor. Art: Stg. am Grund und Ke. behaart; KrBlätt. meist 5–6, dunkelrot, s hellgelb; Frchen ohne Zahn auf der Rückenkante, nach der BlüZeit locker stehend (FrAchse sichtbar); ⊙; VI–VII; s; wärmelb., Basen- u. Trockniszeiger; AC Adonisröschen-Ass.; **Rote Liste 1**; viel seltener als vor. Art; Archäophyt.

Familie: Mohngewächse (Papaveraceae)

> Bestimmungshilfe für Mohn-Arten (*Papaver* spec.):
> 1 FrKapsel borstig; Staubfäden zur Spitze keulenfg. verbreitert

3 Sand-Mohn *(Papaver argemone)* 15–30 cm; Pfl. aufr., borstig behaart; Blätt. 1–2fach fiederteilig; KeBlätt. wenig behaart; KrBlätt. dunkelrot mit schwarzem Fleck am Grund; Staubfäden zur Spitze keulenfg. verbreitert; Narbenstrahlen 4–6; FrKapsel 14–20 mm lg, 4–5 mm br, mit wenigen Borsten; ⊙–①; IV-VI; z; wärmelb., bes. auf Sandböden; AC Sandmohn-Ass.; Archäophyt.

4 Bastard-Mohn *(Papaver hybridum)* Untersch. zur vor. Art: 20–60 cm; KeBlätt. dicht behaart; Narbenstrahlen 5–8; FrKapsel 11–16 mm lg, 7–8 mm br, dicht beborstet; ⊙–①; V-VII; s, im N f; wärmelb., Basen- u. Trockniszeiger; OC Windhalm-Ges.; **Rote Liste 2**; unbeständig.

> 1* FrKapsel kahl; Staubfäden gleichmäßig dick
> 2 FrKapsel am Grund abgerundet; KrBlätt. 20–40 mm lg

5 Klatsch-Mohn *(Papaver rhoeas)* 20–90 cm; Pfl. aufr., borstig behaart; Blätt. fiederteilig, Blattabschnitte z. T. gezähnt; BlüStiele abstehend behaart; KrBlätt. 20–40 mm lg; Narbenstrahlen meist 8–12; FrKapsel am Grund abgerundet, 1–2mal so lg wie br; ⊙–①; V–IX; v–z; Basenzeiger; KC Einjähr. Ruderal- u. Ackerunkraut-Ges.; Zierpfl.; Archäophyt; formenreich.

> 2* FrKapsel am Grund verschmälert; KrBlätt. 10–25 mm lg

6 Saat-Mohn *(Papaver dubium)* 20–50 cm; Pfl. aufr., borstig behaart; Blätt. 1–2fach fiederteilig; Blattabschnitte meist ganzrandig; BlüStiele anliegend behaart; KrBlätt. 10–25 mm lg; Narbenstrahlen meist 5–8, freie Lappen der Narbenstrahlen berühren sich nicht, Narbenstrahlen bis auf 0,5 mm an den Deckelrand der FrKapsel heranreichend; FrKapsel am Grund allmählich verschmälert, 2–4mal so lg wie br; ⊙–①; V–IX; v–z; AC Sandmohn-Ass.; Archäophyt.

7 Lecoques Mohn *(Papaver lecoqii)* Untersch. zur vor. Art: Milchsaft an der Luft sofort dunkelgelb werdend (bei allen anderen Mohnarten weiß bleibend); freie Lappen der Narbenstrahlen berühren oder überlappen sich, Narbenstrahlen bis auf 0,2 mm an den Deckelrand der FrKapsel heranreichend; ⊙–①; V–VIII; s?; **Rote Liste 3**. Über diese Art ist sehr wenig bekannt, da sie meist nicht vom Saat-Mohn unterschieden wird.

Hahnenfußgewächse · Familie Mohngewächse

Pflanzen der Äcker

Familie: Erdrauchgewächse (Fumariaceae)

Bestimmungshilfe für Erdrauch-Arten (*Fumaria* spec.):
1 KeBlätt. (hinfällig!) 2–3 mm lg; Blü. 6–9mm lg

1 Gemeiner Erdrauch *(Fumaria officinalis)* 10–30 cm; Pfl. aufst. bis aufr., kahl, blaugrün bereift; Blätt. 2fach gefiedert; BlüStand meist 15–40blütig; KeBlätt. 2–3 mm lg, purpurrot; Blü. 6–9 mm lg; Kr. purpurrot, Spitze dunkler; Tragblatt etwa ½ so lg wie der FrStiel; Fr. 2–3 mm br, oben eingedellt, etwa halb so lg wie der FrStiel; ⊙; V–X; v; bes. auf basenreichen Lehmböden, Stickstoffzeiger; VC Erdrauch-Wolfsmilch-Ges.; Archäophyt.

1* KeBlätt. (hinfällig!) 0,5–1 mm lg; Blü. 5–6 mm lg
2 Tragblatt weniger als halb so lg wie der FrStiel

2 Schleichers Erdrauch *(Fumaria schleicheri)* Untersch. zur vor. Art: BlüStand meist 12–20blütig; KeBlätt. 0,5–1 mm lg; Blü. 5–6 mm lg; Tragblatt etwa ⅓ so lg wie der FrStiel; Fr. 1,5–2 mm br, oben kurz bespitzt, etwa ⅔ so lg wie der FrStiel; ⊙; VI–IX; s, im N f; wärmelb.; KC Einjähr. Ruderal- u. Ackerunkraut-Ges.; Archäophyt; unbeständig.

2* Tragblatt mehr als halb so lg wie der FrStiel

3 Vaillants Erdrauch *(Fumaria vaillantii)* 8–25 cm; Pfl. aufst. bis aufr., blaugrün bereift; Blätt. 2fach gefiedert; BlüStand 5–12blütig; KeBlätt. 0,5–1 mm lg; Blü. 5–6 mm lg; Kr. blaßrosa, Spitze dunkler; Tragblatt etwa ¾ so lg wie der FrStiel; Fr. 2 mm br, nicht bespitzt, etwa halb so lg wie der FrStiel; ⊙; VI–IX; z; Basenzeiger; VC Haftdolden-Ges.; **Rote Liste 3**; Archäophyt.

4 Kleinblütiger Erdrauch *(Fumaria parviflora)* Untersch. zur vor. Art: Blattzipfel rinnig (bei allen anderen Arten flach); BlüStand 5–20blütig; Blü. weiß, Spitze purpurn; Tragblatt etwas länger als der FrStiel; Fr. bespitzt; ⊙; V–IX; s, im N f; wärmelb., Basenzeiger; KC Einjähr. Ruderal- u. Ackerunkraut-Ges.; **Rote Liste 1**; Archäophyt; unbeständig.

Familie: Brennesselgewächse (Urticaceae)

5 Kleine Brennessel *(Urtica urens)* 10–50 cm; Pfl. aufr., mit Brennhaaren; Stg. vierkantig mit Nebenblätt.; Blätt. eifg., am Grund keilfg., tief gezähnt, Endzahn kaum länger als die Seitenzähne; BlüStand kürzer als Blattstiel, mit ♂ u. ♀ Blü.; ⊙; V–X; z; Stickstoffzeiger; OC Rauken-Ges.; Archäophyt.
Die ähnliche **Große Brennessel** *(U. dioica)* ist auf Äckern selten. Untersch. zur vor. Art: 20–200 cm; Blätt. am Grund abgerundet bis herzfg., Endzahn viel länger als die Seitenzähne; BlüStand länger als Blattstiel; Pfl. zweihäusig.

Familie: Hanfgewächse (Cannabaceae)

6 Hopfen *(Humulus lupulus)* 200–800 cm; Pfl. windend mit Klimmhaaren; Blätt. gegenst., tief 3–5lappig, gesägt, oseits rauh, am Grund herzfg.; Pfl. zweihäusig: ♂ Blü. grünlichweiß, in lockeren Rispen, ♀ Blü. in grünen, lg gestielten, zapfenartigen BlüStänden; ♃; VI-VIII; z; wild in Gebüschen u. Auenwäldern; seit mind. 850 n. Chr. Kulturpfl.; wird bes. in Bayern in „Hopfengärten" angebaut; Drüsen der ♀ Blü. enthalten Lupulin, das dem Bier den bitteren Geschmack gibt u. die Haltbarkeit erhöht (Bierwürze).

Familie: Nelkengewächse (Caryophyllaceae)

7 Rote Schuppenmiere *(Spergularia rubra)* 2–25 cm; Pfl. niederlg. bis aufst., drüsig behaart; Blätt. lineal, stachelspitzig; Nebenblätt. häutig, silbern; KrBlätt. rosa, etwas kürzer als die Ke.; Staubblätt. 10; FrKapsel so lg wie die Ke.; ⊙–♃; V–X; z; Säure- u. Bodenverdichtungszeiger, bes. auf Sandböden.

Erdrauchgewächse · Brennesselgewächse · Hanfgewächse · Nelkengewächse

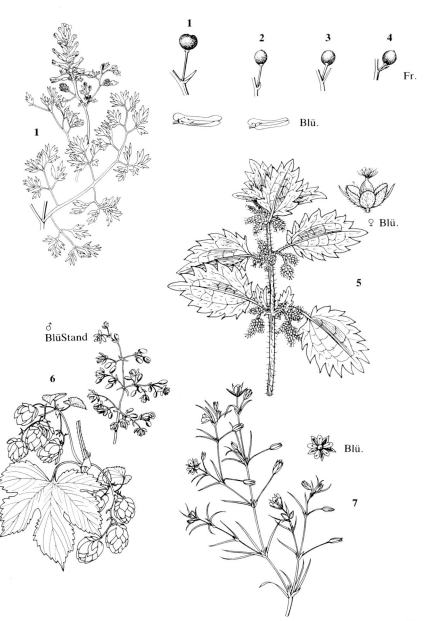

Pflanzen der Äcker

Familie: Nelkengewächse (Caryophyllaceae) (Forts.)

1 Quirlige Knorpelmiere *(Illecebrum verticillatum)* 2–20 cm; Pfl. niederlg., kahl; Stg. am Grund oft wurzelnd, meist rot gefärbt; Blätt. gegenst., 2–5 mm lg, eifg., mit unauffälligen trockenhäutigen Nebenblätt.; Blü. zu 4–6 in blattachselst. Knäueln, weiß; BlüBlätt. knorpelig verdickt, lg zugespitzt; ⊙; VII–X; s; im S f; subozeanisch v; Säure-, Feuchte- u. Magerkeitszeiger; **Rote Liste 3**.

2 Acker-Spergel *(Spergula arvensis)* 10–50 cm; Pfl. aufst. bis aufr., oben drüsig behaart; Blätt. zu 6–12 in Scheinquirlen, lineal, fleischig, useits gefurcht; Blü. 5zählig; KeBlätt. weiß berandet; KrBlätt. weiß, kaum länger als der Ke.; ⊙; VI–X; v; Säurezeiger; OC Knöterich-Gänsefuß-Ges.; Archäophyt; formenreich.

3 Aufrechtes Mastkraut *(Sagina apetala)* 3–15 cm; Pfl. aufr., ohne Blattrosette; Blätt. pfriemlich, mit lg Stachelspitze, im unt. Teil gewimpert; Blü. 4zählig; KeBlätt. kahl od. drüsig, die inneren kurz stachelspitzig; KrBlätt. 4, weiß, hinfällig, viel kürzer als der Ke.; ⊙; IV–IX; z; wärmelb.
Die mehrfach vorgenommene Aufspaltung dieser Art in das **Kronblattlose Mastkraut** *(S. micropetala)* (Ke. von der FrKapsel sternfg. abstehend; **Rote Liste 3**) und das **Wimper-Mastkraut** *(S. ciliata)* (Ke. der FrKapsel anliegend; Pfl. stärker behaart) ist schwierig und wohl noch nicht ausreichend geklärt.

4 Liegendes Mastkraut *(Sagina procumbens)* Untersch. zur vor. Art: Pfl. meist mehrjährig, niederlg. bis aufst., mit Blattrosette, oft dichtrasig wachsend u. Stg. wurzelnd; Blätt. mit kurzer Stachelspitze, meist kahl; KeBlätt. kahl, ohne Stachelspitze; ⊙–♃; IV–X; v; Feuchtezeiger.

5 Quendel-Sandkraut *(Arenaria serpyllifolia)* 3–30 cm; Pfl. aufst. bis aufr., reich verzweigt, graugrün; Blätt. eifg.; Blü. 5–8 mm br; KeBlätt. grün, die inneren mit trockenhäutigem Rand, 3–5 mm lg; KrBlätt. 5, weiß, kürzer als der Ke.; FrStiele 1–2mal so lg wie der Ke.; FrKapsel 1,5mal so lg wie br, meist länger als der Ke.; ⊙–⊙; V–IX; v; wärmelb.; formenreich.
Sehr ähnlich ist das seltenere **(5a) Dünnstengelige Sandkraut** *(A. leptoclados)*, das bes. im S vorkommt. Untersch. zur vor. Art: Pfl. gelbgrün; Blü. 3–5 mm br; KeBlätt. 2–3 mm lg, die inneren mit breiterem trockenhäutigem Rand; FrStiele 2–3mal so lg wie die Ke.; FrKapsel 2mal so lg wie br, höchstens so lg wie der Ke.

6 Dolden-Spurre *(Holosteum umbellatum)* 3–25 cm; Pfl. aufr., blaugrün; Stg. unverzweigt, oben drüsig behaart; Rosettenblätt. eifg., zugespitzt; StgBlätt. 1–3 Paare; BlüStand: endst. Scheindolde, 3–12blütig; KrBlätt. 5, weiß (s rosa), länger als der Ke.; FrStiele vorübergehend abwärts gebogen; ⊙–①; III–V; z; wärmelb.; Trocknis- u. Sandzeiger; DA Sandmohn-Ass.

7 Vogelmiere *(Stellaria media)* 2–30 cm; Pfl. niederlg. bis aufst.; Stg. einreihig behaart; Blätt. eifg.; KrBlätt. 5, weiß, fast bis zum Grund zweiteilig, etwas kürzer als der Ke.; Staubblätt. meist 3–5; FrStiele 4–6mal so lg wie der Ke., abwärts gerichtet; ⊙–⊙; I–XII; v; Stickstoffzeiger; KC Einjähr. Ruderal- u. Ackerunkraut-Ges.; Archäophyt; formenreich.
Eng verwandt ist die **Bleiche Sternmiere** *(S. pallida)*. Untersch. zur vor. Art: Pfl. gelbgrün; KrBlätt. f od. sehr kurz; Staubblätt. 1–3; FrStiele 2–4mal so lg wie die Ke., aufwärts gerichtet; Verbreitung ungenügend bekannt.

5 Ke. mit inneres
   FrKapsel KeBlatt

5a Ke. mit inneres
   FrKapsel KeBlatt

Nelkengewächse

BlüBlätt.

Blü.

Blü.

Pflanzen der Äcker

Familie: Nelkengewächse (Caryophyllaceae) (Forts.)

1 Gemeiner Wasserdarm (*Myosoton aquaticum;* syn.: *Malachium aquaticum*) 10–90 cm; Pfl. niederlg. od. klimmend, schlaff; Blätt. eifg., am Grund meist herzfg., die unt. kurz gestielt, die ob. sitzend; BlüStand drüsig behaart; Blü. 12–15 mm br; KrBlätt 5, weiß, fast bis zum Grund zweiteilig, deutlich länger als der Ke. (zwittrige Blü.) od. so lg wie der Ke. (♀ Blü.); Griffel 5; ☉–♃; v; Stickstoff-, Nässe- u. Überschwemmungszeiger.

2 Gemeines Hornkraut (*Cerastium holosteoides;* syn.: *C. caespitosum, C. fontanum* ssp. *triviale, C. vulgatum*) 7–40 cm; Pfl. aufst. bis aufr., dunkelgrün, wenig verzweigt mit sterilen Trieben in den Blattachseln, meist stark behaart mit wenigen Drüsenhaaren; BlüStand anfangs geknäuelt, später verlängert (FrStiele länger als der Ke.); ob. Tragblätt. im BlüStand mit schmalem Hautrand; KrBlätt. 5, weiß, auf ⅓ ausgerandet, 4–7 mm lg, etwas länger als der Ke.; FrKapsel 7–12 mm lg; ♃; III–XI; v; formenreich.

3 Knäuel-Hornkraut (*Cerastium glomeratum*) Untersch. zur vor. Art: Pfl. einjährig, gelbgrün, ohne sterile Triebe, stark drüsenhaarig; BlüStand u. FrStand geknäuelt (FrStiele nicht länger als der Ke.); alle Tragblätt. im BlüStand ohne Hautrand; ☉; III–IX; v–z; bes. auf feuchten Böden; AC Vielsamige Gänsefuß-Ass.

4 Einjähriger Knäuel (*Scleranthus annuus*) 3–20 cm; Pfl. aufst. bis aufr.; Internodien 1–5 cm lg, meist länger als die pfriemlichen Blätt.; BlüStand geknäuelt; KeBlätt. spitz, grünlich mit sehr schmalem weißen Rand, alle gleich lg, spreizend, 3,5–5 mm lg (zur FrZeit); KrBlätt. f; Staubblätt. viel kürzer als der Ke.; ☉; IV–IX; v; Säurezeiger, bes. auf Sandböden; OC Windhalm-Ges.

5 Acker-Gipskraut (*Gypsophila muralis*) 5–25 cm; Pfl. meist aufr. u. stark verzweigt; Blätt. schmal lanzettlich; BlüStand rispig; KeBlätt. 3–4 mm lg, zu ⅔ verwachsen, mit häutigen Längsstreifen; KrBlätt. rosa, dunkler geadert, schwach ausgerandet, doppelt so lg wie der Ke.; ☉; VI–XI; z, im N s; Feuchte-, Säure- u. Magerkeitszeiger; **Rote Liste 3**; formenreich.

6 Acker-Lichtnelke, Nacht-Lichtnelke (*Silene noctiflora;* syn.: *Melandrium noctiflorum*) 10–50 cm; Pfl. aufr., dicht behaart, oben stark klebrig-drüsig; Blätt. br lanzettlich; Blü. meist nur nachts geöffnet (Nachtfalterblume), duftend; Ke. bauchig, 10nervig, etwa bis zur Mitte verwachsen, 18–24 mm lg; KrBlätt. oseits hellrosa, useits gelblich, tief zweispaltig, 25–30 mm lg, Nebenkrone vorhanden; ☉–⊙; VI–X; z; Basenzeiger; AC Nachtlichtnelken-Ass.; Archäophyt.

7 Kornrade (*Agrostemma githago*) 30–90 cm; aufr., grauzottig behaart; Blätt. lineallanzettlich; Ke. z. T. verwachsen mit 2–4 cm langen, freien KeZipfeln, diese die Kr. weit überragend und zur BlüZeit abstehend; KrBlätt. dunkelpurpurn, an der Basis heller, mit schwarzen Streifen od. Punkten, vorne abgerundet od. ausgerandet; ☉; VI–VIII; s; OC Windhalm-Ges.; **Rote Liste 1**; neuerdings Zierpfl.; Archäophyt.
Diese früher weit verbreitete Art ist inzwischen durch Saatgutreinigung sehr selten geworden u. als Gereide-„Unkraut" fast ausgestorben.

Nelkengewächse

Pflanzen der Äcker

Familie Nelkengewächse (Caryophyllaceae) (Forts.)

1 Saat-Kuhnelke (*Vaccaria hispanica;* syn.: *V. pyramidata*) 20–60 cm; Pfl. aufr., kahl, blaugrün; Bätt. lanzettlich, bis 8 cm lg; Ke. 11–16 mm lg, scharf fünfkantig geflügelt; KrBlätt. 16–20 mm lg, rosa, am Grund mit 2 Flügelleisten; ⊙; VI–VIII; s, im N f; wärmelb., Basen- u. Trockniszeiger; VC Haftdolden-Ges.; **Rote Liste 2**; glgtl. auf Äckern mit Persischem Klee eingeschleppt; Archäophyt.

Familie: Amarantgewächse, Fuchsschwanzgewächse (Amaranthaceae)

Bestimmungshilfe für Amarant-Arten (*Amaranthus* spec.):
1 Pfl. behaart; BlüHüllblätt. 4–5

2 Zurückgebogener Amarant, Zurückgebogener Fuchsschwanz *(Amaranthus retroflexus)* 8–100 cm; Pfl. aufr., Stg. bes. oben dicht flaumig-zottig behaart; Blätt. eifg., 2–12 cm lg; BlüStand aus dichten, verzweigten Scheinähren bestehend, endst. Scheinähre wenig länger als die seitlichen; Vorblätt. derb, stechend, länger als die 5 BlüHüllblätt.; BlüHüllblätt. der ♀ Blü. gestutzt od. ausgerandet, mit Stachelspitze, 2–3 mm lg; ⊙; VII–X; z; wärmelb., Stickstoffzeiger, bes. auf sandigen Böden; KC Einjähr. Ruderal- u. Ackerunkraut-Ges.; Neophyt aus Nordamerika seit etwa 1815; formenreich; Hybridbildung!

3 Grünähriger Amarant, Grünähriger Fuchsschwanz (*Amaranthus hybridus;* syn.: *A. chlorostachys*) Untersch. zur vor. Art: Stg. im unt. Teil oft kahl, oben locker flaumig behaart; Blätt. länger gestielt; BlüStand schlanker, an der Basis z. T. rispig verzweigt, endst. Scheinähre viel länger als die seitlichen; BlüHüllblätt. 4–5, die der ♀ Blü. zugespitzt mit Stachelspitze; ⊙; VII–X; s; wärmelb.; KC Einjähr. Ruderal- u. Ackerunkraut-Ges.; Neophyt aus dem tropischen Amerika seit etwa 1890; formenreich.

1* Pfl. kahl; BlüHüllblätt. 3

4 Griechischer Amarant, Griechischer Fuchsschwanz (*Amaranthus graecizans;* syn.: *A. angustifolius*) 10–50 cm; Pfl. aufst. bis aufr., kahl; Stg. oft rötlich überlaufen; Blätt. eifg., 3–6 cm lg, zugespitzt mit Stachelspitze; Blü. alle in blattachselst. Knäueln; Vorblätt. kürzer als die 3 BlüHüllblätt.; Fr. öffnet sich durch Querriß; ⊙; VI–X; s; wärmelb.; Stickstoffzeiger; KC Einjähr. Ruderal- u. Ackerunkraut-Ges.; Neophyt seit etwa 1910; formenreich; unbeständig.

5 Aufsteigender Amarant, Aufsteigender Fuchsschwanz (*Amaranthus lividus;* syn.: *A. ascendens*) Untersch. zur vor. Art: Pfl. niederlg. bis aufr., z rötlich überlaufen; Blätt. gestutzt bis ausgerandet mit Stachelspitze; Blü. im unt. Teil der Pfl. in blattachselst. Knäueln, oben oft zu kurzem endst. BlüStand vereinigt; Fr. öffnet sich nicht durch Querriß; ⊙; VI–X; z–s; wärmelb., Stickstoffzeiger, KC Einjähr. Ruderal- u. Ackerunkraut-Ges.; Archäophyt; formenreich.

Familie: Gänsefußgewächse (Chenopodiaceae)

6 Acker-Knorpelkraut (*Polycnemum arvense*) 5–30 cm; Pfl. niederlg. bis aufst., am Grund stark verzweigt; Blätt. nadelfg., stechend, bis 1 cm lg; Blü. einzeln blattachselst.; Vorblätt. 2, grannig zugespitzt, kürzer od. ebenso lg wie die 5 BlüHüllblätt., diese 1–1,7 mm lg; ⊙; VII–IX; s, im N f; wärmelb., Basenzeiger; VC Haftdolden-Ges.; **Rote Liste 2**; wohl Archäophyt.

7 Großes Knorpelkraut (*Polycnemum majus*) Untersch. zur vor. Art: Blätt. bis 2 cm lg; Vorblätt. deutlich länger als die 2–2,5 mm langen BlüHüllblätt.; ⊙; VII–IX; s, im N f; wärmelb., Basenzeiger; DV Haftdolden-Ges.; **Rote Liste 2**; wohl Archäophyt.

Nelkengewächse · Amarantgewächse · Gänsefußgewächse

Blü. mit Tragblatt u. Vorblätt.

Pflanzen der Äcker

Familie: Gänsefußgewächse (Chenopodiaceae) (Forts.)

> Bestimmungshilfe für Gänsefuß-Arten (*Chenopodium* spec.):
> 1 Blätt. am Grund ausgerandet od. herzfg.

1 Unechter Gänsefuß (*Chenopodium hybridum*) 10–120 cm; Pfl. aufr.; Blätt. 5–9eckig, lg zugespitzt, buchtig gezähnt, bis 15 cm lg, am Grund ausgerandet od. herzfg.; BlüStand rispig verzweigt, blattlos; ⊙; VI–IX; z; subkontinental v, wärmelb., Stickstoff- u. Basenzeiger; KC Einjähr. Ruderal- u. Ackerunkraut-Ges.; lokal im Rückgang; früher Gemüsepfl.

> 1* Blätt. am Grund keilfg. verschmälert
> 2 Blätt. auffällig 2farbig: oben grün, unten weißlich

2 Graugrüner Gänsefuß (*Chenopodium glaucum*) 5–90 cm; Pfl. niederlg. bis aufr.; Blätt. ganzrandig bis buchtig gezähnt, 2–8 cm lg, Ränder nach unten umgebogen, oben kahl u. grün, unten weißlich bemehlt; BlüStand schlank, beblättert; ⊙; VII–X; z; subkontinental v; Stickstoffzeiger, salzertragend.

> 2* Blätt. nicht auffällig 2farbig
> 3 BlüStiele u. Blü. kahl, grün od. rot

3 Roter Gänsefuß (*Chenopodium rubrum*) 5–80 cm; Pfl. niederlg. bis aufr., oft rot überlaufen; Blätt. variabel, meist rhombisch, tief spitz gezähnt bis fast ganzrandig, 1–9 cm lg; Blü. in lockeren Knäueln; ⊙; VII–X; z; Stickstoffzeiger, salzertragend, formenreich.

4 Vielsamiger Gänsefuß (*Chenopodium polyspermum*) 10–60 cm; Pfl. aufst. bis aufr., stark verzweigt, oft dunkelrot überlaufen; Blätt. oval, völlig ganzrandig, 1–8 cm lg; BlüStand schlank, z. T. beblättert; zur FrZeit Blü. geöffnet u. schwarzer Sa. gut sichtbar; ⊙; VII–IX; v–z; subozeanisch v, Feuchte- u. Stickstoffzeiger; DA Vielsamige Gänsefuß-Ass.; Gemüsepfl.

> 3* BlüStiele u. Blü. bemehlt, grau bis graugrün

5 Weißer Gänsefuß (*Chenopodium album*) 5–250 cm; Pfl. aufst. bis aufr., bemehlt; Stg. gelbgrün, Astwinkel meist rot; Blätt. lanzettlich bis rhombisch, ganzrandig bis gezähnt, nicht rot berandet, 1–12 cm lg; BlüStand wenig verzweigt; Sa. mit zarten Rillen (mind. 30fache Vergrößerung!); ⊙; VI–XI; v; Stickstoffzeiger; OC Knöterich-Gänsefuß-Ges.; Archäophyt; formenreich.
Spezialisten unterscheiden von dieser Art den **Gestreiften Gänsefuß** (*Ch. strictum*) (Stg. stets rotgestreift; Blätt. kaum gezähnt, aber rotrandig werdend) und den **Grünen Gänsefuß** (*Ch. suecicum*; syn.: *Ch. viride*) (Pfl. hellgrün; Stg. außer in Astwinkeln nie rot gefärbt; Blätt. eifg.-rhombisch mit scharf vorwärtsgerichteten Zähnen).

6 Feigenblättriger Gänsefuß (*Chenopodium ficifolium*) Untersch. zur vor. Art: Blätt. 3lappig, Mittellappen lg u. schmal, nahezu parallelrandig, meist unregelmäßig buchtig gezähnt; BlüStand rispig verzweigt, wenig beblättert; Sa. mit regelmäßig gefelderter Oberfläche (Bienenwabenstruktur) (mind. 30fache Vergrößerung!); ⊙; VII–X; z–s; subkontinental v, wärmelb.; Stickstoffzeiger; KC Einjähr. Ruderal- u. Ackerunkraut-Ges.; Neophyt seit etwa 1830.
Diese Art hat seit etwa 1960 lokal stark zugenommen (in warmen Tieflagen); sie breitet sich besonders auf Äckern aus, auf denen Klärschlamm abgelagert wurde oder die mit Kläranlagenwasser beregnet wurden.

Gänsefußgewächse

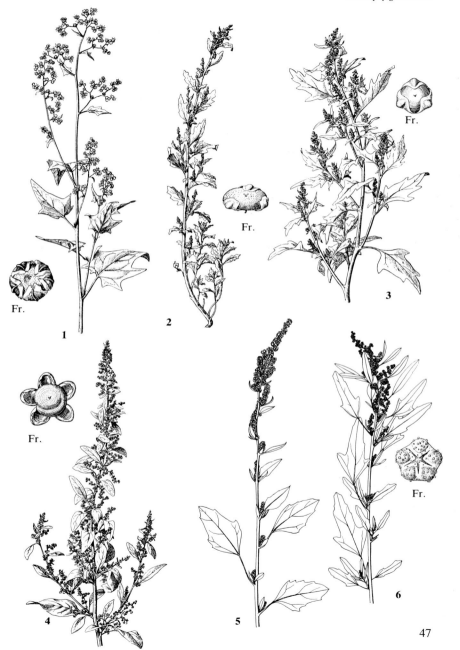

Pflanzen der Äcker

Familie: Gänsefußgewächse (Chenopodiaceae) (Forts.)

1 Spreizende Melde *(Atriplex patula)* 5–90 cm; Pfl. niederlg. bis aufr.; Blätt. lanzettlich bis rhombisch, ganzrandig bis buchtig gezähnt, am Grund keilfg., die unt. meist mit Spießecken; Sa. mit 2 Vorblätt., diese rhombisch, 2–6 mm lg, dünn, oft bis zur Mitte verwachsen, meist mit 1 Zahn je Seite; ⊙; VII–IX; v; Lehm- u. Stickstoffzeiger; VC Erdrauch-Wolfsmilch-Ges.; formenreich.

2 Spieß-Melde *(Atriplex prostrata;* syn.: *A. hastata, A. triangularis)* Untersch. zur vor. Art: unt. Blätt. (z. T. früh abfallend!) dreieckig, am Grund gestutzt; Vorblätt. dreieckig, 2–10 mm lg, nur an der Basis verwachsen u. dort etwas verdickt, meist regelmäßig gezähnt; ⊙; VII–IX; z; Feuchte- u. Stickstoffzeiger, salzertragend; formenreich.

3 Zuckerrübe *(Beta vulgaris* ssp. *rapacea* var. *altissima)* 50–180 cm; Pfl. aufr.; Wurzel rübenfg., weißschalig, weißfleischig, bis 10 % aus dem Erdboden herausragend; Grundblätt. bis 80 cm lg, wellig, am Grund keilfg.; Blattstiel im ob. Teil geflügelt; StgBlätt. kleiner, obere sitzend; GesamtBlüStand rispig verzweigt; Blü. einzeln od. zu 2–8 geknäuelt, zwittrig; BlüBlätt. 5, grün, 2–3 mm lg, mit dem FrKnoten verwachsen; meist ⊙, s ⊙; VII–IX; bevorzugt angebaut auf humosen, tiefgründigen, nährstoff- u. basenreichen Lehmböden, bes. in Lößgebieten mit Schwarzerden hoher Wasserkapazität; Stammform vermtl. die atlantische Wilde Rübe (*B. v.* ssp. *perennis*); erste Zuckerfabrik 1802 in Schlesien; Anbaufläche der Zuckerrübe in Deutschland 1836/37 1040 ha, 1951 ca. 430 000 ha; Zuckergehalt anfangs 5 %, durch gezielte Kulturen heute 18–22 %.
Runkelrübe, Futterrübe (*B. v.* ssp. *rapacea* var. *crassa*) Untersch. zur vor. Sippe: Rübe gelb- od. rotschalig, zu 50–70 % aus dem Erdboden herausragend; gegenüber Standortbedingungen weniger anspruchsvoll als Zuckerrübe; Verwendung nur für Futterzwecke; als Kulturpfl. seit dem 15. Jahrh. bekannt, seit Beginn des 18. Jahrh. feldmäßiger Anbau als Futterpfl.; starker Anbaurückgang seit 1950 wegen arbeitsaufwendiger Anbautechnik zugunsten des Silo-Mais.

Familie: Portulakgewächse (Portulacaceae)

4 Gemüse-Portulak *(Portulaca oleracea* ssp. *oleracea)* 3–30 cm; Pfl. niederlg., reich verzweigt, kahl; Stg. oft rötlich; Blätt. oval bis spatelfg., vorne abgerundet, fleischig; Blü. 4–8 mm br, nur an sonnigen Vormittagen geöffnet; KeBlätt. 2, z. T. verwachsen, KeZipfel stumpf gekielt; KrBlätt. meist 5, gelb, hinfällig, etwas länger als die Ke.; ⊙; VII–IX; s; wärmelb., bes. in Weinbaugeb.; DA Liebesgras-Ass.; in Mitteleuropa im Rückgang; Archäophyt.
Portulaca oleracea ssp. *sativa* wurde früher als Gemüsepfl. angebaut; Untersch. zur vor. Unterart: Pfl. größer u. kräftiger, aufst. bis aufr.; Blätt. vorne gestutzt bis ausgerandet, KeZipfel flügelartig gekielt.

Familie: Knöterichgewächse (Polygonaceae)

5 Kleiner Sauerampfer *(Rumex acetosella)* 10–40 cm; Pfl. aufst. bis aufr., kahl; unt. Blätt. gestielt mit langen Spießecken; BlüStand lockerblütig, blattlos; innere BlüBlätt. ganzrandig, ohne Schwielen, nicht od. kaum länger als die reife Fr.; ♃; V–VIII; z; Säure- u. Magerkeitszeiger; formenreich.

6 Krauser Ampfer *(Rumex crispus)* 30–130 cm; Pfl. aufr., oft braun überlaufen; Blätt. lanzettlich mit wellig-krausem Rand (Name!), die unt. bis 35 cm lg, am Grund keilfg. od. seicht abgerundet; Blü. in Knäueln; innere BlüBlätt. 3,5–5 cm lg u. etwa ebenso br, mit mind. einer großen Schwiele, ganzrandig, s kurz gezähnt; ♃; VI–X; v; Staunässezeiger, salzertragend; formenreich.

7 Stumpfblättriger Ampfer *(Rumex obtusifolius)* Untersch. zur vor. Art: Pfl. oft rot überlaufen; unt. Blätt. eifg. mit kaum welligem Rand, am Grund herzfg.; innere BlüBlätt. länger als br, meist mit 2–5 Zähnen, s ganzrandig; ♃; VI–X; v; formenreich.

Gänsefußgewächse · Portulakgewächse · Knöterichgewächse

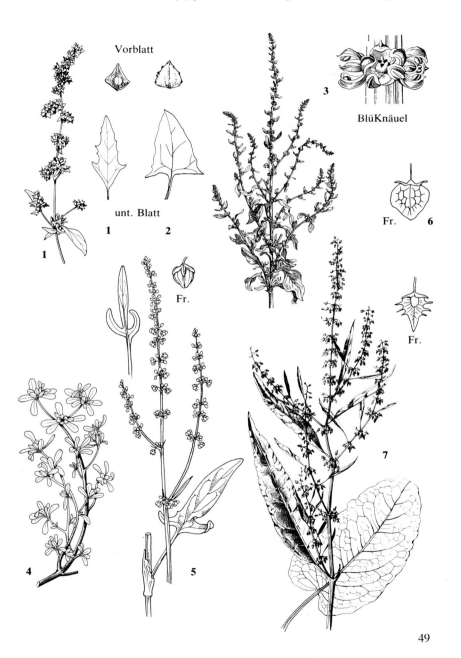

Pflanzen der Äcker

Familie: Knöterichgewächse (Polygonaceae) (Forts.)

1 Echter Buchweizen (*Fagopyrum esculentum;* syn.: *F. vulgare*) 15–60 cm; Pfl. aufr.; Stg. zur FrZeit rot; Blätt. pfeilfg., meist länger als br, nahezu 5eckig, die unt. lg gestielt, die ob. fast sitzend; BlüStand ährenartig; BlüBlätt. 5, weiß od. rosa, 3–4 mm lg; Fr. braun, 5–7 mm lg, dreiseitig mit scharfen, ganzrandigen Kanten; ☉; VII–X; früher v, heute s angebaut u. verwildert; bes. auf sauren Böden.

Bestimmungshilfe für Knöterich-Arten (*Polygonum* spec.):
1 Blätt. 0,5–5 cm lg; Blü. zu 1–5 blattachselst.

2 Vogel-Knöterich (Artengruppe) (*Polygonum aviculare* agg.) 5–80 cm; Pfl. niederlg. bis aufst.; Blätt. bis 5 cm lg; Ochrea häutig, silbern glänzend; Blü. zu 1–5 blattachselst.; BlüBlätt. meist 5, 1,5–3 mm lg, rosa bis grün, weiß berandet; Fr. 2–3 mm lg; ☉; V–XI; v; Archäophyt; formenreich.
Es werden zahlreiche Unterarten bzw. sogenannte „Kleinarten" unterschieden, die schwer bestimmbar sind (s. z. B. SCHOLZ 1958/59, 1960).

1* Blätt. 4–15 cm lg; Blü. in Scheinähren end- od. seitenst.
2 Pfl. ausdauernd; Blätt. am Grund abgerundet bis herzfg.

3 Wasser-Knöterich (Landform) (*Polygonum amphibium* var. *terrestre*) 10–60 cm; Pfl. aufst. bis aufr., borstig behaart u. oft rot überlaufen; Blätt. mit feiner Längsstreifung, am Grund abgerundet bis herzfg., 5–12 cm lg; Blattstiel über der Mitte der Ochrea abgehend; Pfl. s blühend; BlüStand: dichte endst. Scheinähre; BlüBlätt. rot, 4 mm lg; ♃; VI–IX; z; Wechselnässezeiger.
Die Wasserform (var. *aquaticum*) wächst mit flutendem Stg. in Teichen u. Gräben, sie ist völlig kahl u. blüht regelmäßig.

2* Pfl. einjährig; Blätt. am Grund verschmälert
3 BlüStand locker u. schlank, Achse sichtbar

4 Wasserpfeffer (*Polygonum hydropiper*) 20–80 cm; Pfl. aufst. bis aufr., scharf pfefferartig schmeckend; Blätt. kurz gestielt, am Grund verschmälert, 4–8 cm lg; Ochrea oben kurz bewimpert, sonst kahl; BlüStand locker u. oft unterbrochen, meist nickend, Achse sichtbar; BlüBlätt. meist 4, grünlich, am Rand auch rötlich-weiß, durch eingesenkte goldgelbe Drüsen punktiert (Lupe!), 3–4 mm lg; ☉; VII–X; v; Staunässe- u. Stickstoffzeiger, bes. auf kalkfreien Böden.

3* BlüStand dicht u. gedrungen, Achse verdeckt

5 Floh-Knöterich (*Polygonum persicaria*) 10–80 cm; Pfl. aufst. bis aufr.; Blätt. 5–10 cm lg, oft schwarz gefleckt; Blattstiel unter der Mitte der Ochrea abgehend; Ochrea oben lg bewimpert, sonst kurzhaarig; BlüStand drüsenlos, gedrungen, Achse durch dichtstehende Blü. verdeckt; BlüBlätt. 4–5, rötlich, gelblich od. grünlich, zur FrZeit ohne hervortretende Nerven (Lupe!), 2–3 mm lg; ☉; VII–X; v; Stickstoffzeiger; OC Knöterich-Gänsefuß-Ges.; formenreich.

6 Ampfer-Knöterich (*Polygonum lapathifolium*) Untersch. zur vor. Art: Ochrea völlig kahl od. oben sehr kurz bewimpert; BlüStand meist mit zahlreichen gelblichen Drüsen; BlüBlätt. zur FrZeit mit stark hervortretenden Nerven (Lupe!); ☉; VII–X; v; Feuchte- u. Stickstoffzeiger; OC Knöterich-Gänsefuß-Ges.; formenreich.
Die mehrfach vorgenommene Aufgliederung dieser Art in verschiedene Sippen (z. B. **Filziger Knöterich,** *P. l.* ssp. *incanum;* syn.: *P. tomentosum*) ist zweifelhaft, da die angeblichen Trennungsmerkmale durch Übergänge lückenlos miteinander verbunden sind (s. TIMSON 1963).

Knöterichgewächse

51

Pflanzen der Äcker

Familie: Knöterichgewächse (Polygonaceae) (Forts.)

1 Gemeiner Windenknöterich (*Fallopia convolvulus;* syn.: *Bilderdykia convolvulus, Polygonum convolvulus*) 10–100 cm; Pfl. niederlg., windend od. kletternd; Stg. kantig gefurcht; Blätt. pfeilfg., lg zugespitzt, mit kurzer Ochrea; Blü. zu 1–6 blattachselst. od. in Scheinähren; BlüBlätt. 5, grün, etwa 3 mm lg, die 3 äußeren gekielt; Fr. mattschwarz; ⊙; VII–X; v; KC Einjähr. Ruderal- u. Ackerunkraut-Ges.; Archäophyt.
Die vegetativ ähnliche Acker-Winde (s. S. 82) ist ausdauernd, milchsaftführend, hat keine Ochrea u. nur kurz zugespitzte Blätter.

Familie: Hartheugewächse (Hypericaceae)

2 Liegendes Hartheu (*Hypericum humifusum*) 5–15 cm; Pfl. niederlg., kahl; Stg. fadenfg.; Blätt. oval, useits am Rand mit schwarzen Drüsen, 8–15 mm lg; Blü. meist 5zählig; KrBlätt. hellgelb, am Rand mit schwarzen Drüsen, kaum länger als der Ke.; Staubblätt. 15–20; ⊙–♃; VI–X; z; Feuchte- u. Säurezeiger.

Familie: Veilchengewächse (Violaceae)

3 Acker-Stiefmütterchen (*Viola arvensis;* syn.: *V. tricolor* ssp. *arvensis*) 8–40 cm; Pfl. aufst. bis aufr.; Nebenblätt. fiederteilig, der Mittellappen meist gekerbt (an den mittleren Blätt.); Kr. trichterfg., 7–14 mm lg, kürzer od. so lg wie der Ke.; KrBlätt. gelblichweiß, s mit 2–4 violetten Punkten od. bläulich überlaufen; meist ⊙, s ⊙; III–X; v; KC Einjähr. Ruderal- u. Ackerunkraut-Ges.; Archäophyt; formenreich; Hybridbildung!

4 Wildes Stiefmütterchen (*Viola tricolor*) Untersch. zur vor. Art: Mittellappen der Nebenblätt. meist ganzrandig (an den mittl. Blätt.); Kr. meist flach ausgebreitet, 13–25 mm lg, länger als der Ke.; KrBlätt. blauviolett, bes. die unt. teilweise gelb; meist ♃, s ⊙; IV–X; z; bes. auf kalkarmen Böden; formenreich mit verschiedenen, schwer unterscheidbaren Unterarten u. Zwischenformen.

Familie: Kreuzblütengewächse (Brassicaceae; syn.: Cruciferae)

A. Arten mit schotenfg. Fr. (Fr. mehr als 3mal so lg wie br)
(B. Arten mit schötchenfg. Fr. s. S. 58)

5 Weg-Rauke (*Sisymbrium officinale*) 30–100 cm; Pfl. aufr., behaart; die unt. Blätt. fiederspaltig mit 2–9 buchtig gezähnten Abschnitten, die ob. ungeteilt od. spießfg.; KrBlätt. gelb, 3–4 mm lg; BlüStand zur FrZeit stark verlängert; Fr. 10–15 mm lg, dem Stg. dicht angedrückt; ⊙–①; V–X; v; Stickstoffzeiger; OC Rauken-Ges.; Archäophyt.

6 Gemeine Besenrauke (*Descurainia sophia;* syn.: *Sisymbrium sophia*) 20–100 cm; Pfl. aufr.; Blätt. 2–3fach gefiedert, durch Sternhaare (Lupe!) graugrün; KrBlätt. hellgelb, 2 mm lg, so lg od. kürzer als der Ke.; Fr. 15–25 mm lg; ⊙–①; V–IX; z; subkontinental v; OC Rauken-Ges.; Archäophyt.

7 Französische Hundsrauke (*Erucastrum gallicum;* syn.: *E. pollichii*) 15–60 cm; Pfl. aufr., behaart; Rosetten- u. StgBlätt. fiederspaltig; die unt. Blü. mit Tragblätt. (sehr wichtiges Artkennzeichen!); KrBlätt. hellgelb, oft grün geädert, 6–8 mm lg; Fr. 15–45 mm lg; an der Spitze mit abgesetztem Schnabel; ⊙–⊙; IV–XI; z–s; wärmelb., Basenzeiger; lokal AC Einjährige Bingelkraut-Ass.; im N Neophyt.

Knöterichgewächse · Hartheugewächse · Veilchengewächse · Kreuzblütengewächse

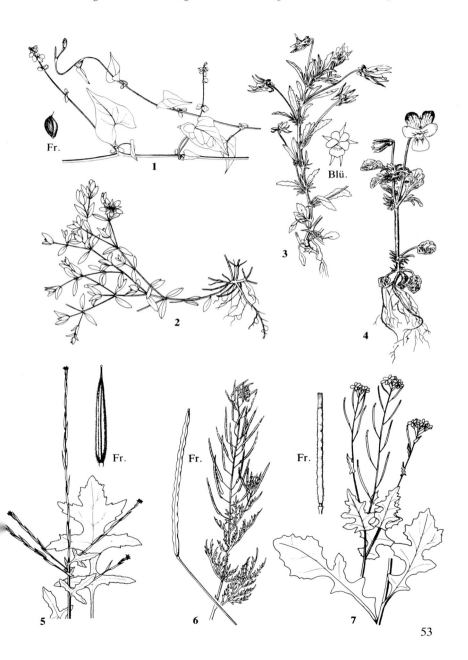

Pflanzen der Äcker

Familie: Kreuzblütengewächse (Brassicaceae) (Forts.)

1 Acker-Schöterich *(Erysimum cheiranthoides)* 15–60 cm; Pfl. aufr.; Blätt. ganzrandig od. kurz gezähnt, mit Sternhaaren (Lupe!); BlüStiel viel länger als der Ke.; KrBlätt. gelb, 3–5 mm lg; Fr. deutlich vierkantig, mit Sternhaaren, 12–30 mm lg, 2–3mal so lg wie ihr Stiel; ☉–①; v–z; Stickstoffzeiger; KC Einjähr. Ruderal- u. Ackerunkraut-Ges.; wohl Archäophyt.

> Bestimmungshilfe für Kohlarten, Raps u. Rübsen (*Brassica* spec.)
> 1 ob. Blätt. sitzend od. stengelumfassend; Fr. 4–12 cm lg
> 2 ob. Blätt. stengelumfassend

2 Raps *(Brassica napus* ssp. *napus)* 50–200 cm; Pfl. aufr.; Blätt. blaugrün bereift, wenig behaart; die unt. fiederspaltig u. gestielt, die ob. ungeteilt, gezähnt bis ganzrandig u. halbstengelumfassend; BlüKnospen die geöffneten Blü. überragend; KeBlätt. etwas abstehend; KrBlätt. goldgelb, 10–15 mm lg; Fr. kahl, 5–10 cm lg mit undeutlichem, 8–25 mm langem Schnabel; meist ①, s ☉; IV–VI; Kulturpfl. zur Gewinnung von Speiseöl, Bienenfutterpfl.; vorübergehend verwildernd; angebaut auf nährstoff- u. basenreichen sandigen od. reinen Lehmböden mit guter Wasserkapazität, bes. in Gebieten mit hoher Luftfeuchte u. reichlichen Niederschlägen; Raps nimmt ca. 1 % der landwirtschaftlichen Anbaufläche der Bundesrepublik Deutschland ein (in Schleswig-Holstein 7,5 %); vermtl. aus dem Hybriden Gemüse-Kohl × Rübsen (*B. oleracea* × *rapa*) entstanden. Die **Kohlrübe, Steckrübe** (*B. napus* ssp. *rapifera*) wird als Futter- u. Gemüsepfl. angebaut. Untersch. zur vor. Sippe: Wurzel u. StgGrund rübenfg. verdickt mit Blattrosette.

3 Rübsen, Stoppelrübe *(Brassica rapa)* Untersch. zur vor. Art: Blätt. grasgrün, nicht od. nur etwas blaugrün bereift, borstig behaart; die ob. weit stengelumfassend; BlüKnospen von den geöffneten Blü. überragt; KeBlätt. stärker abstehend; KrBlätt. 6–11 mm lg; Fr. 4–7 cm lg; ☉–☉; V–VII; früher v, heute s als Öl-, Futter- u. Gemüsepfl. angebaut, glgtl. verwildert; Kulturpfl. seit der jüngeren Steinzeit; formenreich.

> 2* ob. Blätt. sitzend

4 Gemüse-Kohl *(Brassica oleracea)* 40–120 cm; Pfl. aufr.; Blätt. meist blaugrün bereift, kahl, die unt. gestielt u. fiederspaltig, die ob. sitzend u. ganzrandig, aber je nach Kultursorte anders gestaltet; BlüKnospen die geöffneten Blü. überragend; KeBlätt. aufr.; KrBlätt. schwefelgelb, 12–25 mm lg; Fr. 7–12 cm lg, mit kurzem Schnabel; ☉–♃; V–IX; wichtige Gemüsepfl. seit der Antike in zahlreichen Kultursorten (z. B. Rosenkohl, Weißkohl, Grünkohl); Wildformen an süd- u. westeuropäischen Küsten bis Helgoland; formenreich.

> 1* ob. Blätt. gestielt; Fr. 1–5 cm lg

5 Ruten-Kohl, Sarepta-Senf *(Brassica juncea)* 40–110 cm; Pfl. aufr., bläulich bereift, im unt. Teil behaart; Blätt. gestielt, die unt. fiederteilig, die ob. meist ungeteilt u. gezähnt bis ganzrandig; KrBlätt. hellgelb, 6–10 mm lg; Fr. abstehend, 3–5 cm lg, kahl mit 5–12 mm langem Schnabel; ☉; VI–X; glgtl. als Futter- u. Gründüngerpfl. angebaut, s verwildert; vermtl. aus dem Hybriden Schwarzer Senf × Rübsen (*B. nigra* × *rapa*) entstanden.

6 Schwarzer Senf *(Brassica nigra)* Untersch. zur vor. Art: Blätt. dicht u. fein gezähnt; BlüStiele kürzer als Ke.; KrBlätt. goldgelb; Fr. aufr., dem Stg. anliegend, deutlich vierkantig, 1–2 cm lg; ☉; VI–X; Kulturpfl. seit der Römerzeit (Öl- u. Gewürzpfl.), noch im vor. Jahrh. z. T. großflächig angebaut, heute nur noch glgtl. als Futter- u. Gründüngerpfl.; z–s verwildernd u. in Flußtälern eingebürgert.

Kreuzblütengewächse

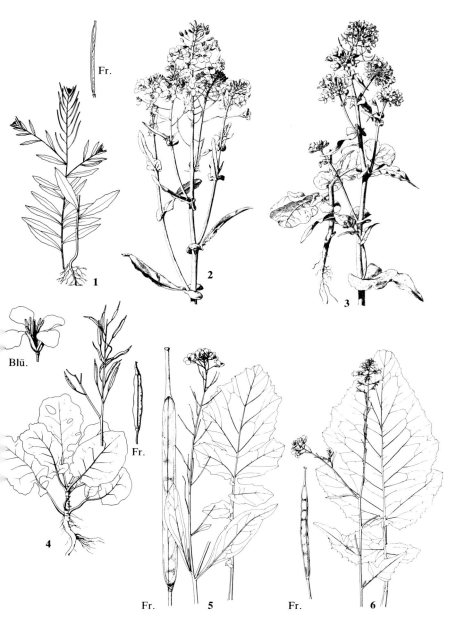

55

Pflanzen der Äcker

Familie: Kreuzblütengewächse (Brassicaceae) (Forts.)

1 Acker-Senf *(Sinapis arvensis)* 20–60 cm; Pfl. aufr., behaart; Blätt. gezähnt bis fiederspaltig; BlüStiel höchstens so lg wie die Ke.; Ke. waagerecht abstehend (,,Senf senkt"); KrBlätt. schwefelgelb, 8–12 mm lg; Fr. 25–40 mm lg, meist kahl, an der Spitze mit abgesetztem, fast rundem Schnabel; Sa. 8–13, schwarz; ⊙; V–XI; v; Lehmzeiger, bes. auf basenreichen Böden; KC Einjähr. Ruderal- u. Ackerunkraut-Ges.; Archäophyt.

2 Weißer Senf *(Sinapis alba)* Untersch. zur vor. Art: alle Blätt. fiederspaltig od. fiederteilig; BlüStiel länger als der Ke.; Fr. mit steifen weißen Haaren u. abgeflachtem Schnabel; Sa. 4–8, gelblich; ⊙; VI–IX; glgtl. angebaut u. vorübergehend verwildert; früher Öl- u. Gewürzpfl., heute Futter- u. Gründüngerpfl.; Heimat: Süd-Europa.

3 Hederich *(Raphanus raphanistrum)* 20–60 cm; Pfl. aufr., behaart; Blätt. fiederspaltig bis fiederteilig; Ke. aufr. (,,Hederich hebt"); KrBlätt. weiß (bes. im S) od. hellgelb (bes. im N), braun-violett geadert, 10–20 mm lg; Fr. zwischen den 2–10 Sa. perlschnurartig eingeschnürt, aber Sa. oft nicht ausgebildet u. dann Fr. flach bleibend; ⊙; V–X; v–z; bes. auf sauren Böden; OC Wildhalm-Ges.; lokal im Rückgang; Archäophyt; Gemüsepfl.; formenreich.
Als Futter- u. Gründüngerpfl. wird glgtl. der **Öl-Rettich** (*R. sativus* ssp. *oleiferus*) angebaut. Untersch. zur vor. Art: 30–100 cm; KrBlätt. hellviolett od. weiß, violett geadert; Fr. dick, schwammig, aufgedunsen. Im Gegensatz zu Radieschen u. Rettich ist die Wurzel beim Ölrettich nicht stark verdickt.

4 Mauer-Doppelsame *(Diplotaxis muralis)* 10–50 cm; Pfl. aufr., riecht beim Zerreiben nach ,,Schweinebraten"; Rosettenblätt. gezähnt bis fiederspaltig; StgBlätt. 1–3; BlüStand lockerblütig; KrBlätt. schwefelgelb, 5–8 mm lg; FrStiel höchstens halb so lg wie die reife Fr.; Fr. 20–45 mm lg; Sa. 2reihig nebeneinander; ⊙–⊙; V–X; z–s; wärmelb.; bes. auf basenreichen Böden; DA Liebesgras-Ass.; Neophyt aus Südwest-Europa seit etwa 1800.

5 Gemeine Sumpfkresse *(Rorippa palustris;* syn.: *R. islandica)* 10–90 cm; Pfl. niederl. bis aufr.; Blätt. fiederspaltig mit gezähnten Seitenlappen; Blattstiel halbstengelumfassend; KrBlätt. hellgelb, 2–3 mm lg, etwa so lg wie die Ke.; Fr. 4–11 mm lg, waagerecht abstehend; ⊙–♃; VI–IX; v; Nässe- u. Stickstoffzeiger; Hybridbildung!

6 Wilde Sumpfkresse *(Rorippa sylvestris)* 20–60 cm; Pfl. niederl. bis aufr.; Blätt. gestielt, tief fiederteilig, nicht stengelumfassend; KrBlätt. goldgelb, 4 mm lg, länger als der Ke.; Fr. 7–20 mm lg, waagerecht bis aufr. abstehend; ♃; V–IX; v; Wechselfeuchtezeiger, bes. auf Lehmböden; Hybridbildung!

7 Wasser-Sumpfkresse *(Rorippa amphibia)* Untersch. zur vor. Art: 40–120 cm; ob. Blätt. ungeteilt u. fast ungestielt, die untersten Blätt. z. T. fiederspaltig; Fr. (Schötchen!) 3–7 mm lg; ♃; V–VIII; z; Wechselnässe- u. Stickstoffzeiger, Stromtalpfl.; formenreich; Hybridbildung!

Kreuzblütengewächse

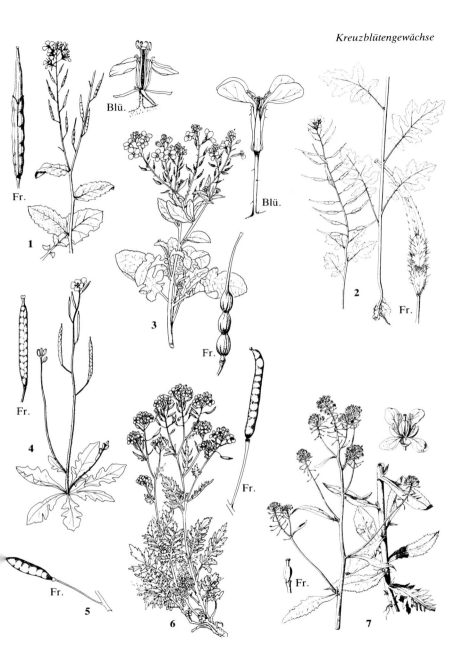

57

Pflanzen der Äcker

Familie: Kreuzblütengewächse (Brassicaceae) (Forts.)

1 Acker-Schmalwand *(Arabidopsis thaliana)* 5–30 cm; Pfl. aufr.; Rosettenblätt. ganzrandig od. gezähnt, mit Gabelhaaren (Lupe!); StgBlätt. wenige, ganzrandig, sitzend; KrBlätt. weiß, 2–4 mm lg; Fr. 8–20 mm lg; ⊙–①; III–V; v; bes. in Sandgeb.; DA Sandmohn-Ass.; Archäophyt.

2 Ackerkohl *(Conringia orientalis)* 10–60 cm; Pfl. aufr., kahl, meist unverzweigt; StgBlätt. eifg., stengelumfassend, blaugrün; KrBlätt. gelblich- od. grünlichweiß, 8–13 mm lg; Fr. 4kantig, 60–110 mm lg; ⊙–①; V–VII; s, im N f; wärmelb., Trocknis- u. Basenzeiger; VC Haftdolden-Ges.; **Rote Liste 2**; Ölpfl.; Archäophyt.

B. Arten mit schötchenfg. Fr. (Fr. weniger als 3mal so lg wie br)
(s. auch Sumpfkresse-Arten auf S. 56)
(A. s. S. 52)

3 Runzliger Rapsdotter *(Rapistrum rugosum)* 15–60 cm; Pfl. aufr., borstig behaart; unt. Blätt. fiederspaltig mit großem Endabschnitt, ob. Blätt. ungeteilt, gezähnt; KrBlätt. hellgelb, 6–9 mm lg; Fr. zweigliedrig (das ob. Glied größer als das unt.), lg zugespitzt, jung behaart, 4–10 mm lg, dem Stg. dicht angedrückt; ⊙–⊙; VI–X; z–s; wärmelb., Lehmzeiger; KC Einjähr. Ruderal- u. Ackerunkraut-Ges.; im Rheinland Archäophyt, sonst Neophyt.

4 Kleinfrüchtiger Leindotter *(Camelina microcarpa;* syn.: *C. sativa* ssp. *microcarpa)* 20–90 cm; Pfl. aufr., rauhhaarig mit Sternhaaren (Lupe!); Blätt. ganzrandig, die unt. mitunter buchtig gezähnt, alle pfeilfg. stengelumfassend; KrBlätt. gelb, 3–4 mm lg; Fr. birnenfg., 5 mm lg (ohne Griffel), etwa 2mal so lg wie der Griffel, mit kaum hervortretendem Mittelnerv; ⊙–①; V–VII; z–s; subkontinental v, wärmelb., bes. auf trockenen u. basenreichen Böden; OC Windhalm-Ges.; Archäophyt; vermutlich Stammform des Saat-Leindotters.
Sehr ähnlich ist der seltenere **(4a) Behaarte Leindotter** *(Camelina pilosa;* syn.: *C. sativa* ssp. *pilosa)*, aber Fr. 6–7 mm lg (ohne Griffel), etwa 3mal so lg wie der Griffel, mit hervortretendem Mittelnerv.

5 Saat-Leindotter *(Camelina sativa)* Untersch. zur vor. Art: Pfl. kahl od. schwach behaart; KrBlätt. 4–5,5 mm lg; Fr. 7–9 mm lg (ohne Griffel), 3–4mal so lg wie der Griffel; ⊙; V–VIII; früher v, heute s angebaut u. verwildert; wärmelb.; OC Windhalm-Ges.; Ölpfl.

6 Finkensame *(Neslia paniculata;* syn.: *Vogelia paniculata)* 10–70 cm; Pfl. aufr., mit Sternhaaren (Lupe!); Blätt. ganzrandig od. undeutlich gezähnt, die ob. pfeilfg. stengelumfassend; BlüStand vielblütig; KrBlätt. goldgelb, 2–3 mm lg; Fr. kugelig, 1,5–2,5 mm lg, waagerecht abstehend; ⊙; V–VII; z, im N s; bes. in Kalk- u. Lehmgeb. im Berg- u. Hügelland; AC Finkensamen-Ass.; **Rote Liste 3**; lokal in starkem Rückgang; Archäophyt.

7 Gemeiner Krähenfuß *(Coronopus squamatus;* syn.: *C. procumbens)* 5–30 cm; Pfl. niederlg. bis aufst., kahl; Blätt. 1–2fach gefiedert; BlüStand blattgegenst.; KrBlätt. weiß, 2 mm lg, etwas länger als die Ke., unauffällig; Fr. nierenfg. mit scharfen Zacken, 3–4 mm br; ⊙; V–IX; z; wärmelb.; Wechselfeuchtezeiger, bes. auf nährstoff- u. basenreichen Böden, salzertragend; **Rote Liste 3**; früher Salatpfl.; wohl Archäophyt.

Kreuzblütengewächse

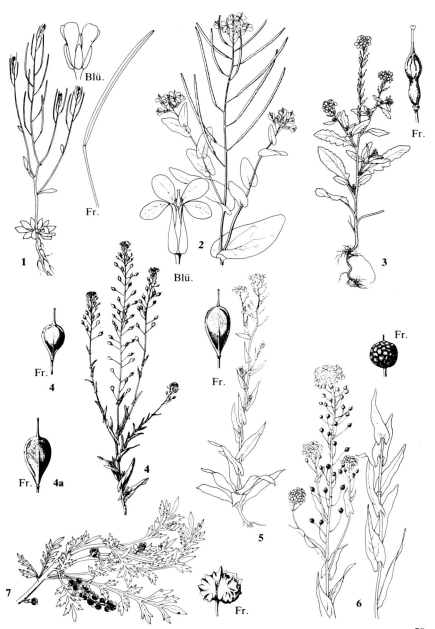

59

Pflanzen der Äcker

Familie: Kreuzblütengewächse (Brassicaceae) (Forts.)

1 Feld-Kresse *(Lepidium campestre)* 15–60 cm; Pfl. aufr., abstehend behaart; ob. StgBlätt. pfeilfg. stengelumfassend, ganzrandig bis seicht buchtig gezähnt; KrBlätt. weiß, 2 mm lg; Fr. löffelfg., schuppig-rauh, 4–6 mm lg, an der Spitze mit geflügeltem Rand; ☉–⊙; V–VII; z; Lehmzeiger; OC Rauken-Ges.; wohl Archäophyt.

2 Schutt-Kresse *(Lepidium ruderale)* 10–35 cm; Pfl. aufr., riecht beim Zerreiben stark nach Kresse; unt. Blätt. 1–3fach fiederteilig, ob. Blätt. ungeteilt u. lineal; KeBlätt. grün, 1 mm lg; KrBlätt. f; Staubblätt. 2; Fr. eifg., 2–3 mm lg; ☉–⊙; V–X; v–z; subkontinental v, salzertragend; Steppenläuferpfl.

3 Acker-Hellerkraut *(Thlaspi arvense)* 10–50 cm; Pfl. aufr., kahl, riecht beim Zerreiben etwas nach Knoblauch; Stg. kantig; Blätt. ganzrandig od. gezähnt, die unt. gestielt, die ob. pfeilfg. stengelumfassend; KrBlätt. weiß, 2–4 mm lg; Fr. fast kreisrund, 10–16 mm lg, br geflügelt, oben tief ausgerandet; ☉–①; IV–XI; v; bes. auf lehmigen, nicht auf stark sauren Böden; VC Erdrauch-Wolfsmilch-Ges.; Archäophyt.

4 Gemeines Hirtentäschel *(Capsella bursa-pastoris)* 3–60 cm; Pfl. aufr.; Rosettenblätt. ganzrandig bis fiederteilig (alle Übergänge), ob. StgBlätt. ungeteilt u. ganzrandig, pfeilfg. stengelumfassend; KrBlätt. weiß, 2–3 mm lg; Fr. verkehrt herzfg., 6–10 mm lg; ☉–⊙; I–XII; v; KC Einjähr. Ruderal- u. Ackerunkraut-Ges.; Archäophyt; formenreich.

5 Bauernsenf *(Teesdalea nudicaulis)* 2–20 cm; Pfl. aufr.; Rosettenblätt. fiederspaltig; StgBlätt. f; KrBlätt. weiß, 1–2 mm lg, ungleich lg, die äußeren länger als die inneren; Fr. löffelfg., schmal geflügelt, 2–4 mm lg; ☉; IV–VI; z, im S s; subozeanisch v; Trocknis-, Säure-, Magerkeits- u. Sandzeiger; DA Lammkraut-Ass.

6 Frühlings-Hungerblümchen (Artengruppe) *(Erophila verna* agg.; syn.: *Draba verna)* 2–20 cm; Pfl. aufr.; Rosettenblätt. ganzrandig od. vorne gezähnt; StgBlätt. f; KrBlätt. weiß, tief 2spaltig, 2–4 mm lg; Fr. rhombisch bis lanzettlich, 4–10 mm lg; ☉–①; II–V; v; bes. auf trockenen, mageren (Name!) Böden; DA Sandmohn-Ass.; formenreich.
Es sind mehrere Unterarten und sogenannte „Kleinarten" beschrieben, die schwer unterscheidbar sind.

Familie: Malvengewächse (Malvaceae)

7 Weg-Malve *(Malva neglecta)* 10–40 cm; Pfl. niederlg. bis aufst.; Stg. oft rot überlaufen; Blätt. lg gestielt, rundlich, undeutlich 5–7lappig, gekerbt, am Grund herzfg.; Nebenblätt. kurz dreieckig; Blü. blattachselst., lg gestielt; KrBlätt. rotviolett bis weiß, vorne ausgerandet, 8–15 mm lg, etwa doppelt so lg wie der Ke.; Fr. scheibenfg. mit Einsenkung in der Mitte; ☉–♃; VI–X; v; Stickstoffzeiger; OC Rauken-Ges.; früher Gemüsepfl.; Archäophyt.

Kreuzblütengewächse · Malvengewächse

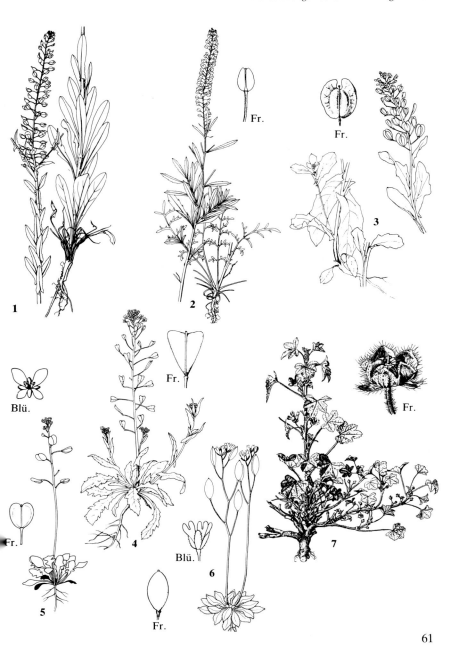

Pflanzen der Äcker

Familie: Wolfsmilchgewächse (Euphorbiaceae)

1 Einjähriges Bingelkraut *(Mercurialis annua)* 10–40 cm; Pfl. aufr., ohne Milchsaft; Stg. stumpf vierkantig; Blätt. gegenst. mit kleinen Nebenblätt.; Pfl. meist zweihäusig; ♂ Blü. geknäuelt in gestielten Scheinähren; ♀ Blü. zu 1–3 blattachselst.; BlüBlätt. 3, grün, 1–2 mm lg, unscheinbar; FrKapsel mit Höckern, behaart, 2–3 mm lg; ☉; V–XII; v–z; wärmelb., Stickstoffzeiger, bes. auf Lehmböden; AC Einjährige Bingelkraut-Ass.; Neophyt seit etwa 1600.

Bestimmungshilfe für Wolfsmilch-Arten *(Euphorbia* spec.):
1 Honigdrüsen (Randverdickungen) am BlüBecher oval, ohne Anhängsel

2 Sonnenwend-Wolfsmilch *(Euphorbia helioscopia)* 5–35 cm; Pfl. aufr.; Blätt. vorne stumpf bis ausgerandet u. fein gesägt, zum Grund verschmälert, kahl od. wenig behaart, oft rot überlaufen; GesamtBlüStand doldenartig, meist 5strahlig; FrKapsel kahl u. glatt, 3 mm lg; ☉; IV–XI; v; bes. auf stickstoffreichen Lehmböden; VC Erdrauch-Wolfsmilch-Ges.; Archäophyt.

3 Breitblättrige Wolfsmilch *(Euphorbia platyphyllos)* 20–80 cm; Pfl. riecht mäuseartig; Blätt. vorne zugespitzt, zum Grund kaum verschmälert u. z. T. halbstengelumfassend, nicht rot überlaufen, BlattUSeite anfangs lg behaart; GesamtBlüStand zur FrZeit oft gestreckt u. auffällig verzweigt; FrKapsel warzig mit 3 warzenfreien Längsstreifen, meist behaart; ☉; VI–X; z–s, im N f; wärmelb., bes. auf basenreichen Lehmböden; KC Einjähr. Ruderal- u. Ackerunkraut- Ges.; Archäophyt.

1* Honigdrüsen (Randverdickungen) am BlüBecher halbmondfg., mit Anhängseln
2 StgBlätt. gestielt; FrKapsel mit Flügelleisten

4 Garten-Wolfsmilch *(Euphorbia peplus)* 5–30 cm; Pfl. aufr., z. T. rot überlaufen; StgBlätt. vorne abgerundet od. ausgerandet, 1–8 mm lg gestielt; HüllBlätt. im BlüStand zugespitzt; BlüStand 3strahlig, mehrfach verzweigt; Honigdrüsen am BlüBecher mit langen weißen Anhängseln; FrKapsel mit 3 × 2 Flügelleisten, kahl, 2–3 mm lg; ☉; V–XI; v; Stickstoffzeiger; VC Erdrauch-Wolfsmilch-Ges.; Archäophyt; häufigste Wolfsmilch-Art in Gärten.

2* StgBlätt. sitzend; FrKapsel ohne Flügelleisten

5 Kleine Wolfsmilch *(Euphorbia exigua)* 5–25 cm; Pfl. niederlg. bis aufr., gelbgrün, z. T. rot überlaufen; StgBlätt. u. HüllBlätt. schmal lanzettlich, 1–4 mm br; BlüStand 3–5strahlig, mehrfach verzweigt; Honigdrüsen am BlüBecher mit weißen Anhängseln; FrKapsel kahl u. glatt, 2 mm lg; ☉; V–XI; v–z, im N s; Basenzeiger; VC Haftdolden-Ges.; Archäophyt.

6 Sichel-Wolfsmilch *(Euphorbia falcata)* Untersch. zur vor. Art: 8–40 cm; Pfl. blaugrün; Blätt. 4–8 mm br, lanzettlich bis oval; HüllBlätt. im BlüStand nahezu dreieckig, stachelspitzig; ☉; VI–X; s, im N f; wärmelb., Basenzeiger; KC Einjähr. Ruderal- u. Ackerunkraut-Ges.; **Rote Liste 1**; Archäophyt.

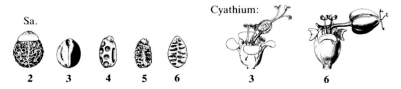

Sa. Cyathium:

2   3   4   5   6   3   6

Wolfsmilchgewächse

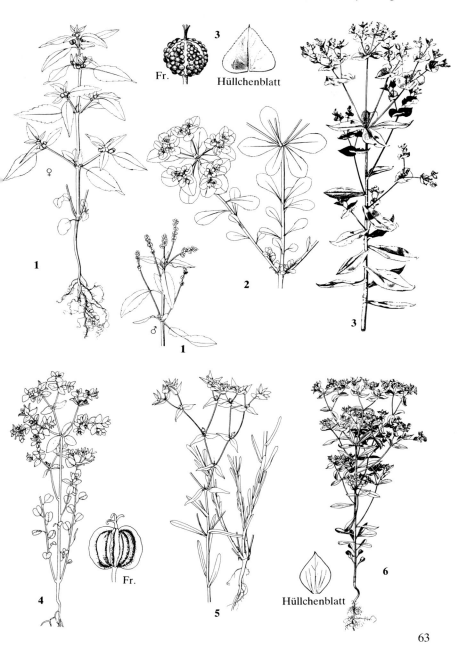

Pflanzen der Äcker

Familie: Primelgewächse (Primulaceae)

1 Acker-Gauchheil *(Anagallis arvensis)* 5–30 cm; Pfl. niederlg. bis aufst.; Stg. vierkantig; Blätt. gegenst., br lanzettlich, hellgrün; Blü. meist 5zählig; BlüStiel zur BlüZeit deutlich länger als das Tragblatt; Kr. mennigerot (s blau); KrBlätt. bis 6 mm br, an der Spitze meist ganzrandig mit 40–70 Drüsenhaaren (Lupe!); ⊙; VI–XI; v; Lehmzeiger; KC Einjähr. Ruderal- u. Ackerunkrautges.; Archäophyt.

2 Blauer Gauchheil *(Anagallis foemina;* syn.: *A. coerulea)* Untersch. zur vor. Art: Blätt. lanzettlich, dunkelgrün; BlüStiel zur BlüZeit etwa so lg wie das Tragblatt; Kr. stets blau; KrBlätt. bis 4 mm br, an der Spitze gezähnt od. gekerbt mit 0–40 Drüsenhaaren (Lupe!); ⊙; VI–IX; z, im N s; wärmelb., Basenzeiger; VC Haftdolden-Ges.; Archäophyt.

3 Acker-Kleinling *(Centunculus minimus;* syn.: *Anagallis minima)* 1–8 cm; Pfl. aufr.; Blätt. wechselst., rundlich eifg., useits schwarz berandet; Blü. einzeln blattachselst., sehr kurz gestielt, 4–5zählig, weiß od. rötlich, unauffällig; ⊙; V–X; z–s; subozeanisch v; Wechselfeuchtezeiger, bes. auf sauren Böden, gerne in Ackerrinnen od. Fahrspuren; **Rote Liste 3**.

Familie: Rosengewächse (Rosaceae)

4 Gänse-Fingerkraut *(Potentilla anserina)* 20–100 cm; Pfl. niederlg. mit wurzelnden Ausläufern; Blätt. gefiedert, mit gesägten Abschnitten, bis 18 cm lg, useits od. beiderseits dicht silbern behaart; Blü. einzeln blattachselst., lg gestielt, 15–20 mm br; KrBlätt. 5, gelb; ♃; V–IX; v; Feuchtezeiger, salzertragend.

5 Kriechendes Fingerkraut *(Potentilla reptans)* 20–130 cm; Pfl. niederlg.; Stg. ausläuferartig wurzelnd; Blätt. 5zählig gefingert mit gezähnten Abschnitten; Blü. einzeln blattachselst., lg gestielt, 18–25 mm br; KrBlätt. 5, gelb; ♃; VI–IX; v; Bodenverdichtungs- u. Lehmzeiger.

6 Gemeiner Ackerfrauenmantel *(Aphanes arvensis;* syn.: *Alchemilla arvensis)* 5–25 cm; Pfl. niederlg. bis aufst.; Blätt. 5–15 mm lg, handfg. 3–5spaltig geteilt, Abschnitte nochmals eingeschnitten; Nebenblätt. verwachsen, tief gezähnt, Zähne 1–2mal so lg wie br; Blü. blattachselst. in 10–20blütigen Knäueln, die Spitze der Nebenblätt. meist überragend; KrBlätt. f; Ke. (zur FrZeit) 1,8–2,5 mm lg, borstig behaart mit 8 hervortretenden Nerven, oben flaschenfg. eingeschnürt; ⊙–①; V–X; v–z; Lehmzeiger; VC Ackerfrauenmantel-Ges.; Archäophyt.

7 Kleinfrüchtiger Ackerfrauenmantel *(Aphanes microcarpa;* syn.: *Alchemilla microcarpa)* Untersch. zur vor. Art: 3–8 cm; Blätt. 3–6 mm lg; Zähne der Nebenblätt. 2–4mal so lg wie br; Blü. nicht die Spitze der Nebenblätt. überragend; Ke. (zur FrZeit) 1,0–1,8 mm lg, spärlich behaart ohne hervortretende Nerven, oben undeutlich eingeschnürt; ⊙–①; V–IX; z–s; subozeanisch v, Sand- u. Säurezeiger; AC Lammkraut-Ass.; Archäophyt.
Wirkt wie eine Kümmerform der vor. Art, ist aber morphologisch deutlich unterschieden. Aufgrund verschiedener ökologischer Ansprüche schließen sich beide Arten in der Verbreitung weitgehend aus.

Primelgewächse · Rosengewächse

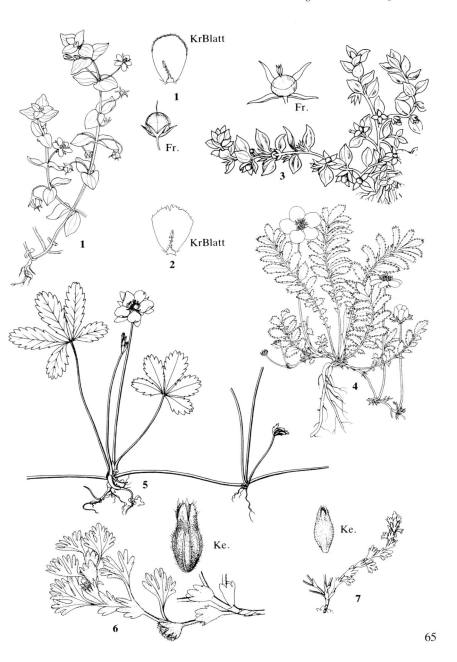

Pflanzen der Äcker

Familie: Rosengewächse (Rosaceae) (Forts.)

1 Kratzbeere, Bereifte Brombeere *(Rubus caesius)* 30–150 cm; Pfl. anfangs aufst., später niederlg. u. wurzelnd; Stg. blau bereift, ohne Haare, aber mit kurzen Stacheln; Blätt. stets 3zählig gefingert, Seitenblättchen sitzend; Nebenblätt. lanzettlich; Blü. 5zählig; Kr. weiß; Fr. aus 3–17 blau bereiften Frchen zusammengesetzt; ♄; V–VII; v; Bodenverdichtungs- u. Stickstoffzeiger, auf sauren Böden f; Hybridbildung!

Familie Dickblattgewächse (Crassulaceae)

2 Purpur-Fetthenne (Artengruppe) *(Sedum telephium* agg.) 15–60 cm; Pfl. aufr., blaugrün, kahl, fleischig; Blätt. dick u. flach, 2–8 cm lg, stumpf gezähnt, am Grund verschmälert bis halbstengelumfassend; BlüStand doldenartig; Blü. 5zählig; KrBlätt. gelbgrün bis purpurrot, 3–5 mm lg; ♃; VI–X; z; bes. auf steinigen Lehmböden; DV Haftdolden-Ges. Die Unterscheidung verschiedener ,,Kleinarten", z. B. der **Großen Fetthenne** *(S. maximum)*, ist schwierig u. noch unzureichend geklärt.

Familie: Schmetterlingsblütengewächse (Fabaceae; syn.: Papilionaceae)

Bestimmungshilfe für Platterbsen-Arten *(Lathyrus* spec.):
1 Blü. gelb, einzeln

3 Ranken-Platterbse *(Lathyrus aphaca)* 10–40 cm; Pfl. aufst. bis aufr., kahl; Nebenblätt. stark vergrößert, spießfg., 1–3 cm lg; Blätt. in eine 3–6 cm lange Ranke umgewandelt; Blü. einzeln (s zu zweit) blattachselst., lg gestielt; Kr. gelb, 6–12 mm lg; Fr. kahl, 2–3 cm lg; ☉; V–VII; z–s; im N f; wärmelb., Lehmzeiger; VC Haftdolden-Ges.; **Rote Liste 3**; Archäophyt.

1* Blü. rot, violett od. blau, einzeln od. zu mehreren
2 Blätt. grasartig, ungeteilt, ohne Ranken

4 Gras-Platterbse *(Lathyrus nissolia)* 15–40 cm; Pfl. aufst. bis aufr.; Blätt. lineal, grasartig, ungeteilt, 4–12 cm lg, nur aus dem verbreiterten Blattstiel bestehend, ohne Ranken; Nebenblätt. sehr klein u. hinfällig; Blü. einzeln (s zu zweit), lg gestielt; Kr. purpurn, z. T. dunkler geadert, 8–15 mm lg; Fr. kurz behaart od. kahl, 4–5 cm lg; ☉; V–VII; s; wärmelb., Lehmzeiger; OC Klatschmohn-Ges.; **Rote Liste 2**; Archäophyt.

2* Blätt. einpaarig gefiedert, mit Ranken

5 Knollen-Platterbse *(Lathyrus tuberosus)* 30–100 cm; Pfl. mit knollig verdickten Wurzeln (Name!), niederlg. od. kletternd; Stg. nicht geflügelt; Blätt. einpaarig gefiedert, 1,5–4 cm lg, useits blaugrün, mit Ranken; Nebenblätt. sehr schmal, etwa so lg wie der Blattstiel; BlüStand 3–5blütig, lg gestielt; Kr. karminrot, 12–17 mm lg, wohlriechend; Fr. 2,5–4 cm lg, kahl; ♃; VI–IX; z; subkontinental v; Basenzeiger; VC Haftdolden-Ges.; Archäophyt.

6 Rauhhaarige Platterbse *(Lathyrus hirsutus)* Untersch. zur vor. Art: Pfl. mit dünnen Wurzeln; Stg. geflügelt; Blätt. 2–7 cm lg; BlüStand 1–3blütig; Kr. blauviolett, verwelkt blau; Fr. langhaarig (Haare auf Knötchen stehend); ☉–⊙; VI–IX; s, im N f; wärmelb., Basenzeiger; VC Haftdolden-Ges.; **Rote Liste 2**; Neophyt aus dem Mittelmeergeb. seit etwa 1650.

Rosengewächse · Dickblattgewächse · Schmetterlingsblütengewächse

Familie: Schmetterlingsblütengewächse (Fabaceae) (Forts.)

Bestimmungshilfe für Wicken-Arten (*Vicia* spec.):
1 BlüStand sehr kurz gestielt

1 Schmalblättrige Wicke (*Vicia angustifolia;* syn.: *V. sativa* ssp. *nigra*) 15–50 cm; Pfl. niederlg, aufst. od. kletternd; Blätt. gefiedert, die ob. mit Ranken; Blattfiedern meist 2–5 mm br u. zugespitzt; BlüStand 1–2blütig, sehr kurz gestielt; Kr. fast einfarbig rotviolett, 11–18 mm lg; KeZähne kürzer als die KeRöhre; Fr. schwarzbraun bis schwarz, meist kahl; ☉–☉; V–IX; v; KC Einjähr. Ruderal- u. Ackerunkraut-Ges.; Archäophyt; formenreich (2 Unterarten); wohl Stammform der Saat-Wicke.

2 Saat-Wicke (*Vicia sativa;* syn.: *V. sativa* ssp. *obovata*) Untersch. zur vor. Art: Blattfiedern meist 5–8 mm br u. ausgerandet; Kr. rotviolett mit dunkleren Flügeln, 18–30 mm lg; KeZähne so lg od. länger als die KeRöhre; Fr. gelbbraun bis braun, behaart; ☉–☉; V–IX; z angebaut u. verwildert; Futterpfl. aus dem Mittelmeergeb.; formenreich.

3 Saubohne, Pferdebohne *(Vicia faba)* 40–100 cm; Pfl. aufr., kahl; Blätt. etwas fleischig, blaugrün, ohne Ranken, mit 4–6 Fiederblättchen, diese 3–6 cm lg; BlüStand 2–6blütig, sehr kurz gestielt; Kr. weißlich mit schwarzvioletten Flecken auf den Flügeln, 20–30 mm lg; Fr. 8–12 cm lg; ☉; VI–VIII; Kulturpfl. seit der Bronzezeit; früher häufig, heute glgtl. angebaut als Gemüse-, Futter- u. Gründüngerpfl., bes. auf frischen, nährstoff- u. basenreichen Lehmböden in humider Klimalage; Stammpfl. vielleicht die Maus-Wicke *(V. narbonensis)*.

1* BlüStand lg gestielt
2 BlüStand 1–6blütig; Kr. 3–9 mm lg

4 Rauhhaar-Wicke, Zitterlinse (*Vicia hirsuta*) 15–60 cm; Pfl. niederlg. aufst. od. kletternd; Blätt. mit 5–11 Paaren linealer Fiedern, diese vorne meist ausgerandet; Blätt. mit Ranken; BlüStand meist 3–6blütig, lg gestielt; Kr. blauweiß bis weiß, 3–4 mm lg; Fr. behaart, meist 2samig, 6–10 mm lg; ☉; V–IX; v; OC Windhalm-Ges.; Archäophyt.

5 Viersamige Wicke *(Vicia tetrasperma)* Untersch. zur vor. Art: Blätt. mit meist 3–5 Paaren Fiedern, diese vorne nicht ausgerandet; BlüStand 1–2blütig, etwas kürzer als das Tragblatt; Kr. blaßlila, 4–7 mm lg; Fr. kahl, meist 4samig, 9–16 mm lg; ☉–☉; V–IX; v; OC Windhalm-Ges.; Archäophyt; formenreich.
Sehr ähnlich ist die **Zierliche Wicke** *(V. tenuissima)*, die selten auf Äckern vorkommt. Untersch. zur vor Art.: Blätt. mit 2–3 Paaren Fiedern; BlüStand 1–5blütig, länger als das Tragblatt; Kr. 6–9 mm lg; Fr. meist 5(–7)samig.

2* BlüStand 5–30blütig; Kr. 12–20 mm lg

6 Zottel-Wicke (*Vicia villosa* ssp. *villosa*) 30–120 cm; Pfl. niederlg., aufst. od. kletternd, meist lg behaart; Blätt. mit 5–10 Paaren Fiedern, ob. Blätt. mit Ranken; BlüStand 10–30blütig, lg gestielt; längste KeZähne 3–4 mm lg, zottig behaart; Kr. blauviolett, oft z. T. weiß, 14–20 mm lg, Platte der Fahne etwa halb so lg wie ihr Nagel; Fr. kahl; ☉–☉; VI–X; z; wärmelb.; AC Sandmohn-Ass.; Futter- u. Gründüngerpfl.; verwildert leicht; Neophyt aus Südost-Europa.

7 Falsche Vogel-Wicke (*Vicia villosa* ssp. *varia*; syn.: *V. dasycarpa, V. pseudovillosa*) Untersch. zur vor. Sippe: Pfl. kahl od. kurz behaart; BlüStand 5–15blütig; längste KeZähne 1,5–2,5 mm lg, meist kahl; Kr. 12–17 mm lg; ☉–☉; VI–X; z; wärmelb.; OC Windhalm-Ges.; Neophyt aus Südeuropa seit etwa 1850.
Die beiden vor. Sippen sind leicht mit der häufigen **Vogel-Wicke** *(V. cracca)* zu verwechseln, die aber nur ausnahmsweise auf Äckern vorkommt. Untersch. zu den vor. Sippen: Pfl. ausdauernd; Platte der Fahne etwa so lg wie ihr Nagel.

Schmetterlingsblütengewächse

Pflanzen der Äcker

Familie: Schmetterlingsblütengewächse (Fabaceae) (Forts.)

1 Erbse *(Pisum sativum)* 30–150 cm; Pfl. niederlg. od. kletternd, kahl; Blätt. mit Ranken u. mit 1–3 Paaren Fiedern, diese bis 6 cm lg, z. T. etwas gezähnt; Nebenblätt. sehr groß, stengelumfassend, am Grund gezähnt; BlüStand 1–3blütig, gestielt; Kr. weiß od. weißrot-purpurn gescheckt, 15–30 mm lg, duftend; Fr. 4–12 cm lg; ⊙; V–VII; als Gemüse-, Futter- u. Gründüngerpfl. in zahlreichen Sorten seit der jüng. Steinzeit angebaut; bes. auf frischen, nährstoff- u. basenreichen Sand- u. Lehmböden; Heimat: Mittelmeergeb.

2 Saat-Esparsette *(Onobrychis viciifolia*; syn.: *O. sativa)* 30–100 cm; Pfl. aufr.; Blätt. mit 6–12 Paaren Fiedern, diese 4–8 mm br, vorne abgerundet mit Stachelspitze; Nebenblätt. lg zugespitzt, häutig, rotbraun; BlüStiel 1 mm lg; Blü. 9–14 mm lg, in lg gestielten, ährenähnlichen Trauben; Kr. rosa, dunkler gestreift; Fr. 5–8 mm lg, am Kamm mit 6–8 Stacheln; ♃; V–VIII; Futter- u. Gründüngerpfl. seit etwa 1560, heute nur noch glgtl. angebaut, aber oft verwildert (bes. auf Halbtrockenrasen); meist auf trockenen, basenreichen Lehmböden; Heimat: wohl Südost-Europa.

3 Gelbe Lupine *(Lupinus luteus)* 25–90 cm; Pfl. aufr.; Blätt. gefingert, Teilblätt. 5–9, 8–12 mm br, mit Stachelspitze; Blü. in vielblütigen, genäherten Quirlen; Kr. gelb, 13–16 mm lg, duftend; Fr. 5–6 cm lg, dicht behaart; ⊙; VI–IX; seit mind. 1560 Zierpfl. seit 1840 als Gründünger- u. Futterpfl. angebaut (bes. in Niedersachsen u. Hessen); kalku. frostempfindlich, meist auf sauren Sandböden; Heimat: Südwest-Europa.

4 Blaue Lupine, Schmalblättrige Lupine *(Lupinus angustifolius)* Untersch. zur vor. Art: Teilblätt. 2–3 mm br, stumpf; Blü. in gedrängten Trauben; Kr. hellblau (s weiß od. bunt), 10–13 mm lg; Fr. 4–7 cm lg, locker behaart; ⊙; V–IX; seit 1682 Gründünger- u. Futterpfl., heute nur noch s angebaut; weniger kalk- u. frostempfindlich als vor. Art; Zierpfl.; Heimat: Mittelmeergeb.
Glgtl. wird die **Weiße Lupine** *(Lupinus albus)* angebaut (Heimat: Mittelmeergeb.) Untersch. zur vor. Art: Teilblätt. 11–18 mm br, mit Stachelspitze; Kr. weiß bis hellblau, 15–19 mm lg.

5 Hasen-Klee *(Trifolium arvense)* 5–40 cm; Pfl. aufst. bis aufr., mitunter rot überlaufen, zottig behaart; Blätt. 3zählig gefingert, Teilblätt. schmal oval; Nebenblätt. fast so lg wie der Blattstiel; BlüStand lg gestielt, zylindrisch u. dichtblütig, an Weidenkätzchen erinnernd; Ke. dicht behaart; Kr. weiß bis rosa, kürzer als die Ke.; ⊙–☉; VI–IX; v–z; in Kalkgeb. f; Sand-, Trocknis-, Säure- u. Magerkeitszeiger; DA Lammkraut-Ass.; formenreich.

6 Saat-Rotklee *(Trifolium pratense* ssp. *sativum)* 20–80 cm; Pfl. aufst. bis aufr.; Stg. dick u. hohl, kahl od. anliegend behaart; Teilblätt. 3–6 cm lg, mit hellgrünen od. rötlichen Flecken u. Querbinden; BlüStände meist paarweise, 2–4 cm br; Ke. 10nervig, außen fast kahl; Kr. rot, 13–18 mm lg; ⊙–♃; V–IX; bes. früher in der Dreifelderwirtschaft als Futterpfl. angebaut.

7 Persischer Klee *(Trifolium resupinatum*; incl. *T. suaveolens)* 10–30 cm; Pfl. niederlg. bis aufr.; Teilblätt. gezähnt, 7–30 mm lg; BlüStand kugelig, 7–17 mm br; Blü. gedreht, d. h. Fahne nach unten u. Schiffchen nach oben gerichtet; Ke. zur FrZeit aufgeblasen u. stark vergrößert; Kr. rosa bis violett, 4–8 mm lg; ⊙; V–IX; als Futterpfl. in den letzten Jahren verstärkt angebaut u. vorübergehend verwildert; Heimat: vermtl. östliches Mittelmeergeb.
In letzter Zeit wird selten auch der **Alexandriner-Klee** *(T. alexandrinum)* als Futterpfl. angebaut; wärmeliebend u. frostempfindlich, glgtl. verwildert. Kennzeichen: einjährig; ob. Blätt. gegenst.; Kr. gelblichweiß, 8–10 mm lg.

Schmetterlingsblütengewächse

Pflanzen der Äcker

Familie: Schmetterlingsblütengewächse (Fabaceae) (Forts.)

1 Hopfen-Schneckenklee *(Medicago lupulina)* 7–35 cm; Pfl. niederlg. bis aufst.; Blätt. 3zählig gefingert; Teilblätt. oval, am Rand meist gezähnt u. vorne mit Stachelspitze; Nebenblätt. eifg., ganzrandig od. kurz gezähnt; BlüStand lg gestielt, 9–50blütig; Kr. 2–4 mm lg, gelb, zur FrZeit abfallend (im Gegensatz zu ähnlichen Klee-Arten); Fr. halbkreisfg. gebogen, 2–3 mm lg; ☉–♃; V–XI; v; bes. auf basenreichen Böden; Archäophyt; Futter- u. Gründüngerpfl.; formenreich.

2 Bastard-Luzerne *(Medicago × varia)* Untersch. zur vor. Art: 25–90 cm; Pfl. aufst. bis aufr.; Teilblätt. lanzettlich; Nebenblätt. lg zugespitzt; BlüStand 5–25blütig; Kr. 7–10 mm lg, blau, violett, grünlich, bräunlich, gelblich od. bunt gescheckt; Fr. mit 1–3 Windungen, 4–9 mm br; ♃; VI–IX; als Futter- u. Gründüngerpfl. z angebaut u. verwildert; bes. auf warmen u. basenreichen Lehmböden; entstanden aus den Hybriden Saat-Luzerne × Sichel-Luzerne *(M. sativa × falcata)*; der Saat-Luzerne oft sehr ähnlich, doch wird diese in Mitteleuropa nicht angebaut (s. VOLLRATH 1973).

3 Vogelfuß *(Ornithopus perpusillus)* 5–35 cm; Pfl. niederlg. bis aufst., weich behaart; Blätt. unpaarig gefiedert mit 7–14 Paaren Fiedern; Blü. zu 2–7 in blattachselst. Dolden; Kr. weiß u. gelb, rot geadert, 3–4 mm lg; Fr. vogelfußartig gekrümmt (Name!), 1–2 cm lg, zwischen den Sa. eingeschnürt; ☉–①; V–VII; z; subozeanisch v, Trocknis-, Sand- u. Säurezeiger; DA Lammkraut-Ass.
Die ähnliche **Serradella** *(O. sativus)* wird glgtl. auf Wildäckern angebaut. Untersch. zur vor. Art: 30–60 cm; Kr. rosa, 5–8 mm lg; Fr. fast gerade.

Familie: Leingewächse (Linaceae)

4 Saat-Lein, Flachs *(Linum usitatissimum)* 25–80 cm; Pfl. aufr., kahl, ohne nichtblühende Sprosse; Blätt. wechselst., graugrün, bis 4 cm lg; BlüStiel länger als Blätt.; Blü. 5zählig; KeBlätt. hautrandig u. bewimpert; KrBlätt. blau, 12–15 mm lg; ☉; VI–IX; Kulturpfl. seit der jüngeren Steinzeit; früher häufig zur Gewinnung von Leinöl (aus Samen) und Leinfaser (aus Stengelteilen) angebaut, seit der verstärkten Einfuhr ausländischer Textilfasern u. der Herstellung synthetischer Fasern sowie aufgrund hoher Produktionskosten Anbaufläche ständig rückläufig, zwischen 1950 u. 1960 ist der kommerzielle Leinanbau in Deutschland erloschen (1872 in Deutschland 215 000 ha Lein-Anbaufläche, 1921 80 000 ha), heute nur noch in Freilichtmuseen u. Wildkrautreservaten; glgtl. verwildert (bes. aus Vogelfutter); Stammpfl. vermtl. der südeuropäische Schmalblättrige Lein *(L. angustifolium)*; formenreich.

Familie: Sauerkleegewächse (Oxalidaceae)

5 Europäischer Sauerklee *(Oxalis fontana;* syn.: *O. europaea, O. stricta)* 10–40 cm; Stg. aufst. bis aufr.; Blätt. 3zählig gefingert, TeilBlätt. verkehrt herzfg., tief ausgerandet; Nebenblätt. f; Blü. zu 1–6 in doldenartigen, lg gestielten BlüStänden; Blü. 5zählig; KrBlätt. hellgelb, 6–8 mm lg; Fr. 9–16 mm lg; ☉–♃; VI–X; z; bes. auf stickstoffreichen Böden; AC Vielsamige Gänsefuß-Ass.; Neophyt aus Nordamerika seit etwa 1810.
Der ähnliche **Gehörnte Sauerklee** *(O. corniculata)* kommt selten auch auf Äckern vor. Untersch. zur vor. Art: Stg. niederlg. u. wurzelnd; Nebenblätt. vorhanden u. mit Blattstiel verwachsen; Fr. 12–25 mm lg.

Familie: Storchschnabelgewächse (Geraniaceae)

6 Gemeiner Reiherschnabel *(Erodium cicutarium)* 5–40 cm; Pfl. niederlg. bis aufst., lg behaart, oft rot überlaufen; Blätt. 1–3fach gefiedert; BlüStand: 2–8blütige, lg gestielte Dolde; KrBlätt. karminrot, z. T. gefleckt, 5–9 mm lg; etwas ungleich groß; Fr. schnabelartig, 3–4 cm lg, behaart; ☉–⊙; IV–X; v–z; Trockniszeiger, bes. auf sandigen Böden; Archäophyt; formenreich.

Schmetterlingsblüten- · Lein- · Sauerklee- · Storchschnabelgewächse

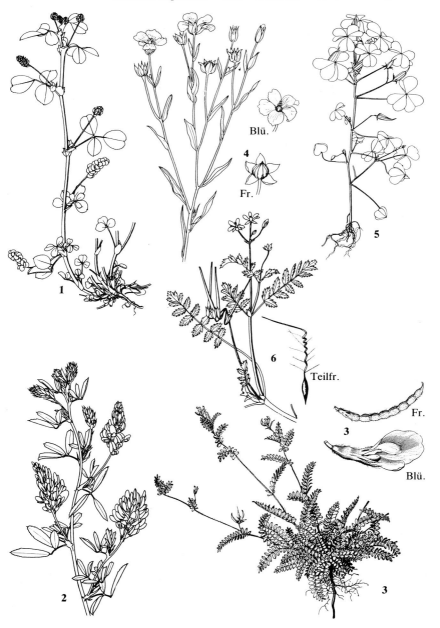

Pflanzen der Äcker

Familie: Storchschnabelgewächse (Geraniaceae) (Forts.)

Bestimmungshilfe für Storchschnabel-Arten (*Geranium* spec.):
1 unt. Blätt. fast bis zum Grund geteilt

1 Schlitzblättriger Storchschnabel (*Geranium dissectum*) 10–40 cm; Pfl. aufst. bis aufr.; Stg. rückwärts abstehend behaart; Blätt. gegenst., bis fast zum Grund 5–7zählig geteilt; BlüStand meist 2blütig, kürzer als das Tragblatt; KrBlätt. rot, ausgerandet, 4–6 mm lg, so lg oder kürzer als der Ke.; Fr. schnabelartig, 13–17 mm lg, stark behaart; ⊙; V–X; v–z; im N s; Lehmzeiger; VC Erdrauch-Wolfsmilch-Ges.; Archäophyt.

2 Tauben-Storchschnabel (*Geranium columbinum*) Untersch. zur vor. Art: Stg. anliegend behaart; BlüStand länger als dasTragblatt; KrBlätt. purpurn, nicht ausgerandet, 8–10 mm lg, länger als der Ke.; Fr. 20–25 mm lg, kahl bis schwach behaart; ⊙; V–IX; z, im N s; auf warmen, basenreichen Böden; OC Knöterich-Gänsefuß-Ges.; Archäophyt.

1* unt. Blätt. nur bis zur Mitte (od. etwas weiter) geteilt
2 Pfl. ohne Drüsenhaare; KrBlätt. ausgerandet

3 Zwerg-Storchschnabel (*Geranium pusillum*) 10–30 cm; Pfl. niederlg. bis aufst.; Stg. sehr kurz behaart; ob. Blätt. z. T. wechselst., sonst gegenst.; Blätt. rundlich, bis etwas über die Mitte 5–9teilig; KrBlätt. hellviolett, schwach ausgerandet, 3–4 mm lg (kleinste Blü. der heimischen Storchschnabel-Arten), etwa so lg wie der Ke.; Fr. schnabelartig 8–11 mm lg, angedrückt behaart; ⊙–⊙; V–X; v; Trocknis- u. Stickstoffzeiger; OC Rauken-Ges.; Archäophyt.

4 Weicher Storchschnabel (*Geranium molle*) Untersch. zur vor. Art: Stg. lg abstehend behaart; alle Blätt. wechselst., fast bis zur Mitte 5–9teilig; KrBlätt. rotviolett, tief ausgerandet, 4–7 mm lg, länger als der Ke.; Fr. kahl; ⊙–⊙; V–X; v; Trockniszeiger; Archäophyt.

2* Pfl. mit Drüsenhaaren; KrBlätt. kaum ausgerandet

5 Rundblättriger Storchschnabel (*Geranium rotundifolium*) 10–30 cm; Pfl. niederlg. bis aufst.; Stg. behaart, bes. im ob. Teil mit Drüsenhaaren (Pfl. herb riechend); Blätt gegenst., rundlich, etwa bis zur Mitte 7–9teilig; KrBlätt. rosa, abgerundet, 5–6 mm lg, länger als der Ke.; Fr. 13–17 mm lg, behaart; ⊙; VI–X; s, im N f; bes. auf warmen, basenreichen Böden (meist in Weinbaugeb.); AC Weinbergslauch-Ges.; Neophyt aus dem Mittelmeergeb.

Familie: Blutweiderichgewächse (Lythraceae)

6 Sumpfquendel (*Peplis portula*; syn.: *Lythrum portula*) 2–50 cm; Pfl. niederlg.; Stg. wurzelnd, meist rot gefärbt; Blätt. gegenst., eifg., 6–22 mm lg; Blü. 6zählig, einzeln blattachselst., sehr kurz gestielt, unauffällig; KrBlätt. rosa od. weiß, sehr klein od. f; Fr. kugelig, den Ke. überragend; ⊙–①; VI–X; z, im S s; Wechselfeuchte- u. Säurezeiger, gern in feuchten Ackerfurchen od. Wegspuren; Salatpfl.

Storchschnabelgewächse · Blutweiderichgewächse

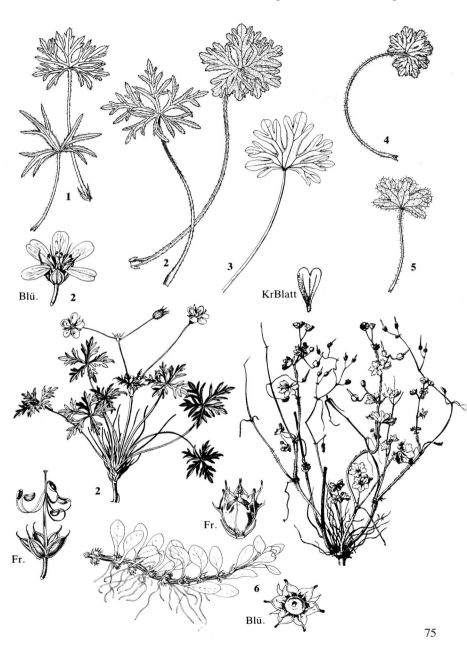

Blü. KrBlatt Fr. Fr. Blü.

75

Pflanzen der Äcker

Familie: Doldengewächse (Apiaceae; syn.: Umbelliferae)

A. Arten mit behaarten, beborsteten od. bestachelten Fr.

1 Venuskamm *(Scandix pecten-veneris)* 10–40 cm; Pfl. aufst. bis aufr.; Blätt. 2–4fach gefiedert; Dolde 1–3strahlig; Hüllblätt. f, Hüllchenblätt. vorhanden, gezähnt; Döldchen 4–12blütig; Kr. weiß; Fr. lg geschnäbelt, 30–70 mm lg, mit kurzen Borsten; ⊙; IV–VII; s; wärmelb., Trocknis- u. Basenzeiger; AC Adonisröschen-Ass.; **Rote Liste 2**; Archäophyt; formenreich.

2 Feld-Klettenkerbel *(Torilis arvensis)* 25–100 cm; Pfl. aufr., borstig behaart, oft rot überlaufen; Blätt. 1–3fach gefiedert mit lg zugespitztem Endabschnitt; Dolde 3–11strahlig; Hüllblätt. 0–1, Hüllchenblätt. viele; Kr. weiß od. rötlich; Fr. 3–5 mm lg, dicht bestachelt, die Stacheln mit Widerhaken u. rauhen Papillen (Lupe!); ⊙–①; VI-IX; s; Basenzeiger; VC Ackerfrauenmantel-Ges.; **Rote Liste 3**; Archäophyt.
Sehr ähnlich ist der häufigere **Gemeine Klettenkerbel** *(T. japonica)*, der aber meist auf Äckern fehlt. Untersch. zur vor. Art: Hüllblätt. mehr als 4; FrStacheln ohne Widerhaken u. nicht rauh (Lupe!).

3 Acker-Haftdolde *(Caucalis platycarpos;* syn.: *C. lappula, C. daucoides)* 8–30 cm; Stg. aufst. bis aufr.; Blätt. gleichmäßig 3fach gefiedert, Blattzipfel nahezu parallel; Dolde 2–4strahlig; Hüllblätt. 0–2, Hüllchenblätt. 2–5; Döldchen mit 2–4 Fr. u. mehreren ♂ Blü.; Kr. meist weiß; Fr. 6–13 mm lg, mit langen, an der Spitze hakig gebogenen Stacheln; ⊙; V–VII; z–s; im N f; Basenzeiger; AC Adonisröschen-Ass.; **Rote Liste 3**; Archäophyt.

4 Turgenie, Breitblättrige Haftdolde *(Turgenia latifolia;* syn.: *Caucalis latifolia)* 15–50 cm; Pfl. aufr., borstig behaart; Blätt. 1–2fach fiederteilig, Blattzipfel mit gelber Stachelspitze; Dolde 2–5strahlig; Hüll- u. Hüllchenblätt. 3–7, br hautrandig, behaart; Döldchen mit 2–5 Fr.; Kr. meist weiß; Fr. 6–10 mm lg, mit langen, fast geraden Stacheln; ⊙; VI–VII; s, im N f; wärmelb., Trocknis- u. Basenzeiger; AC Adonisröschen-Ass.; **Rote Liste 1**; Archäophyt.

5 Strahlen-Breitsame *(Orlaya grandiflora)* 10–40 cm; Pfl. aufr.; Blätt. 2–3fach gefiedert; Dolde 4–12strahlig; Hüll- u. Hüllchenblätt. 3–8, br hautrandig, behaart; Döldchen mehr als 10blütig; Kr. weiß od. rötlich; äußere KrBlätt. der Randblü. stark vergrößert, tief 2spaltig, bis 18 mm lg; Fr. 5–9 mm lg, mit Stacheln; ⊙–①; VI–VII; s, im N f; Trockniszeiger, bes. auf tonigen Böden; AC Adonisröschen-Ass.; **Rote Liste 1**; Archäophyt.

6 Wilde Möhre *(Daucus carota)* 20–120 cm; Pfl. aufr.; Wurzel kaum verdickt, weißlich, zäh; Blätt. 2–4fach gefiedert; Dolde zur BlüZeit flach, zur FrZeit tief eingesenkt (vogelnestartig); Hüllblätt. zahlreich, fiederteilig, hautrandig, zur FrZeit oft zurückgeschlagen; Hüllchenblätt. meist ungeteilt; Kr. weiß, die mittlere Blü. der Dolde meist schwarzpurpurn („Mohrenblüte"); Fr. 3–4 mm lg, mit vielen widerhakigen Stacheln; ⊙–⊙; VI–X; v; formenreich.
Die **Garten-Möhre** *(D.carota* ssp. *sativus)* ist aus asiatischen Unterarten der Wilden Möhre entstanden und wird glgtl. auf Äckern angebaut. Untersch. zur vor. Sippe: Wurzel verdickt, rötlich, eßbar.

B. Arten mit kahlen u. unbestachelten Fr.

7 Strahlen-Hohlsame *(Bifora radians)* 15–40 cm; Pfl. aufr., kahl, riecht nach Wanzen; Blätt. 2fach gefiedert, die unt. mit tief gezähnten Abschnitten, die ob. fadenfg.; Dolde 4–7strahlig; Hüllblätt. 0–1; Hüllchenblätt. 2–3, einseitswendig; Döldchen 7–9blütig; Kr. weiß; Fr. 2knopfig, etwa doppelt so br wie lg, reif in 2 kugelige Teilfr. zerfallend; ⊙; V–VIII; s, im N f; wärmelb., Trocknis- u. Basenzeiger; VC Haftdolden-Ges.; Neophyt; aus Südeuropa seit etwa 1880.

Doldengewächse

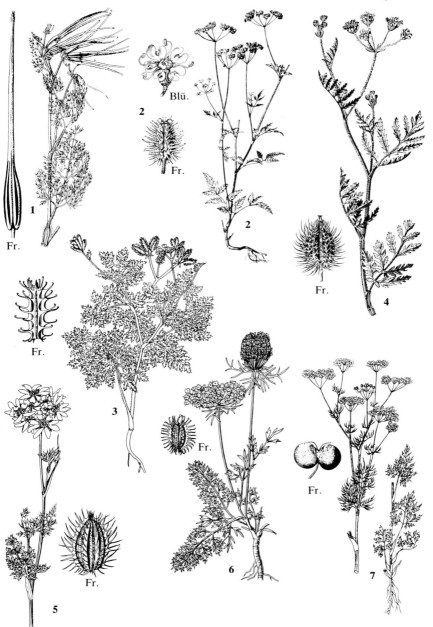

Pflanzen der Äcker

Familie: Doldengewächse (Apiaceae) (Forts.)

1 Rundblättriges Hasenohr *(Bupleurum rotundifolium)* 10–70 cm; Pfl. aufst. bis aufr., blaugrün; Stg. oft rot überlaufen; Blätt. ungeteilt u. ganzrandig, die unt. stengelumfassend, die ob. vom Stg. durchwachsen, eifg. bis rundlich; Dolde 4–9strahlig; Hüllblätt. f, Hüllchenblätt. 5–6, laubblattartig verbreitert, länger als Blü. u. Fr.; Döldchen 8–12blütig; Kr. gelb; Fr. 3–4 mm lg, schwarzbraun, fein gerippt; ⊙; V–VII; s, im N f; wärmelb., Trocknis- u. Basenzeiger; VC Haftdolden-Ges.; **Rote Liste 2**; Archäophyt.

2 Gemeine Sichelmöhre *(Falcaria vulgaris)* 30–90 cm; Pfl. aufr., blaugrün; Blätt. meist doppelt 3zählig geteilt, Blattabschnitte bandfg., etwas sichelfg. gekrümmt (Name!), starr, am Rand gesägt; Dolde 10–16strahlig; Hüll- u. Hüllchenblätt. meist 4–8; KrBlätt. weiß, 1 mm lg; Fr. 3–4 mm lg, länglich, gerippt; ⊙-♃; VII-X; z; wärmelb., subkontinental v, Trocknis- u. Basenzeiger, Steppenläuferpfl.; DV Haftdolden-Ges.; oft von einem Rostpilz *(Aecidium falcariae)* befallen.

3 Echter Knollenkümmel *(Bunium bulbocastanum)* 20–60 cm; Pfl. aufr., kahl; Rhizom aus einer 1–4 cm großen Knolle bestehend; Blätt. im Umriß dreieckig, 2–3fach gefiedert; Blattzipfel der ob. Blätt. sehr lg u. schmal (länger als auf der Abb.) mit Knorpelspitze; Dolde 10–24strahlig; Hüll- u. Hüllchenblätt. meist 4–9; Kr. weiß; Fr. 3–5 mm lg, länglich, gerippt; ♃; V–VII; z–s, im N f; Basenzeiger; VC Haftdolden-Ges; wohl im Südwesten einheimisch, sonst Neophyt; die Erdknollen („Erdkastanie") wurden früher verzehrt.

4 Hundspetersilie *(Aethusa cynapium)* 8–100 cm; Pfl. aufst. bis aufr., kahl; Blätt. im Umriß dreieckig, 2–3fach gefiedert, useits stark glänzend; Blattzipfel mit Knorpelspitze; Dolde 6–18strahlig, flach ausgebreitet; Hüllblätt. 0–2; Hüllchenblätt. 3–5, einseitswendig, sehr lg u. spitz, zurückgeschlagen; Döldchen gedrungen, dichtblütig; Kr. weiß; Fr. 2–4 mm lg, eifg., stark gerippt; ⊙–⊙; VI–X; v; Stickstoffzeiger, bes. auf basenreichen Böden; VC Erdrauch-Wolfsmilch-Ges.; formenreich (3 Unterarten).

Familie: Weinrebengewächse (Vitaceae)

5 Weinrebe *(Vitis vinifera* ssp. *vinifera)* 3–20 m; Pfl. kletternd; Stamm verholzt mit streifenfg. sich ablösender Rinde; Blätt. im Umriß rundlich, am Grund herzfg., 3–5lappig, useits weiß behaart; Ranken verzweigt, blattgegenst.; Blü. in dichter Rispe, duftend; Ke. undeutlich 5zähnig; KrBlätt. 5, gelbgrün, 5 mm lg, an der Spitze zusammenhaftend u. sehr früh abfallend; Beerenfr. gelb, grün, rot od. blau; ♄; VI–VII; Kulturpfl. seit der Römerzeit; Verwendung als Obst, Traubensaft u. Wein in zahlreichen Sorten; angebaut auf mäßig trockenen, nährstoff- u. meist basenreichen Böden in klimabegünstigten Gebieten (nördlich bis Bonn, Maintal, Thüringen, Brandenburg); Zierpfl.; formenreich; Wildform (*V. vinifera* ssp. *sylvestris*) kommt im südöstlichen Europa, nordwestlich bis zur Oberrheinischen Tiefebene in Auenwäldern vor.

Familie: Rötegewächse (Rubiaceae)

6 Ackerröte *(Sherardia arvensis)* 4–25 cm; Pfl. niederlg. bis aufst.; Stg. vierkantig, rauhhaarig; Blätt. zu 4–6 quirlig, einnervig; Blü. in wenigblütigen, kopfigen Scheindolden, von 8–10 langen Hüllblätt. umgeben; Ke. deutlich 6zähnig; Kr. lila, 4zipfelig mit langer KrRöhre, 3–4 mm lg; Fr. länger als br, an der Spitze mit KeZähnen; ⊙; V–X; v–z; Lehmzeiger, bes. auf basenreichen Böden; VC Haftdolden-Ges.; Archäophyt.

Doldengewächse · Weinrebengewächse · Rötegewächse

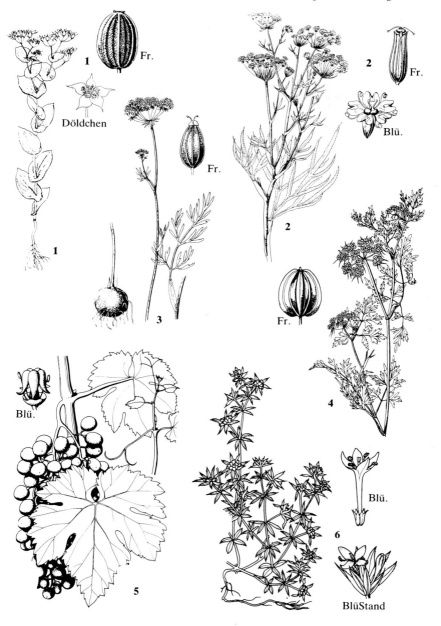

Pflanzen der Äcker

Familie: Rötegewächse (Rubiaceae) (Forts.)

Bestimmungshilfe für Labkraut-Arten (*Galium* spec.):
1 TeilBlüStand zur FrZeit zurückgekrümmt, kürzer als die quirlst. Blätt.

1 Dreihörniges Labkraut (*Galium tricornutum*) 10–70 cm; Pfl. niederlg., aufst. od. klimmend; Stg. vierkantig, mit hakenfg. rückwärts gekrümmten Borsten (sehr rauh u. überall anhaftend); Blätt. zu 6–8 quirlig, stachelspitzig, am Rand durch Stachelhaare rauh, sonst kahl; TeilBlüStand: 1–3blütige Scheindolde, diese zur FrZeit zurückgekrümmt, kürzer als die Blätt.; Kr. weiß od. grünlich, 1–1,5 mm br; Fr. 3–4 mm lg, warzig; ⊙; VI–X; z–s;, im N f; wärmelb., Trocknis- u. Basenzeiger; VC Haftdolden-Ges.; **Rote Liste 3**; Archäophyt.

1* TeilBlüStand zur FrZeit gerade, länger als die quirlst. Blätt.

2 Kletten-Labkraut (*Galium aparine*) 20–150 cm; Stg. u. Blätt. ähnlich vor. Art, aber meist größer, stärker beborstet, Blätt. meist auch auf der Fläche behaart; TeilBlüStand: 1–7blütige Scheindolde, diese zur FrZeit nicht zurückgekrümmt u. länger als die Blätt.; Kr. weiß, 2 mm br; Fr. 3–7 mm lg, dicht mit hakigen Borsten besetzt (Borsten stehen auf kleinen Höckern; Lupe!); ⊙; VI–X; v; Stickstoffzeiger; viel häufiger als die beiden anderen Labkraut-Arten.

3 Kleinfrüchtiges Kletten-Labkraut (*Galium spurium*) Untersch. zur vor. Art: Pfl. in allen Teilen kleiner; Kr. grünlichweiß, 1 mm br; Fr. 1,5–3 mm lg, kahl od. mit kurzen hakigen Borsten (Borsten nicht auf kleinen Höckern stehend; Lupe!); ⊙; VI–X; z–s; Basenzeiger; KC Einjähr. Ruderal- u. Ackerunkraut-Ges.; Archäophyt; Kümmerformen der vor. Art sind dieser oft sehr ähnlich!

Familie: Baldriangewächse (Valerianaceae)

Bestimmungshilfe für Feldsalat-Arten (*Valerianella* spec.):
1 TeilFrStand kugelig; ob. Blätt meist ganzrandig

4 Gemeiner Feldsalat (*Valerianella locusta*; syn.: *V. olitoria*) 2–30 cm; Pfl. aufr.; Blätt. meist ganzrandig, oval bis spatelfg., Grundblätt. 2–5mal so lg wie br; TeilFrStand kugelig; Kr. 1–2 mm lg, blaßblau; Fr. 2–4 mm lg, an der Spitze ohne deutl. KeZähne, im Umriß rundlich (etwa so lg wie br), ,,Rückenwand" stark verdickt, ohne tiefe Furche zwischen den leeren FrFächern; ⊙–①; IV–V; v; bes. auf basenreichen Böden; KC Einjähr. Ruderal- u. Ackerunkraut-Ges.; Salatpfl.; Archäophyt.

5 Gekielter Feldsalat (*Valerianella carinata*) Nur an der Fr. von der vor. Art zu unterscheiden: Fr. im Umriß länglich (etwa 2mal so lg wie br), ,,Rückenwand" nicht verdickt, mit auffälliger Furche zwischen den leeren FrFächern; ⊙–①; IV–V; z, im N s; wärmelb.; Basenzeiger; DV Haftdolden-Ges.; Salatpfl.

1* TeilFrStand schirmfg.; ob. Blätt. am Grund meist gezähnt

6 Gezähnter Feldsalat (*Valerianella dentata*) 15–45 cm; Pfl. aufr.; Blätt. lanzettlich, Grundblätt. 4–8mal so lg wie br; ob. Blätt. am Grund meist gezähnt; TeilFrStand schirmfg.; Kr. 1–2 mm lg; rötlich bis bläulich; Fr. 2–3 mm lg, an der Spitze mit 1 langen u. 1–5 kurzen spitzen KeZähnen (Lupe!); im Umriß länglich, abgeflacht (Querschnitt oval), leere FrFächer zu schmalen Rippen reduziert; ⊙–①; VI–VIII; v–z, im N s; bes. auf basenreichen Böden; DV Haftdolden-Ges.; Salatpfl.; wohl Archäophyt.

7 Gefurchter Feldsalat (*Valerianella rimosa*) Nur an den Fr. von der vor. Art zu unterscheiden: Fr. aufgedunsen (Querschnitt rundlich), leere FrFächer stark aufgeblasen, durch eine Furche getrennt; ⊙; V–VII; z, im N s; wärmelb., Basenzeiger; DV Haftdolden-Ges.; **Rote Liste 3**; wohl Archäophyt; Salatpfl.

Rötegewächse · Baldriangewächse

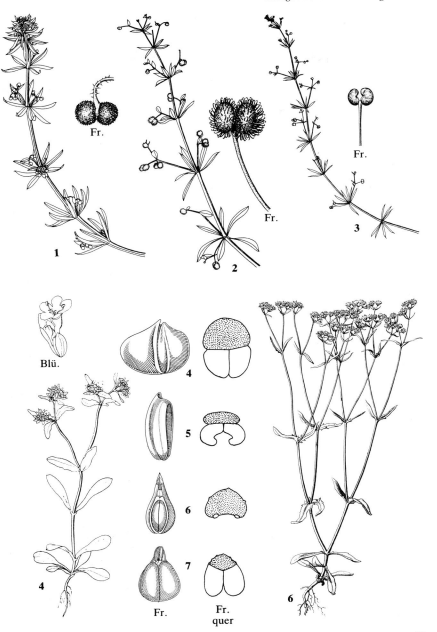

Pflanzen der Äcker

Familie: Kardengewächse (Dipsacaceae)

1 Acker-Knautie *(Knautia arvensis)* 30–120 cm; Pfl. aufr., zottig behaart; Rosettenblätt. ganzrandig, gezähnt od. fiederteilig; StgBlätt. gegenst., meist fiederteilig; Blü. in 2–4 cm breiten Köpfchen; Randblü. vergrößert; KeBorsten meist 8, 2–3 mm lg; KrBlätt. violett bis rosa, 4spaltig, röhrig; Fr. 4–5 mm lg, dicht behaart; ♃; VI–IX; v; Lehmzeiger, bes. auf basenreichen Böden; DV Haftdolden-Ges.; formenreich.

Familie: Windengewächse (Convolvulaceae)

2 Acker-Winde *(Convolvulus arvensis)* 15–120 cm; Pfl. niederlg., aufst. od. windend, mit Milchsaft, kahl od. kurzhaarig; Blätt. pfeilfg., im Mittelteil nahezu parallelrandig, vorne abgerundet od. kurz zugespitzt, bis 4 cm lg; Blü. einzeln, lg gestielt; BlüStiel etwa in der Mitte mit 2 fadenfg. Vorblätt.; KeBlätt. 5 (davon 2 kürzer); Kr. weit trichterfg., rosa bis weiß, 15–27 mm lg; FrKapsel 5–8 mm lg; ♃; V–X; v; Lehmzeiger, Archäophyt; Vermehrung meist vegetativ, FrAnsatz in Mitteleuropa stets gering.

Familie: Wasserblattgewächse (Hydrophyllaceae)

3 Rainfarn-Phacelie, Büschelschön *(Phacelia tanacetifolia)* 20–70 cm; Pfl. aufr., rauh behaart; Blätt. gefiedert mit tief gezähnten Abschnitten; BlüStand dicht, einseitswendig, schneckenfg. eingerollt; Ke. 5teilig; Kr. hellblau bis blauviolett, glockenfg., 7–10 mm lg, 5spaltig; Staubblätt. 2–3mal so lg wie die Kr.; ⊙; V–X; z als Bienenpfl. angebaut u. verwildert; Heimat: Kalifornien.

Familie: Rauhblattgewächse, Borretschgewächse (Boraginaceae)

4 Acker-Steinsame *(Buglossoides arvensis;* syn.: *Lithospermum arvense)* 8–60 cm; Pfl. aufr.; Stg. rauhhaarig, kaum verzweigt; Blätt. graugrün, lanzettlich, ganzrandig; Blü. sitzend od. kurz gestielt, meist zu mehreren von Hochblätt. umgeben; Ke. u. Kr. 5spaltig; Kr. weiß (s bläulich), trichterfg., innen mit 5 behaarten Streifen, 6–9 mm lg, kaum länger als der Ke.; TeilFr. steinhart (Name!), 3–4 mm lg, warzig-grubig, gelbbraun; ⊙–⊙; IV–VII; v, im N z–s; meist auf basenreichen Böden; VC Haftdolden-Ges.; Archäophyt.

5 Acker-Vergißmeinnicht *(Myosotis arvensis)* 10–40 cm; Pfl. aufst. bis aufr., rauhhaarig; Blätt. lanzettlich, bis 8 cm lg; BlattUSeite ohne hakig gebogene Haare; BlüStand tragblattlos; FrStiel (zur FrZeit!) 2–3mal so lg wie der Ke.; Ke. u. Kr. 5spaltig; Kr. trichterfg., blau, 2–3 mm br; KrRöhre kürzer als der Ke.; ⊙–⊙; V–X; v; KC Einjähr. Ruderal- u. Ackerunkraut-Ges.

6 Sand-Vergißmeinnicht *(Myosotis stricta;* syn.: *M. arenaria, M. micrantha)* Untersch. zur vor. Art: 3–20 cm; Blätt. oval, bis 3 cm lg, auf der USeite am Mittelnerv mit hakig gebogenen Haaren; BlüStand im unt. Teil mit Tragblätt.; FrStiel kürzer als der Ke.; Kr. hellblau, 1–2 mm br; ⊙–⊙; III–VI; z; Trocknis- u. Magerkeitszeiger, meist auf sauren Böden; DA Sandmohn-Ass.
Auf Äckern kann auch das ähnliche **(6a) Bunte Vergißmeinnicht** *(M. discolor;* syn.: *M. versicolor)* vorkommen. Untersch. zur vor. Art: BlattUSeite ohne hakig gebogene Haare; BlüStand tragblattlos; KrRöhre deutlich länger als der Ke.; Kr. zunächst gelb, dann rosa u. blau; **Rote Liste 3**.

Kardengewächse · Windengewächse · Wasserblattgewächse · Rauhblattgewächse

Pflanzen der Äcker

Familie: Rauhblattgewächse (Boraginaceae) (Forts.)

1 Acker-Krummhals (*Anchusa arvensis;* syn.: *Lycopsis arvensis*) 10–60 cm; Pfl. aufr., borstig behaart; Blätt. br lanzettlich, 4–15 cm lg, am Rand buchtig gezähnt u. wellig, die ob. halbstengelumfassend; Ke. 5teilig, zur FrZeit bis 15 mm lg; Kr. hellblau, 4–6 mm br, KrRöhre mit Knick (Name!); ⊙–①; V–IX; v–z; bes. auf sandigen Böden; lokale VC Knöterich-Spergel-Ges.; Archäophyt.

2 Gemeiner Beinwell (*Symphytum officinale*) 25–100 cm; Pfl. aufr.; Stg. mit Haaren u. Borsten; Blätt. schmal eifg., bis 25 cm lg; Blattstiel bis zum nächsten Blatt am Stg. herablaufend (Stg. dadurch geflügelt); Blü. nickend; Ke. 5zipfelig; Kr. glockig, 1–2 cm lg, etwa doppelt so lg wie der Ke., gelblich bis purpurn; TeilFr. glänzend u. glatt; ♃; V–IX; v; Feuchte- u. Stickstoffzeiger; formenreich.
Seit etwa 1860 wird der aus dem Kaukasus stammende **Rauhe Beinwell** (*S. asperum*) als Futterpfl. angebaut. Untersch. zur vor. Art: 100–170 cm; Stg. sehr rauh, ohne Haare, nur mit Borsten; Blätt. nicht herablaufend; Kr. 2–5mal so lg wie der Ke., purpurn; TeilFr. runzlig. Der Bastard aus diesen beiden Arten, **Futter-Beinwell, Comfrey** (*S. officinale* × *asperum* = *S.* × *uplandicum*), tritt überall auf, wo beide Elternarten vorkommen u. wird auch als Futterpfl. angebaut. Da er sehr konkurrenzstark ist, verdrängt er lokal die Elternarten. Die Bestimmungsmerkmale sind intermediär: 80–100 cm; Stg. weniger rauh; ob. Blätt. etwas herablaufend (nicht bis zum nächsten Blatt); Blü. purpurn.

Familie: Nachtschattengewächse (Solanaceae)

3 Schwarzes Bilsenkraut (*Hyoscyamus niger*) 15–120 cm; Pfl. aufr., klebrig-zottig behaart; Blätt. buchtig gezähnt bis fiederteilig, die ob. halbstengelumfassend; Blü. einzeln blattachselst., einseitswendig; Ke. netznervig mit 5 stechenden Zähnen; Kr. 5zipfelig, gelblich mit violetten Adern, 2–3 cm lg; Fr. eine bauchige Deckelkapsel; ⊙–⊙; V–X; z–s; Stickstoffzeiger, bes. auf warmen Lehmböden; **Rote Liste 3**; Archäophyt; unbeständig.

4 Schwarzer Nachtschatten (*Solanum nigrum*) 10–70 cm; Pfl. aufr.; Stg. kahl od. kurzhaarig, etwas kantig; Blätt. oval, ganzrandig bis buchtig gezähnt; Blü. in nach unten gerichteten Scheindolden; Ke. nur den Grund der Fr. umfassend, mit spitzen Buchten zwischen den KeZähnen; Kr. 5zipfelig, weiß, radfg. ausgebreitet; Staubbeutel goldgelb; Fr. eine schwarze (s gelbgrüne) Beere; ⊙; VI–X; v; Stickstoffzeiger; OC Knöterich-Gänsefuß-Ges.; Archäophyt; formenreich.

5 Gelbbeeriger Nachtschatten (*Solanum luteum;* syn.: *S. villosum*) Untersch. zur vor. Art: Stg. dicht abstehend behaart; Ke. mit stumpfen Buchten zwischen den KeZähnen; Fr. eine wachsgelbe bis mennigerote Beere; ⊙; VI–X; s; wärmelb., Stickstoffzeiger; OC Rauken-Ges.; unbeständig.
Ebenfalls auf Äckern kann der ähnliche **Rotbeerige Nachtschatten** (*S. alatum*) vorkommen. Untersch. zur vor. Art: Stg. kahl od. anliegend kurzhaarig, schmal geflügelt u. rauh; Fr. immer mennigerot.

6 Kartoffel (*Solanum tuberosum*) 30–100 cm; Pfl. aufr. mit unterirdischen Knollen; Blätt. gefiedert mit kleinen u. großen Fiederblättchen; Kr. weiß, rötlich od. blau, 2–3 cm br; Fr. eine gelbgrüne Beere; ♃; VI–VII; angebaut auf frischen, nährstoffreichen, lockeren, mäßig sauren Lehm- u. Sandböden, frostempfindlich; alte Kulturpfl. Südamerikas, um 1590 nach Europa eingeführt, erst seit dem 18. Jahrh. von wirtschaftlicher Bedeutung; heute etwa 1000 Kultursorten; Hauptanbaugeb. sind Niedersachsen, Brandenburg u. Bayern; vielseitige Verwendung zu Speise- u. Futterzwecken sowie Industrieerzeugnissen (Alkohol, Stärke, Puddingpulver, Chips u. a.); um 1910 war Deutschland das kartoffelreichste Land mit ⅓ der Weltproduktion (ca. 46 Mill. Tonnen); seit 1950 starker Rückgang des Anbaus aufgrund veränderter Verzehrgewohnheiten der Bevölkerung (jährlicher Kartoffelverbrauch pro Kopf 1950 ca. 200 kg, 1984 74 kg).

Rauhblattgewächse · Nachtschattengewächse

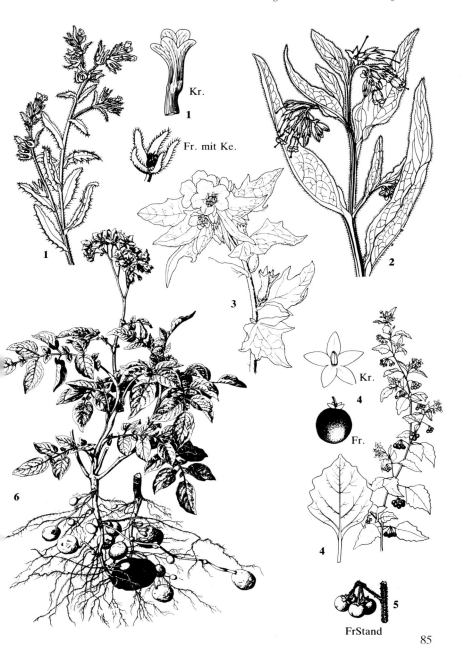

Pflanzen der Äcker

Familie: Braunwurzgewächse (Scrophulariaceae)

1 Kleiner Orant (*Chaenarrhinum minus;* syn.: *Linaria minor*) 5–35 cm; Pfl. aufr., drüsig behaart; Blätt. lanzettlich, die unt. gegenst., die ob. wechselst.; Blü. einzeln blattachselst., lg gestielt; Ke. mit 5 auffällig langen Zipfeln; Kr. hellviolett, innen gelblich, Schlund offen, 5–10 mm lg, kaum länger als der Ke., Sporn gerade; ⊙; V–X; v, im N z; bes. auf warmen, basenreichen Böden; DV Haftdolden-Ges.; im S Archäophyt, im N Neophyt.

2 Spießblättriges Tännelkraut (*Kickxia elatine;* syn.: *Linaria elatine*) 8–40 cm; Pfl. niederlg. bis aufr., lg abstehend behaart mit Drüsenhaaren; Blätt. pfeilfg. (die unt. z. T. ohne Spießecken), kurz gestielt; Blü. einzeln blattachselst., lg gestielt; BlüStiel meist kahl; Ke. 5zipfelig; Kr. gelb bis weiß mit violetter OLippe, 8–10 mm lg, mit geradem Sporn; ⊙; VII–X; z; subozeanisch v, bes. auf basenreichen Böden; AC Tännelkraut-Ass.; Archäophyt.
Die vegetativ ähnliche Acker-Winde (s. S. 82) ist ausdauernd, milchsaftführend, kahl bis kurzhaarig (ohne Drüsenhaare) u. hat länglichere Blätter.

3 Eiblättriges Tännelkraut (*Kickxia spuria;* syn.: *Linaria spuria*) Untersch. zur vor. Art: Pfl. stark zottig behaart mit vielen klebrigen Drüsenhaaren; alle Blätt. eifg. ohne Spießecken; BlüStiel meist rauhhaarig; Kr. 10–12 mm lg mit gebogenem Sporn; ⊙; VII–X; z–s, im N f; subozeanisch v; bes. auf basenreichen Böden; AC Tännelkraut-Ass.; Archäophyt.

4 Feld-Löwenmaul (*Misopates orontium;* syn.: *Antirrhinum orontium*) 10–40 cm; Pfl. aufr., drüsig behaart; Blätt. lanzettlich, kurz gestielt, die unt. gegenst., die ob. wechselst.; Blü. einzeln blattachselst., sehr kurz gestielt; Ke. mit 5 auffallend langen Zipfeln; Kr. rosa, dunkler geädert, am Grund ausgesackt, ohne Sporn, 8–12 mm lg, etwa so lg wie der Ke.; ⊙; VII–X; z–s; wärmeb.; OC Knöterich-Gänsefuß-Ges.; **Rote Liste 3**; Archäophyt.

5 Gemeines Leinkraut *(Linaria vulgaris)* 20–70 cm; Pfl. aufr.; Blätt. wechselst., schmal lanzettlich, kahl, bläulich bereift; Blü. kurz gestielt, in dichter Traube; Kr. 16–30 mm lg, hellgelb mit orangefarbenem Gaumen, Sporn lg u. spitz; ♃; VI–X; v; formenreich.

6 Acker-Wachtelweizen *(Melampyrum arvense)* 10–40 cm; Pfl. aufr.; Blätt. gegenst., lanzettlich, die ob. am Grund gezähnt, sonst ganzrandig; Blü. in endst. Ähre; Tragblätt. im BlüStand oval, mit 5–8 mm langen Zähnen, purpurn, useits schwarz punktiert; Kr. purpurn u. weiß-gelb, 18–26 mm lg, OLippe helmfg.; ⊙; V–IX; z, im N s; Trockniszeiger, bes. auf basenreichen, stickstoffarmen Böden; VC Haftdolden-Ges.; lokal im Rückgang; Halbschmarotzer; formenreich.

7 Acker-Zahntrost *(Odontites verna)* 10–35 cm; Pfl. aufr., wenig verzweigt; Seitenäste vom HauptStg. nur etwas abstehend (Winkel kleiner 30°); Blätt. gegenst., lanzettlich, gezähnt; HauptStg. ohne Blätt. zwischen oberstem Ästen u. unterstem Blü.; BlüStand traubig, 15–50blütig; Kr. rot, behaart; Staubblätt. aus der OLippe herausragend; Fr. 7–9 mm lg; ⊙; VI–VII; z; bes. auf Lehmböden; OC Windhalm-Ges.; Halbschmarotzer; formenreich.
Ähnlich ist der **Rote Zahntrost** (*O. vulgaris;* syn.: *O. rubra*), der aber auf Äckern fehlt. Untersch. zur vor. Art: Pfl. stark verzweigt; Seitenäste vom HauptStg. stärker abstehend (Winkel größer 30°); HauptStg. meist mit Blätt. zwischen oberstem Ästen u. unterstem Blü.; Fr. 5–7 mm lg; Ende VII–X.

Braunwurzgewächse

87

Pflanzen der Äcker

Familie: Braunwurzgewächse (Scrophulariaceae) (Forts.)

Bestimmungshilfe für Ehrenpreis-Arten (*Veronica* spec.):
1 Pfl. aufr. od. aufst.; Blü. in endst.
Trauben (s. Typ a)
2 BlüStiele kürzer als der Ke.

1 Feld-Ehrenpreis *(Veronica arvensis)* 4–25 cm; Pfl. aufr. od. aufst.; StgBlätt. ungeteilt, gezähnt, fast sitzend, 8–20 mm lg; BlüStand locker traubig; Tragblätt. der Blü. kleiner als die StgBlätt.; BlüStiele kürzer als der Ke.; Kr. 2–4 mm br, blau; Griffel etwa so lg wie die Ausrandung der Fr.; Fr. 3–5 mm br, oben spitzwinklig ausgerandet, mit Drüsenhaaren; ⊙–①; IV–X; v; KC Einjähr. Ruderal- u. Ackerunkraut-Ges.; Archäophyt.

2 Frühlings-Ehrenpreis *(Veronica verna)* Untersch. zur vor. Art: Stg. meist rot überlaufen; mittl. StgBlätt. fiederteilig mit 3–7 schmal lanzettlichen Abschnitten; unt. Tragblätt. der Blü. 3spaltig, die übrigen ganzrandig; Fr. oben stumpfwinklig ausgerandet; ⊙; III–VI; z–s; subkontinental v; wärmelb., Trocknis- u. Magerkeitszeiger.

2* BlüStiele so lg od. länger als der Ke.

3 Dreiteiliger Ehrenpreis *(Veronica triphyllos)* 4–20 cm; Pfl. aufr., im ob. Teil durch zahlreiche Drüsenhaare klebrig; mittl. StgBlätt. handfg. 3–5spaltig geteilt; Tragblätt. der Blü. 3teilig bis ungeteilt; BlüStand locker traubig; BlüStiele 1–2 mal so lg wie der Ke.; Kr. 6–9 mm br, dunkelblau; Fr. 5–7 mm lg, etwa so lg wie der Ke., dicht drüsig behaart; ⊙–①; III–V; z; wärmelb., bes. auf trockenen Sandböden; AC Sandmohn-Ass.; lokal im Rückgang; Archäophyt.

4 Früher Ehrenpreis *(Veronica praecox)* Untersch. zur vor. Art: Pfl. im ob. Teil nicht klebrig; Stg. oft rot überlaufen; alle Blätt. ungeteilt, grob gezähnt, useits meist rötlich; Fr. 4–5 mm lg, länger als br; locker drüsig behaart; ⊙–①; III–VI; z–s, im N f; subkontinental v; wärmelb., Trocknis-, Basen- u. Magerkeitszeiger, **Rote Liste 3**; Archäophyt.

1* Pfl. niederlg. bis aufst.; Blü. entfernt, einzeln blattachselst. (s. Typ b)
3 KeZipfel br herzfg.; Blätt. 3–5lappig (etwas efeuähnlich)
(3*-Alternative s. S. 90)

5 Efeu-Ehrenpreis *(Veronica hederifolia)* 8–40 cm; Pfl. niederlg. bis aufst.; Blätt. etwa so lg wie br, 3–5lappig, Mittellappen der ob. Blätt. breiter als lg; Blü. einzeln blattachselst.; BlüStiel mit einer Haarreihe, sonst völlig kahl, zur FrZeit 2–4mal so lg wie der Ke.; KeZipfel br herzfg., am Rand lg bewimpert, auf der Fläche kahl; Kr. hellblau, 6–9 mm br; Griffel 0,7–1,1 mm lg; Fr. fast kugelig, kahl; Sa. blaßgelb; ⊙–①; III–V; v; bes. auf nährstoffreichen Lehmböden; VC Ackerfrauenmantel-Ges.
Sehr ähnlich ist der **(5a) Hain-Ehrenpreis** (*V. sublobata;* syn.: *V. hederifolia* ssp. *lucorum*), der jedoch auf Äckern meist fehlt. Untersch. zur vor. Art: Mittellappen der ob. Blätt. so lg od. länger als br; BlüStiel mit einer Haarreihe u. weiteren abstehenden Haaren, zur FrZeit 3,5–7mal so lg wie der Ke.; Kr. 4–6 mm br; Griffel 0,3–0,7 mm lg; Sa. rötlichbraun.

6 Dreizähniger Ehrenpreis *(Veronica triloba)* Untersch. zur vor. Art: Blätt. tief dunkelgrün, etwas dicklich, breiter als lg, tief 3lappig; BlüStiel zur FrZeit 1–2,5mal so lg wie der Ke.; KeZipfel kurz bewimpert, auf der Fläche kurzhaarig (Lupe!); Kr. dunkelblau, 4–6 mm br; ⊙–①; III–V; z–s, im N f; bes. auf warmen Böden; Verbreitung u. ökologische Ansprüche kaum bekannt.

Braunwurzgewächse

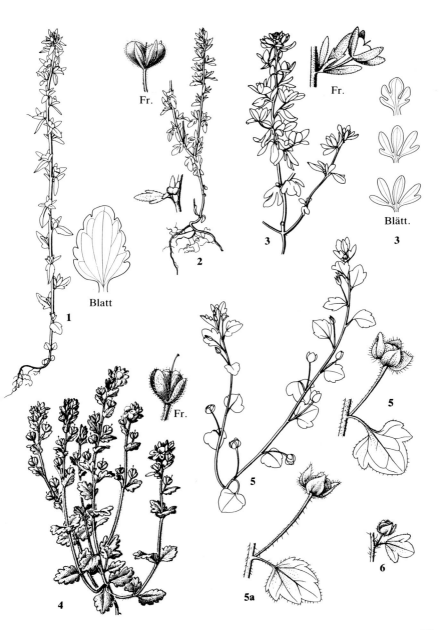

Pflanzen der Äcker

Familie: Braunwurzgewächse (Scrophulariaceae) (Forts.)

Bestimmungshilfe für Ehrenpreis-Arten *(Veronica* spec.) (Forts.)
3* KeZipfel lanzettlich bis br eifg.; Blätt. gekerbt od. gesägt
4 Blü. 8–13 mm br; FrStiel deutlich länger als das Tragblatt

1 Persischer Ehrenpreis *(Veronica persica;* syn.: *V. tournefortii)* 10–40 cm; Pfl. niederlg. bis aufst.; Stg. oft rot überlaufen; Blätt. 8–25 mm lg, br oval, grob gesägt; FrStiel 1–2mal so lg wie das Tragblatt; Kr. 8–13 mm br, himmelblau mit weißem Grund, dunkler gestreift; Griffel 1,5–3 mm lg; Fr. 7–9 mm br, oben stumpfwinklig ausgerandet, scharf gekielt, behaart, netznervig; ⊙–①; I–XII; v; bes. auf nährstoffreichen Lehmböden; OC Knöterich-Gänsefuß-Ges.; Neophyt aus Südwest-Asien seit etwa 1800.

4* Blü. 3–7 mm br; FrStiel kürzer od. so lg wie das Tragblatt
5 Blätt. regelmäßig tief gezähnt; KeZipfel br eifg.

2 Glanz-Ehrenpreis *(Veronica polita)* 7–25 cm; Pfl. niederlg. bis aufst.; Blätt. dunkelgrün, 4–14 mm lg, br eifg., regelmäßig tief gezähnt; FrStiel kürzer als Tragblatt; KeBlätt. br eifg., sich stark überlappend; Kr. 5–7 mm br, himmelblau, dunkler gestreift; Griffel 1–1,5 mm lg, die Ausrandung der Fr. weit überragend; Fr. 4–6 mm br, oben spitzwinklig ausgerandet, mit kurzen einfachen Haaren u. längeren Drüsenhaaren (Lupe!); ⊙–①; I–X; v, im N s; bes. auf nährstoff- u. basenreichen Böden; AC Glanzehrenpreis-Ass.; Archäophyt.
Diese u. die beiden folgenden Arten werden oft miteinander verwechselt! Bei der Bestimmung ist größte Sorgfalt geboten!

5* Blätt. seicht gezähnt; KeZipfel lanzettlich

3 Glanzloser Ehrenpreis *(Veronica opaca)* 10–25 cm; Pfl. niederlg. bis aufst.; Blätt. dunkelgrün, 4–12 mm lg, br eifg. bis rundlich, etwa so lg wie br, seicht gezähnt; FrStiel kürzer als Tragblatt; KeBlätt. lanzettlich, am Grund stark kraushaarig u. sich nicht überlappend; Kr. 3–6 mm br, einfarbig dunkelblau; Griffel die Ausrandung der Fr. kaum überragend; Fr. 4–6 mm br, oben spitzwinklig ausgerandet, mit kurzen einfachen u. längeren Drüsenhaaren (Lupe!); ⊙–①; III–X; z–s; bes. auf basenreichen Böden; VC Erdrauch-Wolfsmilch-Ges.; **Rote Liste 3**; Archäophyt.

4 Acker-Ehrenpreis *(Veronica agrestis)* Untersch. zur vor. Art: Blätt. hellgrün, oval, deutlich länger als br; FrStiel meist ebenso lg wie das Tragblatt; Ke. nicht kraushaarig; Kr. 4–7 mm br, weiß, blau geadert; Fr. nur mit Drüsenhaaren; ⊙–①; III–X; z; subozeanisch v; AC Ackerehrenpreis-Ass.; Archäophyt.

Familie: Wegerichgewächse (Plantaginaceae)

5 Breit-Wegerich *(Plantago major)* 7–50 cm; Rosettenblätt. br oval, bis 1,5mal so lg wie br (ohne Stiel), 5–9nervig, am Grund abgerundet bis herzfg. u. buchtig gezähnt; Stiel der BlüÄhre aufr. bis aufst., am Grund kurz anliegend behaart bis kahl; BlüÄhre schmal, bis 20 cm lg; KeBlätt. 4; Kr. gelbgrün, 1–2 mm lg, unauffällig; FrKapsel reif 3–4 mm lg mit 4–12 Sa.; ♃; VI–XI; v; salzertragend; formenreich.

6 Kleiner Wegerich *(Plantago intermedia;* syn.: *P. major* ssp. *intermedia)* Untersch. zur vor. Art: Rosettenblätt. 1,5–2,5mal so lg wie br (ohne Stiel), am Grund verschmälert u. buchtig gezähnt, behaart; Stiel der BlüÄhre niederlg. bis aufst., am Grund lg abstehend behaart; FrKapsel reif 4–5 mm lg mit 12–24 Sa.; ⊙–♃; VI–XI; z; Feuchte- u. Bodenverdichtungszeiger; Übergangsformen mit der vor. Art!

Braunwurzgewächse · Wegerichgewächse

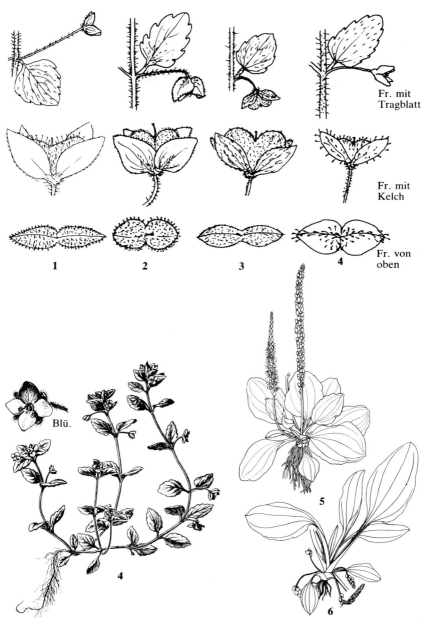

Pflanzen der Äcker

Familie: Lippenblütengewächse (Lamiaceae; syn.: Labiatae)

1 Gelber Günsel *(Ajuga chamaepitys)* 5–20 cm; Pfl. aufst. bis aufr., aromatisch riechend; Stg. oft rot überlaufen, zottig behaart; Blätt. dicht stehend, 3–5spaltig mit linealen Abschnitten od. ungeteilt; Blü. zu 1–2 blattachselst.; Kr. gelb, ULippe oft rot od. braun gefleckt, OLippe sehr kurz; ⊙–①; V–IX; z–s, im N f; wärmelb., Basen- u. Magerkeitszeiger, bes. in Weinbaugeb.; VC Haftdolden-Ges.; **Rote Liste 3**; Archäophyt.

2 Gundermann *(Glechoma hederacea)* 10–80 cm; Pfl. niederlg. bis aufst., aromatisch riechend; Stg. ausläuferartig kriechend u. wurzelnd; Blätt. gestielt, nierenfg. bis rundlich, gekerbt, etwa so lg wie br, oft rotviolett überlaufen; Blü. 15–22 mm lg, zu 2–4 blattachselst.; Ke. 5–7 mm lg; Kr. blauviolett, OLippe flach, ausgerandet; ULippe 3teilig; ♃; III–VI (–IX); v; bes. auf stickstoffreichen Böden; früher Gewürzpfl.; formenreich.

3 Acker-Ziest *(Stachys arvensis)* 7–30 cm; Pfl. niederlg. bis aufr.; Stg. zottig behaart, oft violett überlaufen; Blätt. gestielt, br eifg. bis rundlich, am Grund meist herzfg., gekerbt; Blü. zu 2–6 in Scheinquirlen; Kr. blaßrot, 6–9 mm lg, kaum länger als die Ke.; ⊙; VII–X; z; bes. auf sauren Böden, subozeanisch v; lokal VC Knöterich-Spergel-Ges.; Archäophyt.

4 Sumpf-Ziest *(Stachys palustris)* 25–120 cm; Pfl. aufst. bis aufr. mit unterirdischen, im Herbst knollig verdickten Ausläufern; Blätt. sitzend od. sehr kurz gestielt, lanzettlich, scharf gesägt, am Grund herzfg. bis halbstengelumfassend, 3–12 cm lg, kurzhaarig; Blü. zu 6–12 in Scheinquirlen; Kr. rotviolett mit weißer Zeichnung, 13–18 mm lg, etwa doppelt so lg wie der Ke.; ♃; VI–IX; v; Feuchtezeiger; formenreich.

5 Einjähriger Ziest *(Stachys annua)* 8–40 cm; Pfl. aufr.; Blätt. oval, seicht gekerbt, schwach behaart od. kahl, die unt. lg gestielt, die ob. kurz gestielt bis sitzend; Blü. zu 2–6 in Scheinquirlen; Ke. vollständig behaart; Kr. weißlich bis hellgelb, 10–20 mm lg, etwa doppelt so lg wie der Ke.; ⊙; VII–X; z–s; Trockniszeiger, bes. auf basenreichen Böden; VC Haftdolden-Ges.; **Rote Liste 3**; Archäophyt; unbeständig.

6 Acker-Minze *(Mentha arvensis)* 10–50 cm; Pfl. niederlg. bis aufst., aromatisch nach Minze riechend, mit vorwiegend unterirdischen Ausläufern; Stg. abstehend behaart; Blätt. eifg., gekerbt, 2–8 cm lg, kurz gestielt; Blü. zahlreich in dichten blattachselst. (nicht endst.!) Scheinquirlen, Stg. oben mit Blattschopf endend; Ke. gleichmäßig 5zähnig, 2–3 mm lg, behaart; Kr. violett, 4spaltig, 4–6 mm lg; ♃; VI–X; v; Feuchtezeiger; formenreich; Hybridbildung!

Lippenblütengewächse

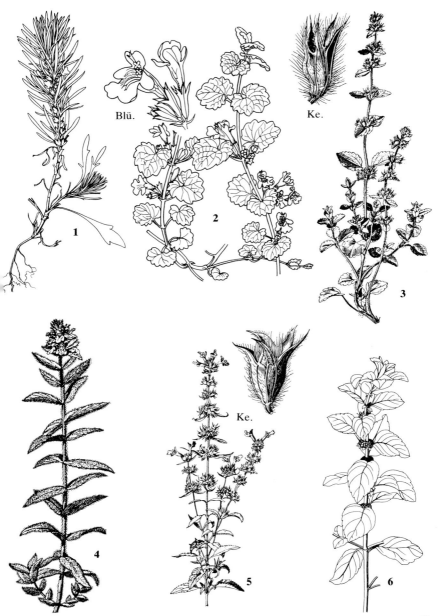

93

Pflanzen der Äcker

Familie: Lippenblütengewächse (Lamiaceae) (Forts.)

Bestimmungshilfe für Hohlzahn-Arten (*Galeopsis* spec.):
1 Stg. an den Knoten verdickt, mit Borstenhaaren
2 Kr. 1–2mal so lg wie der Ke., 10–21 mm lg

1 Stechender Hohlzahn *(Galeopsis tetrahit)* 10–80 cm; Pfl. aufr.; Stg. an den Knoten stark verdickt, mit Borsten- u. Drüsenhaaren; Blätt. 3–12 cm lg, gezähnt; BlüStand meist mit schwarzen Drüsenhaaren; Kr. 14–21 mm lg, weiß, meist rotviolett u. gelb gefleckt, sehr variabel; Mittellappen der ULippe quadratisch, vorne ganzrandig od. gezähnt; ⊙; VI–X; v; bes. auf stickstoffreichen Böden; DA Stechende Hohlzahn-Ass.; formenreich; häufigste Hohlzahn-Art.

2 Kleinblütiger Hohlzahn *(Galeopsis bifida)* Untersch. zur vor. Art: BlüStand mit hellen Drüsenhaaren od. drüsenlos; Kr. 10–15 mm lg, rotviolett, meist mit weißer u. gelber Zeichnung; Mittellappen der ULippe länglich, vorne deutlich ausgerandet; ⊙; VI–X; v–z; bes. auf sauren Böden; DA Stechende Hohlzahn-Ass.

2* Kr. 2–3mal so lg wie der Ke., 18–35 mm lg

3 Bunter Hohlzahn *(Galeopsis speciosa)* 20–100 cm; Pfl. aufr.; Stg. an den Knoten verdickt, borstig behaart, außerdem meist mit Drüsen- u. weichen Haaren; Blätt. bis 12 cm lg, gezähnt; Ke. 12–15 mm lg; Kr. 22–35 mm lg, hell- bis schwefelgelb, Mittellappen der ULippe dunkelviolett; ⊙; VI–X; z; Stickstoffzeiger; lokal VC Knöterich-Spergel-Ges.

4 Weichhaariger Hohlzahn *(Galeopsis pubescens)* Untersch. zur vor. Art: Stg. an den Knoten wenig verdickt, anliegend weich behaart mit wenigen Borsten- u. Drüsenhaaren; Blätt. bis 7 cm lg, dicht u. weich behaart; Ke. 9–11 mm lg; Kr. 18–27 mm lg, dunkelrot, Schlund u. KrRöhre gelb; ⊙; VI–IX; z, im N s; lokal DA Stechende Hohlzahn-Ass.

1* Stg. an den Knoten nicht verdickt, ohne Borstenhaare
3 Kr. weiß bis hellgelb, 22–35 mm lg

5 Saat-Hohlzahn (*Galeopsis segetum*, syn.: *G. dubia, G. ochroleuca*) 10–40 cm; Pfl. aufr.; Stg. an den Knoten nicht verdickt, weichhaarig; Blätt. 1–4 cm lg, 6–22 mm br, gezähnt, samtartig behaart; Ke. 8–10 mm lg, mit meist hellen Drüsenhaaren; Kr. 22–35 mm lg, weiß mit Röhre, ULippe z. T. mit schwefelgelber (s violetter) Zeichnung, vorne fein gezähnt; ⊙; VI–IX; z–s; subozeanisch v, Säure- u. Magerkeitszeiger; DA Lammkraut-Ass.; lokal im Rückgang; formenreich.

3* Kr. purpurn bis weißlich, 11–21 mm lg

6 Schmalblättriger Hohlzahn *(Galeopsis angustifolia)* 10–40 cm; Pfl. aufr.; Stg. oft rot überlaufen, an den Knoten nicht verdickt, weichhaarig; Blätt. 2–7 mm br, 4–15mal so lg wie br, ganzrandig od. seicht gezähnt, kahl od. etwas behaart; Ke. 6–9 mm lg, mit einzelnen dunklen Drüsenhaaren; Kr. 11–21 mm lg, 2–3mal so lg wie die Ke., purpurn mit weißer u. gelblicher Zeichnung; ⊙; VI–X; z, im N s; wärmelb., Trockniszeiger, bes. auf basenreichen Böden; DV Haftdolden-Ges.; Archäophyt; formenreich.

7 Acker-Hohlzahn *(Galeopsis ladanum)* Untersch. zur vor. Art: Blätt. 7–15 mm br, 2–4mal so lg wie br, jederseits mit 3–8 tiefen Zähnen; Ke. mit zahlreichen dunklen Drüsenhaaren; ⊙; VI–IX; z–s; Magerkeitszeiger, meist auf basenreichen Böden; DV Haftdolden-Ges.; lokal im Rückgang.

Lippenblütengewächse

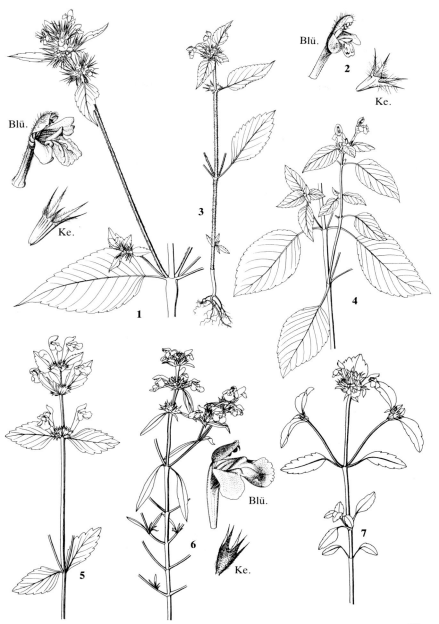

Pflanzen der Äcker

Familie: Lippenblütengewächse (Lamiaceae) (Forts.)

1 Purpurrote Taubnessel *(Lamium purpureum)* 10–35 cm; Pfl. aufst. bis aufr., unangenehm riechend; Stg. meist kahl, rotviolett überlaufen; Blätt. gestielt, herzfg., stumpf gezähnt (Zähne breiter als lg); Blü. in endst. Scheinquirlen; Tragblätt. der ob. Blü. oft rotviolett u. herabgebogen; Ke. kahl od. locker behaart; Kr. purpurn, 8–14 mm lg; KrRöhre etwa so lg wie der Ke.; ⊙–⊙; I–XII; v; bes. auf Lehmböden; OC Knöterich-Gänsefuß-Ges.; wohl Archäophyt.

2 Stengelumfassende Taubnessel *(Lamium amplexicaule)* Untersch. zur vor. Art: Stg. oft behaart; Blätt. rundlich, tiefer gezähnt, nur die unt. gestielt, die ob. (Tragblätt. der Blü.) halbstengelumfassend, grün, nicht herabgebogen; Ke. dicht behaart; Kr. karminrot, geschlossen bleibend od. geöffnet u. KrRöhre etwa 2mal so lg wie der Ke.; ⊙–⊙; I–XII; v; bes. auf Lehmböden; OC Knöterich-Gänsefuß-Ges.; Archäophyt.

3 Bastard-Taubnessel *(Lamium hybridum;* syn.: *L. incisum)* 10–30 cm; Pfl. aufst. bis aufr., unangenehm riechend; Stg. stark verzweigt, meist behaart, oft rot überlaufen; Blätt. gestielt, herzfg., gezähnt u. tief eingeschnitten (Zähne länger als br), die ob. Tragblätt. fast sitzend mit verbreitertem Blattstiel; Kr. purpurn, 8–12 mm lg; ⊙–☉; III–X; z–s; VC Erdrauch-Wolfsmilch-Ges.

Die ähnliche **Mittlere Taubnessel** *(L. moluccellifolium;* syn.: *L. hybridum* ssp. *intermedium)* kann s in N vorkommen. Untersch. zur vor. Art: Pfl. geruchlos; Blätt. nierenfg. bis rundlich, gekerbt, nicht tief eingeschnitten, ob. Tragblätt. sitzend, aber nicht halbstengelumfassend; Kr. 10–16 mm lg.

Familie: Glockenblumengewächse (Campanulaceae)

4 Echter Frauenspiegel *(Legousia speculum-veneris)* 8–40 cm; Pfl. meist aufr.; Blätt. oval bis lanzettlich, seicht gekerbt bis ganzrandig, die unt. kurz gestielt, die ob. sitzend; Blü. in lockeren Rispen; KeZipfel 5, lineal, etwa so lg wie die Kr., etwas kürzer als der unterst. FrKnoten; Kr. dunkelviolett, 18–25 mm br, ausgebreitet, mit br KrZipfeln; Fr. 10–15 mm lg; ⊙; VI–VIII; z, im N f; Basenzeiger; OC Klatschmohn-Ges.; **Rote Liste 3**; Zierpfl.; Archäophyt.

5 Kleinblütiger Frauenspiegel *(Legousia hybrida)* Untersch. zur vor. Art: 3–25 cm; Blätt. sitzend, oft gewellt; KeZipfel lanzettlich, länger als die Kr., etwa halb so lg wie der unterst. FrKnoten; Kr. purpurn, 7–15 mm br, weit glockenfg., mit schmalen KrZipfeln; Fr. 15–25 mm lg; ⊙; VI–VII; z–s; wärmelb., Basenzeiger; VC Haftdolden-Ges.; **Rote Liste 2**; Archäophyt.

6 Acker-Glockenblume *(Campanula rapunculoides)* 20–90 cm; Pfl. aufr., mit unterirdischen Ausläufern; Stg. stumpfkantig, meist unverzweigt; Blätt. kurzhaarig, lanzettlich bis eifg., die unt. am Grund herzfg., über 2 cm br u. lg gestielt; BlüStand traubig; Blü. kurz gestielt; KeZipfel zurückgeschlagen u. wie die Fr. kurzhaarig; Kr. blauviolett, trichter- bis glockenfg., fast bis zur Mitte 5spaltig, 2–3 cm lg; ♃; VI–IX; v–z; bes. auf basenreichen Lehmböden; DV Haftdolden-Ges.

Lippenblütengewächse · Glockenblumengewächse

Pflanzen der Äcker

Familie: Korbblütengewächse (Asteraceae; syn.: Compositae)

A. BlüKöpfchen nur mit Röhrenblü. (Ausnahme: Nr. 1, Kanadisches Berufkraut mit sehr unauffälligen Zungenblü.); Pfl. ohne Milchsaft (B. s. S. 100; C. s. S. 102)

1 Kanadisches Berufkraut (*Conyza canadensis;* syn.: *Erigeron canadensis*) 5–120 cm; Pfl. aufr., abstehend behaart; Blätt. lanzettlich, die unt. gestielt u. entfernt gezähnt, die ob. sitzend u. meist ganzrandig; Köpfchen sehr zahlreich, 3–5 mm br; Hüllblätt. schmal hautrandig; Röhrenblü. gelblichweiß; Zungenblü. sehr unauffällig, weiß od. rötlich, aufr., etwa so lg wie die Hülle; ☉–①; VII–X; v; OC Rauken-Ges.; Neophyt aus Nordamerika seit etwa 1700.

2 Dreiteiliger Zweizahn (*Bidens tripartita*) 10–100 cm; Pfl. aufr., oft rötlich überlaufen; Blattstiel kurz, geflügelt; Blätt. meist gegenst. u. fast bis zum Mittelnerv 3(–5)teilig, die ob. Blätt. z. T. wechselst. u. ungeteilt; Blattabschnitte ungestielt, grob gezähnt; Köpfchen aufr., etwa so br wie hoch; Hüllblätt. ungleich groß, die äußeren länger als die Blü.; Röhrenblü. braungelb; Fr. 5–8,5 mm lg, nicht warzig, am Rand behaart, oben mit 2–3 langen Borsten; ☉; VII–X; v–z; Nässe- u. Stickstoffzeiger.

3 Acker-Filzkraut (*Filago arvensis;* syn.: *Oglifa arvensis*) 8–45 cm; Pfl. aufr., anliegend dicht hellgrau filzig behaart; Stg. etwa ab der Mitte verzweigt, Seitenäste meist kürzer als Hauptstg.; Blätt. lanzettlich, ganzrandig, 9–22 mm lg; Köpfchen 4–5 mm lg, zu 2–7 in lockeren Knäueln; alle Hüllblätt. graufilzig behaart, die inneren mit Hautrand; Röhrenblü. unscheinbar, gelblich; ☉–①; VI–IX; z–s; bes. auf trockenen, basenarmen Böden. **Rote Liste 3**.

4 Sumpf-Ruhrkraut (*Gnaphalium uliginosum*) 5–25 cm; Pfl. aufst. bis aufr., anliegend hellgrau filzig behaart, stellenweise verkahlend; Stg. vom Grund an stark verzweigt; Blätt. lanzettlich, ganzrandig, 1–4 cm lg; Köpfchen 3–4 mm lg, zu 3–10 in dichten Knäueln; Hüllblätt. kaum behaart, häutig, gelbbraun; Röhrenblü. gelblich; ☉; VI–X; v; Nässe- u. Bodenverdichtungsanzeiger.

5 Acker-Kratzdistel (*Cirsium arvense*) 35–140 cm; Pfl. aufr.; Stg. glatt u. nahezu unbestachelt; Blätt. buchtig gezähnt bis fiederteilig, am Rand dornig u. oft wellig-kraus, oseits kahl, useits kahl bis weißfilzig; Köpfchen meist zahlreich in doldenartiger Rispe, 15–20 mm lg; Hüllblätt. lila, spinnwebig behaart; Röhrenblü. lila, gleichmäßig tief 5teilig; Pappus gefiedert; ♃; VII–IX; v; bes. auf lehmigen u. stickstoffreichen Böden; KC Einjähr. Ruderal- u. Ackerunkraut-Ges.; Archäophyt; formenreich; oft von einem Rostpilz (*Puccinia suaveolens*) befallen.

6 Kornblume (*Centaurea cyanus*) 20–70 cm; Pfl. aufr., graufilzig behaart; Blätt. schmal lanzettlich, die unt. gestielt u. gezähnt bis fiederteilig, die ob. sitzend u. ganzrandig; Köpfchen 25–40 mm br; Hüllblätt. grün, z. T. violett überlaufen mit schwarzen, kammfg. gefransten Anhängseln; Röhrenblü. blau (bei Kulturformen rosa od. weiß), die äußeren stark vergrößert; Pappus rostbraun, 1 mm lg; ☉–①; VI–X; v–z; OC Windhalm-Ges.; lokal im Rückgang (bes. im Hügelland u. in Kalkgeb.); Zierpfl.; Archäophyt.

7 Strahlenlose Kamille (*Matricaria discoidea;* syn.: *M. matricarioides, Chamomilla suaveolens*) 5–35 cm; Pfl. aufr., kahl, stark aromatisch riechend; Stg. fleischig; Blätt. 2–3fach fiederteilig, Abschnitte lineal, stachelspitzig; Köpfchen kegelfg., 5–9 mm br; Hüllblätt. kahl, stumpf, hautrandig; Röhrenblü. gelbgrün; Fr. gerippt, ohne Pappus; ☉; VI–XII; v; Stickstoff- u. Bodenverdichtungszeiger; Neophyt aus Ostasien seit etwa 1850.

Weitere Kamille-Arten (mit Röhren- u. Zungenblü.) s. S. 100.

Korbblütengewächse

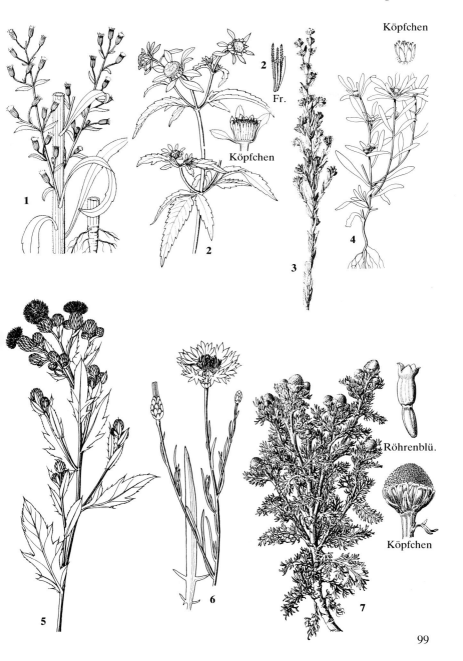

Pflanzen der Äcker

Familie: Korbblütengewächse (Asteraceae) (Forts.)

1 Gemeines Greiskraut *(Senecio vulgaris)* 8–40 cm; Pfl. aufr. bis aufst., kahl od. schwach behaart; Blätt. fiederteilig mit rechtwinklig abstehenden, gezähnten Abschnitten („Kreuzkraut"); unt. Blätt. mit geflügeltem Blattstiel, ob. halbstengelumfassend mit breitem, gezähntem Blattgrund; Köpfchen 5–8 mm br; Hüllblätt. ca. 20, 6–9 mm lg, an der Spitze schwärzlich; Zungenblü. fast immer f, Röhrenblü. hellgelb; Fr. behaart; Pappus weiß; ⊙–①; I–XII; v; Stickstoffzeiger; OC Knöterich-Gänsefuß-Ges.; Archäophyt.

B. BlüKöpfchen mit Röhren- u. Zungenblü.; Pfl. ohne Milchsaft (s. auch Kanadisches Berufkraut auf S. 98) (A. s. S. 98; C. s. S. 102)

2 Frühlings-Greiskraut *(Senecio vernalis)* Untersch. zur vor. Art: 10–70 cm; Pfl. jung spinnwebig-wollig behaart, später verkahlend; Köpfchen 20–30 mm br; Hüllblätt. 9–14 mm lg; Zungenblü. 12–15, 8–12 mm lg, waagerecht abstehend, wie die Röhrenblü. gelb; ⊙–①; IV–VI (–IX); z; wärmelb., subkontinental v, salzertragend; OC Rauken-Ges.; Neophyt aus West-Asien u. Ost-Europa seit etwa 1850.

3 Gemeine Schafgarbe *(Achillea millefolium)* 15–110 cm; Pfl. aufr., aromatisch riechend; Stg. locker lg behaart; Blätt. 2–3fach fiederteilig, 2–4 cm br; Köpfchenstand: lockere, zusammengesetzte Doldenrispe; Köpfchen 4–8 mm br; Hüllblätt. 4–5 mm lg, behaart, br hautrandig; Zungenblü. 4–6, weiß bis rosa, ihre Zunge etwa halb so lg wie die Hülle; Röhrenblü. weißlich; Fr. ohne Pappus; ♃; VI–X; v; formenreich.

Bestimmungshilfe für Kamille- u. Hundskamille-Arten mit weißen Zungenblü.:
1 Hüllblätt. kahl; Köpfchenboden ohne Spreublätt.

4 Echte Kamille *(Matricaria chamomilla;* syn.: *Chamomilla recutita)* 10–45 cm; Pfl. aufr., kahl, stark aromatisch riechend; Blätt. 2–3fach fiederteilig, Abschnitte lineal, stachelspitzig; Köpfchen 16–24 mm br; Köpfchenboden kegelfg., hohl, ohne Spreublätt.; Hüllblätt. kahl, stumpf, schmal hautrandig; Zungenblü. ca. 15, weiß, 6–9 mm lg, oft stark zurückgeschlagen; Röhrenblü. goldgelb; Fr. rundlich (im Querschnitt), gerippt, ohne Pappus; ⊙–①; V–IX; v–z; Lehmzeiger; AC Echte Kamillen-Ass.; Archäophyt.

5 Geruchlose Kamille *(Tripleurospermum inodorum;* syn.: *Matricaria perforata, M. inodora, M. maritima* ssp. *inodora)* Untersch. zur vor. Art: 20–90 cm; Pfl. niederlg. bis aufr., fast geruchlos; Blattabschnitte fadenfg.; Köpfchen 20–42 mm br; Köpfchenboden halbkugelig, nicht hohl; Zungenblü. 10–20 mm lg, kaum zurückgeschlagen; Fr. kantig mit 3 tiefen Längsfurchen; ⊙–♃; VI–XI; v; KC Einjähr. Ruderal- u. Ackerunkraut-Ges.; Archäophyt.

1* Hüllblätt. behaart; Köpfchenboden mit Spreublätt.

6 Acker-Hundskamille *(Anthemis arvensis)* 15–50 cm; Pfl. aufr., etwas aromatisch riechend, anliegend behaart; Blätt. 2–3fach fiederteilig, Abschnitte lineal, stachelspitzig; Köpfchen 20–35 mm br; Köpfchenboden kegelfg., auf der ganzen Fläche mit lanzettlichen, stachelspitzigen Spreublätt.; Hüllblätt. behaart, stumpf, br hautrandig; Zungenblü. 7–14, weiß, 6–13 mm lg, waagerecht abstehend; Röhrenblü. goldgelb; Fr. stumpf 4kantig (im Querschnitt), mit glatten Rippen, ohne Pappus; ⊙–①; V–X; v–z; KC Einjähr. Ruderal- u. Ackerunkraut-Ges.; Archäophyt.

7 Stink-Hundskamille *(Anthemis cotula)* Untersch. zur vor. Art: Pfl. unangenehm riechend; Köpfchen 12–26 mm br; Köpfchenboden meist nur in der Mitte mit borstenfg. Spreublätt.; Fr. rund (im Querschnitt), mit knotig-warzigen Rippen; ⊙; VI–X; z; bes. auf Lehm- u. Tonböden; KC Einjähr. Ruderal- u. Ackerunkraut-Ges.; lokal im Rückgang.

Korbblütengewächse

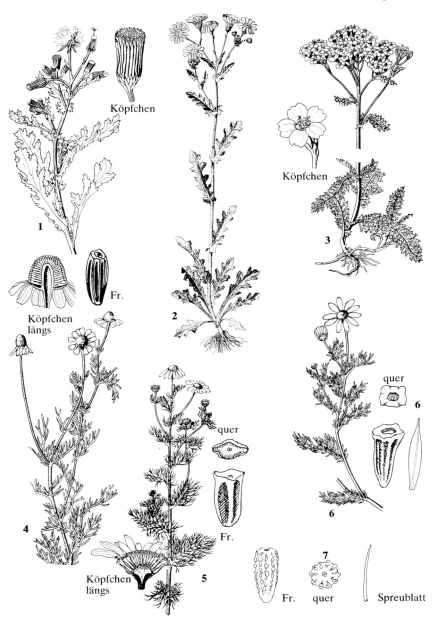

Pflanzen der Äcker

Familie: Korbblütengewächse (Asteraceae) (Forts.)

1 Kleinblütiges Franzosenkraut *(Galinsoga parviflora)* 10–60 cm; Pfl. aufr.; Stg. im ob. Teil kahl od. locker anliegend behaart; Blätt. gegenst., eifg., entfernt u. schwach gezähnt; Köpfchenstiele mit wenigen kurzen Drüsenhaaren; Köpfchen 3–6 mm br; Köpfchenboden mit lanzettlichen, oben meist 3teiligen Spreublätt.; Zungenblü. meist 5, weiß; Röhrenblü. gelb; Pappus 1 mm lg, weißlich; ⊙; VI–XI; v; bes. auf stickstoffreichen, sauren Sandböden; AC Kleinblütige Franzosenkraut-Ass.; Neophyt aus Südamerika seit etwa 1800.

2 Zottiges Franzosenkraut *(Galinsoga ciliata;* syn.: *G. quadriradiata* ssp. *hispida)* Untersch. zur vor. Art: Stg. im ob. Teil abstehend weißborstig behaart; Blätt. grob gezähnt; Köpfchenstiele mit zahlreichen langen Drüsenhaaren; Köpfchen 5–8 mm br; Köpfchenboden mit meist ungeteilten Spreublätt.; ⊙; VI–X; v–z; wärmelb., bes. auf stickstoffreichen Lehm- u. Sandböden; OC Knöterich-Gänsefuß-Ges.; Neophyt aus Südamerika seit etwa 1860.

3 Huflattich *(Tussilago farfara)* 8–40 cm; Laubblätt. erst nach der BlüZeit erscheinend, bis 20 cm lg, herzfg. mit 5–10 seichten, gezähnten Lappen, dicht weißfilzig behaart, oseits bald verkahlend; BlüStg. aufr., spinnwebig-wollig, mit rot-grünen Schuppenblätt.; Köpfchen einzeln, 2–3 cm br; Zungenblü. bis 300, sehr schmal, wie die 30–50 Röhrenblü. goldgelb; Pappus lg, weiß; ♃; II–V; v; Feuchtezeiger, bes. auf Lehmböden.

4 Saat-Wucherblume *(Chrysanthemum segetum)* 15–60 cm; Pfl. aufst. bis aufr., kahl, blaugrün; Blätt. unregelmäßig grob gezähnt bis fiederteilig, die unt. gestielt, die ob. stengelumfassend; Köpfchen einzeln, 25–45 mm br; Hüllblätt. gelbgrün, br hautrandig; Zungen- u. Röhrenblü. goldgelb; Fr. gelblich, die äußeren geflügelt, sonst 10rippig, ohne Pappus; ⊙; VI–X; z, im S s–f; subatlantisch v, bes. auf sauren Böden; AC Saatwucherblumen-Ass.; Zierpfl.; Archäophyt.

5 Acker-Ringelblume *(Calendula arvensis)* 10–30 cm; Pfl. niederlg. bis aufr., flaumig behaart (z. T. mit Drüsenhaaren); Blätt. entfernt gezähnt bis ganzrandig, die unt. kurz gestielt, die ob. halbstengelumfassend; Köpfchen einzeln, 1–2 cm br, zur FrZeit nickend; Hüllblätt. drüsig behaart, hautrandig, an der Spitze oft rötlich; Zungenblü. 7–14 mm lg, wie die Röhrenblü. gelb; Fr. verschieden gestaltet: die äußeren gekrümmt mit Zacken, die inneren ringfg. mit Höckern, ohne Pappus; ⊙; V–X; s; nur in Weinbaugeb. im Südwesten; wärmelb., Trocknis- u. Basenzeiger; AC Weinbergslauch-Ass.; **Rote Liste 2**; Archäophyt.

C. BlüKöpfchen nur mit Zungenblü.; Pfl. mit Milchsaft, (A. s. S. 98; B. s. S. 100)

6 Gemeiner Rainkohl *(Lapsana communis)* 15–110 cm; Pfl. aufr.; Blätt. oval, die unt. gestielt, stumpf u. fiederspaltig mit 1–2 Paaren lanzettlicher Fiedern, die ob. sitzend, spitz u. buchtig gezähnt bis ganzrandig; Köpfchenstand locker rispig; Hüllblätt. 6–8 mm lg, Außenhüllblätt. sehr kurz; Zungenblü. 8–15, hellgelb, 6–9 mm lg; Fr. bräunlich, stark gerippt, ohne Pappus; ⊙–♃; VI–IX; v; bes. auf stickstoffreichen Böden; DA Stechende Hohlzahn-Ass.

7 Gemeine Kuhblume (Artengruppe) *(Taraxacum officinale agg.)* 5–40 cm; Pfl. aufst. bis aufr.; Rosettenblätt. buchtig gezähnt bis fiederteilig; Stg. blattlos, hohl; Köpfchen einzeln, 3–6 cm br; äußere Hüllblätt. zurückgeschlagen u. weißrandig; Zungenblü. gelb; Fr. hellbraun, an der Spitze mit Höckern, lg geschnäbelt, Pappus ungefiedert; ♃; III–XI; v; bes. auf stickstoffreichen Böden; salzertragend; Salatpfl.; formenreich, ca. 150 ,,Kleinarten" bekannt!

Korbblütengewächse

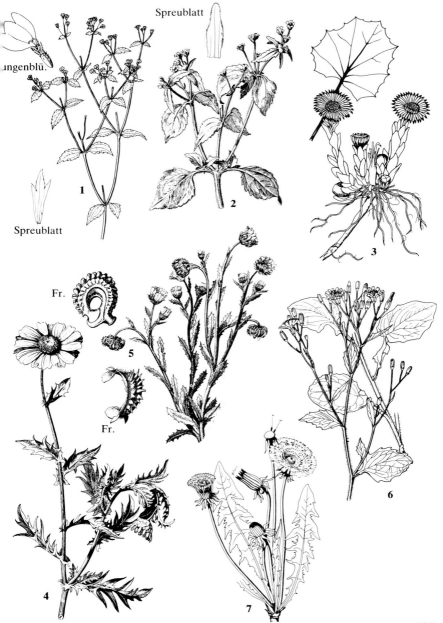

103

Pflanzen der Äcker

Familie: Korbblütengewächse (Asteraceae) (Forts.)

1 Lämmersalat, Lammkraut *(Arnoseris minima)* 7–30 cm; Pfl. aufr.; Stg. unten rot überlaufen; Rosettenblätt. entfernt grob gezähnt, am Rand gewimpert; StgBlätt. f; Köpfchen etwa 1 cm br; Köpfchenstiele oben stark keulig verdickt u. hohl; Hüllblätt. zur FrZeit verhärtend; Zungenblü. 20–30, gelb, 6–10 mm lg; Fr. gerippt, ohne Pappus; ☉–①; VI–VIII; z–s; subatlantisch v, Säure- u. Magerkeitszeiger, bes. auf Sandböden; AC Lammkraut-Ass.; **Rote Liste 2**.

2 Kahles Ferkelkraut *(Hypochoeris glabra)* 10–40 cm; Pfl. aufst. bis aufr.; Stg. grün; Rosettenblätt. kahl (sehr s etwas behaart), buchtig gezähnt bis fiederteilig, z. T. rot überlaufen; Stg. mit einzelnen schuppenfg. Blätt.; Köpfchen 1–2 cm br; Köpfchenstiele oben schwach verdickt; Köpfchenboden mit Spreublätt.; Zungenblü. 50–100, gelb, useits z. T. weiß-grünlich, kaum länger als die 9–15 mm lg Hülle; Fr. geschnäbelt (außer den randständigen), Pappus z. T. gefiedert; ☉–①; VI–IX; z–s; subatlantisch v, Trocknis-, Säure- u. Magerkeitszeiger; bes. auf Sandböden; DA Lammkraut-Ass.; **Rote Liste 2**.

3 Dach-Pippau *(Crepis tectorum)* 8–70 cm; Pfl. aufr., graugrün; Stg. flaumig behaart; Blätt. lanzettlich, die unt. gestielt u. buchtig gezähnt bis fiederteilig, die ob. mit pfeilfg. Grund stengelumfassend, meist ganzrandig; Köpfchen 12–22 mm br; Hüllblätt. behaart; Zungenblü. hellgelb, 11–13 mm lg; Fr. braun, gerippt, Pappus schneeweiß, ungefiedert; ☉–①; VI–X; z; subkontinental v; Trockniszeiger; OC Rauken-Ges.

> Bestimmungshilfe für Gänsedistel-Arten (*Sonchus* spec.):
> 1 Pfl. einjährig; Hüllblätt. kahl od. etwas drüsenhaarig

4 Kohl-Gänsedistel *(Sonchus oleraceus)* 20–90 cm; Pfl. aufr., dunkel- bis blaugrün; Stg. hohl, meist kahl u. reich verzweigt; Blätt. weich, matt, meist fiederteilig, am Rand ungleich spitz gezähnt, kaum dornig, mit vorgestreckten spitzen Öhrchen stengelumfassend; Hülle 10–15 mm lg, krugfg., meist kahl; Zungenblü. hellgelb; Griffel bräunlich; Fr. 6rippig u. runzlig; Pappus weiß, ungefiedert; ☉–①; VI–IX; v; Stickstoffzeiger, bes. auf basenreichen Böden; KC Einjähr. Ruderal- u. Ackerunkraut-Ges.; Archäophyt; formenreich.

5 Rauhe Gänsedistel *(Sonchus asper)* Untersch. zur vor. Art: Pfl. lebhaft grün; Blätt. derb, glänzend, meist ungeteilt, am Rand dornig, mit angedrückten abgerundeten Öhrchen stengelumfassend; Zungenblü. goldgelb; Fr. 6rippig u. glatt; ☉–①; VI–X; v; bes. auf stickstoffreichen Lehmböden; OC Knöterich-Gänsefuß-Ges.; Archäophyt; formenreich.

> 1* Pfl. ausdauernd; Hüllblätt. meist dicht gelbdrüsig

6 Acker-Gänsedistel *(Sonchus arvensis)* 40–180 cm; Pfl. aufr.; Stg. hohl, im ob. Teil verzweigt u. gelbdrüsig behaart; Blätt. glänzend, buchtig gezähnt bis fiederteilig, am Rand dornig, mit kurzen Öhrchen sitzend bis halbstengelumfassend; Hülle 13–20 mm lg, meist dicht gelbdrüsig; Zungenblü. goldgelb; Griffel gelb; Fr. 10rippig; Pappus weiß; ♃; VII–X; v; bes. auf stickstoffreichen Lehmböden; salzertragend; KC Einjähr. Ruderal- u. Ackerunkraut-Ges.

Klasse: Einkeimblättrige Pflanzen (Monocotyledonae)

Familie: Liliengewächse (Liliaceae)

7 Acker-Goldstern *(Gagea villosa;* syn.: *G. arvensis)* 8–15 cm; Pfl. aufr.; Grundblätt. fadenfg., 1–3 mm br, oseits etwas rinnig; StgBlätt. flach, etwa 10 mm br; BlüStand 3–10blütig, scheindoldig; BlüStiele u. Griffel flaumig behaart; BlüBlätt. 6, gelb, 13–18 mm lg, stumpf, außen behaart; ♃; III–V; z–s; wärmelb.; AC Weinbergslauch-Ass.; **Rote Liste 3**; Archäophyt.

Korbblütengewächse · Liliengewächse

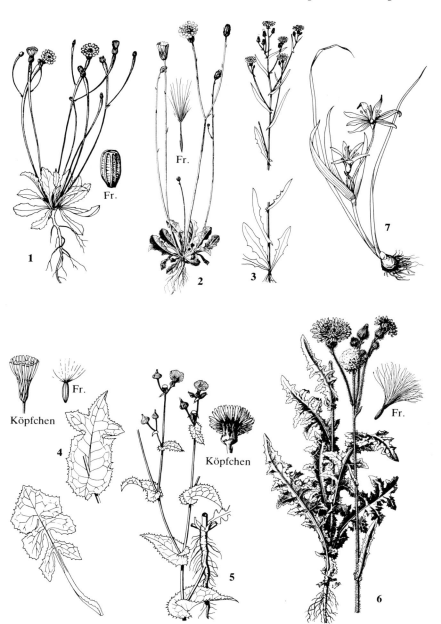

Pflanzen der Äcker

Familie: Liliengewächse (Liliaceae) (Forts.)

1 Spargel *(Asparagus officinalis)* 30–150 cm; Pfl. aufr.; Stg. mit schuppenfg., häutigen Blätt., diese am Grund spornfg. ausgebuchtet, in deren Achsel 3–8 grüne, nadelfg. Blätt. (bis 2 cm lg); BlüStiele dünn, nickend; BlüBlätt. 6, weiß mit grünem Mittelstreif, bis 5 mm lg; Fr. eine rote Beere; ♃; VI–VII; angebaut auf recht trockenen, lockeren, nährstoffreichen, lehmigen u. reinen Sandböden, glgtl. verwildert; junge Sproßachsen werden als Bleichtriebe od. Grüntriebe (Grünspargel) genutzt u. liefern ein vorzügliches, kalorienarmes Gemüse; Hauptanbaugebiete: Niedersachsen u. Bayern; ursprünglich wohl ostmediterrane Pfl., mind. seit dem 16. Jahrh. in Mitteleuropa angebaut.

2 Wilde Tulpe *(Tulipa sylvestris)* 15–45 cm; Pfl. aufr.; Blätt. 2–3, schmal lanzettlich, bis 25 mm br; BlüBlätt. 6, gelb, 4–6 cm lg, spitz, die inneren und die Staubfäden am Grund behaart; FrKapsel 2mal so lg wie br; ♃; IV–V; s; wärmelb., bes. auf basenreichen Böden in Weinbaugeb.; AC Weinbergslauch-Ass.; **Rote Liste 2**; Neophyt aus dem Mittelmeergeb. seit dem 16. Jahrh.

3 Dolden-Milchstern *(Ornithogalum umbellatum)* 10–30 cm; Pfl. aufr.; Blätt. grundst., grasähnlich, rinnig mit weißem Mittelstreifen, 3–7 mm br; BlüStand 3–15blütig, doldentraubig, die unt. BlüStiele 3–8 cm lg; Blü. aufr.; BlüBlätt. 6, weiß, außen mit grünem Streifen, 15–20 mm lg; Staubfäden weiß, verbreitert; ♃; V–VI; z–s; bes. auf warmen, basenreichen Böden; AC Weinbergslauch-Ass.; Neophyt aus dem Mittelmeergeb.
In Weinbaugeb. kommt selten der aus Südost-Europa stammende **Nickende Milchstern** *(O. nutans)* vor. Untersch. zur vor. Art: Blätt. bis 12 mm br; BlüStand traubig, unt. BlüStiele 1–2 cm lg; Blü. nickend; BlüBlätt. 25–30 mm lg.

4 Weinbergs-Traubenhyazinthe *(Muscari racemosum)* 10–40 cm; Pfl. aufr.; Blätt. grundst., schlaff, 2–3 mm br, rinnig, etwa so lg wie der Stg.; BlüStand 3–6 cm lg, dicht traubig; Blü. 4–6 mm lg, dunkelblau mit weiß-gezähntem Saum, duftend; Fr. an der Spitze eingesenkt; ♃; IV–V; s, im N f; wärmelb., Trocknis- u. Basenzeiger; AC Weinbergslauch-Ass.; Neophyt aus dem Mittelmeergeb.
Die ähnliche **Übersehene Traubenhyazinthe** *(M. neglectum)* kann ebenfalls selten auftreten. Untersch. zur vor. Art: Blätt. 3–6 mm br, viel länger als der Stg.; Fr. an der Spitze abgerundet; **Rote Liste 3**.

Bestimmungshilfe für Lauch-Arten (*Allium* spec.):
1 Blätt. hohl; BlüStand mit Brutzwiebeln

---

5 Gemüse-Lauch *(Allium oleraceum)* 20–90 cm; Pfl. aufr., meist nicht blühend; Blätt. flach u. rinnig, hohl, 2–5 mm br, ohne Blatthäutchen; BlüStand kürzer als Hüllblatt, locker doldenartig, mit Brutzwiebeln u. 5–40 hängenden Blü.; BlüBlätt. weiß, grün od. rötlich, 5–8 mm lg, etwa so lg wie die ungezähnten Staubblätt.; ♃; VI–VIII; v–z; bes. auf Lehmböden; AC Weinbergslauch-Ass.

6 Weinberg-Lauch *(Allium vineale)* Untersch. zur vor. Art: Blätt. rundlich, nur am Grund etwas rinnig, mit Blatthäutchen; BlüStand mit vielen Brutzwiebeln u. 0–15 hängenden Blü.; BlüBlätt. 3–5 mm lg, kürzer als die lg gezähnten Staubblätt.; ♃; VI–VIII; v–z; wärmelb.; bes. auf basenreichen Böden; AC Weinbergslauch-Ass.

1* Blätt. nicht hohl; BlüStand ohne Brutzwiebeln

---

7 Runder Lauch *(Allium rotundum)* 30–100 cm; Pfl. aufr.; Blätt. flach, 2–9 mm br; BlüStand länger als Hüllblatt, kugelig, dicht- u. vielblütig, ohne Brutzwiebeln; BlüBlätt. dunkel purpurn, z. T. blasser mit weißer Zeichnung, 4–7 mm lg, etwa so lg wie die gezähnten Staubblätt.; ♃; VI–VIII; z–s, im N f; wärmelb., Trocknis- u. Basenzeiger; **Rote Liste 3**.

Liliengewächse

Pflanzen der Äcker

Familie: Binsengewächse (Juncaceae)

1 Kröten-Binse *(Juncus bufonius)* 3–40 cm; Pfl. niederlg. bis aufr.; Stg. an der Basis büschelig verzweigt; Blätt. lineal bis fadenfg., 1 mm br, am Grund ohne Öhrchen; grundst. Blattscheiden gelbbraun; BlüStand meist reich verzweigt; Einzelblü. voneinander entfernt; BlüBlätt. 6, grün, weiß hautrandig, spitz, ungleich 5–7 mm lg, die inneren so lg od. etwas länger als die reife FrKapsel; ⊙; VI–X; v; Feuchte- u. Bodenverdichtungszeiger, bes. auf sauren Böden; formenreich.

Familie: Sauergräser (Cyperaceae)

2 Behaarte Segge *(Carex hirta)* 10–80 cm; Pfl. aufst. bis aufr.; Stg. stumpf dreikantig; Blattscheiden wollig behaart (s fast kahl); Blätt. steif u. flach, 3–6 mm br, behaart; BlüStand mit 2–4 ♀ Ähren u. 1–3 ♂ Ähren, Hüllblätt. der Ähren mit langer Blattscheide; ♀ Ähren voneinander entfernt, aufr., 2–4 cm lg; ♂ Ähren endst.; Spelze kürzer als die reife Fr., stachelspitzig, braun mit grünem Mittelnerv; Fr. behaart, 5–7 mm lg, oben mit zweispaltigem Schnabel; Narben 3; ♃; V–VII; v; Bodenverdichtungszeiger; formenreich.

Familie: Süßgräser (Poaceae; syn.: Gramineae)

A. Rispengräser (s. auch Grannen-Ruchgras auf S. 116)
(B. s. S. 112; C. u. D. s. S. 116)

3 Einjähriges Rispengras *(Poa annua)* 3–35 cm; Pfl. niederlg. bis aufr.; Stg. u. Rispenäste nicht rauh; Blätt. kahl, jung gefaltet, später flach, mit Doppelrille in der Mitte; Blatthäutchen 1–4 mm lg, abgerundet; Rispe 2–8 cm lg, unt. Rispenstufen 1–2ästig; Ährchen 3–6blütig, grün bis rotviolett, etwa 3 mm lg, zusammengedrückt, unbegrannt; ⊙–⊙; I–XII; v; bes. auf stickstoffreichen Böden; formenreich.

4 Gemeines Rispengras *(Poa trivialis)* Untersch. zur vor. Art: 30–110 cm; Pfl. aufr. mit niederlg. sterilen Trieben u. oberirdischen Ausläufern; Stg. u. Rispenäste rauh; Blatthäutchen 3–7 mm lg, spitz; Rispe 7–14 cm lg, unt. Rispenstufen 3–6ästig; ♃; V–VII; v; Feuchtezeiger.

5 Kleines Liebesgras *(Eragrostis minor;* syn.: *E. poaeoides)* 8–40 cm; Pfl. niederlg. bis aufst.; Blätt. 2–4 mm br, gerieft; Blattscheiden lg behaart; statt des Blatthäutchens ein Haarkranz; Rispe locker, Rispenstufen 1–2ästig; Ährchen 6–15blütig, schwarzviolett, 4–8 mm lg, unbegrannt; ⊙; VII–X; z–s; wärmelb., Trockniszeiger; DA Liebesgras-Ass.; Neophyt aus Süd-Europa seit etwa 1800.
In der Oberrheinebene kommt auf basenreichen Sandäckern selten u. unbeständig auch **(5a) Große Liebesgras** (*E. megastachya;* syn.: *E. cilianensis)* vor, auch ein Neophyt aus Süd-Europa. Untersch. zur vor. Art: Blätt. 4–6 mm br; Blattscheiden kahl od. kurz bewimpert; Ährchen 14–25blütig, 8–15 mm lg.

6 Rotes Straußgras *(Agrostis tenuis)* 15–70 cm; Pfl. aufst. bis aufr., mit kurzen unterirdischen Ausläufern; Blätt. kahl, jung eingerollt, später flach, 2–4 mm br, gerippt; Blatthäutchen 1 mm lg; Rispe bis 15 cm lg, ausgebreitet; Ährchen einblütig, rotviolett, etwa 2 mm lg, unbegrannt; ♃; VI–VIII; v; Säure- u. Magerkeitszeiger; formenreich.

7 Weißes Straußgras *(Agrostis stolonifera;* syn.: *A. alba)* Untersch. zur vor. Art: Pfl. mit langen niederlg. Trieben u. Ausläufern; Blätt. 3–7 mm br; Blatthäutchen 4–7 mm lg, meist zerschlitzt; Rispe ausgebreitet, nach der BlüZeit zusammengezogen; Ährchen hellgrün bis rötlich; ♃; VI–VIII; v; Feuchtezeiger; formenreich.

Binsengewächse · Sauergräser · Süßgräser

Pflanzen der Äcker

Familie: Süßgräser (Poaceae) (Forts.)

1 Gemeiner Windhalm (*Apera spica-venti;* syn.: *Agrostis spica-venti*) 20–100 cm; Pfl. aufst. bis aufr.; Blätt. kahl, jung eingerollt, später flach, 2–4 mm br, gerippt; Blatthäutchen 3–6 mm lg; Rispe bis 30 cm lg, ausgebreitet; Ährchen einblütig, 2–3 mm lg mit 6 mm langer Granne; ⊙–①; VI–VII; v; OC Windhalm-Ges.

2 Gemeines Schilf (*Phragmites australis;* syn.: *Ph. communis*) 80–300 cm; Pfl. aufr. mit meist unterirdischen Ausläufern; Blätt. jung eingerollt u. bewimpert, später flach, 10–35 mm br; statt des Blatthäutchens ein Haarkranz; Rispe 15–50 cm lg, zur BlüZeit ausgebreitet, sonst zusammengezogen; Ährchen 3–7blütig, rotviolett, 9–15 mm lg, innen zwischen den Blü. weißhaarig; ♃; VII–IX; v; Grundwasserzeiger; salzertragend; formenreich.

3 Weiches Honiggras (*Holcus mollis*) 25–80 cm; Pfl. aufst. bis aufr., graugrün, mit unterirdischen Ausläufern; Stg. an den Knoten auffällig behaart; Blätt. schwach behaart bis kahl, jung eingerollt, später flach, 5–9 mm br; Blatthäutchen 2–4 mm lg; Ährchen 2blütig, grünlichweiß bis gelblich, 5–7 mm lg, deutlich begrannt; ♃; VI–VII; z; subozeanisch v, Säure- u. Magerkeitszeiger; DA Stechende Hohlzahn-Ass.

4 Taube Trespe (*Bromus sterilis*) 20–90 cm; Pfl. aufst. bis aufr.; Blattscheiden weichhaarig; Blätt. behaart, jung eingerollt, später flach, 3–6 mm br; Blatthäutchen 2–4 mm lg; Rispe sehr locker, überhängend; Rispenäste meist mit 1–2 Ährchen; Ährchen meist 5–40, 4–10blütig, grün bis violett, nickend, zum Grund hin verschmälert, 18–30 mm lg mit 20–28 mm langen Grannen; ⊙–①; V–VII; v; bes. auf stickstoffreichen Böden; OC Rauken-Ges.; Archäophyt.

5 Acker-Trespe (*Bromus arvensis*) 30–100 cm; Pfl. aufr.; unt. Blattscheiden weichhaarig; Blätt. behaart, 3–6 mm br; Blatthäutchen 2–4 mm lg; Rispe locker, aufr. bis ausgebreitet; Ährchen 5–12blütig, meist rotviolett, zur FrZeit etwas nickend, zum Grund u. zur Spitze hin verschmälert, 15–21 mm lg mit 6–10 mm langen Grannen; Ährchenachse zur FrZeit nicht sichtbar; Staubbeutel 3–5 mm lg; ⊙–①; V–VIII; z, im N s; bes. auf nährstoff- u. basenreichen Böden; KC Einjähr. Ruderal- u. Ackerunkraut-Ges.; **Rote Liste 3**; Archäophyt.

6 Roggen-Trespe (*Bromus secalinus*) Untersch. zur vor. Art: unt. Blattscheiden kahl od. schwach behaart; Blätt. 5–10 mm br; Ährchen meist grün; Ährchenachse zur FrZeit sichtbar (Deckspelzen am Rand umgerollt u. sich nicht überlappend); Staubbeutel 1,5–2 mm lg; ⊙–①; VI–VII; z–s; OC Windhalm-Ges.; **Rote Liste 2**; Archäophyt.

7 Flug-Hafer (*Avena fatua*) 50–120 cm; Pfl. aufr.; Blätt. schwach bewimpert, jung eingerollt, später flach, 7–12 mm br; Blatthäutchen 2–6 mm lg; Rispe locker, allseitswendig; Ährchen meist 3blütig, grünlich, nickend, 17–27 mm, lg, mit 2–3 Grannen, diese 25–40 mm lg; Deckspelzen am Grund mit langen gelbbraunen Haaren; ⊙; VI–VIII; z; bes. auf basenreichen Böden; KC Einjähr. Ruderal- u. Ackerunkraut-Ges.; Archäophyt.

Süßgräser

Pflanzen der Äcker

Familie: Süßgräser (Poaceae) (Forts.)

1 Saat-Hafer *(Avena sativa)* 60–150 cm; Pfl. aufr.; Blätt. am Grund ohne Öhrchen; Blatthäutchen 2–5 mm lg; unt. Blattscheiden behaart; BlüStand: lockere allseitswendige Rispe; Ährchen unbegrannt od. mit einer Granne; Deckspelzen kahl (vgl. Flug-Hafer auf S. 110); ⊙; VI–VII; häufig angebaut als anspruchsloses Sommergetreide auf basenarmen Standorten, bes. in humider Klimalage; seit Bronzezeit Kulturart in Mitteleuropa; vorwiegend als Futtergetreide, geringer Anteil für menschliche Ernährung (Haferflocken, Hafermehl u. a.); Hafer hat höchsten Fettgehalt unter den Getreidearten; Bedeutung des Haferanbaus liegt bes. in der Auflockerung der Fruchtfolge; Stammform ist vermtl. der in Süd-Europa verbreitete Taub-Hafer *(A. sterilis)*.

B. Ähren- u. Fingergräser (A. s. S. 108; C. u. D. s. S. 116)

2 Saat-Weizen *(Triticum aestivum)* 80–150 cm; Pfl. aufr.; Blätt. am Grund mit bewimperten Öhrchen; Blatthäutchen 1 mm lg; unt. Blattscheiden jung behaart; FrÄhre dicht, mit steifer, nicht zerbrechlicher Achse; Deckspelzen des Winterweizens meist unbegrannt, des Sommerweizens oft begrannt; Fr. zur FrZeit aus den Spelzen ausfallend; meist ① als Winterweizen, seltener ⊙ als Sommerweizen; VI; bes. auf sommerwarmen, nicht zu trockenen, basen- u. nährstoffreichen Lehm-, Löß- u. Tonböden, nach entsprechender Düngung auch auf lehmigem Sand; gegenüber Roggen geringere Frosthärte und höhere Nährstoff-, Wasser- u. Temperaturansprüche; in zahlreichen Sorten angebaut; wichtigstes Brot- u. wertvolles Futtergetreide, Anbauflächen u. Erträge haben ständig zugenommen; in der Weltgetreideerzeugung steht Weizen an 1. Stelle vor Reis, Mais u. Gerste; Herkunft: Vorderasien; der heutige polyploide Saat-Weizen entstand etwa 3000 v. Chr. aus Kulturrassen des tetraploiden Emmers *(T. dicoccon)* und einer diploiden Unkrautsippe (*T. tauschii*, syn.: *Aegilops squarrosa*).

3 Mehrzeilige Gerste *(Hordeum vulgare;* syn.: *H. polystichon)* 60–120 cm; Pfl. aufr., hellgrün; Blätt. am Grund mit sehr langen, kahlen Öhrchen; Blatthäutchen 2–3 mm lg; unt. Blattscheiden kahl; FrÄhre 5–10 cm lg, zur FrZeit nickend, 4–6zeilig; Hüllspelzen lg begrannt (bis 15 cm); vorwiegend ① als Wintergerste; V–VI; anspruchsloser als Weizen, auch auf lehmigen Sand- u. flachgründigen Verwitterungsböden; in Mitteleuropa seit der jüngeren Steinzeit; Verwendung zu Futterzwecken u. zur Herstellung von Graupen; Anbauflächen wurden in den letzten Jahrzehnten vervielfacht; als Stammform wird die in Zentralasien vorkommende *H. agriocrithon* angesehen.
Die **Zweizeilige Gerste** *(H. distichon)* ist durch Kreuzung der vor. Art mit der ostmediterranen Wildpfl. *H. spontaneum* entstanden. Untersch. zur vor. Art: Ähre zweizeilig u. flach; vorwiegend Sommergetreide; zum großen Teil Verwendung als Braugerste; Erträge niedriger; Anbau meist aus Gründen des Fruchtwechsels.

4 Roggen *(Secale cereale)* 80–200 cm; Pfl. aufr., blaugrün bereift; Blätt. am Grund mit kahlen Öhrchen. Blatthäutchen 1–2 mm lg; unt. Blattscheiden kahl od. schwach behaart; Ähre walzenfg. u. dicht, 5–20 cm lg, zur FrZeit nickend; Deckspelzen lg begrannt (bis 8 cm); vorwiegend ① als Winterroggen, seltener ⊙ als Sommerroggen; V–VI; bes. auf basenarmen, neutralen bis mäßig sauren, sandigen Lehmböden, auch auf reinen Sandböden; klimatisch u. edaphisch anspruchslos, daher bevorzugte Getreideart auf Grenzertragsböden, hat gute Wassernutzung durch kräftig ausgebildetes Wurzelsystem; frosthart, verträgt Temperaturen bis −25 °C., Keimung bei +3–4 °C.; seit jüngster Steinzeit angebaut, nach intensiver Düngung in vielen Gebieten durch Weizen u. Gerste ersetzt; Bedeutung als Brotgetreide hat stetig abgenommen; als Stammform wird die in Süd-Europa vorkommende *S. montanum* angesehen.

Süßgräser

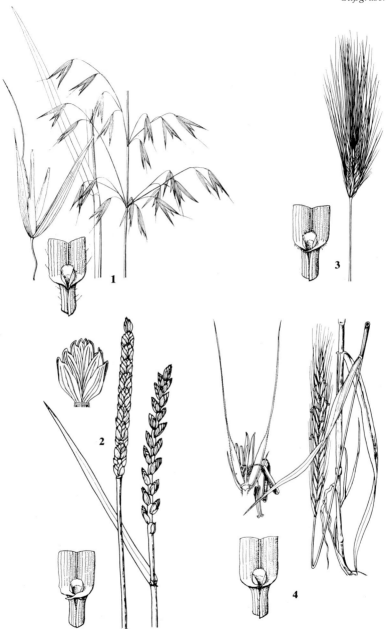

Pflanzen der Äcker

Familie: Süßgräser (Poaceae) (Forts.)

1 Gemeine Quecke (*Agropyron repens;* syn.: *Elymus repens*) 25–130 cm; Pfl. aufr., grün bis blaugrün, mit langen unterirdischen Ausläufern; Blätt. meist behaart, jung eingerollt, später flach, 3–10 mm br, am Grund mit langen Öhrchen; Blatthäutchen 0,5 mm lg; Ährchen mit der Breitseite der Ährenachse zugewandt („Quecke quer"), 5–7blütig, 7–16 mm lg; Deckspelzen zugespitzt od. bis 8 mm lg begrannt; ♃; VI–IX; v; Stickstoffzeiger, salzertragend; formenreich.

Bestimmungshilfe für Raygras-, Lolch-Arten (*Lolium* spec.):
1 Ährchen nicht begrannt

2 Englisches Raygras (*Lolium perenne*) 10–80 cm; Pfl. aufst. bis aufr.; Blätt. kahl, jung gefaltet, später flach, 2–4 mm br; Öhrchen am Blattgrund kurz od. f; Blatthäutchen 1 mm lg; Ährchen mit der Längsseite der Ährenachse zugewandt („Lolium längs"), 5–12blütig, 6–15 mm lg, nicht begrannt; Hüllspelze etwa ⅔ so lg wie das Ährchen; ♃; V–X; v; Stickstoffzeiger.

1* Ährchen begrannt

3 Italienisches Raygras (*Lolium multiflorum*) 20–100 cm; Pfl. aufr.; Blätt. kahl, jung eingerollt, später flach, 3–10 mm br; Öhrchen am Blattgrund kurz od. f; Blatthäutchen 2 mm lg; Ährchenachse rauh; Ährchen 9–20blütig, 12–30 mm lg, begrannt; Hüllspelze etwa halb so lg wie das Ährchen; ⊙–♃; VI–X; z; bes. auf Lehmböden; Neophyt aus Süd-Europa, Kulturpfl. (Feldfutterbau).

4 Taumel-Lolch (*Lolium temulentum*) Untersch. zur vor. Art: Ährchen 6–14blütig; Hüllspelze so lg od. länger als das Ährchen; ⊙; VI–IX; s; wärmelb., bes. auf basenreichen Böden; OC Windhalm-Ges.; **Rote Liste 0**[1]; Archäophyt; unbeständig.

5 Gemeine Hühnerhirse (*Echinochloa crus-galli*) 20–100 cm; Pfl. niederlg. bis aufr.; Stg. meist verzweigt; Blätt. kahl bis schwach behaart, jung eingerollt, später flach, am Grund oft wellig, Mittelnerv u. Rand weißlich, 5–17 mm br; Blatthäutchen f; Scheinähren 2–9 cm lg, zu mehreren rispig od. traubig angeordnet; Ährchen 2blütig, grün bis braunviolett, 3–4 mm lg, meist lg begrannt; ⊙; VII–X; v–z; wärmelb., Stickstoffzeiger; VC Fingerhirsen-Borstenhirsen-Ges.; Archäophyt; formenreich.

6 Kahle Fingerhirse (*Digitaria ischaemum;* syn.: *Panicum ischaemum*) 10–30 cm; Pfl. niederlg. bis aufst., kahl od. nur die unt. Blattscheiden behaart, oft rot überlaufen; Blätt. jung eingerollt, später flach, weiß berandet, 2–6 mm br; Blatthäutchen 1–2 mm lg; Scheinähren meist 2–4, fingerfg. angeordnet; Ährchen 2blütig, grün bis rötlich, 2 mm lg, unbegrannt; ⊙; VII–X; z; bes. auf sauren Sandböden; AC Fingerhirsen-Ass.; lokal durch verstärkten Maisanbau in Zunahme; Archäophyt.

7 Blutrote Fingerhirse (*Digitaria sanguinalis;* syn.: *Panicum sanguinale*) Untersch. zur vor. Art: 15–50 cm; Blätt. u. Blattscheiden behaart; Blätt. am Rand oft wellig, 4–10 mm br; Scheinähren meist 4–8; Ährchen 3 mm lg; ⊙; VII–X; z; wärmelb., Trockniszeiger; DA Liebesgras-Ass.; Archäophyt; formenreich.

---

[1] wird noch aus mehreren Bundesländern angegeben, s. S. 234

Süßgräser

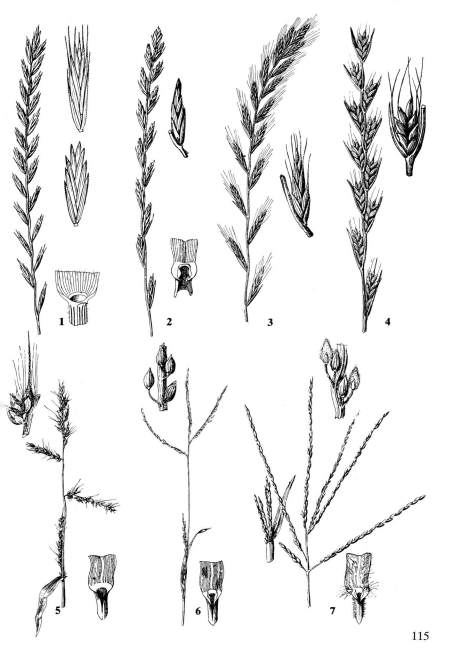

Pflanzen der Äcker

Familie: Süßgräser (Poaceae) (Forts.)

C. Ährenrispengräser, Scheinährengräser (A. s. S. 108; B. s. S. 112; D. s. u.)

1 Grannen-Ruchgras *(Anthoxanthum puelii;* syn.: *A. aristatum)* 5–40 cm; Pfl. aufst. bis aufr.; Stg. verzweigt; Blätt. kahl od. behaart, jung eingerollt, später flach, 1–4 mm br; Blatthäutchen 1–2 mm lg; Scheinähre 1–3 cm lg, am Grund unterbrochen; Ährchen einblütig, hellgrün, 5–7 mm lg, deutlich begrannt; ⊙–①; V–VII; z, im S s–f; subozeanisch v; Säure- u. Magerkeitszeiger; AC Lammkraut-Ass.; Neophyt aus Süd-Europa seit etwa 1850.

2 Acker-Fuchsschwanz *(Alopecurus myosuroides;* syn.: *A. agrestis)* 20–60 cm; Pfl. aufr.; Blätt. kahl, jung eingerollt, später flach, 1–4 mm br; Blatthäutchen 1–3 mm lg; Scheinähre zylindrisch, dicht, 5–11 cm lg, 3–6 mm br, an den Enden verschmälert; Ährchen einblütig, grün bis bräunlich, 5–7 mm lg, am Rand kahl od. sehr kurz bewimpert, lg begrannt; ⊙–①; V–IX; v–z; bes. auf basenreichen Lehmböden; KC Einjähr. Ruderal- u. Ackerunkraut-Ges.; Archäophyt.

Bestimmungshilfe für Borstenhirse-Arten *(Setaria* spec.):
1 Scheinähre beim Aufwärtsstreichen nicht rauh, nicht haftend

3 Grüne Borstenhirse *(Setaria viridis)* 10–60 cm; Pfl. aufst. bis aufr.; Blätt. jung eingerollt, später flach, Mittelnerv u. Rand weißlich, 5–10 mm br; statt des Blatthäutchens ein Haarkranz; Blattscheiden bewimpert; Scheinähre dicht, 3–10 cm lg, mit vielen 5–8 mm langen gelblichgrünen Borsten (nicht mit Grannen verwechseln!); Ährchen 1–2blütig, grün, 2 mm lg, unbegrannt; ⊙; VII–X; v–z; bes. auf stickstoffreichen Sandböden; VC Fingerhirsen-Borstenhirsen-Ges.; Archäophyt; formenreich.

4 Fuchsrote Borstenhirse *(Setaria glauca;* syn.: *S. pumila, S. lutescens)* Untersch. zur vor. Art: Blätt. am Grund lg behaart; Blattscheiden nicht bewimpert; Scheinähre mit fuchsroten Borsten; ⊙; VII–IX; z; wärmelb., bes. auf stickstoffreichen Böden; VC Fingerhirsen-Borstenhirsen-Ges.; Archäophyt.

1* Scheinähre beim Aufwärtsstreichen sehr rauh, klettenartig haftend

5 Quirlige Borstenhirse *(Setaria verticillata)* 10–50 cm; Pfl. aufst. bis aufr.; Blätt. jung eingerollt, später flach, 5–15 cm br; statt des Blatthäutchens ein Haarkranz; Blattscheiden meist behaart; Scheinähre unten unterbrochen, 5–12 cm lg, mit widerhakigen, grünlichen Borsten; Ährchen grün, 2 mm lg, unbegrannt; ⊙; VII–IX; z–s, im N f; wärmelb., Stickstoffzeiger; OC Knöterich-Gänsefuß-Ges.; Archäophyt.

D. Gräser mit gesonderten ♂ u. ♀ BlüStänden (A. s. S. 108; B. s. S. 112; C. s. o.)

6 Mais *(Zea mays)* 100–300 cm; Pfl. aufr.; Blätt. bis 10 cm br, am Rand wellig; Blatthäutchen 3–5 mm lg, bewimpert; ♂ BlüStand endst., rispig verzweigt, aus zahlreichen, bis 20 cm langen Scheinähren bestehend; ♀ Blü. in blattachselst. Kolben, von Blattscheiden (Lieschen) dicht umhüllt, zur BlüZeit die sehr langen, fadenfg. Narben weit heraushängend; Fr. gelb, braun od. rot, in 6–16 Reihen angeordnet; ⊙; VII–IX; bes. in Gebieten mit warmem Klima angebaut (Wärmekeimer), frostempfindlich; gegenüber Boden relativ anspruchslos; starker Anstieg des Maisanbaus in den letzten Jahrzehnten nicht nur durch Bedarf an Futtermitteln (Körnermais, Silomais, Grünfuttermais), sondern auch durch Vorzüge einer rationellen Anbautechnik u. Fruchtfolge sowie durch hohe Gülleverträglichkeit; z. B. Körnermais-Anbaufläche in Bayern 1959 407 ha, 1969 29 793 ha; alte Kulturpfl. Mittelamerikas; Wildform unbekannt; 1493 von Kolumbus nach Europa gebracht; Zierpfl.; formenreich, mehr als 3000 Sorten.

Süßgräser

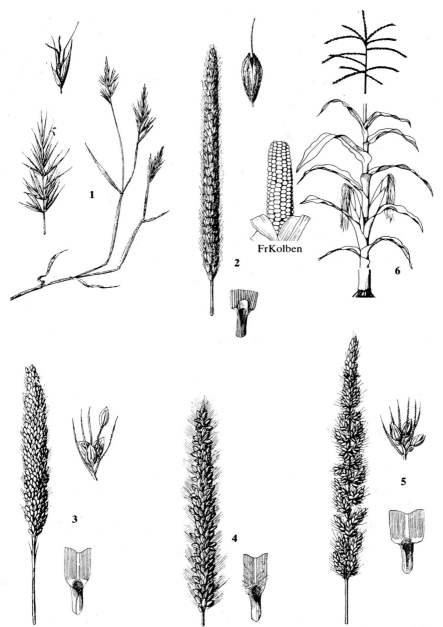

Blühendes Rapsfeld – Südniedersachsen

Straßenrand: Ausweichstandort für Klatsch-Mohn *(Papaver rhoeas)* – Mecklenburg

Blühender Kartoffelacker – Lüneburger Heide

Zur Geschichte des Ackerbaus

Pflanzen haben im Leben der Menschen immer eine große Rolle gespielt. Nährstoffhaltige Überdauerungsorgane wie Wurzeln und Knollen, fleischige Früchte und Samen sowie Blätter und Stengel dienten dem als Sammler und Jäger lebenden Menschen als wichtige Nahrungsquelle. Die Bedeutung von Wildkräutern als Gewürz- und Heilkräuter sowie als Textil- und Farbstofflieferanten wurde schon früh erkannt. Holz stellte das wichtigste Baumaterial dar und war ein unentbehrlicher Energiespender.

Nach dem Ende der letzten Eiszeit vollzog sich der Übergang zum Ackerbau. Dieser etwa um 8000 v. Chr. einsetzende Prozeß, der von der aneignenden zur produzierenden Wirtschaftsweise führte, beeinflußte die Lebensmöglichkeiten der Menschen in tiefgreifender Weise. Die ersten nachweisbaren Siedlungskonzentrationen sind für den Bereich des „fruchtbaren Halbmondes", der sich halbmondförmig vom Nildelta über Israel, den Libanon und die hügeligen Ausläufer des Taurus-Gebirges bis in die Ebene des Euphrat- und Tigrisbekkens erstreckt, nachgewiesen. Angebaut wurden Gerste- und Weizenarten, ferner Wicken, Erbsen und Lein, deren Wildformen in diesem Gebiet beheimatet waren. Gleichzeitig kam es zur Seßhaftigkeit der Menschen, zur Domestikation von Tieren und zur Steigerung technischer und kultureller Leistungen, z. B. zur Herstellung von Keramik (GEISLER 1980; WILLERDING 1981). Auf dem Wege über Kleinasien gelangte der Ackerbau schon früh nach Griechenland (ca. 6000 v. Chr.) und über den Balkan nach Mitteleuropa. Die ältesten Kulturpflanzenfunde, die hier gemacht wurden, stammen aus dem 5. Jahrtausend v. Chr. und belegen, daß schon zu **Beginn des Ackerbaus** Emmer *(Triticum dicoccon)*, Einkorn *(Triticum monococcum)*, Gerste *(Hordeum vulgare)*, Erbse *(Pisum sativum)*, Linse *(Lens culinaris)* und Lein *(Linum usitatissimum)* angebaut wurden (WILLERDING 1981). Die ersten jungsteinzeitlichen Bauern Mitteleuropas haben vermutlich **Wanderfeldbau** betrieben. Die durch die Brandrodung des Waldes geschaffenen Ackerflächen wurden bis zur Erschöpfung des Bodens genutzt und dann der Vergrasung oder der Verbuschung überlassen. So entstand das Nutzungssystem der **Feld-Graswirtschaft** (bzw. in Mittelgebirgslagen das der Haubergswirtschaft). Der Vorgang der Seßhaftwerdung erfolgte nicht plötzlich und überall gleichzeitig, sondern zog sich über einen langen Zeitraum hin und war in Mitteleuropa erst in der Zeit um 2500 v. Chr. abgeschlossen (s. Tab. 1).

Während der Römerzeit betrieben die germanischen Stämme neben Ackerbau und Viehhaltung noch in ausgedehntem Umfang Jagd und Fischfang. Mit den Römern gelangten Gemüsearten (z. B. Sellerie, Mangold) und Obstarten (z. B. Aprikose, Pfirsich, Weinrebe) und neue Produktionstechniken zu den

Zur Geschichte des Ackerbaus

Tabelle 1. Übersicht über die nacheiszeitliche Vegetationsentwicklung und die Entwicklung des Ackerbaus in Niedersachsen

Zeitalter	Zeit	Kulturstufen	Waldentwicklung	Entwicklung des Ackerbaus
NACHEISZEIT (HOLOZÄN)	−1980 −1950 −1875 −1750	Neuzeit	Buchenzeit	Starke Intensivierung und Rationalisierung mit chemischen Pflanzenschutzmitteln und hohen Ertragsleistungen Anbau leistungsfähiger Sorten Einsatz neuer Maschinen Mineraldünger Fruchtfolgen ohne Brache Agrarreform Meliorationen
	−1500 −800	Mittelalter		Dreifelderwirtschaft
	−Chr. Geb.	Völkerwanderung Röm. Kaiserzeit Eisenzeit Bronzezeit	Eichenmischwald-Buchenzeit	Feld-Graswirtschaft
	−5000 −8000	Jüngere Steinzeit (Neolithikum) Mittlere Steinzeit (Mesolithikum)	Eichenmischwaldzeit Haselzeit Birken-Kiefernzeit	Beginn des Ackerbaus

nördlich des Römischen Reiches siedelnden Volksstämmen. In diese Zeit fallen die ersten Anfänge einer systematischeren Landnutzung.

Aus der Feld-Graswirtschaft mit dem Wechsel von Getreideanbau und Brache entwickelte sich zu Beginn des Mittelalters (ca. 800 n. Chr.) die **Dreifelderwirtschaft.** Dieses Landbausystem war durch die Fruchtfolgen Winterung, Sommerung und Brache gekennzeichnet. Dazu wurden die Felder einer Gemarkung in Gewanne aufgeteilt, in denen jeder Bauer je einen Streifen Land erhielt. Ein Gewann trug Sommergetreide, das andere Wintergetreide, und das dritte blieb brach liegen. Zur besseren Nutzung des Bodens wechselte die Bebauung in

Zur Geschichte des Ackerbaus

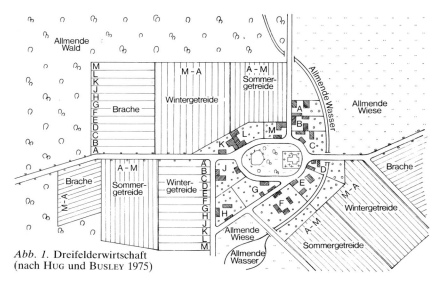

Abb. 1. Dreifelderwirtschaft (nach Hug und Busley 1975)

jedem Jahr. Über Wald, Weide und Wasser verfügte die Dorfgemeinde gemeinsam. Jeder hatte das Recht, dieses gemeinsame Eigentum (Allmende) anteilmäßig zu nutzen. Zur Verbesserung der Bodenfruchtbarkeit wurden neben dem Dünger aus der Viehhaltung häufig Humus und Streu verwendet, die man aus den Wäldern herbeischaffte. Neben der Dreifelderwirtschaft gab es auch gartenbauliche Bewirtschaftungsformen für Obst und Gemüse. Auch Kulturarten zur Gewinnung von Textil- und Farbstoffen waren verbreitet und wurden kultiviert.

Im 18. Jahrhundert kam es dann zu einer Ausweitung des Ackerbaus. Durch **Meliorationsmaßnahmen** wie Trockenlegung größerer Feuchtgebiete wurden auch ungünstige Standorte für den Ackerbau erschlossen. Leistungssteigerungen wurden auch dadurch erzielt, daß man begann, die Brachflächen mit Futterpflanzen zu bestellen. Durch den Anbau von Schmetterlingsblütlern (Fabaceae) wie z. B. Luzerne, Esparsette, Rot-Klee, die der Viehhaltung zugute kamen, wurden gleichzeitig die Bodeneigenschaften verbessert. Später ging man auch dazu über, Brachflächen mit anderen Kulturpflanzen wie Raps, Rübsen, Erbsen, Futterrüben u. a. zu bestellen. Mitte des 18. Jahrhunderts erlangten auch Kartoffeln und Mais, die schon lange aus Südamerika eingeführt waren, in Mitteleuropa eine große wirtschaftliche Bedeutung.

Ein Jahrtausend lang, seit der Zeit Karls des Großen, war die europäische Landwirtschaft durch die extensive Bewirtschaftungsform der Dreifelderwirtschaft bestimmt. Mit dem rapiden Anstieg der Bevölkerung und der voranschreitenden Industrialisierung spielten sich im 19. Jahrhundert in der Landwirtschaft weitreichende Veränderungen ab. Die Agrarreformen des Freiherrn vom und zum Stein (1757–1831) führten z. B. die Bauern in Preußen aus ihrer

Zur Geschichte des Ackerbaus

,,Gutsuntertänigkeit" zu einer größeren persönlichen Freiheit und Aufgeschlossenheit gegenüber neuen Produktionsmitteln. Mit dem Wirken von ALBRECHT THAER (1752–1828) wurden wesentliche Impulse zur Verbesserung der Bodenbearbeitung und der Fruchtfolgegestaltung gegeben. Die **verbesserte Dreifelderwirtschaft** löste die alte Dreifelderwirtschaft ab. Wie bei der bisherigen Bewirtschaftungsweise wechselte der Anbau von Sommergetreide und Wintergetreide miteinander ab, lediglich das Brachestadium wurde durch den Anbau verschiedener Kulturarten (Raps, Futterrübe, Kartoffeln, Zuckerrübe oder dgl.) ersetzt. In vielen Gegenden, z. B. in den Anbaugebieten der Zuckerrübe, setzte sich das Nutzungssystem des **Fruchtwechsels** durch, bei dem auf eine Halmfrucht (Getreide) im nächsten Jahr eine Blattfrucht (Zuckerrübe, Futterrübe, Kartoffel) folgte. THAERS Erkenntnisse erfuhren ihre Vollendung durch JUSTUS VON LIEBIG (1803–1873), der die Grundlagen für eine ,,**künstliche Düngung**" schuf. Damit war es möglich, nicht nur den Abfall der Bodenfruchtbarkeit aufzuhalten, sondern darüber hinaus vorher nicht für möglich gehaltene Ertragssteigerungen zu erzielen (s. Abb. 2). Auch die Ergebnisse der Klassi-

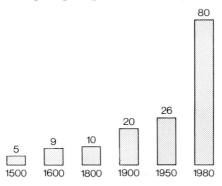

Abb. 2. Ertragssteigerung beim Weizen vom Mittelalter bis zur Gegenwart in dt/ha (Angaben nach GEISLER 1980)

Tabelle 2. Ertragssteigerungen der Hauptkulturarten in der Bundesrepublik Deutschland (aus Statistischen Jahrbüchern nach FISCHBECK, HEYLAND und KNAUER 1982)

	Mittelwert der Erträge in dt/ha		Mehrertrag in %
	1951/55	1973/77	
Winterweizen	27,8	45,3	62,9
Sommerweizen	27,0	41,8	54,8
Wintergerste	39,3	46,9	54,8
Sommergerste	25,1	35,2	40,2
Winterroggen	24,3	34,8	43,2
Hafer	24,9	39,9	44,2
Frühkartoffeln	164,8	211,9	28,6
Spätkartoffeln	215,5	281,3	30,5
Zuckerrüben	341,8	442,3	29,4

Zur Geschichte des Ackerbaus

Tabelle 3. Anteil ausgewählter Kulturen an der Ackernutzung in verschiedenen Ländern der Bundesrepublik Deutschland (nach Angaben in Statistischen Jahrbüchern in FISCHBECK, HEYLAND und KNAUER 1982)

	Schleswig-Holstein 53/54	76/77	Nieder-sachsen 53/54	76/77	Nordrhein-Westfalen 53/54	76/77	Hessen 53/54	76/77	Rheinland-Pfalz 53/54	76/77	Baden-Württemberg 53/54	76/77	Bayern 53/54	76/77
Weizen	10,1	19,8	9,1	15,5	13,3	19,0	14,7	25,0	11,8	24,2	20,3	27,0	16,0	23,3
Gerste	5,0	20,4	3,8	27,1	5,6	30,4	5,7	22,8	10,2	26,3	14,2	19,5	15,1	21,7
Roggen	18,8	14,7	26,5	16,9	21,6	11,2	19,6	9,7	15,9	8,7	5,1	2,4	16,3	4,2
Hafer	10,2	11,0	13,7	12,3	11,8	11,6	16,6	14,9	15,8	11,4	8,9	10,1	11,6	7,3
Getreide insg.	56,8	66,5	60,2	76,0	60,0	75,9	58,0	75,7	55,2	75,4	53,1	67,2	61,0	63,3
Kartoffeln	8,6	1,3	18,3	5,7	14,2	3,4	15,6	5,6	16,1	6,4	12,4	5,0	14,0	7,0
Zuckerrüben	1,8	3,4	6,5	9,4	4,7	7,9	2,4	4,0	2,2	5,0	1,3	2,6	1,1	4,2
Futterrüben	4,5	3,8	5,0	2,1	7,8	2,7	8,6	4,3	7,6	4,0	5,6	3,1	5,6	2,9
Klee	7,3	1,9	2,3	1,0	6,0	0,4	6,1	1,7	4,8	1,6	7,7	5,3	9,0	5,3
Luzerne	0,1	0,02	0,5	0,01	0,9	0,05	3,4	0,8	6,7	1,0	7,2	2,0	4,2	1,5
Ölfrüchte	0,7	9,3	0,1	0,8	0,1	0,5	0,2	0,8	0,1	0,5	0,2	0,9	0,1	0,6
Hülsenfrüchte	1,6	0,08	1,2	0,1	0,5	0,1	0,5	0,09	0,1	0,1	0,5	0,2	0,3	0,08
Zwischenfrüchte	6,4	6,3	13,0	31,6	13,2	21,5	4,4	13,9	1,5	6,1	5,8	9,6	7,6	15,0

schen Genetik (GREGOR MENDEL 1822–1884) trugen über die **Züchtung leistungs- und widerstandsfähiger Zuchtsorten** zu verbesserten Erträge bei. Neben die alten, seit Jahrhunderten bestehenden Kleingeräte der Bauern traten neue und große Maschinen. Sie erlaubten, größere Flächen mit weniger Arbeitskräften und einem geringeren Arbeitsaufwand zu bestellen. Säen, Düngen und Ernten werden seitdem nur noch maschinell durchgeführt.

Die seit dem 19. Jahrhundert einsetzende **Intensivierung** und **Rationalisierung** wurden nach Ende des zweiten Weltkrieges nicht nur fortgesetzt, sondern ganz erheblich beschleunigt und verstärkt. Die Erträge aller Kulturarten haben in den letzten Jahrzehnten sprunghaft zugenommen (s. Abb. 2 u. 3, Tab. 2). Seit 1950 kam es zu einer starken Ausweitung des Getreideanbaus, wobei die Zunahme sich allerdings in den siebziger Jahren verlangsamt hat. Anstelle des früher dominierenden Roggens herrschen heute auf den Getreidefeldern Weizen und Gerste vor (s. Abb. 3 u. Tab. 3). Auch die als Roggen-Kartoffel-Gebiete bekannten Landesteile sind heute infolge hoher Düngergaben „weizenanbauwürdig" geworden. Unter den Blattfrüchten konnten nur die Zuckerrüben sowie Silomais und Körnermais ihre

Zur Geschichte des Ackerbaus

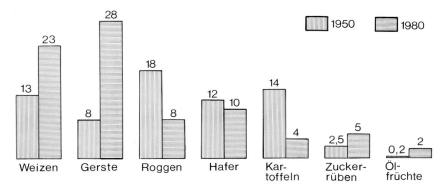

Abb. 3. Veränderungen im Anbau der Kulturpflanzen in Prozent der Gesamtackerfläche (Angaben nach FISCHBECK, HEYLAND und KNAUER 1982)

Fläche halten oder ausdehnen. Kartoffeln, Futterrüben und Futterpflanzen sind stark zurückgegangen.

Die Ausweitung des Getreideanbaus und die damit verbundenen relativ frühen Erntetermine führten zur Zunahme des Zwischenfruchtanbaus, der sowohl der Gründüngung als auch der Futtergewinnung dient (s. Tab. 3).

Die Ertragssteigerungen lassen sich auf die Intensivierung der Bewirtschaftungsmaßnahmen zurückführen:
- Vollmechanisierung des Ackerbaus unter Einsatz moderner Maschinen
- Schaffung großer zusammenhängenden Ackerflächen (s. Abb. 4 u. 5)
- Anbau leistungsfähiger Sorten
- Verstärkter Einsatz von Mineraldünger
- Einsatz von chemischen Pflanzenschutzmitteln

Zur Geschichte des Ackerbaus

Abb. 4. Ausgeräumte Agrarlandschaft – Nördliches Harzvorland
Abb. 5. Traditionelle kleinparzellierte Kulturlandschaft – Kalkeifel

Kahle Fingerhirse *(Digitaria ischaemum)* – Emsland

Ackerwildkräuter der Sandäcker

Lämmersalat *(Arnoseris minima)* – Emsland

Saat-Hohlzahn *(Galeopsis segetum)* – Sauerland

Herkunft und Eigenart von Ackerwildkräutern

Problematik des „Unkraut"-Begriffs

Der Ackerbau wird durch Pflanzen beeinträchtigt, die ohne bewußtes Zutun des Menschen auftreten und zu einer Minderung der Erträge führen können. Derartige Kräuter und Gräser werden seit eh und je als **Unkräuter** bezeichnet.

Die Definition der Unkräuter als unerwünschte und schadenverursachende Pflanzen erweist sich aus biologischer Sicht als anthropomorph und einseitig wirtschaftsorientiert. Unter ökologischen Aspekten handelt es sich um Pflanzen, die zusammen mit den Nutzpflanzen auftreten und in ihrer Lebensweise und ihren Standortsansprüchen ganz den Kulturpflanzen angepaßt sind. Die wildwachsenden Pflanzen sind so eng an die Bearbeitung des Ackers und die angebauten Feldfrüchte gebunden, daß sie nach Einstellung der Kulturmaßnahmen durch Arten aus anderen Lebensräumen ersetzt werden.

In letzter Zeit hat es nicht an Vorschlägen gefehlt, die Begriffe Ackerunkraut und Ackerunkrautgesellschaft zu ersetzen. Als neue Bezeichnungen werden häufig Begriffe wie **Ackerwildkraut** und **Ackerwildkrautgesellschaft** vorgeschlagen. Vom biologischen Standpunkt ist die Bezeichnung **Ackerbegleitflora** besonders zutreffend, weil hier die enge Bindung der Begleitflora an den beackerten Boden und die angebauten Kulturpflanzen zum Ausdruck gebracht wird. Auch der Begriff **Segetalflora** wird für Pflanzen auf landwirtschaftlich genutzten Böden verwendet und dem Begriff **Ruderalflora** auf nicht bewirtschafteten, aber ebenfalls vom Menschen beeinflußten Standorten wie Wegrainen, Müll- und Schuttplätzen sowie Bahn- und Industrieanlagen gegenübergestellt. Die meisten Pflanzensoziologen, die sich mit dem Acker und seinen Pflanzengesellschaften befassen, haben jedoch die Ausdrücke „Ackerunkraut" und „Ackerunkrautgesellschaft" beibehalten (ELLENBERG 1978; WILMANNS 1978; OBERDORFER 1983b).

Im Rahmen dieses Buches werden die Begriffe Ackerunkraut, Ackerwildkraut und Ackerbegleitflora nebeneinander verwendet, je nachdem, ob ökonomische oder ökologische Aspekte im Vordergrund stehen. Bei der Benennung der Pflanzengesellschaften wird die traditionelle Bezeichnung Ackerunkrautgesellschaften bevorzugt. Eine positivere Einstellung zu den Ackerunkräutern ist nicht unbedingt mit der Ablehnung der alten Bezeichnung gegeben, sondern vielmehr durch die Darlegung ihrer Rolle im Ökosystem des Ackers.

Ausbreitungsgeschichte

Die Ackerbegleitflora ist in ihrer geschichtlichen Entwicklung einem ständigen Wandel unterworfen und durch einen auffallenden Wechsel ihrer floristischen Zusammensetzung gekennzeichnet.

Nur der kleinere Teil der heutigen Ackerwildkräuter gehört zu den **einheimischen (indigenen)** Arten, die bereits in der Jungsteinzeit (Neolithikum) in Mitteleuropa vorkamen. Nach Pflanzenfunden aus prähistorischen Siedlungen wissen wir, daß dazu Pflanzenarten wie Gemeine Quecke *(Agropyron repens)*, Vogelmiere *(Stellaria media)*, Gemeiner Rainkohl *(Lapsana communis)*, Kletten-Labkraut *(Galium aparine)*, Vielsamiger Gänsefuß *(Chenopodium polyspermum)*, Knöterich-*(Polygonum-)*Arten, Gänsedistel-*(Sonchus-)*Arten u. a. gehören. Diese Arten besiedelten vor Beginn des Ackerbaus vermutlich offene und nährstoffreiche Biotope, wie sie in sommertrockenen Flußbetten, Spülsäumen, Lichtungen und in der Umgebung von Tierbauten vorhanden waren.

Der größte Teil unserer heutigen Ackerwildkräuter gehört nicht zu den einheimischen Arten, sondern ist erst später eingewandert. Nach dem Zeitpunkt des ersten Auftretens kann man zwischen Altbürgern (Archäophyten) und Neubürgern (Neophyten) unterscheiden. Archäophyten sind bis zum Ende des Mittelalters in Europa eingewandert, Neophyten erst danach.

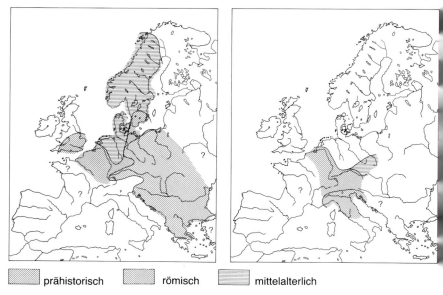

prähistorisch   römisch   mittelalterlich

Abb. 6. Arealentstehung der Kornrade *(Agrostemma githago)* (nach Küster 1985)

Abb. 7. Arealentstehung des Strahlen-Breitsamen *(Orlaya grandiflora)* (nach Küster 1985)

Tabelle 4. Herkunft und Ausbreitung von Ackerwildkräutern
(verändert nach KÜSTER 1985)

	1. Auftreten	maximale Ausbreitung in Mitteleuropa	Herkunftsgebiet
Rauhhaar-Wicke *(Vicia hirsuta)*	Jungsteinzeit	Mittelalter	Mitteleuropa
Gemeiner Windhalm *(Apera spica-venti)*	Eisenzeit	Neuzeit	
Stinkende Hundskamille *(Anthemis cotula)*	Mittelalter	Neuzeit	Westeuropa
Kornrade *(Agrostemma githago)*	Jungsteinzeit	Mittelalter	Osteuropa und Vorderer Orient
Acker-Hundskamille *(Anthemis arvensis)*	Bronzezeit	Neuzeit	
Feld-Rittersporn *(Consolida regalis)*			
Acker-Lichtnelke *(Silene noctiflora)*	Mittelalter		
Sommer-Adonisröschen *(Adonis aestivalis)*			
Strahlen-Breitsame *(Orlaya grandiflora)*	Jungsteinzeit	Neuzeit	Mittelmeerraum
Acker-Hahnenfuß *(Ranunculus arvensis)*			
Gemeiner Ackerfrauenmantel *(Aphanes arvensis)*	Römerzeit		
Hederich *(Raphanus raphanistrum)*		Mittelalter	

Die meisten **Archäophyten** entstammen den steppenähnlichen Pflanzenformationen Südosteuropas und des Vorderen Orients und sind von dort mit dem Ackerbau nach Mitteleuropa gelangt. Es handelt sich um Arten mit kontinentalem bzw. subkontinentalem Verbreitungsschwerpunkt. Als Beispiel für ein Getreidewildkraut, das vom Osten nach Europa eingewandert ist, nennt KÜSTER (1985) die Kornrade *(Agrostemma githago)* (s. Abb. 6). In neolithischer Zeit kam diese Pflanze nur auf dem Balkan, in Osteuropa und im südöstlichen Mitteleuropa vor; erst während der Römerzeit gelangte sie ins westliche Deutschland, nach Westeuropa und nach England. Im Mittelalter kam es dann überall in Europa zur Massenausbreitung. Zu diesem Zeitpunkt wuchs die Kornrade auch im nördlichen Mitteleuropa und in Skandinavien überall dort, wo Ackerbau betrieben wurde. Auf Grund der Häufigkeit und der giftigen Samen war die Kornrade lange Zeit ein gefürchtetes Unkraut. Durch die verbesserten Möglichkeiten der Saatgutreinigung ist sie in den letzten Jahrzehnten immer seltener geworden und heute in den meisten Gebieten ausgestorben. Weitere Arten mit kontinentalem bzw. subkontinentalem Verbreitungsschwerpunkt sind in Tab. 4 angeführt.

Andere Archäophyten stammen aus dem mediterranen und submediterranen Klimabereich. Es ist anzunehmen, daß diese Arten mit den Römern und deren Getreidehandel nach Mittel- und Westeuropa gelangt sind. Beispiele hierfür sind Strahlen-Breitsame *(Orlaya grandiflora)* (s. Abb. 7), Acker-Hahnenfuß *(Ranunculus arvensis)* und Hederich *(Raphanus raphanistrum)*.

Zu den **Neophyten** gehören zahlreiche Pflanzenarten, die seit der Entdeckung Amerikas nach Mitteleuropa eingeschleppt wurden, wie beispielsweise das Kanadische Berufkraut *(Conyza canadensis)*. Aus den hochgelegenen Gebieten Südamerikas stammt das Kleinblütige Franzosenkraut *(Galinsoga parviflora)*, das in Mitteleuropa zu Anfang des vorigen Jahrhunderts aus der Kultur in Botanischen Gärten verwilderte und sich dann in bemerkenswertem Umfang ausbreitete. Mit dem neuzeitlichen Welthandel gelangen immer wieder Pflanzen aus anderen Ländern nach Mitteleuropa und erobern hier neue Lebensräume.

Bei der Besiedlung eines neuen Gebietes (Areals) spielt die **ökologische Konstitution** der einzelnen in Ausbreitung begriffenen Arten eine wichtige Rolle. Dazu gehört die Fähigkeit, sich mit Hilfe von Diasporen (Früchten, Samen, Brutkörpern, Sporen u. a.) auszubreiten, sich gegen die Konkurrenz der anwesenden Pflanzen durchzusetzen und sich so dauerhaft anzusiedeln. Neuankömmlinge besiedeln zunächst Acker- oder Ruderalplätze, da dort offene Flächen existieren, auf denen sie der Konkurrenz von ausdauernden Arten weniger ausgesetzt sind als in dicht bewachsenen Lebensräumen wie z. B. in Wäldern und Wiesen.

Anpassung an den Bewirtschaftungsrhythmus

Wie in keinem anderen Lebensraum wird die Vegetation der Äcker durch Pflügen, Eggen und Hacken immer wieder in ihrer Entwicklung beeinflußt. Unter derartig extremen Lebensbedingungen können sich nur Pflanzen halten, die dem Bewirtschaftungsrhythmus angepaßt sind. Während die Samenunkräuter mit ihren widerstandsfähigen Samen den Bodenbearbeitungsmaßnahmen trotzen, behaupten sich die Wurzel-, Rhizom- und Zwiebelunkräuter dank ihrer regenerationsfähigen unterirdischen Organe.

Samenunkräuter sind dadurch gekennzeichnet, daß sie im Verlauf ihres Lebens nur ein einziges Mal Blüten und Samen hervorbringen und nach der Samenreife absterben. Hinsichtlich der Lebensdauer und der Lage ihrer Überdauerungsorgane sind Samenunkräuter einjährige Arten (Therophyten). **Therophyten** zeichnen sich durch Eigenschaften aus, die für ein Überleben auf dem Acker besonders vorteilhaft sind:

Anpassung an den Bewirtschaftungsrhythmus

1. Hervorzuheben ist die Fähigkeit zur **Erzeugung riesiger Samenmengen.** Unter besonders günstigen Lebensbedingungen kann z. B. ein einziges Exemplar vom Acker-Senf *(Sinapis arvensis)* bis zu 25 000 Samen hervorbringen, und beim Gemeinen Hirtentäschel *(Capsella bursa-pastoris)* kann die Zahl der produzierten Samen pro Jahr und Individuum über 60 000 liegen. Von diesem großen Samenvorrat gelangt aber immer nur ein sehr geringer Teil zur Entwicklung und ein noch kleinerer Teil der Jungpflanzen zur erneuten Ausbildung von Blüten und Früchten.
2. Die meisten Samenunkräuter besitzen **Einrichtungen,** die eine **leichte Verbreitung ermöglichen** (s. Abb. 8). Die Früchte vieler Kompositen sind mit Flugapparaten ausgestattet und werden durch den Wind verbreitet. Durch Tiere und Menschen werden diejenigen Früchte verschleppt, die mit besonderen Hafteinrichtungen ausgestattet sind, wie das z. B. beim Kletten-

1 Selbstverbreitung (Autochorie)
Streufrüchte z. B. Klatsch-Mohn (a)
Schleuderfrüchte z. B. Gemeiner
Reiherschnabel (b)

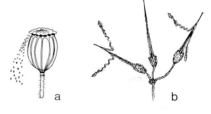

2 Verbreitung durch Tiere (Zoochorie)
Haftfrüchte z. B. Kletten-Labkraut (c)
z. B. Acker-Haftdolde (d)
Ameisenfrüchte mit eiweißhaltigen Anhängseln (Elaiosomen)
z. B. Acker-Stiefmütterchen (e)
Fleischfrüchte
z. B. Schwarzer Nachtschatten (f)

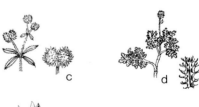

3 Verbreitung durch Wind (Anemochorie)
Schirmflieger (Pappus)
z. B. Acker-Kratzdistel (g)
Scheibenflieger z. B. Krauser Ampfer (h)

Abb. 8. Verbreitung von Samen und Früchten bei Ackerwildkräutern

Labkraut *(Galium aparine)* und der Acker-Haftdolde *(Caucalis platycarpos)* der Fall ist. Andere Unkrautsamen werden von Vögeln und Säugern gefressen und mit dem Kot wieder ausgeschieden. Bei einer Reihe von Ackerunkräutern werden die Samen durch besondere Schleudermechanismen verbreitet, z. B. beim Gemeinen Reiherschnabel *(Erodium cicutarium)*. Bei Streufrüchten wie z. B. Klatsch-Mohn *(Papaver rhoeas)* und Frühlings-Hungerblümchen *(Erophila verna)* werden die winzigen und leichten Samen ausgeschüttelt.

3. Die **Samenschale** vieler Unkräuter ist außerdem sehr **widerstandsfähig** gegenüber äußeren Einwirkungen. Daher können viele Samen beispielsweise den Verdauungstrakt von Tieren passieren oder längere Zeit im Mist oder Kompost liegen, ohne ihre Keimfähigkeit zu verlieren. In Untersuchungen ist festgestellt worden, daß die Samen einzelner Unkrautarten jahrzehntelang in tieferen Bodenschichten ungeschädigt überdauern können, um sich dann unter geeigneten Lebensbedingungen plötzlich zu entwickeln, und daß sich die neuen Pflanzen innerhalb kurzer Zeitspannen in einem außerordentlich großem Ausmaß ausbreiten.
4. Für die Samenunkräuter erweist es sich auch als vorteilhaft, daß von dem im Boden ruhenden Samenvorrat immer nur die Samen auskeimen, die sich in einer nicht allzu tiefen Bodenschicht befinden. Unkrautbestände können sich deshalb nach jeder Störung der Bodenkrume, bei der Samen aus tiefer liegenden Schichten näher an die Oberfläche gebracht werden, schnell erneuern. Die Fähigkeit mancher Arten (z. B. der Korbblütengewächse), an ein- und demselben Pflanzenindividuum verschiedenartige Früchte auszubilden (Heterocarpie), bietet diesen Pflanzen die **Möglichkeit, auf unterschiedliche Umwelteinwirkungen variabel zu reagieren.**
5. Die meisten Unkräuter zeichnen sich zusätzlich durch eine **schnelle Entwicklung und Generationenfolge** aus; so benötigt z. B. das Kleinblütige Franzosenkraut *(Galinsoga parviflora)* für die Entwicklung bis zur Samenreife unter günstigen Bedingungen nicht länger als vier Wochen. Mehrere Generationen pro Jahr stellen deshalb bei den Samenunkräutern keine Ausnahme dar.

Die Abb. 9 zeigt, daß man die einjährigen Wildkräuter in die Sommer- und Wintereinjährigen untergliedern kann. Die **Sommereinjährigen** keimen im Frühjahr oder Frühsommer, blühen und fruchten noch im gleichen Jahr, sterben dann ab, und ihre Samen überwintern im Boden. Hierher gehören z. B. Dreiteiliger Ehrenpreis *(Veronica triphyllos)*, Acker-Senf *(Sinapis arvensis)* und Gemeine Hühnerhirse *(Echinochloa crus-galli)*, die sich aber hinsichtlich des Zeitpunkts ihres Keimens und des Absterbens ihrer assimilationsfähigen Blattorgane deutlich voneinander unterscheiden.

Eine andersartige Entwicklung kennzeichnet die **Wintereinjährigen,** die bereits im Herbst zur Zeit der Wintergetreidesaat keimen und den Winter als Jungpflanzen überdauern. Im folgenden Jahr wird dann die Entwicklung mit der Ausbildung von Blüten und Früchten abgeschlossen. Beispiele für diese Gruppe

Anpassung an den Bewirtschaftungsrhythmus

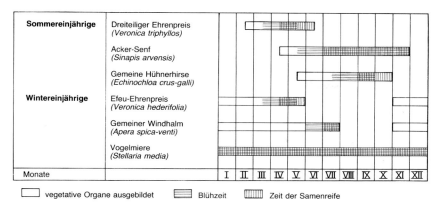

Abb. 9. Jahreszeitliche Entwicklung einjähriger Ackerwildkräuter

sind Efeu-Ehrenpreis *(Veronica hederifolia),* Gemeiner Windhalm *(Apera spica-venti),* aber auch Klatsch-Mohn *(Papaver rhoeas),* Kornblume *(Centaurea cyanus)* und Feld-Rittersporn *(Consolida regalis).* Unter ungünstigen Witterungsbedingungen beginnen Vertreter dieser Gruppe erst im Frühjahr mit ihrer Entwicklung und verhalten sich dann wie die Sommereinjährigen.

Zu den Pflanzenarten, die mit Ausnahme der Frostperioden das ganze Jahr hindurch keimen und blühen, gehören z. B. Vogelmiere *(Stellaria media),* Purpurrote Taubnessel *(Lamium purpureum),* Gemeines Hirtentäschel *(Capsella bursa-pastoris)* und Persischer Ehrenpreis *(Veronica persica)* (s. Abb. 9).

Die Wurzel-, Rhizom- und Zwiebelunkräuter gehören als mehrjährige Pflanzen zu den Erdpflanzen (Geophyten) und können wirtschaftlich bedingte Störungen mit Hilfe ihrer unterirdischen Speicherorgane überstehen.

Wurzelgeophyten sind in der Lage, an ihren Wurzeln Knospen auszubilden, die zu Laub- und Blütentrieben auswachsen können. Wird bei der Bearbeitung des Feldes das Wurzelsystem zerrissen, kann jedes Teilstück zum Ausgangspunkt einer neuen Mutterpflanze werden. Zu den Wurzelgeophyten gehören z. B. Acker-Kratzdistel *(Cirsium arvense)* und Acker-Winde *(Convolvulus arvensis)* (s. Abb. 10).

Rhizomgeophyten sind durch horizontal wachsende Seitensprosse mit verlängerten Stengelgliedern gekennzeichnet. Durch die Bildung neuer Triebe tragen sie zu einer stark vegetativen Vermehrung bei. Unterirdische Ausläufer (Rhizome) findet man beispielsweise bei der Gemeinen Quecke *(Agropyron repens)* (s. Abb. 10), dem Acker-Schachtelhalm *(Equisetum arvense)* und dem Huflattich *(Tussilago farfara).*

Zwiebelgeophyten sind auf Äckern relativ selten geworden, weil sie der intensiven Bodenbearbeitung (z. B. Tiefpflügen) zum Opfer gefallen sind. Beispiele dafür sind Dolden-Milchstern *(Ornithogalum umbellatum),* Acker-Gold-

Herkunft und Eigenart von Ackerwildkräutern

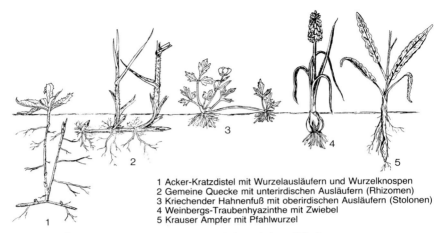

1 Acker-Kratzdistel mit Wurzelausläufern und Wurzelknospen
2 Gemeine Quecke mit unterirdischen Ausläufern (Rhizomen)
3 Kriechender Hahnenfuß mit oberirdischen Ausläufern (Stolonen)
4 Weinbergs-Traubenhyazinthe mit Zwiebel
5 Krauser Ampfer mit Pfahlwurzel

Abb. 10. Überdauerungsorgane von mehrjährigen Ackerwildkräutern

stern *(Gagea villosa)*, Weinbergs-Traubenhyazinthe *(Muscari racemosum)* (s. Abb. 10) und Wilde Tulpe *(Tulipa sylvestris)*.

Neben Therophyten und Geophyten kommen auf Äckern gelegentlich auch Oberflächenpflanzen (Hemikryptophyten) und in Ausnahmefällen Zwergsträucher (Chamaephyten) vor. Im Gegensatz zu den Geophyten, bei denen die Erneuerungsknospen in der Erde liegen, befinden sich diese bei den **Hemikryptophyten** in unmittelbarer Nähe und bei den **Chamaephyten** oberhalb der Erdoberfläche. Zu den Hemikryptophyten gehören z. B. Kriechender Hahnenfuß *(Ranunculus repens)* (s. Abb. 10) und Gänse-Fingerkraut *(Potentilla anserina);* die Kratzbeere *(Rubus caesius)* ist der einzige auf dem Acker vertretene Chamaephyt. Von den 269 in diesem Buch berücksichtigten wildwachsenden Ackerpflanzen sind 80,3 % Therophyten, 10,4 % Geophyten, 8,9 % Hemikryptophyten und 0,4 % Chamaephyten. Die angeführten Prozentwerte verdeutlichen, daß der Charakter der Ackerbegleitflora in erster Linie durch die Gruppe der Therophyten und in geringerem Maße durch die Geophyten und Hemikryptophyten geprägt wird.

Ackerunkrautgesellschaften

Wer mit offenen Augen durch die Natur geht, kann immer wieder beobachten, daß auch die Pflanzen der Äcker in gesetzmäßigen Kombinationen vorkommen und von bestimmten Standortbedingungen abhängig sind. Weniger auffällig und bekannt ist aber der Sachverhalt, daß sich die augenblickliche Artenzusammensetzung eines Unkrautbestandes erst im Laufe eines langen Entwicklungsprozesses herausgebildet hat und weiterhin ständigen Veränderungen unterworfen ist. Bei diesem Prozeß spielt die Konkurrenz der einzelnen Arten untereinander und mit den durch den Menschen geförderten Kulturarten eine wesentliche Rolle. Im Wettbewerb um geeignete Lebensbedingungen setzen sich die Arten durch, die den herrschenden Standortbedingungen besonders gut angepaßt sind. Es findet eine Auslese statt. Zwischen den Partnern stellt sich allmählich ein Gleichgewicht ein, das allerdings labil ist und sich bei Veränderungen der Umwelt verschieben kann. Fruchtwechsel, Bearbeitungsart und -zeit, unterschiedliche Düngungsintensität, Herbizideinsatz und Witterungseinflüsse können zu auffallenden Veränderungen führen.

> Pflanzengesellschaften sind gesetzmäßige, standortabhängige und konkurrenzbedingte Kombinationen von Pflanzenindividuen, die sich mit ihrer Umwelt in einem dynamischen Gleichgewicht befinden.

Für das Verständnis der Pflanzengesellschaften auf Äckern hat sich die begriffliche Trennung zwischen den konkreten Pflanzenbeständen und den abstrakten Vegetationseinheiten als zweckmäßig erwiesen. Danach bezeichnet man einen konkreten Pflanzenbestand als **Pflanzengemeinschaft**; der Begriff **Pflanzengesellschaft** stellt dagegen einen bestimmten Typus dar und wird im abstrakten Sinne verwendet.

Die Erforschung der Pflanzengesellschaften fällt in das Gebiet der **Pflanzensoziologie** oder **Vegetationskunde**. Eine Einführung in die Grundlagen dieses Wissenschaftsbereiches geben zahlreiche Lehrbücher (ELLENBERG 1956; BRAUN-BLANQUET 1964; FUKAREK 1964; KNAPP 1971; ELLENBERG und MÜLLER-DOMBOIS 1974; WILMANNS 1978; KREEB 1983).

Für die Untersuchung und Beschreibung von Ackerunkrautgesellschaften haben folgende Fragestellungen eine besondere Bedeutung:
– Wie sehen die einzelnen Ackerunkrautgesellschaften aus, wie sind sie zusammengesetzt?
– Wie lassen sich die Ackerunkrautgesellschaften gliedern, systematisch ordnen und benennen?
– Welche naturgegebenen Faktoren sind für das Gedeihen von Ackerunkrautgesellschaften bestimmend?

Ackerunkrautgesellschaften

- Welchen Einfluß übt der Mensch mit seinen Bewirtschaftungsmaßnahmen auf ihre Zusammensetzung aus?
- Welche Gesetzmäßigkeiten lassen sich hinsichtlich der Verbreitung von Ackerunkrautgesellschaften feststellen?
- In welcher Weise verändern sich Ackerunkrautgesellschaften innerhalb eines bestimmten Zeitraumes?
- Wie lassen sich die Ergebnisse vegetationskundlicher Untersuchungen für die Beurteilung von Ackerstandorten nutzen?
- Wie lassen sich die Ergebnisse vegetationskundlicher Untersuchungen in der Naturschutzpraxis anwenden?

Vegetationsaufnahmen

Zu den wichtigsten Arbeitsverfahren der Pflanzensoziologie gehören Vegetationsaufnahmen. Sie stellen die Grundlage für die erfolgreiche Erforschung der oben genannten Problemstellungen dar.

> Eine Vegetationsaufnahme ist eine Zusammenstellung aller Pflanzenarten, die auf einer bestimmten Probefläche vorkommen. Sie wird durch Angaben über das mengenmäßige Vorkommen der einzelnen Arten sowie den Fundort und die dort wirkenden Standortfaktoren ergänzt.

Die günstigste **Zeit für Vegetationsaufnahmen** ist die Periode, in der möglichst viele Arten des Pflanzenbestandes zu erfassen sind.

Die wildwachsenden Pflanzen sind in ihrem Wachstum dem Entwicklungsrhythmus der Kulturpflanzen angepaßt. Zwischen den niedrigen und schwach entwickelten Getreidepflanzen kann man im zeitigen Frühjahr erst wenige blühende Arten entdecken. Mit der Halmentwicklung des Getreides wachsen die Unkräuter schnell heran und bilden in kurzer Zeit einen üppigen Blühaspekt. Den Höhepunkt erreicht die Unkrautvegetation bei beginnender Reife des Getreides im Juni und Juli. Dieser Zeitpunkt ist für Vegetationsaufnahmen besonders gut geeignet. Allerdings muß dann auf Sproßreste, Früchte und Samen von Frühblühern geachtet werden. Unmittelbar nach der Ernte werden die meisten Getreidefelder heutzutage umgebrochen und scheiden dann für vegetationskundliche Untersuchungen aus. In Hackfruchtkulturen verschieben sich die Verhältnisse entsprechend ihrer späteren Entwicklung. Unkrautbestände lassen sich hier in der Zeit von Juli bis Oktober relativ vollständig erfassen.

Die **Wahl von Aufnahmeflächen** für die Untersuchung von Ackerunkrautgesellschaften ist infolge intensiver Bewirtschaftungsweisen immer schwieriger geworden. Oft enthalten nur die Randstreifen oder Ecken eines Feldes, die vom Herbizideinsatz weitgehend verschont geblieben sind, einen ausreichenden Unkrautbesatz. Das Anfertigen von Vegetationsaufnahmen an diesen Stellen ist

Tabelle 5. Beispiel einer Vegetationsaufnahme

Nr. der Vegetationsaufnahme: 1	
Bearbeiter: H. Hofmeister	
Funddatum: 16.8.1984	
Fundort: Schlagsdorf / Insel Fehmarn, an der Straße von Dänschendorf, ca. 500m vor Ortseingang ; MTB 1432 / 1.	
Hanglage u. Neigung: eben	
Geolog. Untergrund und Boden: Jungmoräne; Lehm	
Kulturart: Winterweizen	
Gesamtdeckung der Kulturart: 85 %	Wildkräuter: 15 %
Größe der Probefläche: 1,5 × 40 m²	
Sonstige Angaben: Wildkräuter nur am Rand des Feldes	

1 Acker-Fuchsschwanz (Alopecurus myosuroides)
2 Kletten-Labkraut (Galium aparine)
+ Gemeine Quecke (Agropyron repens)
2 Klatsch-Mohn (Papaver rhoeas)
1 Acker-Stiefmütterchen (Viola arvensis)
+ Acker-Vergißmeinnicht (Myosotis arvensis)
1 Acker-Winde (Convolvulus arvensis)
r Sonnenwend-Wolfsmilch (Euphorbia helioscopia)
+ Gemeiner Windenknöterich (Fallopia convolvulus)
+ Vogel-Knöterich (Polygonum aviculare)
+ Acker-Schachtelhalm (Equisetum arvense)
1 Acker-Frauenmantel (Aphanes arvensis)
+ Gemeine Kuhblume (Taraxacum officinale)
+ Purpurrote Taubnessel (Lamium purpureum)
+ Geruchlose Kamille (Tripleurospermum inodorum)
+ Gemeines Rispengras (Poa trivialis)
+ Echte Kamille (Matricaria chamomilla)
+ Zwerg-Storchschnabel (Geranium pusillum)
+ Feld-Ehrenpreis (Veronica arvensis)
  Acker-Krummhals (Anchusa arvensis)

Ackerunkrautgesellschaften

aber problematisch, weil diese Bereiche oft von angrenzenden Rainen oder Gräben beeinflußt werden und Feldränder sich außerdem vom Feldinneren durch den größeren Lichteinfall und die stärkere Bodenverdichtung unterscheiden. Bei der Untersuchung unkrautarmer Bestände ist ein kurzer Hinweis auf die besondere Situation des Fundortes angebracht.

> Probeflächen müssen homogene Standortbedingungen aufweisen und sich durch einheitliche Verteilung der Vegetation auszeichnen. Sie müssen eine ausreichende Größe besitzen und alle Arten enthalten, die für den gewählten Standort typisch sind.

Die **Mindestgröße (Minimal-Areal)** der Probefläche für Ackerunkrautgesellschaften beträgt etwa 25 m^2; in arten- und individuenarmen Beständen ist sie bis auf 100 m^2 zu erweitern. Verfahren zu Bestimmung des Minimal-Areals werden in den Lehrbüchern der Vegetationskunde (z. B. ELLENBERG 1956; FUKAREK 1964; KNAPP 1971) beschrieben. Bei der Durchführung von Vegetationsaufnahmen ist die Beschädigung der Pflanzendecke so gering wie möglich zu halten.

Für das Anfertigen von Vegetationsaufnahmen haben sich Vordrucke nach dem Beispiel der Tab. 5 bewährt. Danach werden Angaben zu folgenden Punkten notiert: laufende Nummer, Name des Erfassers, Funddatum, Fundort (mit Angabe der Nummer des Meßtischblattes), Höhe über dem Meeresspiegel (nach Angaben in Karten), Hanglage und Hangneigung, Boden (nach eigenen Beobachtungen, geologischen und bodenkundlichen Karten). Außerdem sind Notizen über die angebauten Kulturarten, Höhe und Gesamtdeckungsgrad von Feldfrüchten und Unkräutern sowie über die Größe der Probefläche erforderlich.

Hauptbestandteil jeder Vegetationsaufnahme ist die **Artenliste**. Man notiert dazu die Arten in der Reihenfolge des Auffindens so untereinander, daß links etwas Platz bleibt für die später zu schätzende Menge (s. Tab. 5).

Für die Charakterisierung eines Unkrautbestandes ist es wichtig, ob die einzelnen Arten häufig oder weniger häufig vertreten sind (Häufigkeit) und wie groß ihr Deckungsgrad ist. Als **Deckungsgrad** einer Pflanzenart wird die Fläche verstanden, die bedeckt würde, wenn alle oberirdischen Pflanzenteile dieser Art auf den Boden projiziert würden. Zur Beurteilung des Deckungsgrades kann man sich des folgenden Schemas bedienen. Es wird zunächst geschätzt, ob eine Pflanzenart mehr oder weniger als 50 % der Probefläche bedeckt. Dann engt man den Bereich immer weiter ein.

Es hat sich als zweckmäßig erwiesen, die Schätzung der Häufigkeit und des Deckungsgrades zu kombinieren und als **Menge** (= **Artmächtigkeit**) zu bestimmen. Zur Schätzung der Menge bedient man sich einer siebenteiligen Skala, bei der die Ziffern 5, 4 und 3 ausschließlich den Deckungsgrad berücksichtigen, während die Ziffern 2, 1 und + auch die Häufigkeit bewerten.

> Skala zur Schätzung der Menge (= Artmächtigkeit) n. BRAUN-BLANQUET
> 5 = 75–100 % der Fläche deckend
> 4 = 50– 75 % der Fläche deckend
> 3 = 25– 50 % der Fläche deckend
> 2 = 5– 25 % der Fläche deckend oder sehr zahlreiche Individuen
> 1 = Individuen zahlreich, aber weniger als 5 % deckend
> + = Individuen wenig vorhanden, nur wenig Fläche deckend
>   (das Zeichen „+" wird „Kreuz" gesprochen)
> r = selten, rar

Die Schätzung der Menge erfolgt am besten im Anschluß an die Erstellung der Artenliste, indem man die notierten Arten noch einmal durchgeht und dazu die jeweilige Schätzung vornimmt. Wächst die Pflanze außerhalb der Probefläche, aber in demselben Bestand, wird dies durch Einklammern des Pflanzennamens angedeutet; auf die Schätzung der Menge wird verzichtet.

Beim Anfertigen von Vegetationsaufnahmen fallen bisweilen Arten durch ihren üppigen oder auch kümmerlichen Wuchs auf. Die unterschiedliche **Wuchskraft** (= **Vitalität**) einer Pflanze in verschiedenen Beständen kann wichtige Hinweise auf die Besonderheiten eines Standortes liefern. So weist z. B. der mastige Wuchs vom Weißen Gänsefuß *(Chenopodium album)* in Hackfruchtkulturen auf gut gedüngten Boden hin, während die Kümmerformen derselben Art in Getreidebeständen eine geringe Stickstoff- und Lichtversorgung anzeigen.

> Bezeichnung der Vitalität
> • üppige Vitalität
> ○ geschwächte Vitalität
> Das Zeichen für Vitalität wird hinter die Schätzwerte der Menge gesetzt, z. B. 1○ oder 3•.

Verschiedentlich vermerken Pflanzensoziologen auch Beobachtungen über die **Geselligkeit** (= **Soziabilität**) in der Vegetationsaufnahme. Man versteht darunter die unterschiedliche Verteilung der einzelnen Arten in der Probefläche; manche Arten wachsen einzeln, andere in Horsten, und wieder andere bilden dichte Herden. Da die Soziabilität aber ein vorwiegend artspezifisches Merkmal ist, wird sie heute meistens fortgelassen.

Für die Geländearbeit werden folgende **Arbeitsmittel** benötigt:
– Bestimmungsbuch
– Notizbuch mit fester Unterlage und Schreibgerät (weicher Bleistift bei Regen)
– Klemmhefter mit Vordrucken für Vegetationsaufnahmen (s. Tab. 5, S. 137)

Ackerunkrautgesellschaften

- topographische Karten
- Klappspaten oder auch kräftiges Messer zur Untersuchung der obersten Bodenhorizonte
- Hellige-Pehameter oder pH-Papier
- verdünnte Salzsäure zur Bestimmung des Kalkgehalts des Bodens (Vorsicht, ätzende Wirkung!)

Vegetationsaufnahmen vermitteln einen anschaulichen Eindruck von der Zusammensetzung der untersuchten Pflanzenbestände. Um aber von der Kenntnis der untersuchten Einzelbestände mit ihren speziellen Besonderheiten zu allgemeingültigen Aussagen zu gelangen, muß man die Vegetationsaufnahmen miteinander vergleichen. Ausführliche Anleitungen für einen tabellarischen Vergleich geben ELLENBERG (1956), KNAPP (1971), REICHELT und WILMANNS (1973) sowie MÜLLER-DOMBOIS und ELLENBERG (1974). Auf Möglichkeiten der Computerauswertung verweist z. B. SPATZ (in ELLENBERG 1979).

Systematische Gliederung und Benennung

Die Vegetationsgliederung wird in den verschiedenen Gebieten der Erde nach unterschiedlichen Gesichtspunkten durchgeführt. Von der Arbeitsrichtung und Zielsetzung der jeweiligen Untersuchung hängt es ab, ob pflanzengeographische Aspekte, Physiognomie, Artenzusammensetzung, Standortansprüche oder die zeitliche Entwicklung der untersuchten Vegetationseinheiten als grundlegendes Prinzip der Vegetationsgliederung besonders betont werden. In Mitteleuropa hat sich die Forschungsmethode von BRAUN-BLANQUET (1964) bewährt und durchgesetzt. Für die Aufstellung eines Systems der Pflanzengesellschaften werden hier in erster Linie floristische Merkmale benutzt. Zu gemeinsamen Vegetationseinheiten faßt man Pflanzenbestände zusammen, die hinsichtlich ihres Artengefüges weitgehend übereinstimmen. Neben der Artenzusammensetzung werden zusätzlich Physiognomie und Standortbedingungen berücksichtigt.

Die Pflanzengesellschaften werden in einem hierarchisch aufgebauten System angeordnet, in dem die **Assoziation** die Grundeinheit darstellt. Aufgrund gemeinsamer Artengruppen werden Assoziationen zu **Verbänden,** Verbände zu **Ordnungen** und Ordnungen zu **Klassen** zusammengefaßt. Assoziationen können aber auch in niedrigere Vegetationseinheiten, die **Subassoziationen, Varianten** und **Subvarianten** untergliedert werden. Die Kamillen-Assoziation und die Sandmohn-Assoziation z. B. werden auf Grund des Auftretens von Gemeinem Ackerfrauenmantel *(Aphanes arvensis)* in beiden Gesellschaften und wegen der sonstigen Übereinstimmung in der Artenzusammensetzung und der vergleichbaren Standortansprüche zum Verband der Ackerfrauenmantel-Gesellschaften zusammengefaßt. Dieser Verband bildet zusammen mit dem Verband der Lammkraut-Gesellschaften die Ordnung der Windhalm-Gesellschaften (s. Übersicht S. 150). Die Verwandtschaft wird durch eine Reihe gemeinsamer

Arten wie Gemeiner Windhalm *(Apera spica-venti)* und Kornblume *(Centaurea cyanus)* zum Ausdruck gebracht. Die Zugehörigkeit der Windhalm-Gesellschaften, der Klatschmohn-Gesellschaften und der Knöterich-Gänsefuß-Gesellschaften zur Klasse der Einjährigen Ruderal- und Ackerunkrautgesellschaften wird durch die Vogelmiere *(Stellaria media)*, den Gemeinen Windenknöterich *(Fallopia convolvulus)* und viele andere Arten angezeigt. Die Kamillen-Assoziation und die Sandmohn-Assoziation lassen sich in verschiedene Subassoziationen untergliedern, die sich wiederum durch besondere Artengruppen und unterschiedliche Standortbedingungen unterscheiden.

Zur Charakterisierung der verschiedenen Pflanzengesellschaften werden nach dem Beispiel von Braun-Blanquet Charakterarten, Differentialarten und Begleiter verwendet.

Charakterarten oder Kennarten (abgekürzt C) sind Pflanzenarten, die ihren Verbreitungsschwerpunkt in einer bestimmten Pflanzengesellschaft besitzen und in anderen nur selten vertreten sind.

Nach der Ranghöhe werden Charakterarten der Assoziation (AC), des Verbandes (VC), der Ordnung (OC) und der Klasse (KC) unterschieden. Es gibt Charakterarten, die verhältnismäßig eng an eine bestimmte Pflanzengesellschaft gebunden sind, wie z. B. das Sommer-Adonisröschen *(Adonis aestivalis)* an die Adonisröschen-Assoziation der Kalkäcker. Eine Charakterart braucht aber nicht unbedingt in nur einer Pflanzengesellschaft vorzukommen. So greift z. B. die Echte Kamille *(Matricaria chamomilla)* als Charakterart der Kamillen-Assoziation relativ häufig auf andere Ackerunkrautgesellschaften und auf Pflanzengesellschaften außerhalb der Äcker über. Auf Grund ihres eindeutigen Verbreitungsoptimums in der Kamillen-Assoziation wird diese Pflanzenart aber trotzdem als diagnostisch wertvolle Charakterart eingestuft. Charakterarten werden durch den Vergleich aller Pflanzengesellschaften eines möglichst großen Untersuchungsgebietes ermittelt. Da das eine außergewöhnlich aufwendige Arbeit ist, greift man in der Regel auf Angaben aus der Literatur zurück. Die Stellung der einzelnen Ackerpflanzen im System der Pflanzengesellschaften kann den Beschreibungen der Ackerunkrautgesellschaften oder dem Verzeichnis am Ende dieses Buches entnommen werden. Weitere Hinweise, auch für Pflanzen anderer Lebensräume, sind in den bekannten Florenwerken (z. B. Oberdorfer 1983a; Rothmaler 1982) und pflanzensoziologischen Zusammenstellungen (Ellenberg 1979; Oberdorfer 1983b) zu finden.

Differentialarten oder Trennarten (abgekürzt D bzw. d) sind Pflanzenarten, die in einem Teil der Untereinheiten einer Pflanzengesellschaft vorkommen und in den übrigen stark zurücktreten.

Im Gegensatz zu Charakterarten sind Differentialarten nicht an eine bestimmte Pflanzengesellschaft gebunden. Sie sind zur Differenzierung von Subassoziatio-

Ackerunkrautgesellschaften

nen, Varianten und Subvarianten (d) geeignet, werden aber neuerdings auch zur zusätzlichen Kennzeichnung von Assoziationen (DA) und Verbänden (DV) herangezogen. Für Ordnungen und Klassen erübrigt sich die Aufstellung von Differentialarten auf Grund der ausreichenden Zahl von Charakterarten.

Als Beispiel einer Subassoziation soll diejenige von Einjährigem Knäuel *(Scleranthus annuus)* der Kamillen-Assoziation dienen. Sie kommt innerhalb dieser Pflanzengesellschaft nur auf relativ nährstoff- und basenarmen Böden vor und unterscheidet sich durch das Vorkommen der Mangelzeiger Einjähriger Knäuel *(Scleranthus annuus),* Kleiner Sauerampfer *(Rumex acetosella)* und Acker-Spergel *(Spergula arvensis)* von den reicheren Ausbildungen der Kamillen-Assoziation. Subassoziationen von Einjährigem Knäuel gibt es aber auch in anderen Assoziationen, z. B. in der Sandmohn-Assoziation und der Erdrauch-Assoziation, wenn diese Gesellschaften auf Böden geringer Nährstoff- und Basenversorgung vorkommen. Differentialarten werden durch tabellarischen Vergleich von Vegetationsaufnahmen, die aus einem überschaubaren Untersuchungsgebiet stammen und einem möglichst einheitlichen Vegetationstyp angehören sollten, ermittelt (s. S. 140). Gruppen von Differentialarten, die zusammen vorkommen und die gleichen Standortbedingungen beanspruchen, sind mit den ökologischen Gruppen (s. S. 176) identisch und haben sich als zuverlässige Standortindikatoren bewährt.

> **Begleiter** (abgekürzt B) sind Pflanzenarten, die ihren Verbreitungsschwerpunkt nicht in den untersuchten Pflanzengesellschaften besitzen, aber hier mehr oder weniger regelmäßig in Erscheinung treten.

Auf Äckern sind als Begleiter häufig Charakterarten aus anderen Pflanzengesellschaften, z. B. aus dem Grünland die Gemeine Kuhblume *(Taraxacum officinale)* oder aus Trittrasen das Einjährige Rispengras *(Poa annua)* zu finden.

Pflanzengesellschaften im Rang einer Assoziation werden nach einer auffallenden und möglichst häufigen Charakterart benannt, indem man an den Stamm des wissenschaftlichen Gattungsnamens die Endung **-etum** hängt und den Artnamen im Genitiv hinzufügt; z. B. heißt die *Kickxia spuria*-(Tännelkraut-) Assoziation *Kickxi**etum** spuriae.* Zur genaueren Festlegung und Charakterisierung wird dieser Bezeichnung in der Regel noch der Name einer weiteren typischen Pflanze vorangestellt. Das geschieht durch Hinzufügen der Endung ,,-o" oder ,,-i" an den Stamm des Gattungsnamens, z. B. wird die *Aphanes arvensis-Matricaria chamomilla*-(Ackerfrauenmantel-Kamillen-)Gesellschaft als *Aphan**o**-Matricarietum chamomillae* bezeichnet. In wissenschaftlichen Veröffentlichungen wird mit der Gesellschaftsbezeichnung auch der Name des Erstbeschreibers und die Jahreszahl genannt, in der die Gesellschaft zuerst veröffentlicht wurde, z. B. *Thlaspio-Veronicetum politae* Görs 66.

Bei der Jahreszahl der Erstbeschreibung wird auf die Wiedergabe des Jahrhunderts ,,19" verzichtet, da die Vegetationskunde eine junge Wissenschaft ist und Beschreibungen von Assoziationen aus früheren Jahrhunderten nicht vor liegen. Häufig wiederkehrende Namen von Autoren wie Tüxen oder Oberdorfer werden in abgekürzter Schreibweise mit Tx. oder Oberd. wiedergegeben.

Wie die Namen von Assoziationen werden auch die der höheren Gesellschaftseinheiten in gleicher Weise durch Anhängung einer bestimmten Endung gebildet, Verbände erhalten die Endung **-ion**, Ordnungen **-etalia** und Klassen **-etea**. Damit ist es möglich, sofort die Ranghöhe der Vegetationseinheiten zu erkennen.

Die Untereinheiten der Assoziationen bezeichnet man als Subassoziationen, z. B. Subassoziation von *Euphorbia exigua* (Kleine Wolfsmilch); die Anhängung der Endung **-etosum** an den Stamm des Gattungsnamens, etwa *Matricarietum euphorbietosum exiguae* ist ebenfalls üblich.

Abzulehnen ist die Bezeichnungsweise „Subassoziation mit", weil es sich hier nicht um Bestände mit konkreten Pflanzen, sondern um Pflanzengesellschaften als abstrakte Vegetationseinheiten handelt.

Bei der Benennung von Varianten und Subvarianten verfährt man wie bei den Subassoziationen; so gibt es z. B. eine Variante von *Mentha arvensis* (Acker-Minze) und eine Subvariante von *Gnaphalium uliginosum* (Sumpf-Ruhrkraut). Subassoziationen ohne Trennarten werden als Typische Subassoziationen oder als **typicum** bezeichnet. Entsprechendes gilt für Varianten und Subvarianten.

Rangstufen des pflanzensoziologischen Systems und ihre Benennung

Rangstufe	Kennzeichnende Artengruppe	Beispiele	Endung
Klasse	KC	*Stellarietea mediae*	–etea
Ordnung	OC	*Aperetalia spicae-venti*	–etalia
Verband	VC u. DV	*Aphanion arvensis*	–ion
Assoziation	AC u. DA	*Aphano-Matricarietum chamomillae*	–etum
Subassoziation	d	*euphorbietosum exiguae*	–etosum
Variante	d	Variante von *Mentha arvensis*	–
Subvariante	d	Subvariante von *Gnaphalium uliginosum*	–
Fazies	Dominanz einer Art	Fazies von *Matricaria chamomilla*	–

Erläuterung pflanzensoziologischer Fachausdrücke

Für das bessere Verständnis der Gesellschaftsbeschreibungen sollen zunächst eine Reihe grundlegender und häufig wiederkehrender Begriffe erläutert werden.

Die den Beschreibungen zugrunde liegenden Vegetationstabellen geben

Ackerunkrautgesellschaften

einen Überblick über die floristische Zusammensetzung der verschiedenen Verbände von Ackerunkrautgesellschaften und lassen Gemeinsamkeiten und Unterschiede der berücksichtigten Assoziationen erkennen. An erster Stelle werden die Charakterarten (AC) und Differentialarten (DA) der Assoziation angeführt. Dann folgen die Charakterarten des Verbandes (VC), der Ordnung (OC) sowie der Klasse (KC) und zum Schluß die Begleiter (B).

Aus Platzgründen können die zahlreichen Vegetationsaufnahmen, die für die Aufstellung der Tabellen berücksichtigt werden, nicht im einzelnen wiedergegeben werden. Damit aber trotzdem ein Eindruck von der Häufigkeit der Pflanzenarten in den verschiedenen Assoziationen vermittelt wird, ist deren Stetigkeit vermerkt.

> Die **Stetigkeit** gibt die Häufigkeit an, mit der die einzelnen Arten in den untersuchten Pflanzenbeständen vorkommen.

Sie läßt sich in Prozentwerten oder in Stetigkeitsklassen ausdrücken. In den folgenden Tabellen werden Stetigkeitsklassen verwendet, denen die folgende Skala zugrunde liegt:

Stetigkeitsklasse	Prozentwert	
V	in > 80 %	
IV	in 61–80 %	
III	in 41–60 %	der untersuchten Pflanzenbestände vertreten
II	in 21–40 %	
I	in 11–20 %	
s	in < 10 %	

In den Beschreibungen der Ackerunkrautgesellschaften stehen Vegetationseinheiten im Rang von Assoziationen im Mittelpunkt.

> Eine **Assoziation** als grundlegende Einheit des pflanzensoziologischen Systems umfaßt alle Pflanzenbestände, die in wesentlichen Merkmalen übereinstimmen. Sie wird in erster Linie durch Charakterarten (AC) und Differentialarten (DA) gekennzeichnet. Außerdem wird eine Assoziation durch das gesamte Artengefüge (VC, OC, KC, B) sowie durch eine möglichst einheitliche Physiognomie und die gleichartigen Standortansprüche geprägt.

Als Beispiel für die Kennzeichnung einer Assoziation soll die Lammkraut-Assoziation *(Teesdalio-Arnoseridetum minimae)* dienen. Diese Assoziation wird nicht nur durch die Charakterarten und Differentialarten der Assoziation Lammkraut *(Arnoseris minima)*, Grannen-Ruchgras *(Anthoxanthum puelii)*, Kahles Ferkelkraut *(Hypochoeris glabra)* und Bauernsenf *(Teesdalea nudicau-*

lis) charakterisiert, sondern zusätzlich durch die Charakterarten der Ordnung und der Klasse, wie z. B. Windhalm *(Apera spica-venti)*, Einjähriger Knäuel *(Scleranthus annuus)*, Kornblume *(Centaurea cyanus)* und Acker-Spergel *(Spergula arvensis)*, die ebenfalls mit hoher Stetigkeit in dieser Assoziation vertreten sind. Auch der Begleiter Kleiner Sauerampfer *(Rumex acetosella)* ist für die Lammkraut-Assoziation eine bezeichnende Pflanzenart. Neben der Artenkombination sind für diese Assoziation auch die nährstoffarmen und lockeren Sandböden typisch.

In neuerer Zeit werden auch Assoziationen beschrieben, die keine eigenen Assoziations-Charakterarten besitzen und sich lediglich durch Differentialarten von nahestehenden Assoziationen unterscheiden. Ein Beispiel bietet die Hohlzahn-Assoziation, die sich durch die Differentialarten Stechender Hohlzahn *(Galeopsis tetrahit)*, Gemeiner Rainkohl *(Lapsana communis)* und Weiches Honiggras *(Holcus mollis)* sowie durch die Bevorzugung montaner Klimalagen von der Kamillen-Assoziation unterscheidet.

Während man den systematischen Rang einer Assoziation in den wissenschaftlichen Namen immer eindeutig an der Endung -etum erkennen kann, ist das bei der deutschen Benennung ,,Gesellschaft" leider nicht der Fall. Da diese Bezeichnung in der Regel wertfrei zur Benennung von Vegetationseinheiten verschiedener Rangstufen verwendet wird, führt der Ausdruck ,,Gesellschaft" im Assoziationsnamen leicht zu Mißverständnissen. Deshalb wird in diesem Buch abweichend von der sonst üblichen Vorgehensweise die Ranghöhe der Pflanzengesellschaften auch bei der deutschen Bezeichnung angegeben. So wird anstelle von Adonisröschen-Gesellschaft von Adonisröschen-Assoziation und anstelle von Saatwucherblumen-Gesellschaft von Saatwucherblumen-Assoziation gesprochen. Auch bei der Bezeichnung von Verbänden und Ordnungen wird im deutschen Namen die jeweilige Rangstufe mitangeführt. Haftdolden-Gesellschaften werden als Verband der Haftdolden-Gesellschaften und Windhalm-Gesellschaften als Ordnung der Windhalm-Gesellschaften bezeichnet. Damit ist der Ausdruck ,,Gesellschaft" frei für alle ranglosen Vegetationseinheiten. Pflanzenbestände, die sich nach dem gegenwärtigen Wissensstand keiner Assoziation zuordnen lassen, können ebenfalls wertneutral als ,,Gesellschaft" bezeichnet werden.

Viele Ackerunkrautgesellschaften sind infolge intensiver Bewirtschaftungsmaßnahmen an Charakterarten stark verarmt und stellen Reste oder Fragmente der noch vor einigen Jahrzehnten weit verbreiteten Pflanzengesellschaften dar (BRUN-HOL 1963).

> Pflanzengesellschaften, die infolge intensiver Bewirtschaftungsmaßnahmen floristisch verarmt sind, werden als **Fragmentgesellschaften** bezeichnet.

Bestände der Lammkraut-Assoziation *(Teesdalio-Arnoseridetum minimae)* lassen sich beispielsweise nach Ausfall der Assoziations-Charakterarten und Verbands-Charakterarten häufig durch die noch verbliebenen Charakterarten der

Ackerunkrautgesellschaften

nächst höheren Einheit, z. B. durch die Ordnungs-Charakterart Einjähriger Knäuel *(Scleranthus annuus)*, charakterisieren und dementsprechend als Einjährige Knäuel-*(Scleranthus annuus-)*Gesellschaft bezeichnen. Entsprechendes gilt für die Erdrauch-Assoziation, die nach starkem Zurücktreten der Verbands-Charakterarten häufig durch Ordnungs-Charakterarten wie Purpurrote Taubnessel *(Lamium purpureum)* ausgezeichnet ist und dann als Purpurrote Taubnessel-*(Lamium purpureum-)*Gesellschaft bezeichnet wird.

Die Beschreibungen der Assoziationen werden durch Angaben über Subassoziationen, Varianten und Rassen ergänzt.

> **Subassoziationen** sind Untereinheiten von Assoziationen, die sich durch Differentialarten mit unterschiedlichen Ansprüchen an die Nährstoff- und Basenversorgung des Bodens unterscheiden.

In zahlreichen Pflanzenassoziationen läßt sich aufgrund der Bodenfaktoren und Differentialartengruppen eine Differenzierung in die folgenden Subassoziationen vornehmen:

Subassoziation von Kleiner Wolfsmilch
Kleine Wolfsmilch *(Euphorbia exigua)*
Hundspetersilie *(Aethusa cynapium)*
Ackerröte *(Sherardia arvensis)*
Acker-Glockenblume *(Campanula rapunculoides)*

Vorkommen: Auf kalkhaltigen Böden; in Verbänden der Ackerfrauenmantel- *(Aphanion)* und Erdrauch-Wolfsmilch-Gesellschaften *(Fumario-Euphorbion)*.

Subassoziation von Acker-Hellerkraut
Acker-Hellerkraut *(Thlaspi arvense)*
Sonnenwend-Wolfsmilch *(Euphorbia helioscopia)*
Persischer Ehrenpreis *(Veronica persica)*
Acker-Fuchsschwanz *(Alopecurus myosuroides)*
Klatsch-Mohn *(Papaver rhoeas)*
Acker-Senf *(Sinapis arvensis)*

Vorkommen: Auf nährstoff- und basenreichen Lehmböden; in Verbänden der Ackerfrauenmantel- *(Aphanion)*, Knöterich-Spergel- *(Polygono-Chenopodion)* und Erdrauch-Wolfsmilch-Gesellschaften *(Fumario-Euphorbion)*.

Typische Subassoziation
Ohne eigene Differentialarten.

Vorkommen: Auf Böden mittlerer Nährstoff- und Basenversorgung.

Subassoziation von Einjährigem Knäuel
Einjähriger Knäuel *(Scleranthus annuus)*
Acker-Spergel *(Spergula arvensis)*
Kleiner Sauerampfer *(Rumex acetosella)*
gebietsweise dazu:
Hederich *(Raphanus raphanistrum)*
Acker-Schmalwand *(Arabidopsis thaliana)*

Vorkommen: Auf nährstoff- und basenarmen Böden mit höherem Sandanteil; in Verbänden der Ackerfrauenmantel- *(Aphanion)*; Knöterich-Spergel- *(Polygono-Chenopodion)* und Erdrauch-Wolfsmilch-Gesellschaften *(Fumario-Euphorbion)*.

> **Varianten** und **Subvarianten** sind Untereinheiten von Subassoziationen, die sich durch unterschiedliche Feuchtigkeitsansprüche unterscheiden.

In nahezu allen Ackerunkrautgesellschaften kommen Ausbildungen vor, die durch Feuchte- oder Krumenfeuchtezeiger auffallen.

Variante von Ackerminze
Acker-Minze *(Mentha arvensis)*
Kriechender Hahnenfuß *(Ranunculus repens)*
Acker-Schachtelhalm *(Equisetum arvense)*
Sumpf-Ziest *(Stachys palustris)*
Gänse-Fingerkraut *(Potentilla anserina)*
Huflattich *(Tussilago farfara)*

Vorkommen: Auf feuchten und nassen Böden mit zeitweilig schlechter Durchlüftung.

Typische Variante
Ohne Differentialarten.

Vorkommen: Auf Böden mit ausgeglichener Wasserführung.

Subvariante von Sumpf-Ruhrkraut
Sumpf-Ruhrkraut *(Gnaphalium uliginosum)*
Kleiner Wegerich (*Plantago major* ssp. *intermedia*)
Kröten-Binse *(Juncus bufonius)*
Wasserpfeffer *(Polygonum hydropiper)*

Vorkommen: Auf krumenfeuchten und oberflächlich verdichteten Böden; nach der Bewirtschaftung mit schweren Maschinen und in niederschlagsreichen Jahren oft üppig entwickelt.

Fazies sind Ausbildungen, in denen einzelne Arten, z. B. Vogelmiere *(Stellaria media)*, durch massenweises Auftreten den Aspekt bestimmen.

> Pflanzenassoziationen, die sich aufgrund ihrer ausgedehnten Verbreitung durch klimabedingte Differentialarten unterscheiden, werden als **Rassen** (Vikarianten) bezeichnet.

Von den aus verschiedenen Untersuchungsgebieten beschriebenen Rassen werden die folgenden wegen ihrer Häufigkeit hervorgehoben:

Rasse von Stechendem Hohlzahn
Stechender Hohlzahn *(Galeopsis tetrahit)*
Gemeiner Rainkohl *(Lapsana communis)*
Weiches Honiggras *(Holcus mollis)*

Vorkommen: Unter humiden Klimabedingungen, besonders in montaner Lage; die Rasse von Stechendem Hohlzahn kommt in verschiedenen Assoziationen vor und unterscheidet sich von der Stechenden Hohlzahn-Assoziation *(Holco-Galeopsietum)* in erster Linie durch das Auftreten der jeweiligen Assoziations-Charakterarten. So tritt beispielsweise die Echte Kamille, die in der Stechenden Hohlzahn-Assoziation nahezu fehlt, in der Rasse

Ackerunkrautgesellschaften

von Stechendem Hohlzahn der Echten Kamillen-Assoziation regelmäßig und mit großer Artmächtigkeit in Erscheinung.

Rasse von Grüner Borstenhirse
Grüne Borstenhirse *(Setaria viridis)*
Fuchsrote Borstenhirse *(Setaria glauca)*
Gemeine Hühnerhirse *(Echinochloa crus-galli)*
Zurückgebogener Amarant *(Amaranthus retroflexus)*

Vorkommen: In wärmebegünstigten Tieflagen; in der Ordnung der Knöterich-Gänsefuß-Gesellschaften *(Polygono-Chenopodietalia)*.

Die folgenden Assoziationsbeschreibungen enthalten auch Hinweise auf Ersatz- und Kontaktgesellschaften.

> **Ersatzgesellschaften** sind anthropogene Pflanzengesellschaften, die an die Stelle natürlicher oder naturnaher Vegetationseinheiten getreten sind.

Die Vegetation der Äcker würde sich unter den Klimabedingungen Mitteleuropas in Wald zurückverwandeln. Die Kenntnis der Vegetation, die sich ohne Zutun des Menschen einstellen würde, die sogenannte potentielle natürliche Vegetation, gilt als zuverlässiger Indikator für die Gesamtheit aller Standortfaktoren und als wertvolles Hilfsmittel für die Bewertung einer Landschaft.

> Pflanzengesellschaften, die in einer Landschaft aneinandergrenzen und nebeneinander wachsen, werden als **Kontaktgesellschaften** bezeichnet.

In Kalkgebieten grenzen wärmeliebende Wald-, Gebüsch-, Saum- und Trockenrasen-Gesellschaften an die Halmfruchtbestände aus dem Verband der Haftdolden-Gesellschaften *(Caucalidion lappulae)* und stellen hier Kontaktgesellschaften dar. Die Gebüsch- und Waldgesellschaften deuten aber auch an, in welche Richtung sich die Vegetation ohne menschliche Beeinflussung entwickeln würde.

Halm- und Hackfruchtgesellschaften, die sich nach Fruchtfolge auf demselben Ackerstück immer wieder einstellen, werden als **Rotationsgesellschaften** bezeichnet. Auf nährstoff- und basenarmen Sandböden bilden z. B. die Lammkraut-Assoziation *(Teesdalio-Arnoseridetum)* der Halmfruchtbestände und die Fingerhirsen-Assoziation *(Digitarietum ischaemi)* der Hackfruchtbestände einen Rotationskomplex. In beiden Assoziationen trifft man regelmäßig **Fruchtwechselreste** aus der Vorkultur an.

Übersicht über die Klasse der Ruderal- und Ackerunkrautgesellschaften (*Stellarietea mediae* R.Tx. 50)

Die Frage nach der systematischen Gliederung der Ackerunkrautgesellschaften wird von den verschiedenen Pflanzensoziologen recht unterschiedlich beantwortet. OBERDORFER (1957), MALATO-BELITZ et al. (1960), PASSARGE (1964) sowie

Übersicht über die Klasse der Ruderal- und Ackerunkrautgesellschaften

TH. MÜLLER und OBERDORFER (1983b) setzen sich für eine Trennung in die Klassen der Getreide-Unkrautgesellschaften *(Secalietea)* und der annuellen Ruderal-Gesellschaften und Hackfrucht-Unkrautgesellschaften *(Chenopodietea)* ein. Demgegenüber wird von R. TÜXEN (1950), MÜLLER (1964), HILBIG (1967), GEHU et al. (1972), NEZADAL (1975), WILMANNS (1978) und DIERSSEN (1983) die Auffassung vertreten, daß eine Trennung in zwei Klassen für Ackerunkrautgesellschaften, die durch regelmäßigen Fruchtwechsel und moderne Anbaumethoden geprägt sind, nicht aufrecht zu halten ist. Diese Autoren fassen deshalb die einjährigen Ruderal- und Ackerunkrautgesellschaften zu einer einheitlichen Klasse der *Stellarietea mediae* R.Tx. 50 zusammen. Verschiedene Pflanzensoziologen, besonders aus der DDR (SCHUBERT und MAHN 1968; HILBIG 1973, u. a.), gehen so weit, daß sie die durch Fruchtwechsel verbundenen Halm- und Hackfruchtgesellschaften nur als Ausprägungen oder Aspekte einer Assoziation bewerten.

Im vorliegenden Buch werden alle Ackerunkrautgesellschaften zusammen mit den Einjährigen Ruderalgesellschaften zur Klasse der Einjährigen Ruderal- und Ackerunkrautgesellschaften *(Stellarietea mediae* R.Tx. 50) angeordnet. Eine Trennung in die Gruppen der Windhalm-Gesellschaften *(Aperetalia spicae-venti)*, der Klatschmohn-Gesellschaften *(Secalietalia)* sowie der Knöterich-Gänsefuß-Gesellschaften *(Polygono-Chenopodietalia)* und Rauken-Gesellschaften *(Sisymbrietalia officinalis)* wird auf der Stufe der Ordnungen vorgenommen. Die weitere Gliederung in Verbände und Assoziationen ist aus der folgenden Übersicht zu ersehen.

Die außerhalb der Äcker verbreiteten Rauken-Gesellschaften werden im vorliegenden Buch nicht näher behandelt.

Erklärungen der in den Vegetationstabellen verwendeten Abkürzungen

AC	Assoziations-Charakterart	Br.-Bl.	Braun-Blanquet
VC	Verbands-Charakterart	Krusem. et Vlieg.	Krusemann und Vlieger
OC	Ordnungs-Charakterart	Libb.	Libbert
KC	Klassen-Charakterart	Mal.-Bel.	Malato-Belitz
D	Differentialart	Meis.	Meisel
DA	Differentialart der Assoziation	Oberd.	Oberdorfer
DV	Differentialart des Verbandes	Prsg.	Preising
FR	Fruchtwechselreste	Siss.	Sissingh
incl.	einschließlich	Slav.	Slavnic
S.	Seite	J.Tx.	Jes Tüxen
Sp.	Spalte	R.Tx.	Reinhold Tüxen
syn.	synonym	Wassch.	Wasscher

Stetigkeitsklassen (V, IV, III, II, I, s) s. S. 144
Rote Liste s. Tab. 17, S. 230

Ackerunkrautgesellschaften

Systematische Gliederung der Ackerunkrautgesellschaften

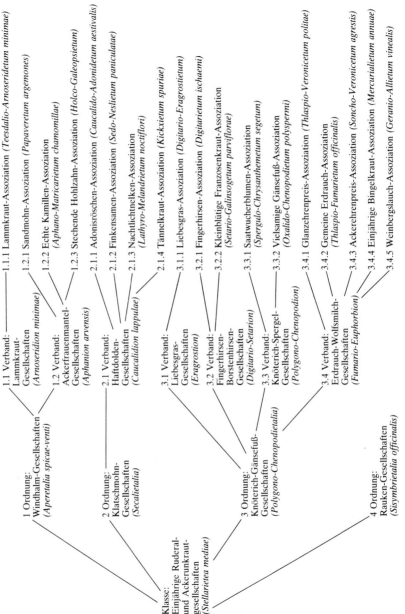

150

Übersicht über die Klasse der Ruderal- und Ackerunkrautgesellschaften

1 Ordnung: Windhalm-Gesellschaften, *Aperetalia spicae-venti* Mal.-Bel., J. et R.Tx. 60

Diese Ordnung umfaßt die Halmfruchtgesellschaften kalkarmer Sand- und Lehmböden und läßt sich in die Verbände der Lammkraut-Gesellschaften *(Arnoseridion minimae)* und Ackerfrauenmantel-Gesellschaften *(Aphanion arvensis)* untergliedern.

1.1 Verband: Lammkraut-Gesellschaften, *Arnoseridion minimae* Mal.-Bel., J. et R.Tx. 60

Einzige Assoziation dieses Verbandes ist die Lammkraut-Assoziation *(Teesdalio-Arnoseridetum minimae)*.

AC u. VC	Lammkraut *(Arnoseris minima)*		V
	Grannen-Ruchgras *(Anthoxanthum puelii)*		IV
	Kleinfrüchtiger Ackerfrauenmantel *(Aphanes microcarpa)*		I
DA u. DV	Kahles Ferkelkraut *(Hypochoeris glabra)*		II
	Vogelfuß *(Ornithopus perpusillus)*		I
	Bauernsenf *(Teesdalea nudicaulis)*		I
OC	Gemeiner Windhalm *(Apera spica-venti)*		V
	Einjähriger Knäuel *(Scleranthus annuus)*		V
	Kornblume *(Centaurea cyanus)*		III
	Rauhhaar-Wicke *(Vicia hirsuta)*		III
	Hederich *(Raphanus raphanistrum)*		II
KC	Acker-Spergel *(Spergula arvensis)*		V
	Acker-Stiefmütterchen *(Viola arvensis)*		IV
	Gemeiner Windenknöterich *(Fallopia convolvulus)*		IV
	Acker-Hundskamille *(Anthemis arvensis)*		III
	Acker-Vergißmeinnicht *(Myosotis arvensis)*		III
	Schmalblättrige Wicke *(Vicia angustifolia)*	}	III
	Saat-Wicke *(Vicia sativa)*		
	Vogelmiere *(Stellaria media)*		III
	Weißer Gänsefuß *(Chenopodium album)*		III
B	Kleiner Sauerampfer *(Rumex acetosella)*		V
	Vogel-Knöterich *(Polygonum aviculare)*		III
	Feld-Ehrenpreis *(Veronica arvensis)*		II
	Weiches Honiggras *(Holcus mollis)*		II
	Rotes Straußgras *(Agrostis tenuis)*		II

1.1.1 Lammkraut-Assoziation, *Teesdalio-Arnoseridetum minimae* R.Tx. 37
syn.: *Sclerantho-Arnoseridetum* R.Tx. 50

Tieflandgesellschaft im Wintergetreide mit vielen Magerkeitszeigern.

Kennzeichnende Arten:
Lammkraut (= Lämmersalat) *(Arnoseris minima)*
Grannen-Ruchgras *(Anthoxanthum puelii)*

Ackerunkrautgesellschaften

Gemeiner Windhalm *(Apera spica-venti)*
Einjähriger Knäuel *(Scleranthus annuus)*
Acker-Spergel *(Spergula arvensis)*
Kleiner Sauerampfer *(Rumex acetosella)* u. a.

Verbreitung: Auf extrem nährstoff- und basenarmen Sandböden, Hauptverbreitung im subatlantischen Klimabereich der nordwestdeutschen Tiefebene (TÜXEN 1937; MEISEL 1969; HOFMEISTER 1970; WALTHER 1977); auch in den nördlichen Gebieten der DDR (JAGE 1972; PASSARGE 1974); in Süddeutschland, im Oberrheingebiet (OBERDORFER 1983b) und im Pfälzer Wald (OESAU 1973); in Nordostbayern (NEZADAL 1975) nur noch in der Nähe von größeren Wasserflächen und Waldgebieten mit ausgeglichenem Mikroklima.

Ersatz- und Kontaktgesellschaften: Ersatzgesellschaft von Eichen-Birken- und Weißmoos-Kiefern-Wäldern; Kontaktgesellschaft von Kiefernforsten, Heiden und Sandtrockenrasen; durch Fruchtwechsel mit Fadenhirsen- bzw. Hühnerhirsen-Assoziation verbunden.

Bodennutzung: Pflanzengesellschaft auf mäßig ertragreichen Standorten (Grenzertragsböden); bevorzugte Kulturarten Roggen, Kartoffeln, Mais und Spargel.

Gefährdung: Die Lammkraut-Assoziation war früher weit verbreitet; sie ist heute durch Herbizideinsatz und intensive Düngung stark zurückgedrängt und durch Knäuel- und Windhalm-Fragmentgesellschaften ersetzt (z. B. JAGE 1972; MEISEL 1973; NEZADAL 1975); Pflanzengesellschaft von hohem Schutzwert.
Rote Liste 2.

1.2 Verband: Ackerfrauenmantel-Gesellschaften, Aphanion arvensis Mal.-Bel., J. et R.Tx. 60

Halmfruchtgesellschaften auf kalkfreien Lehm- und mäßig nährstoffhaltigen Sandböden.
1 Sandmohn-Assoziation *(Papaveretum argemones)*
2 Echte Kamillen-Assoziation *(Aphano-Matricarietum chamomillae)*
3 Stechende Hohlzahn-Assoziation *(Holco-Galeopsietum)*

		1	2	3
AC_1	Dreiteiliger Ehrenpreis *(Veronica triphyllos)*	V	s	s
	Sand-Mohn *(Papaver argemone)*	III	s	s
	Saat-Mohn *(Papaver dubium)*	III	s	s
	Zottel-Wicke *(Vicia villosa* ssp. *villosa)* Falsche Vogelwicke *(Vicia villosa* ssp. *varia)*	III	s	s
DA_1	Acker-Schmalwand *(Arabidopsis thaliana)*	III	I	I
	Frühlings-Hungerblümchen *(Erophila verna)*	II	s	s
	Sand-Vergißmeinnicht *(Myosotis stricta)*	II	s	.
	Dolden-Spurre *(Holosteum umbellatum)*	II	s	.

Übersicht über die Klasse der Ruderal- und Ackerunkrautgesellschaften

AC₂	Echte Kamille *(Matricaria chamomilla)*	I	V	s
DA₃	Stechender Hohlzahn *(Galeopsis tetrahit)* } Kleinblütiger Hohlzahn *(Galeopsis bifida)* }	I	II	V
	Gemeiner Rainkohl *(Lapsana communis)*	s	II	IV
	Weiches Honiggras *(Holcus mollis)*	s	s	III
VC	Gemeiner Ackerfrauenmantel *(Aphanes arvensis)*	III	III	II
	Efeu-Ehrenpreis *(Veronica hederifolia)*	IV	II	I
OC	Gemeiner Windhalm *(Apera spica-venti)*	V	V	III
	Kornblume *(Centaurea cyanus)*	IV	III	III
	Rauhhaar-Wicke *(Vicia hirsuta)*	III	III	IV
	Hederich *(Raphanus raphanistrum)*	III	II	IV
	Viersamige Wicke *(Vicia tetrasperma)*	I	II	I
KC	Acker-Stiefmütterchen *(Viola arvensis)*	IV	IV	V
	Acker-Vergißmeinnicht *(Myosotis arvensis)*	IV	IV	V
	Gemeiner Windenknöterich *(Fallopia convolvulus)*	IV	IV	V
	Vogelmiere *(Stellaria media)*	IV	IV	IV
	Saat-Wicke *(Vicia sativa)* } Schmalblättrige Wicke *(Vicia angustifolia)* }	IV	III	IV
	Acker-Kratzdistel *(Cirsium arvense)*	II	IV	III
	Gemeines Hirtentäschel *(Capsella bursa-pastoris)*	III	III	III
	Weißer Gänsefuß *(Chenopodium album)*	III	II	III
	Acker-Hundskamille *(Anthemis arvensis)*	II	II	IV
	Acker-Gauchheil *(Anagallis arvensis)*	II	III	II
B	Vogel-Knöterich *(Polygonum aviculare)*	IV	IV	IV
	Kletten-Labkraut *(Galium aparine)*	III	IV	IV
	Feld-Ehrenpreis *(Veronica arvensis)*	II	III	III
	Gemeine Quecke *(Agropyron repens)*	II	III	III

1.2.1 Sandmohn-Assoziation, *Papaveretum argemones* (Libb. 32) Krusem. et Vlieg. 39 (S. 152 Sp. 1)

Wintergetreidegesellschaft mit farbigem Frühjahrs- und Sommeraspekt.

Kennzeichnende Arten:
Dreiteiliger Ehrenpreis *(Veronica triphyllos)*
Sand-Mohn *(Papaver argemone)*
Saat-Mohn *(Papaver dubium)*
Zottel-Wicke *(Vicia villosa* ssp. *villosa)*
Falsche Vogelwicke *(Vicia villosa* ssp. *varia)* u. a.

Verbreitung: In sommerwarmen und niederschlagsarmen Gebieten mit nährstoff- und basenarmen Sand- und sandigen Lehmböden weit verbreitet; Hauptvorkommen im nördlichen Teil der DDR (PASSARGE 1959, 1964; JAGE 1972), im östlichen Teil des niedersächsischen Flachlandes (MEISEL 1967), im nördlichen Oberrheingebiet (TRENTEPOHL 1956; OBERDORFER 1957, 1983; OESAU 1973), in Nord- und Ostbayern (VOLLRATH 1966; NEZADAL 1975) und in Oberbayern (RODI 1967). Nach OBERDORFER (1983b) lassen sich für die einzel-

Ackerunkrautgesellschaften

nen Gebiete verschiedene Rassen unterscheiden. Wegen des Zurücktretens von Charakterarten wie Dreiteiligem Ehrenpreis, Falscher Vogelwicke und Zottel-Wicke sind die Bestände Nordwestdeutschlands als verarmte subatlantische Rasse zu werten.

Ersatz- und Kontaktgesellschaften: Ersatzgesellschaften bodensaurer Buchen-Eichen- und Eichen-Kiefernwaldgesellschaften; durch Fruchtwechsel mit dem Verband der Fadenhirsen-Borstenhirsen-Gesellschaften verbunden; in Kontakt zu Kiefernforsten, Silbergrasfluren und Sandmagerrasen.

Bodennutzung: Standorte mäßiger bis mittlerer Leistungsfähigkeit; wegen der sommerlichen Austrocknungsgefahr Anbau von Roggen, Kartoffeln und Spargel.

Gefährdung: Durch Intensivierung der Bewirtschaftung im Rückgang begriffen (besonders am Rand der Hauptverbreitungsgebiete). **Rote Liste 3**.

Gesellschaftsgliederung:
Subassoziation von Acker-Hellerkraut (Thlaspi arvense):
Auf nährstoff- und basenreichen Böden mit höherem Lehmanteil.
Typische Subassoziation:
Auf sandigen bis lehmigen Böden.
Subassoziation von Einjährigem Knäuel (Scleranthus annuus):
Auf nährstoff- und basenarmen Sandböden.
Feuchtigkeit und Krumenfeuchte anzeigende Varianten und Subvarianten:
Regelmäßig auf der Schwäbischen Alb (TH. MÜLLER in OBERDORFER 1983b) und im subatlantisch beeinflußten Klimabereich Nordwestdeutschlands (MEISEL 1967).

1.2.2 Echte Kamillen-Assoziation, *Aphano-Matricarietum chamomillae* R.Tx. 37
(S. 152 Sp. 2)
incl.: *Alopecuro-Matricarietum* Meis. 67

Häufigste Pflanzengesellschaft des Wintergetreides; durch das Auftreten der Echten Kamille gut gekennzeichnet.

Kennzeichnende Arten:
Echte Kamille *(Matricaria chamomilla)*
Gemeiner Ackerfrauenmantel *(Aphanes arvensis)*
Gemeiner Windhalm *(Apera spica-venti)*
Viersamige Wicke *(Vicia tetrasperma)* u. a.

Verbreitung: Auf kalkarmen, aber zumindest mäßig mit Nährstoffen versorgten Lehm-, Ton- und Sandböden; auch auf feuchten und verdichteten Standorten üppig entwickelt, typische Tieflandgesellschaft mit subatlantischem Charakter, in nahezu allen Teilen Deutschlands ausgebildet (R. TÜXEN 1937; OBERDORFER 1957, 1983b; MEISEL 1967; SCHUBERT & MAHN 1968; HOFMEISTER 1970, 1981); unter kontinentalem Klimaeinfluß durch Sandmohn-Assoziation, in montaner Lage durch Hohlzahn-Assoziation, auf extrem nährstoffarmen Sandböden durch Lammkraut-Assoziation und in Kalkgebieten sowie auf tonigen Böden mit hohem Basengehalt durch Verband der Haftdolden-Gesellschaften abgelöst.

Ersatz- und Kontaktgesellschaften: Bodensaure und anspruchsvollere Rotbuchen- und Eichen-Hainbuchenwälder sowie Buchen-Eichen- und Auenwälder; durch Fruchtwechsel und räumlichen Kontakt eng mit Hackfruchtgesellschaften verschiedenster Ausprägung verbunden und vermischt.

Bodennutzung: Standorte von mäßig guter bis ausgezeichneter Leistungsfähigkeit.

Gefährdung: Infolge intensiver Bewirtschaftungsmaßnahmen oft verarmt; davon sind besonders Subassoziationen mit Mangelzeigern und Varianten mit Feuchtezeigern betroffen; nach Verlust der Charakterarten oft als Windhalm-Fragmentgesellschaften ausgebildet. **Rote Liste 3**.

Gesellschaftsgliederung:
Subassoziation von Acker-Hellerkraut (Thlaspi arvense) syn.: Ackerfuchsschwanz-Kamillen-Assoziation (*Alopecuro-Matricarietum* Meis. 67): Auf nährstoff- und basenreichen Böden, Wuchsorte von Weizen und Zuckerrüben.

Typische Subassoziation:
Auf Sand und Lehm mittlerer Nährstoff- und Basenversorgung, besonders in Lößbörden; anbauwürdig sind alle Kulturarten.

Subassoziation von Einjährigem Knäuel (Scleranthus annuus):
Auf nur mäßig nährstoffhaltigen Sandböden; Ersatzgesellschaft bodensaurer Waldgesellschaften; in engem Kontakt sowohl mit dem Verband der Knöterich-Spergel-Gesellschaften als auch mit der Kleinblütigen Franzosenkraut-Assoziation; Kulturarten sind Roggen, Hafer und Kartoffeln, nach intensiver Düngung auch Weizen, Gerste und Rüben.

Feuchte und Krumenfeuchte anzeigende Varianten und Subvarianten:
Regelmäßig in allen Subassoziationen; besonders erwähnenswert die aus der Pfalz (OESAU 1973) und Franken (NEZADAL 1975) beschriebene Ausbildung mit Rauhem Hahnenfuß *(Ranunculus sardous)* und Mäuseschwänzchen *(Myosurus minimus)*, die dort als lokale Assoziation aufgefaßt und als Mäuseschwänzchen-Ackerfuchsschwanz-Assoziation (*Myosuro-Alopecuretum myosuroidis* Nezadal 75) bezeichnet werden.

Ackerunkrautgesellschaften

1.2.3 Stechende Hohlzahn-Assoziation, *Holco-Galeopsietum* Hilbig 67
(S. 152 Sp. 3)
incl.: *Galeopsio-Aphanetum arvensis* (Oberd. 57) Meis. 62

Unkrautgesellschaft in Halm- und Hackfruchtbeständen der Mittelgebirge; Pflanzengesellschaft ohne eigene Charakterarten; durch Differentialarten, Physiognomie und Ökologie aber gut gegen andere Gesellschaften abgehoben.

Kennzeichnende Arten:
Stechender Hohlzahn *(Galeopsis tetrahit)*
Kleinblütiger Hohlzahn *(Galeopsis bifida)*
Gemeiner Rainkohl *(Lapsana communis)*
Weiches Honiggras *(Holcus mollis)* u. a.

Verbreitung: Auf kalkarmen, sauren bis stark sauren, zur oberflächlichen Verdichtung und Vernässung neigenden Sand- und Lehmböden (± podsolierte und pseudovergleyte Braunerden); bevorzugt unter humiden Klimabedingungen in Höhen von 400–900 m ü. N. N.; Schwarzwald (OBERDORFER 1957, 1983), Pfälzer Wald (OESAU 1983), Schwäbische Alb (TH. MÜLLER in OBERDORFER 1983b), Bayerischer Wald und Fichtelgebirge (NEZADAL 1975), Erzgebirge, Thüringer Wald und Harz (HILBIG 1967; SCHUBERT und MAHN 1968) sowie Rhön, Solling und Rheinisch-Westfälisches Bergland (MEISEL div. Publ.); in tieferen Lagen enger Kontakt und Übergang zur Hohlzahn-Rasse der Echten Kamillen-Assoziation.

Ersatz- und Kontaktgesellschaften: Artenarme Buchen- und Fichtenwälder; Unterschiede zwischen Halm- und Hackfruchtgesellschaften sind äußerst gering; auf die Beschreibung einer Hohlzahn-Spergel-Assoziation (*Galeopsio-Sperguletum arvensis* Passarge 75) wird deshalb verzichtet.

Bodennutzung: Anspruchslose und wenig ertragreiche Ackerstandorte; Hauptanbaufrüchte: Roggen, Hafer, Kartoffeln, gelegentlich Futterrüben und Klee.

Gefährdung: Infolge der relativ extensiven Bewirtschaftung gut ausgebildet und nicht gefährdet.

Gesellschaftsgliederung:
Bestände mit größerer Beteiligung von Kennarten der Ordnung der Windhalm-Gesellschaften, insbesondere von Gemeinem Ackerfrauenmantel *(Aphanes arvensis)*, werden bei gleichzeitigem Zurücktreten des Weichen Honiggrases *(Holcus mollis)* als Berg-Ackerfrauenmantel-Assoziation (*Galeopsio-Aphanetum* OBERDORFER 1957, 1983b; MEISEL 1962) eingestuft. Dagegen werden die im Bereich der DDR und der ostbayerischen Grenzgebirge untersuchten Bestände wegen der geringen Stetigkeit von Arten der Windhalm-Gesellschaften und des Hervortretens von Weichem Honiggras *(Holcus mollis)* als Honig-

gras-Hohlzahn-Assoziation (HILBIG 1967; SCHUBERT und MAHN 1968; NEZADAL 1975) bezeichnet.

2 Ordnung: Klatschmohn-Gesellschaften, *Secalietalia* Br.–Bl. 31

Zu dieser Ordnung gehören die artenreichen und wärmebedürftigen Halmfruchtgesellschaften auf Kalkverwitterungsböden oder basenreichen Lehm- und Tonböden. Die Klatschmohn-Gesellschaften sind in Mitteleuropa nur durch den Verband der Haftdolden-Gesellschaften *(Caucalidion lappulae)* vertreten.

2.1 Verband: Haftdolden-Gesellschaften, Caucalidion lappulae R.Tx. 50

Halmfruchtgesellschaften der Kalkgebiete; durch besonderen Reichtum an farbenprächtigen und seltenen Pflanzenarten ausgezeichnet.
1 Adonisröschen-Assoziation *(Caucalido-Adonidetum aestivalis)*
2 Finkensamen-Assoziation *(Sedo-Neslietum paniculatae)*
3 Nachtlichtnelken-Assoziation *(Lathyro-Melandrietum noctiflori)*
4 Tännelkraut-Assoziation *(Kickxietum spuriae)*

		1	2	3	4
AC$_1$	Sommer-Adonisröschen *(Adonis aestivalis)*	IV	s	s	s
	Acker-Haftdolde *(Caucalis platycarpos)*	IV	I	s	.
	Venuskamm *(Scandix pecten-veneris)*	I	.	s	s
AC$_2$	Finkensame *(Neslia paniculata)*	II	IV	I	s
DA$_2$	Stechender Hohlzahn *(Galeopsis tetrahit)*	III	V	III	III
	Gemeiner Rainkohl *(Lapsana communis)*	III	IV	III	III
	Purpur-Fetthenne *(Sedum telephium)*	II	IV	I	s
AC$_3$	Nacht-Lichtnelke *(Silene noctiflora)*	III	III	IV	I
AC$_4$	Eiblättriges Tännelkraut *(Kickxia spuria)*	s	.	.	V
	Spießblättriges Tännelkraut *(Kickxia elatine)*	.	.	s	IV
VC	Kleine Wolfsmilch *(Euphorbia exigua)*	V	V	IV	V
	Feld-Rittersporn *(Consolida regalis)*	IV	.	II	I
	Ackerröte *(Sherardia arvensis)*	IV	IV	III	III
	Acker-Steinsame *(Buglossoides arvensis)*	III	III	II	I
	Acker-Wachtelweizen *(Melampyrum arvense)*	III	II	s	s
	Knollen-Platterbse *(Lathyrus tuberosus)*	II	II	II	I
	Acker-Hahnenfuß *(Ranunculus arvensis)*	II	III	I	II
	Blauer Gauchheil *(Anagallis foemina)*	II	I	s	I
	Acker-Glockenblume *(Campanula rapunculoides)*	III	IV	II	I
	Kleiner Orant *(Chaenarrhinum minus)*	III	I	I	II
	Gezähnter Feldsalat *(Valerianella dentata)*	III	III	II	III
	Acker-Knautie *(Knautia arvensis)*	III	II	I	I
	Gemeine Sichelmöhre *(Falcaria vulgaris)*	II	.	I	s
FR	Persischer Ehrenpreis *(Veronica persica)*	IV	IV	IV	III
	Acker-Hellerkraut *(Thlaspi arvense)*	III	IV	V	III
	Hundspetersilie *(Aethusa cynapium)*	IV	II	III	III

Ackerunkrautgesellschaften

	Sonnenwend-Wolfsmilch *(Euphorbia helioscopia)*	III	II	III	II
	Glanz-Ehrenpreis *(Veronica polita)*	II	III	III	II
	Schlitzblättriger Storchschnabel *(Geranium dissectum)*	II	III	II	II
	Acker-Gänsedistel *(Sonchus arvensis)*	III	IV	II	II
	Rauhe Gänsedistel *(Sonchus asper)*	III	III	II	II
	Spreizende Melde *(Atriplex patula)*	II	III	II	II
KC	Gemeiner Windenknöterich *(Fallopia convolvulus)*	V	V	V	V
	Acker-Stiefmütterchen *(Viola arvensis)*	V	V	V	V
	Acker-Vergißmeinnicht *(Myosotis arvensis)*	V	V	V	V
	Acker-Kratzdistel *(Cirsium arvense)*	IV	V	IV	V
	Klatsch-Mohn *(Papaver rhoeas)*	V	IV	IV	III
	Acker-Senf *(Sinapis arvensis)*	IV	V	III	IV
	Acker-Gauchheil *(Anagallis arvensis)*	IV	IV	IV	IV
	Flug-Hafer *(Avena fatua)*	IV	II	IV	II
B	Vogel-Knöterich *(Polygonum aviculare)*	IV	IV	V	IV
	Acker-Winde *(Convolvulus arvensis)*	V	V	IV	IV
	Kletten-Labkraut *(Galium aparine)*	IV	V	IV	IV

2.1.1 Adonisröschen-Assoziation, *Caucalido-Adonidetum aestivalis* R.Tx. 50
(S. 157 Sp. 1)

Pflanzengesellschaft der Kalkäcker mit vielen seltenen und vom Aussterben bedrohten Pflanzenarten.

Kennzeichnende Arten:
Sommer-Adonisröschen *(Adonis aestivalis)*
Acker-Haftdolde *(Caucalis platycarpos)*
Venuskamm *(Scandix pecten-veneris)*
Kleine Wolfsmilch *(Euphorbia exigua)*
Feld-Rittersporn *(Consolida regalis)*
Ackerröte *(Sherardia arvensis)*
Klatsch-Mohn *(Papaver rhoeas)*
Acker-Senf *(Sinapis arvensis)* u. a.

Verbreitung: Bevorzugt auf flachgründigen, skelettreichen Kalkgesteinsböden (Rendzinen) oder Tonmergel, meistens an Hängen und Plateaurändern mit trockenen und warmen Standortbedingungen; in Kalkgebieten der kollinen und submontanen Stufe; Oberrheingebiet, Bodenseegebiet, Neckartal, Schwäbische Alb, Franken (OBERDORFER 1983b), Muschelkalkgebiete Thüringens, subherzynisches Hügelland, Bördenlandschaft der DDR (HILBIG 1967; SCHUBERT und MAHN 1968), Hessisches und Südniedersächsisches Bergland (R. TÜXEN 1937; WEDECK 1970; MEISEL 1981) und Eifel (SCHUMACHER 1980); früher weit verbreitet und gut entwickelt, heute selten und verarmt.

Ersatz- und Kontaktgesellschaften: Thermophile Wald-, Gebüsch-, Saum- und Trockenrasen-Gesellschaften; nach Fruchtwechsel als Glanzehrenpreis-Assoziation ausgeprägt.

Bodennutzung: Standorte der Adonisröschen-Assoziation sind wegen der Flachgründigkeit und Hanglage für intensiven Ackerbau wenig ergiebig; bevorzugte Feldfrüchte sind Gerste, Hafer und gelegentlich Roggen.

Gefährdung: Pflanzengesellschaft von sehr hohem Schutzwert; durch Herbizideinsatz sind viele Arten in starkem Rückgang begriffen oder bereits verschollen; Maßnahmen zum Schutz dieser Gesellschaft sind dringend erforderlich (WALDIS-MEYER 1978; SCHLENKER und SCHILL 1979; SCHUMACHER div. Publ.). **Rote Liste 1**.

2.1.2 Finkensamen-Assoziation, *Sedo-Neslietum paniculatae* Oberd. 57 (S. 157 Sp. 2)

Halmfruchtgesellschaft auf Kalkböden der Mittelgebirge.

Kennzeichnende Arten:
Finkensame *(Neslia paniculata)*
Purpur-Fetthenne *(Sedum telephium)*
Stechender Hohlzahn *(Galeopsis tetrahit)*
Gemeiner Rainkohl *(Lapsana communis)*
Kleine Wolfsmilch *(Euphorbia exigua)*
Ackerröte *(Sherardia arvensis)*
Acker-Glockenblume *(Campanula rapunculoides)* u. a.

Verbreitung: Die Finkensamen-Assoziation löst in den höheren Lagen der Mittelgebirge die Adonisröschen-Assoziation ab. Sie ist aus der Schwäbischen Alb beschrieben (TH. MÜLLER in OBERDORFER 1983b); aus anderen Gebieten liegen kaum Angaben vor.

Bodennutzung: Standorte wenig ertragreicher flachgründiger Kalkböden.

Gefährdung: Schutzwürdige Pflanzengesellschaft mit seltenen und bedrohten Arten. **Rote Liste 2**.

2.1.3 Nachtlichtnelken-Assoziation, *Lathyro-Melandrietum noctiflori* Oberd. 57 (S. 157 Sp. 3)

syn.: *Lathyro-Silenetum noctiflorae* Oberd. 57
Euphorbio-Melandrietum G. Müller 64
Papaveri-Melandrietum noctiflori Wassch. 42

Halmfruchtgesellschaft basenreicher Standorte im subkontinentalen Klima; gegenüber der Adonisröschen-Assoziation treten die Charakterarten des Verbandes der Haftdolden-Gesellschaften mit geringerer Stetigkeit auf.

Kennzeichnende Arten:
Acker-Lichtnelke *(Silene noctiflora;* syn.: *Melandrium noctiflorum)*

Ackerunkrautgesellschaften

Knollen-Platterbse *(Lathyrus tuberosus)*
Kleine Wolfsmilch *(Euphorbia exigua)*
Ackerröte *(Sherardia arvensis)*
Klatsch-Mohn *(Papaver rhoeas)*
Flug-Hafer *(Avena fatua)* u. a.

Verbreitung: Verbreitungsschwerpunkt auf basenreichen Böden des subkontinentalen Klimabereiches, besonders häufig im Bereich der DDR (G. MÜLLER 1964; SCHUBERT und MAHN 1968), in Nordbayern (NEZADAL 1975), in Osthessen (WEDECK 1970; MEISEL 1981) und Südostniedersachsen (HOFMEISTER 1975, 1981), nach Westen hin seltener werdend; im Gegensatz zur Adonisröschen-Assoziation stärker auf Hochflächen und tiefgründigeren Böden der Mulden und Täler.

Ersatz- und Kontaktgesellschaften: Anspruchsvolle und wärmegebundene Rotbuchen- oder Eichen-Hainbuchenwälder; nach intensiver Bewirtschaftung des Ackers oft aus der Adonisröschen-Assoziation hervorgegangen; mit Verband der Erdrauch-Wolfsmilch-Gesellschaften durch Fruchtwechsel eng verbunden.

Bodennutzung: Qualität der Äcker und Wahl der Kultur abhängig von Hanglage und Tiefgründigkeit der Standorte; Anbau von Gerste, Hafer, gelegentlich Roggen, auf mittel- bis tiefgründigen Böden auch Weizen und Rüben.

Gefährdung: Die Nachtlichtnelken-Assoziation ist in vielen Gebieten durch intensive landwirtschaftliche Bewirtschaftungsmaßnahmen verarmt; Schutzmaßnahmen sind dringend erforderlich. **Rote Liste 2.**

2.1.4 Tännelkraut-Assoziation, *Kickxietum spuriae* Krusem. et Vlieg. 39
(S .157 Sp. 4)
syn.: *Linarietum spuriae* Krusem. et Vlieg. 39

Halmfruchtgesellschaft mit Charakterarten der Haftdolden-Gesellschaften im subatlantischen Klimabereich.

Kennzeichnende Arten:
Eiblättriges Tännelkraut *(Kickxia spuria)*
Spießblättriges Tännelkraut *(Kickxia elatine)*
Kleine Wolfsmilch *(Euphorbia exigua)*
Ackerröte *(Sherardia arvensis)*
Klatsch-Mohn *(Papaver rhoeas)*
Acker-Senf *(Sinapis arvensis)* u. a.

Verbreitung: Die Tännelkraut-Assoziation löst im subatlantischen Klimabereich, z. B. in der Westfälischen Bucht (BURRICHTER 1963), im mittleren Maingebiet (ULLMANN 1977), im Schwäbischen Wald (OBERDORFER 1983b) und im

Bodenseegebiet (LANG 1973) die subkontinentale Nachtlichtnelken-Assoziation ab; bevorzugt auf bindigen Lehm- und Tonböden, die zur Verdichtung neigen (basenhaltige Pelosole und Pseudogleye).

Bodennutzung: Qualität der Äcker und Wahl der Kulturarten unterschiedlich und abhängig von dem geologischen Untergrund, der Tiefgründigkeit der Böden und der Hanglage.

Gefährdung: Die Tännelkraut-Assoziation enthält viele gefährdete Pflanzenarten und ist schutzwürdig. **Rote Liste 2.**

3 Ordnung: Knöterich-Gänsefuß-Gesellschaften, *Polygono-Chenopodietalia* R.Tx. et Lohm. in R.Tx. 50

In diese Ordnung gehören die Ackerunkrautgesellschaften der Hackfruchtäcker, Gärten, Weinberge sowie teilweise auch die des Sommergetreides. Die Ordnung umfaßt die Verbände der Liebesgras-Gesellschaften *(Eragrostion)*, der Fadenhirsen-Borstenhirsen-Gesellschaften *(Digitario-Setarion)*, der Knöterich-Spergel-Gesellschaften *(Polygono-Chenopodion)* und der Erdrauch-Wolfsmilch-Gesellschaften *(Fumario-Euphorbion)*.

3.1 Verband: Liebesgras-Gesellschaften, Eragrostion R.Tx. in Slav. 44 (ohne Tabelle)

Die systematische Stellung dieses seltenen und zu den mediterranen Hackfruchtgesellschaften überleitenden Verbandes ist noch unklar; nur durch eine Assoziation vertreten.

3.1.1 Liebesgras-Assoziation, *Digitario-Eragrostietum* **R.Tx. 50**

Hackfruchtgesellschaft mit vielen wärmebedürftigen Arten.

Kennzeichnende Arten:
Großes Liebesgras *(Eragrostis megastachya)*
Kleines Liebesgras *(Eragrostis minor)*
Portulak *(Portulaca oleracea)*
Mauer-Doppelsame *(Diplotaxis muralis)*
Blutrote Fingerhirse *(Digitaria sanguinalis)*
Grüne Borstenhirse *(Setaria viridis)*
Zurückgebogener Amarant *(Amaranthus retroflexus)*

Verbreitung: Äußerst selten; nur in besonders wärmebegünstigten Lagen des Oberrheingebietes und Neckarbeckens (OBERDORFER 1983); auf nährstoff- und basenreichen Sandböden.

Ackerunkrautgesellschaften

Bodennutzung: Standorte für Anbau von Spargel, Tabak, Gemüse, seltener Kartoffeln.

Gefährdung: Potentiell durch Seltenheit (Arealgrenze) gefährdet. **Rote Liste 4**.

3.2 Verband: Fingerhirsen-Borstenhirsen-Gesellschaften, Digitario-Setarion Oberd. 57

Halmfruchtgesellschaften auf nährstoff- und basenarmen Sandböden; bevorzugt auf leicht erwärmbaren Standorten.

1 Fingerhirsen-Assoziation *(Digitarietum ischaemi)*
2 Kleinblütige Franzosenkraut-Assoziation *(Setario-Galinsogetum parviflorae)*

		1	2
AC₁	Kahle Fingerhirse *(Digitaria ischaemum)*	V	s
AC₂	Kleinblütiges Franzosenkraut *(Galinsoga parviflora)*	I	V
VC	Grüne Borstenhirse *(Setaria viridis)*	IV	III
	Gemeine Hühnerhirse *(Echinochloa crus-galli)*	II	IV
	Fuchsrote Borstenhirse *(Setaria glauca)*	II	I
DV	Acker-Spergel *(Spergula arvensis)*	V	IV
	Gemeiner Reiherschnabel *(Erodium cicutarium)*	IV	III
	Hederich *(Raphanus raphanistrum)*	III	III
OC	Weißer Gänsefuß *(Chenopodium album)*	IV	V
	Floh-Knöterich *(Polygonum persicaria)*	II	III
	Stengelumfassende Taubnessel *(Lamium amplexicaule)*	II	III
	Gemeines Greiskraut *(Senecio vulgaris)*	II	III
	Ampfer-Knöterich *(Polygonum lapathifolium)*	II	II
	Schwarzer Nachtschatten *(Solanum nigrum)*	I	III
KC	Gemeiner Windenknöterich *(Fallopia convolvulus)*	IV	IV
	Vogelmiere *(Stellaria media)*	III	IV
	Gemeines Hirtentäschel *(Capsella bursa-pastoris)*	III	IV
	Acker-Stiefmütterchen *(Viola arvensis)*	III	III
	Acker-Vergißmeinnicht *(Myosotis arvensis)*	III	II
	Einjähriger Knäuel *(Scleranthus annuus)*	III	II
B	Gemeine Quecke *(Agropyron repens)*	III	III
	Vogel-Knöterich *(Polygonum aviculare)*	IV	II
	Einjähriges Rispengras *(Poa annua)*	II	II
	Kleiner Sauerampfer *(Rumex acetosella)*	IV	II

3.2.1 Fingerhirsen-Assoziation, *Digitarietum ischaemi* R.Tx. et Prsg. 50
(S. 162 Sp. 1)

Hackfruchtgesellschaft mit vielen Magerkeitszeigern auf lockeren Sandböden.

Kennzeichnende Arten:
Kahle Fingerhirse *(Digitaria ischaemum)*

Grüne Borstenhirse *(Setaria viridis)*
Acker-Spergel *(Spergula arvensis)*
Gemeiner Reiherschnabel *(Erodium cicutarium)*
Kleiner Sauerampfer *(Rumex acetosella)* u. a.

Verbreitung: Auf basenarmen, lockeren und sommerwarmen Sandböden; in der nordwestdeutschen Tiefebene (R.TÜXEN 1950; J.TÜXEN 1958; HOFMEISTER 1970; MEISEL 1973; WALTHER 1977) und dem küstennahen Klimabereich Mecklenburgs und Brandenburgs (PASSARGE 1964) stellenweise vertreten; in Südwestdeutschland selten (TH. MÜLLER in OBERDORFER 1983b).

Ersatz- und Kontaktgesellschaften: Ersatzgesellschaften von Birken-Eichenwäldern; in Kontakt zu Kiefernforsten, Sandtrockenrasen und Silbergrasfluren; durch Fruchtwechsel mit der Lammkraut- und Sandmohn-Assoziation verbunden.

Bodennutzung: Standorte ertragarmer, aber leicht bewirtschaftbarer Böden (Grenzertragsböden); Anbau von Kartoffeln, Mais, Lupinen, nach Fruchtwechsel Roggen; durch Düngung und Herbizideinsatz werden Hirsen-Arten gegenüber anderen Arten gefördert.

Gefährdung: Die Fingerhirsen-Assoziation ist im Rückgang begriffen und oft floristisch verarmt. Herbizidbedingte Massenbestände von Hirsen-Arten in Maisanbaugebieten entsprechen nicht unbedingt der beschriebenen Assoziation. **Rote Liste 3**.

Gesellschaftsgliederung:
Die Fingerhirsen-Assoziation ist eine Tieflandgesellschaft von verhältnismäßig einheitlichem Gepräge. Sehr selten ist die submontane Ausbildungsform mit Stechendem Hohlzahn *(Galeopsis tetrahit)* und Weichem Honiggras *(Holcus mollis)* im Oberrheingebiet (OBERDORFER 1983b).

3.2.2 Kleinblütige Franzosenkraut-Assoziation, *Setario-Galinsogetum parviflorae* Th. Müller et Oberd. 83 (S. 162 Sp. 2)
incl.: *Spergulo-Echinochloetum cruris-galli* R.Tx. 50
syn.: *Spergulo-Panicetum cruris-galli* Krusem. et Vlieg. 39

Häufige Hackfruchtgesellschaft sandiger Böden.

Kennzeichnende Arten:
Kleinblütiges Franzosenkraut *(Galinsoga parviflora)*
Gemeine Hühnerhirse *(Echinochloa crus-galli)*
Grüne Borstenhirse *(Setaria viridis)*
Acker-Spergel *(Spergula arvensis)*
Gemeiner Reiherschnabel *(Erodium cicutarium)* u. a.

Ackerunkrautgesellschaften

Verbreitung: Auf sauren bis mäßig sauren, sommerwarmen, reinen und anlehmigen Sandböden; in vielen Gebieten Deutschlands verbreitet, aber floristisch unterschiedlich zusammengesetzt.

Ersatz- und Kontaktgesellschaften: Bodensaure Eichen-Birken- und Eichen-Kiefernwaldgesellschaften; durch Fruchtwechsel mit Sandmohn- oder Kamillen-Assoziationen verbunden.

Bodennutzung: Leicht bearbeitbare Böden mittlerer Leistungsfähigkeit; längere Trockenperioden können zu Ertragsausfällen führen. Bevorzugte Feldfrüchte sind Kartoffeln, Futterrüben, Mais und Gemüse, nach Fruchtwechsel Roggen oder Hafer.

Gefährdung: Oft durch intensive Bewirtschaftung verarmt. **Rote Liste 3**.

Gesellschaftsgliederung:
Die Kleinblütige Franzosenkraut-Assoziation kommt in drei verschiedenen Rassen vor, die wegen der grundsätzlichen Übereinstimmung aber zu einer Gesellschaft zusammengefaßt werden (TH. MÜLLER in OBERDORFER 1983b).

Typische Rasse (= Spergulo-Echinochloetum cruris-galli R.Tx. 50):
Unter subatlantischen Klimabedingungen, besonders in Norddeutschland (R. TÜXEN 1950; J. TÜXEN 1958; HOFMEISTER 1970), auch noch in Mecklenburg und Brandenburg (PASSARGE 1964), in Süddeutschland nur westlich des Rheins (OBERDORFER 1983b).

Rasse von Blutroter Fingerhirse (= Digitario sanguinalis-Galinsogetum parviflorae Oberd. 57):
Unter submediterran getönten Klimabedingungen Südwestdeutschlands; regionale Charakterarten: Blutrote Fingerhirse *(Digitaria sanguinalis)* und Grüne Borstenhirse *(Setaria viridis).*

Rasse von Fuchsroter Borstenhirse (= Setario glaucae-Galinsogetum parviflorae R.Tx. 50):
Im subkontinental getönten Klimabereich der Oberpfalz (OBERDORFER 1983b) und Südbrandenburgs (PASSARGE 1964); zu den lokalen Charakterarten der Rasse von Blutroter Fingerhirse gesellt sich zusätzlich die Fuchsrote Borstenhirse *(Setaria glauca).*

3.3 Verband: Knöterich-Spergel-Gesellschaften, Polygono-Chenopodion Koch 26
syn.: *Spergulo-Oxalidion* Görs in Oberd. 57

Hackfruchtgesellschaften kalkarmer Sand- und Lehmböden, bevorzugt auf frischen Standorten; wegen Fehlens eigener Kennarten nur negativ charakterisiert

Übersicht über die Klasse der Ruderal- und Ackerunkrautgesellschaften

und Übergangsstellung zwischen Verbänden der Fingerhirsen-Borstenhirsen- und Erdrauch-Wolfsmilch-Gesellschaft einnehmend.

1 Saatwucherblumen-Assoziation *(Spergulo-Chrysanthemetum segetum)*
2 Vielsamige Gänsefuß-Assoziation *(Oxalido-Chenopodietum polyspermi)*

		1	2
AC_1	Saat-Wucherblume *(Chrysanthemum segetum)*	V	.
	Acker-Ziest *(Stachys arvensis)*	V	.
	Acker-Krummhals *(Anchusa arvensis)*	V	.
AC_2	Europäischer Sauerklee *(Oxalis fontana)*	I	II
	Knäuel-Hornkraut *(Cerastium glomeratum)*	.	II
DA_2	Vielsamiger Gänsefuß *(Chenopodium polyspermum)*	.	IV
D gegen	Erdrauch-Wolfsmilch-Gesellschaften[1]		
	Acker-Spergel *(Spergula arvensis)*	V	II
	Hederich *(Raphanus raphanistrum)*	III	II
	Gemeiner Reiherschnabel *(Erodium cicutarium)*	II	II
OC	Weißer Gänsefuß *(Chenopodium album)*	IV	V
	Floh-Knöterich *(Polygonum persicaria)*	IV	IV
	Ampfer-Knöterich *(Polygonum lapathifolium)*	III	IV
	Gemeines Greiskraut *(Senecio vulgaris)*	III	III
	Kleinblütiges Franzosenkraut *(Galinsoga parviflora)*	III	I
	Purpurrote Taubnessel *(Lamium purpureum)*	II	III
KC	Vogelmiere *(Stellaria media)*	V	V
	Gemeiner Windenknöterich *(Fallopia convolvulus)*	V	IV
	Gemeines Hirtentäschel *(Capsella bursa-pastoris)*	V	IV
	Acker-Vergißmeinnicht *(Myosotis arvensis)*	IV	V
	Acker-Stiefmütterchen *(Viola arvensis)*	V	III
	Acker-Kratzdistel *(Cirsium arvense)*	II	III
B	Vogel-Knöterich *(Polygonum aviculare)*	IV	IV
	Gemeine Quecke *(Agropyron repens)*	IV	III
	Kletten-Labkraut *(Galium aparine)*	II	III

3.3.1 Saatwucherblumen-Assoziation, *Spergulo-Chrysanthemetum segetum* R.Tx. 37 (S. 165 Sp. 1)

Unkrautgesellschaft in Hackfrucht- und Sommergetreidekulturen mit auffallendem Blühaspekt der Saat-Wucherblume im Hochsommer.

Kennzeichnende Arten:
Saat-Wucherblume *(Chrysanthemum segetum)*
Acker-Ziest *(Stachys arvensis)*
Acker-Krummhals *(Anchusa arvensis)*

---

[1] Diese Artengruppe kommt auch im Verband der Fingerhirsen-Borstenhirsen-Gesellschaften *(Digitario-Setarion)* vor.

Ackerunkrautgesellschaften

Acker-Spergel *(Spergula arvensis)*
Hederich *(Raphanus raphanistrum)*
Gemeiner Reiherschnabel *(Erodium cicutarium)* u. a.

Verbreitung: Auf sauren bis mäßig sauren Sand- und Lehmböden; Hauptverbreitungsgebiet im subatlantischen Klimabereich des nordwestdeutschen Tieflandes (R. TÜXEN 1937; J. TÜXEN 1958; HOFMEISTER 1970) und des Niederrheingebiets (MEISEL 1973); selten im Küstenbereich des Nordostdeutschen Flachlandes (PASSARGE 1964), im Hessischen Bergland und Pfälzer Wald (OESAU 1973); weiter östlich und südlich fehlend.

Ersatz- und Kontaktgesellschaften: Buchen-Eichen- und Hainsimsen-Rotbuchenwälder; mit Kamillen-Assoziation durch Fruchtwechsel verbunden.

Bodennutzung: Etwas nährstoffarme, aber leicht bearbeitbare und ertragssichere Böden; bevorzugte Feldfrüchte Kartoffeln, Futterrüben, Mais, nach Fruchtwechsel Hafer oder Roggen.

Gefährdung: Außerhalb des Hauptverbreitungsgebietes gegenüber intensiven Bewirtschaftungsmaßnahmen empfindlich und gefährdet. **Rote Liste 3**.

Gesellschaftsgliederung:
Mit Zunahme des kontinentalen Klimacharakters wird die Saatwucherblumen-Assoziation durch Ausbildungen ersetzt, in denen Acker-Ziest *(Stachys arvensis)* und Acker-Krummhals *(Anchusa arvensis)* stärker in Erscheinung treten. Diese Ausbildungen werden bisweilen als selbständige Assoziationen aufgefaßt und als Ackerziest-Assoziation, *Setario-Stachyetum arvensis* Oberd. 57 (OBERDORFER 1957, 1983b) und Ackerkrummhals-Assoziation, *Lycopsietum arvensis* Raabe 1944 ex Pass. 1964 (OBERDORFER 1983b) beschrieben.

3.3.2 Vielsamige Gänsefuß-Assoziation, *Oxalido-Chenopodietum polyspermi* Siss. 42
(S. 165 Sp. 2)

incl.: *Panico-Chenopodietum polyspermi* Br.-Bl. 21
Galeopsio-Chenopodietum polyspermi Oberd. 57
Rorippo-Chenopodietum polyspermi Köhler 62
Chenopodio-Oxalidetum fontanae Th. Müller et Oberd. 83

Weitverbreitete Pflanzengesellschaft in Hackfruchtkulturen auf frischen bis feuchten Standorten; Hauptentfaltung im August mit Dominanz von Gänsefuß- und Knöterich-Arten.

Kennzeichnende Arten:
Vielsamiger Gänsefuß *(Chenopodium polyspermum)*
Knäuel-Hornkraut *(Cerastium glomeratum)*
Weißer Gänsefuß *(Chenopodium album)*

Floh-Knöterich *(Polygonum persicaria)*
Ampfer-Knöterich *(Polygonum lapathifolium)*
dazu regelmäßig Feuchtezeiger wie:
Kriechender Hahnenfuß *(Ranunculus repens)*
Acker-Minze *(Mentha arvensis)*
Sumpf-Ziest *(Stachys palustris)* u. a.
Der diagnostische wichtige Europäische Sauerklee *(Oxalis fontana)* ist gebietsweise äußerst selten oder fehlt ganz.

Verbreitung: Auf nährstoffreichen, mehr oder weniger stark vernäßten oder oberflächlich verdichteten, sandig-lehmigen, tonigen oder auch anmoorigen Böden; in den meisten Gebieten häufig.

Ersatz- und Kontaktgesellschaften: Eschenreiche Wälder (z. B. Traubenkirschen-Eschenwälder und feuchte Eichen-Hainbuchenwälder); im Kontakt zu Feuchtwiesen und Hochstaudenfluren; durch Fruchtwechsel mit Echter Kamillen-Assoziation verbunden.

Bodennutzung: Fruchtbare Standorte mit guter bis sehr guter Wasserversorgung; in nassen Jahren erhebliche Ernteausfälle; bevorzugte Kulturpflanzen: Futterrüben, Kartoffeln, Gemüse, Mais, seltener Hafer und Zuckerrüben.

Gefährdung: Verarmung bei intensiver Bewirtschaftung. **Rote Liste 3**.

Gesellschaftsgliederung:
Der weiten Verbreitung dieser Gesellschaft entsprechend ist die Zahl verschiedener Ausbildungen besonders groß.

Typische Rasse (= Oxalido-Chenopodietum polyspermi Siss. 42):
Im subatlantischen Klimabereich, von den Niederlanden über Nordwestdeutschland bis in die küstennahen Gebiete Mecklenburgs (R. TÜXEN 1950; J. TÜXEN 1958; PASSARGE 1964).

Rasse von Gemeiner Hühnerhirse (= Panico-Chenopodietum polyspermi Br.-Bl. 21):
In warmen Tieflagen Süddeutschlands, auf mehr oder weniger sandigen Böden (OBERDORFER 1957; Th. MÜLLER in OBERDORFER 1983b).

Rasse von Stechendem Hohlzahn (= Galeopsio-Chenopodietum polyspermi Oberd. 57):
In submontanen und montanen Lagen Süddeutschlands (OBERDORFER 1957; Th. MÜLLER in OBERDORFER 1983b) mit folgenden Differentialarten: Stechender Hohlzahn *(Galeopsis tetrahit)*, Gemeiner Rainkohl *(Lapsana communis)*, Weiches Honiggras *(Holcus mollis)*.

Rasse von Wilder Sumpfkresse (= Rorippo-Chenopodietum polyspermi Köhler 62):
In periodisch überschwemmten Auen von Flüssen und Bächen, oft erst in jüngster Zeit durch den Umbruch von Grünland entstanden; besonders reich an

Ackerunkrautgesellschaften

Pflanzen aus benachbarten Ufergesellschaften und Naßwiesen; vor allem aus dem Bereich der DDR beschrieben (KÖHLER 1962; HILBIG 1967; JAGE 1972), außerdem aus Bayern (NEZADAL 1975; ULLMANN 1977), dem Niederrheingebiet (MEISEL 1973) und dem südlichen Niedersachsen (HOFMEISTER 1981).

Nach den standörtlichen Gegebenheiten läßt sich außerdem eine Gliederung in folgende Subassoziationen durchführen:

Subassoziation von Sonnenwend-Wolfsmilch *(Euphorbia helioscopia):*
Auf basenreichen Lehm- und Tonböden; mit Arten aus dem Verband der Erdrauch-Wolfsmilch-Gesellschaften.

Typische Subassoziation:
Auf Böden mittlerer Nährstoff- und Basenversorgung.

Subassoziation von Acker-Spergel *(Spergula arvensis):*
Auf basenarmen Sandböden mit Mangelzeigern.

3.4 Verband: Erdrauch-Wolfsmilch-Gesellschaften, Fumario-Euphorbion Th. Müller in Görs 66

Weitverbreitete Hackfruchtunkrautgesellschaften auf nährstoff- und basenreichen Lehm- und Tonböden; Kennarten der einzelnen Assoziationen sind nicht besonders eng an bestimmte Pflanzengesellschaften gebunden. Dadurch kommt es zu mannigfaltigen Übergangsbildungen. Das ist ein Grund für die oft unterschiedliche systematische Bewertung. Die hier vorgenommene Gliederung richtet sich weitgehend nach TH. MÜLLER und OBERDORFER (1983b).

1 Glanzehrenpreis-Assoziation *(Thlaspio-Veronicetum politae)*
2 Gemeine Erdrauch-Assoziation *(Thlaspio-Fumarietum officinalis)*
3 Ackerehrenpreis-Assoziation *(Soncho-Veronicetum agrestis)*
4 Einjährige Bingelkraut-Assoziation *(Mercurialietum annuae)*
5 Weinbergslauch-Assoziation *(Geranio-Allietum vinealis)*

		1	2	3	4	5
AC_1	Glanz-Ehrenpreis *(Veronica polita)*	V	I	·	II	III
DA_1	Acker-Lichtnelke *(Silene noctiflora)*	III	I	I	·	·
	Kleine Wolfsmilch *(Euphorbia exigua)*	III	II	I	I	s
	Vaillants Erdrauch *(Fumaria vaillantii)*	II	·	·	·	·
AC_3	Acker-Ehrenpreis *(Veronica agrestis)*	·	·	V	·	·
AC_4	Einjähriges Bingelkraut *(Mercurialis annua)*	I	II	II	V	III
AC_5	Weinberg-Lauch *(Allium vineale)*	·	·	·	·	IV
	Weinbergs-Traubenhyazinthe *(Muscari racemosum)*	·	·	·	·	III
	Dolden-Milchstern *(Ornithogalum umbellatum)*	·	·	·	·	II
	Rundblättriger Storchschnabel *(Geranium rotundifolium)*	·	·	·	·	II
	Acker-Goldstern *(Gagea villosa)*	·	·	·	·	I
VC	Acker-Hellerkraut *(Thlaspi arvense)*	V	IV	III	III	I

Übersicht über die Klasse der Ruderal- und Ackerunkrautgesellschaften

	Sonnenwend-Wolfsmilch *(Euphorbia helioscopia)*	V	IV	III	IV	IV
	Spreizende Melde *(Atriplex patula)*	III	IV	II	II	s
	Gemeiner Erdrauch *(Fumaria officinalis)*	II	IV	II	II	III
	Hundspetersilie *(Aethusa cynapium)*	III	I	I	I	·
	Garten-Wolfsmilch *(Euphorbia peplus)*	I	I	II	II	II
	Schlitzblättriger Storchschnabel *(Geranium dissectum)*	II	II	I	I	I
DV	Acker-Senf *(Sinapis arvensis)*	IV	IV	III	III	II
OC	Rauhe Gänsedistel *(Sonchus asper)*	IV	IV	IV	IV	V
	Weißer Gänsefuß *(Chenopodium album)*	V	V	IV	IV	II
	Persischer Ehrenpreis *(Veronica persica)*	IV	IV	III	IV	IV
	Purpurrote Taubnessel *(Lamium purpureum)*	IV	IV	III	III	V
	Gemeines Greiskraut *(Senecio vulgaris)*	II	II	II	IV	V
	Schwarzer Nachtschatten *(Solanum nigrum)*	II	II	II	III	IV
	Floh-Knöterich *(Polygonum persicaria)*	III	III	III	III	I
	Stengelumfassende Taubnessel *(Lamium amplexicaule)*	III	II	II	II	II
	Ampfer-Knöterich *(Polygonum lapathifolium)*	I	II	II	II	II
KC	Vogelmiere *(Stellaria media)*	V	V	V	IV	V
	Acker-Kratzdistel *(Cirsium arvense)*	IV	IV	IV	IV	IV
	Gemeines Hirtentäschel *(Capsella bursa-pastoris)*	IV	IV	IV	IV	II
	Kohl-Gänsedistel *(Sonchus oleraceus)*	IV	III	II	IV	V
	Gemeiner Windenknöterich *(Fallopia convolvulus)*	IV	IV	IV	III	I
	Acker-Stiefmütterchen *(Viola arvensis)*	IV	IV	III	II	s
	Acker-Gauchheil *(Anagallis arvensis)*	IV	III	II	III	I
	Acker-Vergißmeinnicht *(Myosotis arvensis)*	IV	III	II	II	s
B	Gemeine Quecke *(Agropyron repens)*	IV	IV	III	III	III
	Vogel-Knöterich *(Polygonum aviculare)*	V	IV	III	III	I
	Kletten-Labkraut *(Galium aparine)*	IV	IV	III	III	I

3.4.1 Glanzehrenpreis-Assoziation, *Thlaspio-Veronicetum politae* Görs 66
(S. 168 Sp. 1)
incl.: *Veronico-Lamietum hybridae* Krusem. et Vlieg. 39

Hackfruchtgesellschaft basenreicher Lehm- und Tonböden.

Kennzeichnende Arten:
Glanz-Ehrenpreis *(Veronica polita)*
Hundspetersilie *(Aethusa cynapium)*
Acker-Lichtnelke *(Silene noctiflora)*
Kleine Wolfsmilch *(Euphorbia exigua)*
Acker-Hellerkraut *(Thlaspi arvense)*
Sonnenwend-Wolfsmilch *(Euphorbia helioscopia)*
Acker-Senf *(Sinapis arvensis)* u. a.

Verbreitung: Auf wärmebegünstigten, nährstoff- und basenreichen Kalkverwitterungs- oder kalkhaltigen Lehm- und Tonböden; verbreitet in Kalkgebieten von Süddeutschland bis Südniedersachsen, selten in Schleswig-Holstein und Mecklenburg.

Ackerunkrautgesellschaften

Ersatz- und Kontaktgesellschaften: Anstelle und in der Nähe von Kalkbuchen- und anspruchsvollen Eichen-Hainbuchenwäldern; mit dem Verband der Haftdolden-Gesellschaften durch Fruchtwechsel verbunden; unterscheidet sich von diesem durch die höhere Stetigkeit der Charakterarten des Verbandes der Erdrauch-Wolfsmilch-Gesellschaften sowie durch das Zurücktreten von Arten aus dem Verband der Haftdolden-Gesellschaften; dadurch entsteht der Eindruck einer verarmten Nachtlichtnelken-Assoziation.

Das gebietsweise häufige Vorkommen von Glanz-Ehrenpreis in Halmfruchtbeständen zeigt, daß die floristischen Unterschiede zwischen Halm- und Hackfruchtbeständen nicht überbewertet werden sollten. Manche Autoren (SCHUBERT und MAHN 1968; HILBIG 1973; NEZADAL 1975) vereinigen deshalb die in Halmfrucht- und Hackfruchtbeständen erstellten Vegetationsaufnahmen zu einem einheitlichen *Euphorbio-Melandrietum* (G. MÜLLER 1964) oder *Lathyro-Silenetum* (NEZADAL 1975).

Bodennutzung: Qualität der Äcker und Wahl der Kulturarten ist abhängig von Tiefgründigkeit und Hanglage; oft ertragarme und schwer bearbeitbare Böden; Anbau von Kartoffeln und Rüben.

Gefährdung: Verarmung an diagnostisch wichtigen Arten der Gesellschaft bei intensiver Bewirtschaftung, besonders bei starkem Herbizideinsatz.
Rote Liste 3.

Gesellschaftsgliederung:
Rasse von Grüner Borstenhirse (= *Setario-Veronicetum politae* Oberd. 57):
In warmen Tieflagen; auch auf kalkhaltigen Sandböden; besonders in Süddeutschland, z. B. Oberrhein-, Neckar-Main-Gebiet, (OBERDORFER 1983b); mit wärmebedürftigen Arten.

Typische Rasse (= *Thlaspio-Veronicetum* politae Görs 66):
Typische Ausbildung des Hügel- und tieferen Berglandes mit Kalkgestein; Süddeutschland (OBERDORFER 1983), Hessen (WEDECK 1972), Rheinisches Schiefergebirge (MEISEL 1973), Südniedersachsen (HOFMEISTER 1975, 1983).

Rasse von Gemeinem Rainkohl (Lapsana communis):
In den Hochlagen der Schwäbischen Alb, Fränkischen Alb und im Donaugebiet (Th. MÜLLER in OBERDORFER 1983b), mit Zeigerarten für montanes Klima.

Weitgehende Übereinstimmung mit der Glanzehrenpreis-Assoziation besitzt die Ehrenpreis-Bastardtaubnessel-Assoziation (*Veronico-Lamietum hybridae* Krusem. et Vlieg 39), die für den subatlantischen Bereich Hollands (KRUSEMANN und VLIEGER 1939), Nordwestdeutschlands (J. TÜXEN 1958) und die küstennahen Gebiete Mecklenburgs (PASSARGE 1964) nachgewiesen wurde. Diese Assoziation erscheint heute in Nordwestdeutschland äußerst selten, am ehesten ist sie noch im unmittelbaren Küstenbereich zu finden. Als Kennarten dieser Assoziation gelten: Glanzloser Ehrenpreis *(Veronica opaca)* und Bastard-Taubnessel *(Lamium hybridum)*.

Echte Kamillen-Assoziation *(Aphano-Matricarietum chamomillae)* mit Echter Kamille *(Matricaria chamomilla)* und Klatsch-Mohn *(Papaver rhoeas)* – Niederrheinische Bucht

Acker-Winde *(Convolvulus arvensis)* in einem Weizenbestand – Eifel

Feld-Löwenmaul *(Misopates orontium)* – Teutoburger Wald

3.4.2 Gemeine Erdrauch-Assoziation, *Thlaspio-Fumarietum officinalis* Görs 66
(S. 168 Sp. 2)

Vorherrschende Pflanzengesellschaft der Hackfruchtkulturen auf nährstoffreichen Lehmböden; Erscheinungsbild wird durch üppigen Wuchs und die satte grüne Farbe der Kulturpflanzen und Wildkräuter bestimmt, von der sich die Blüten nur wenig abheben.

Kennzeichnende Arten:
Gemeiner Erdrauch *(Fumaria officinalis)*
Acker-Hellerkraut *(Thlaspi arvense)*
Sonnenwend-Wolfsmilch *(Euphorbia helioscopia)*
Acker-Senf *(Sinapis arvensis)*
Spreizende Melde *(Atriplex patula)*
Rauhe Gänsedistel *(Sonchus asper)*
Persischer Ehrenpreis *(Veronica persica)* u. a.

Diese Assoziation besitzt keine eigenen Assoziations-Charakterarten. Der diagnostisch wichtige Gemeine Erdrauch kommt auch in anderen Assoziationen des Verbandes der Erdrauch-Wolfsmilch-Gesellschaften mit großer Regelmäßigkeit vor. Diese Assoziation ist deshalb negativ charakterisiert, d. h. durch das Fehlen von Charakterarten der anderen Assoziationen dieses Verbandes.

Verbreitung: Auf frischen, schwach sauren bis schwach alkalischen, gut mit Nährstoffen versorgten, lehmigen Böden.

Ersatz- und Kontaktgesellschaften: Eichen-Hainbuchen-, Hartholzauen- und Rotbuchenwald-Gesellschaften; Fruchtwechselreste aus Halmfruchtkulturen weisen auf die enge Verwandtschaft zur Echten Kamillen-Assoziation hin. Autoren aus der DDR stellen Aufnahmen, die der Erdrauch-Assoziation entsprechen, zu der Echten Kamillen-Assoziation (SCHUBERT und MAHN 1968; JAGE 1972).

Bodennutzung: Pflanzengesellschaft ertragreicher und gut bearbeitbarer Ackerstandorte; häufig Anbau von Rüben.

Gefährdung: Oft durch intensive Bewirtschaftung verarmt und als Purpurrote Taubnessel-Fragmentgesellschaft ausgebildet; im Rückgang begriffen sind vor allem Subassoziationen mit Mangelzeigern und Varianten mit Feuchtezeigern. **Rote Liste 3.**

Gesellschaftsgliederung:
Rasse von Stechendem Hohlzahn *(Galeopsis tetrahit):*
In montanen Gebieten Süddeutschlands (Th. MÜLLER in OBERDORFER 1983).

Typische Rasse:
In der kollinen und planaren Stufe.

Subassoziation von Kleiner Wolfsmilch (Euphorbia exigua):
Auf basenreichen, teilweise flachgründigen und gut erwärmbaren Böden.

Typische Subassoziation:
Sehr weit verbreitet; auf Böden mittlerer Nährstoffversorgung.

Subassoziation von Hederich (Raphanus raphanistrum):
Auf schwach sauren, nährstoffärmeren sandigen Lehmböden; infolge intensiver Düngung im Rückgang begriffen.

Variante von Acker-Minze (Mentha arvensis):
In allen Subassoziationen auf vernäßten Standorten.

3.4.3 Ackerehrenpreis-Assoziation, *Soncho-Veronicetum agrestis* Br.-Bl. 48 nach Th. Müller et Oberd. 83 (S. 168 Sp. 3)

Hackfruchtunkrautgesellschaft von nicht allzu weiter Verbreitung; besitzt viele Gemeinsamkeiten mit der Gemeinen Erdrauch-Assoziation *(Thlaspio-Fumarietum officinalis)*, mit der sie in engem Kontakt steht oder die sie gebietsweise vertritt. Wichtigster floristischer Unterschied ist das Auftreten von Acker-Ehrenpreis *(Veronica agrestis)*. Die Ackerehrenpreis-Gesellschaft bevorzugt stärker subatlantisch getönte Klimabereiche und ist aus Nordwestdeutschland (J. TÜXEN 1958), dem Pfälzer Wald (OESAU 1973) und montan-humiden Klimalagen Süddeutschlands (BRAUN 1978) beschrieben. Gegenüber der Erdrauch-Gesellschaft ist sie auf basenärmerem Substrat und besonders im Bereich von Gärten und Gemüsekulturen entwickelt. Gebietsweise kommen Acker-Ehrenpreis und Gemeiner Erdrauch regelmäßig zusammen vor. Derartige Bestände werden als Ehrenpreis-Erdrauch-Assoziation *(Veronico-Fumarietum)* (R. TÜXEN 1950; J. TÜXEN 1958; WEDECK 1972; MEISEL 1973) aufgefaßt.

Bei der Ansprache der Ackerehrenpreis-Assoziation muß gewährleistet sein, daß es sich bei der namengebenden Charakterart auch wirklich um den Acker-Ehrenpreis *(Veronica agrestis)* handelt und keine Verwechslung mit anderen Ehrenpreis-Arten vorliegt.

3.4.4 Einjährige Bingelkraut-Assoziation, *Mercurialietum annuae* Krusem. et Vlieg. 39 (S. 168 Sp. 4)

Ausgeprägte Hackfruchtgesellschaft mit oft massenhaftem Auftreten von Einjährigem Bingelkraut.

Kennzeichnende Arten:
Einjähriges Bingelkraut *(Mercurialis annua)*
Sonnenwend-Wolfsmilch *(Euphorbia helioscopia)*
Rauhe Gänsedistel *(Sonchus asper)*
Persischer Ehrenpreis *(Veronica persica)*

Ackerunkrautgesellschaften

Gemeines Greiskraut *(Senecio vulgaris)*
dazu wärmeliebende Arten:
Zurückgebogener Amarant *(Amaranthus retroflexus)*
Grüne Borstenhirse *(Setaria viridis)*
Gemeine Hühnerhirse *(Echinochloa crus-galli)* u. a.

Die systematische Stellung der Unkrautbestände mit Einjährigem Bingelkraut ist umstritten. Während Bestände mit dieser Pflanzenart häufig als besondere Untereinheiten der Assoziationen des Verbandes der Erdrauch-Wolfsmilch-Gesellschaften angesehen werden, setzt sich Th. MÜLLER in OBERDORFER (1983b) für die Zuordnung zu einer selbständigen Assoziation ein.

Verbreitung: Auf besonders gut mit Nährstoffen versorgten, lockeren und leicht erwärmbaren Lehmböden mit günstigem Garezustand; durch reichliche Düngung und häufige Lockerung des Bodens begünstigt; Verbreitungsschwerpunkt in klimabegünstigter Lage Südwestdeutschlands (Th. MÜLLER in OBERDORFER 1983b) mit Zunahme des kontinentalen Klimas von West nach Ost seltener werdend und in Nordostbayern fehlend; auch im subatlantischen Klima Hollands (KRUSEMANN und VLIEGER 1939) und Nordwestdeutschlands anzutreffen und als Zeiger für Ortsnähe und Siedlungsphasen beschrieben (J. TÜXEN 1958).

Bodennutzung: Standorte dieser Assoziation zeichnen sich durch die gute Nährstoffversorgung und durch die günstigen physikalischen Bodeneigenschaften aus und eignen sich gut zum Anbau von Rüben, Gemüse, Kartoffeln, in wärmebegünstigter Lage auch zum Anbau von Wein.

Gefährdung: Verarmung bei starkem Herbizideinsatz. **Rote Liste 3**.

3.4.5 Weinbergslauch-Assoziation, *Geranio-Allietum vinealis* R.Tx. 50 (S. 168 Sp. 5)

Unkrautgesellschaft der Weinberge mit vielen Frühjahrsgeophyten im submediterran getönten Klimabereich.

Kennzeichnende Arten:
Weinberg-Lauch *(Allium vineale)*
Weinbergs-Traubenhyazinthe *(Muscari racemosum)*
Dolden-Milchstern *(Ornithogalum umbellatum)*
Rundblättriger Storchschnabel *(Geranium rotundifolium)*
Acker-Goldstern *(Gagea villosa)* u. a.

Verbreitung: Auf leicht erwärmbaren, sonnseitigen Hängen verschiedenartigen Ausgangsgesteins, auf Muschelkalk, Schiefer, Tonschichten des Keupers, auf vulkanischem Gestein und Löß; edaphische Faktoren treten gegenüber denen der Bewirtschaftung zurück. Entscheidend sind Bearbeitungsrhythmus mit Bodenruhe im zeitigen Frühjahr, regelmäßiger Lockerung der Bodenkrume und reichlicher Düngerzufuhr. Durch Intensivierungsmaßnahmen heute sehr selten;

Kleinblütige Franzosenkraut-Assoziation *(Setario-Galinsogetum parviflorae)* mit Gemeiner Hühnerhirse *(Echinochloa crus-galli)* – Weserniederung

Pflanzengesellschaften von Hackfruchtkulturen
Sommeraspekt der Saatwucherblumen-Assoziation *(Spergulo-Chrysanthemetum segetum)* – Eifel

am besten entwickelt im südlichen Oberrheingebiet (v. ROCHOW 1951; WILMANNS 1975; OBERDORFER 1983b); im Neckar- (ROSER 1962), Bodensee- (LANG 1973) und Main-Gebiet (ULLMANN 1977); an Kennarten verarmt und oft als Bingelkraut-Assoziation ausgebildet.

Ersatz- und Kontaktgesellschaften: Ersatzgesellschaft wärmebedürftiger Wälder; im Kontakt mit Schlehen-Liguster-Gebüsch sowie Trockenrasen-Gesellschaften.

Bodennutzung: Standorte für Weinbau hervorragend geeignet.

Gefährdung: Eine durch Intensivierungsmaßnahmen stark gefährdete Pflanzengesellschaft mit vielen gefährdeten Pflanzenarten. **Rote Liste 1**.

Ökologische Gruppen

Pflanzen der Äcker als Zeiger des Standorts

Für die Beurteilung von Ackerstandorten und das Bestimmen von Ackerunkrautgesellschaften haben sich ökologische Gruppen bewährt.

> Zu ökologischen Gruppen werden Pflanzenarten zusammengefaßt, die in ihrem soziologischen und ökologischen Verhalten weitgehend übereinstimmen.

Eine auf Äckern häufig anzutreffende ökologische Gruppe ist z. B. die Sumpfruhrkraut-Gruppe. Sie setzt sich aus Sumpf-Ruhrkraut *(Gnaphalium uliginosum)*, Kröten-Binse *(Juncus bufonius)*, Kleinem Wegerich (*Plantago major* ssp. *intermedia*), Niederliegendem Mastkraut *(Sagina procumbens)* zusammen und kommt mit großer Regelmäßigkeit auf Böden vor, die krumenfeucht und oberflächlich verdichtet sind. Die Benennung erfolgt nach einer auffallenden und mit hoher Stetigkeit vorkommenden Pflanzenart.

Artengruppen gleicher ökologischer Konstitution entsprechen den Differentialarten des pflanzensoziologischen Systems und lassen sich durch einen Vergleich von Vegetationsaufnahmen ermitteln (s. S. 140). Die Aufstellung ökologischer Gruppen geht auf ELLENBERG (1950, 1956) zurück und wird heute von zahlreichen Pflanzensoziologen praktiziert. So werden in der DDR von G. MÜLLER (1964), PASSARGE (1964), HILBIG (1967, 1973), SCHUBERT und MAHN (1968) ökologische Gruppen als Grundlage der Vegetationsgliederung verwendet. Damit wird eine stark auf die Standortverhältnisse bezogene Betrachtungsweise zum Ausdruck gebracht.

Die ökologischen Gruppen der Ackerwildkräuter sind in den folgenden Übersichten nach den abgestuften Ansprüchen gegenüber Kalkgehalt, Stickstoffversorgung, Wasserführung und Wärmehaushalt zusammengestellt. Um die Übersichtlichkeit zu erhöhen, wird in den Listen auf Arten verzichtet, die gegenüber den oben genannten Standortfaktoren indifferent sind oder ihren Verbreitungsschwerpunkt außerhalb der Äcker besitzen. Die Zugehörigkeit wenig verbreiteter Arten zu den ökologischen Gruppen kann dem Anhang des Buches entnommen werden.

Beschreibungen der ökologischen Gruppen

I Zeiger für die Basenversorgung des Bodens

Kalkzeiger

1 Haftdolden-*(Caucalis platycarpos-)* Gruppe

Acker-Haftdolde	*(Caucalis platycarpos)*
Venuskamm	*(Scandix pecten-veneris)*
Sommer-Adonisröschen	*(Adonis aestivalis)*
Blauer Gauchheil	*(Anagallis foemina)*
Acker-Wachtelweizen	*(Melampyrum arvense)*

Vorkommen auf basenreichen, nur mäßig mit Stickstoff versorgten, extrem warmen und trockenen, flachgründigen Kalkverwitterungsböden; besonders auf extensiv genutzten Flächen.
Charakterarten der Adonisröschen-Assoziation *(Caucalido-Adonidetum aestivalis)*.

2 Rittersporn-*(Consolida regalis-)* Gruppe

Feld-Rittersporn	*(Consolida regalis)*
Kleine Wolfsmilch	*(Euphorbia exigua)*
Acker-Lichtnelke	*(Silene noctiflora)*
Ackerröte	*(Sherardia arvensis)*
Knollen-Platterbse	*(Lathyrus tuberosus)*
Acker-Steinsame	*(Buglossoides arvensis)*
Acker-Hahnenfuß	*(Ranunculus arvensis)*
Finkensame	*(Neslia paniculata)*
Spießblättriges Tännelkraut	*(Kickxia elatine)*
Eiblättriges Tännelkraut	*(Kickxia spuria)*
Vaillants Erdrauch	*(Fumaria vaillantii)*

Vorkommen wie Haftdolden-Gruppe; aber auch auf tiefgründigere und stickstoffhaltigere Kalkböden übergreifend.
Charakterarten von Haftdolden-Gesellschaften *(Caucalidion lappulae)*.

Kalkbevorzugende

3 Ackersenf-*(Sinapis arvensis-)* Gruppe

Acker-Senf	*(Sinapis arvensis)*
Klatsch-Mohn	*(Papaver rhoeas)*
Flug-Hafer	*(Avena fatua)*
Acker-Fuchsschwanz	*(Alopecurus myosuroides)*

Ackerunkrautgesellschaften

Vorkommen auf Böden schwach basischer bis schwach saurer Reaktion, mäßig bis guter Humus- und Stickstoffversorgung und mit ausgeglichenem Wasserhaushalt, besonders auf Lehm und Ton.

In Haftdolden-Gesellschaften *(Caucalidion lappulae)*, Erdrauch-Wolfsmilch-Gesellschaften *(Fumario-Euphorbion)*; auch als Differentialarten zur Abgrenzung anspruchsvoller Subassoziationen.

Säurebevorzugende

4 Kamillen-*(Matricaria chamomilla-)* **Gruppe**

Echte Kamille	*(Matricaria chamomilla)*
Gemeiner Windhalm	*(Apera spica-venti)*
Gemeiner Ackerfrauenmantel	*(Aphanes arvensis)*
Efeu-Ehrenpreis	*(Veronica hederifolia* agg.)
Viersamige Wicke	*(Vicia tetrasperma)*

Vorkommen auf karbonatfreien, schwach bis mäßig sauren, lehmigen Böden mit guter Nährstoffversorgung; bevorzugt auf frischen Standorten im subatlantisch getönten Klimabereich; auf staufeuchten Äckern oft besonders üppig entwickelt.

Charakterarten von Ackerfrauenmantel-Gesellschaften *(Aphanion arvensis)*; nach Fruchtwechsel auch in Hackfruchtkulturen.

5 Sandmohn-*(Papaver argemone-)* **Gruppe**

Sand-Mohn	*(Papaver argemone)*
Saat-Mohn	*(Papaver dubium)*
Dreiteiliger Ehrenpreis	*(Veronica triphyllos)*
Falsche Vogelwicke	*(Vicia villosa* ssp. *varia)*
Zottel-Wicke	*(Vicia villosa* ssp. *villosa)*
Frühlings-Hungerblümchen	*(Erophila verna)*

Vorkommen auf schwach bis mäßig sauren Sand- und Lehmböden; bevorzugt auf warmen und trockenen Böden des kontinental getönten Klimabereichs.

Charakterarten der Sandmohn-Assoziation *(Papaveretum argemones)*.

6 Hederich-*(Raphanus raphanistrum-)* **Gruppe**

Hederich	*(Raphanus raphanistrum)*
Rauhhaar-Wicke	*(Vicia hirsuta)*
Acker-Schmalwand	*(Arabidopsis thaliana)*
Acker-Hundskamille	*(Anthemis arvensis)*
Gemeiner Reiherschnabel	*(Erodium cicutarium)*
Acker-Krummhals	*(Anchusa arvensis)*
Saat-Wucherblume	*(Chrysanthemum segetum)*
Bunter Hohlzahn	*(Galeopsis speciosa)*

Vorkommen auf Böden mit schwach saurer bis saurer Reaktion; gegenüber der Basenversorgung anspruchsloser als Kamillen- und Sandmohn-Gruppe.

Vorwiegend in Lammkraut-Gesellschaften *(Arnoseridion minimae)*, Ackerfrauenmantel-Gesellschaft *(Aphanion arvensis)*, Fingerhirsen-Borstenhirsen-(Digitario-Setarion) und Knöterich-Spergel-*(Polygono-Chenopodion)*Gesellschaften.

Säurezeiger

7 Knäuel-*(Scleranthus annuus-)* **Gruppe**

Einjähriger Knäuel	*(Scleranthus annuus)*

Ökologische Gruppen

Acker-Spergel *(Spergula arvensis)*
Kleiner Sauerampfer *(Rumex acetosella)*
Kahle Fingerhirse *(Digitaria ischaemum)*

Vorkommen auf sauren bis stark sauren, nährstoffarmen Böden.
In Lammkraut-Gesellschaften *(Arnoseridion minimae)*, Fingerhirsen-Borstenhirsen-Gesellschaften *(Digitario-Setarion)* und Knöterich-Spergel-Gesellschaften *(Polygono-Chenopodion)* als Differentialarten von Subassoziationen auf basenarmem Substrat.

8 Lammkraut-*(Arnoseris minima-)* **Gruppe**
Lammkraut (= Lämmersalat) *(Arnoseris minima)*
Grannen-Ruchgras *(Anthoxanthum puelii)*
Kahles Ferkelkraut *(Hypochoeris glabra)*
Vogelfuß *(Ornithopus perpusillus)*
Bauernsenf *(Teesdalea nudicaulis)*
Hasen-Klee *(Trifolium arvense)*

Vorkommen auf extrem sauren und nährstoffarmen Sand- und Gesteinsverwitterungsböden; bevorzugt unter atlantischen Klimabedingungen.
Charakter- und Differentialarten der Lammkraut-Assoziation *(Teesdalio-Arnoseridetum minimae)*.

II Zeiger für eine gute Stickstoffversorgung

auf basenreichen Böden

9 Erdrauch-*(Fumaria officinalis-)* **Gruppe**
Gemeiner Erdrauch *(Fumaria officinalis)*
Acker-Hellerkraut *(Thlaspi arvense)*
Sonnenwend-Wolfsmilch *(Euphorbia helioscopia)*
Garten-Wolfsmilch *(Euphorbia peplus)*
Persischer Ehrenpreis *(Veronica persica)*
Hundspetersilie *(Aethusa cynapium)*
Rauhe Gänsedistel *(Sonchus asper)*
Kohl-Gänsedistel *(Sonchus oleraceus)*
Purpurrote Taubnessel *(Lamium purpureum)*
Stengelumfassende Taubnessel *(Lamium amplexicaule)*
Spreizende Melde *(Atriplex patula)*
Schlitzblättriger Storchschnabel *(Geranium dissectum)*
Glanz-Ehrenpreis *(Veronica polita)*

Vorkommen auf nährstoff- und basenreichen Böden.
Charakterarten der Erdrauch-Wolfsmilch-Gesellschaften *(Fumario-Euphorbion)*, auch in Haftdolden-Gesellschaften *(Caucalidion lappulae)* und anspruchsvollen Subassoziationen von Ackerfrauenmantel-*(Aphanion arvensis)* und Knöterich-Spergel-Gesellschaften *(Polygono-Chenopodion)*.

auf leicht erwärmbaren Böden

10 Bingelkraut-*(Mercurialis annua-)* **Gruppe**
Einjähriges Bingelkraut *(Mercurialis annua)*
Zurückgebogener Amarant *(Amaranthus retroflexus)*
Schwarzer Nachtschatten *(Solanum nigrum)*
Kleine Brennessel *(Urtica urens)*

Ackerunkrautgesellschaften

Vorkommen auf stickstoffreichen und leicht erwärmbaren Böden mit schwach saurer bis alkalischer Reaktion und mit ausgeglichenem Wasserhaushalt; oft auf schwarzerdeartigen Böden.

Charakter- und Differentialarten in wärmebedürftigen Hackfruchtkulturen; Verbreitungsschwerpunkt in der Einjährigen Bingelkraut-Assoziation *(Mercurialietum annuae)*.

11 Hühnerhirsen-*(Echinochloa crus-galli-)* Gruppe
Gemeine Hühnerhirse *(Echinochloa crus-galli)*
Kleinblütiges Franzosenkraut *(Galinsoga parviflora)*
Grüne Borstenhirse *(Setaria viridis)*
Fuchsrote Borstenhirse *(Setaria glauca)*

Vorkommen auf stickstoffreichen und warmen Sand- und Lehmböden mit saurer bis neutraler Bodenreaktion; in Hackfruchtkulturen.

Verbreitungsschwerpunkt in Kleinblütiger Franzosenkraut-Assoziation *(Setario-Galinsogetum parviflorae)*.

auf frischen bis feuchten Böden

12 Vielsamige Gänsefuß-*(Chenopodium polyspermum-)* Gruppe
Vielsamiger Gänsefuß *(Chenopodium polyspermum)*
Knäuel-Hornkraut *(Cerastium glomeratum)*
Europäischer Sauerklee *(Oxalis fontana)*

Vorkommen auf stickstoffreichen und gut mit Wasser versorgten Sand- und Lehmböden.

Charakter- bzw. Differentialarten der Vielsamigen Gänsefuß-Assoziation *(Oxalido-Chenopodietum polyspermi)*.

auf nahezu allen stickstoffreichen Böden

13 Vogelmieren-*(Stellaria media-)* Gruppe
Vogelmiere *(Stellaria media)*
Weißer Gänsefuß *(Chenopodium album)*
Gemeines Hirtentäschel *(Capsella bursa-pastoris)*
Floh-Knöterich *(Polygonum persicaria)*
Gemeines Greiskraut *(Senecio vulgaris)*

Vorkommen auf gedüngten und gut mit Stickstoff versorgten Böden; gegenüber anderen Standortfaktoren indifferent.

Häufig in Hack- und Sommerfruchtkulturen; in Halmfruchtbeständen oft mit herabgesetzter Vitalität.

III Zeiger für den Wasserhaushalt des Bodens

Krumenfeuchtezeiger

14 Sumpfruhrkraut-*(Gnaphalium uliginosum-)* Gruppe
Sumpf-Ruhrkraut *(Gnaphalium uliginosum)*
Kröten-Binse *(Juncus bufonius)*
Kleiner Wegerich *(Plantago major* ssp. *intermedia)*

Wasserpfeffer	*(Polygonum hydropiper)*
Liegendes Mastkraut	*(Sagina procumbens)*
Mäuseschwänzchen	*(Myosurus minimus)*

Vorkommen auf krumenfeuchten, oberflächlich verdichteten Böden.
Differentialarten von Krumenfeuchte anzeigenden Subvarianten.

Staufeuchtezeiger

15 Kriechhahnenfuß-*(Ranunculus repens-)* Gruppe

Kriechender Hahnenfuß	*(Ranunculus repens)*
Gänse-Fingerkraut	*(Potentilla anserina)*
Acker-Minze	*(Mentha arvensis)*
Sumpf-Ziest	*(Stachys palustris)*
Acker-Schachtelhalm	*(Equisetum arvense)*
Huflattich	*(Tussilago farfara)*

Vorkommen auf wechselfeuchten und feuchten Böden mit oft mangelhafter Durchlüftung.
Differentialarten von Feuchtigkeit anzeigenden Varianten.

Feuchte- und Nässezeiger

16 Sumpfkresse-*(Rorippa sylvestris-)* Gruppe

Wilde Sumpfkresse	*(Rorippa sylvestris)*
Gemeiner Wasserdarm	*(Myosoton aquaticum)*
Dreiteiliger Zweizahn	*(Bidens tripartita)*
Wasser-Knöterich	*(Polygonum amphibium)*
Gemeiner Beinwell	*(Symphytum officinale)*
Gemeines Schilf	*(Phragmites australis)*

Vorkommen auf feuchten bis nassen, mehr oder weniger schlecht durchlüfteten, meist nährstoffreichen Böden; im Überflutungsbereich von Bächen und Flüssen.
Differentialarten von Nässe anzeigenden Ausbildungen.

Anleitung für die Beurteilung von Ackerstandorten

Die Bedeutung der Arbeit mit ökologischen Gruppen beruht in erster Linie auf der Möglichkeit, Pflanzenbestände zu charakterisieren und die Beschaffenheit des Bodens schnell und ohne aufwendige Geräte zu beurteilen.

Für die **Ermittlung der ökologischen Gruppen** eines Unkrautbestandes geht man am besten nach den Arbeitsschritten der Tab. 6 vor. In der Vegetationsaufnahme des ausgewählten Kartoffelbestandes ist die Knäuel-Gruppe am häufigsten vertreten. Aus der Beschreibung der ökologischen Gruppen ist zu ersehen, daß es sich dabei um Zeiger für stark saure Böden handelt. Der saure Standortcharakter wird auch von Arten der Hederich-Gruppe und durch das Fehlen jeglicher Zeiger für Basenreichtum unterstrichen. Die Arten der Vogelmieren-Gruppe und der Hühnerhirsen-Gruppe deuten an, daß die Stickstoffversorgung,

Ackerunkrautgesellschaften

Tabelle 6. Ermittlung der ökologischen Gruppen eines Pflanzenbestandes

Arbeitsschritte:
1. Anfertigung einer Vegetationsaufnahme
2. Feststellung, zu welchen ökologischen Gruppen die einzelnen Arten gehören (s. Beschreibungen der ökologischen Gruppen, s. S. 177–181 oder Anhang); Notieren des Gruppen-Namens bzw. der dazugehörigen Nummer hinter Artnamen; indifferente Arten erhalten ein ,,x".
3. Zusammenstellen der beteiligten ökologischen Gruppen zu einer Tabelle
4. Auszählen der Häufigkeit
5. Errechnen der relativen Häufigkeit

1. Vegetationsaufnahme:	2. Feststellen der ökolog. Gruppe:
Lage: Dörverden/Weserniederung Datum: 18. 8. 84 MTB: 3121/3 Deckung Kulturart: Kartoffeln 60 % Deckung Unkraut: 20 % Boden: lockerer Sand	
2 Kahle Fingerhirse *(Digitaria ischaemum)*	7 Knäuel-Gr.
1 Grüne Borstenhirse *(Setaria viridis)*	11 Hühnerhirsen-Gr.
+ Kleinbl. Franzosenkraut *(Galinsoga parviflora)*	11 Hühnerhirsen-Gr.
+ Weißer Gänsefuß *(Chenopodium album)*	13 Vogelmieren-Gr.
1 Acker-Spergel *(Spergula arvensis)*	7 Knäuel-Gr.
+ Acker-Krummhals *(Anchusa arvensis)*	6 Hederich-Gr.
+ Acker-Stiefmütterchen *(Viola arvensis)*	x
+ Gemeines Hirtentäschel *(Capsella bursa-pastoris)*	13 Vogelmieren-Gr.
+ Einjähriger Knäuel *(Scleranthus annuus)*	7 Knäuel-Gr.
+ Acker-Vergißmeinnicht *(Myosotis arvensis)*	x
+ Geruchlose Kamille *(Tripleurospermum inodorum)*	x
+ Gemeiner Reiherschnabel *(Erodium cicutarium)*	6 Hederich-Gr.
+ Gemeiner Windenknöterich *(Fallopia convolvulus)*	x
+ Kleiner Sauerampfer *(Rumex acetosella)*	7 Knäuel-Gr.
+ Vogelknöterich *(Polygonum aviculare)*	x
+ Gemeine Quecke *(Agropyron repens)*	x
+ Stechender Hohlzahn *(Galeopsis tetrahit)*	x
3. ökologische Gruppen Gr. 6 Hederich-Gr.: Gr. 7 Knäuel-Gr.: Gr. 11 Hühnerhirsen-Gr.: Gr. 13 Vogelmieren-Gr.: x indifferente	4. absolute Häufigkeit 2 Arten 4 Arten 2 Arten 2 Arten 7 Arten	5. relative Häufigkeit 12 % 24 % 12 % 12 % 41 %

vermutlich infolge von Düngungsmaßnahmen, als relativ günstig zu bezeichnen ist. Das Fehlen von Feuchte- und Frischezeigern läßt einen mäßig trockenen Standort vermuten. Aufgrund der geringen Wasserkapazität des Sandbodens kann es im Sommer zu stärkeren Austrocknungen kommen.

Bei dieser Auswertung der Vegetationsaufnahme wurde die Artmächtigkeit der einzelnen Pflanzenarten nicht berücksichtigt, weil diese Eigenschaft weniger

Ökologische Gruppen

	Assoziationen	Nachtlicht-nelken Assoziation	Echte Kamillen-Assoziation					
	Subassozia-tionen		Subass. von Kleiner Wolfsmilch		Typische Subass.		Subass. von Einjährigem Knäuel	
	Varianten		Typische Variante	Variante von Kriech. Hahnenfuß	Typische Variante	Variante von Kriech. Hahnenfuß	Typische Variante	Variante von Kriech. Hahnenfuß
Zeiger	ökologische Gruppen							
Kalkzeiger	Haftdolden-Gruppe	○						
	Rittersporn-Gruppe	●	◐	◐				
Kalkbevorzugende	Ackersenf-Gruppe	●	●	●	◒	◒	○	○
Säure-bevorzugende	Kamillen-Gruppe	○	●	●	●	●	●	●
	Hederich-Gruppe				○	○	◒	◒
Säurezeiger	Knäuel-Gruppe						◒	◒
Staunässezeiger	Kriechhahnenfuß-Gruppe	○		●		●		●
Krumenfeuchtig-keitszeiger	Sumpfruhrkraut-Gruppe			○		◒		●
Stickstoffzeiger	Erdrauch-Gruppe	◒	◒	◒	◒	◒	◐	◐
	Vogelmieren-Gruppe	◐	◒	◒	◒	◒	◒	◒

● kennzeichnende ökologische Gruppen
◒ häufig auftretende ökologische Gruppen
◐ spärlich auftretende ökologische Gruppe
○ selten auftretende ökologische Gruppen

Abb. 11. Kombinationen ökologischer Gruppen in Halmfruchtgesellschaften im Leinebergland/Südniedersachsen

von der Bodenbeschaffenheit als vom Lichtgenuß und von den Bodenbearbeitungsmaßnahmen abhängt.

Der Wert ökologischer Gruppen für die Standortbeurteilung wird besonders deutlich, wenn mehrere Pflanzenbestände miteinander verglichen werden. Als Beispiel eines Vegetationsvergleichs sind in Abb. 11 die ökologischen Gruppen der Halmfruchtgesellschaften des Leinebergrundes in Südniedersachsen zusammengestellt und zur Charakterisierung der auf engem Raum variierenden Standortbedingungen herangezogen. Die Kombination der ökologischen Gruppen kennzeichnet die Standortfaktoren, die zur Ausbildung der vorhandenen Pflanzengesellschaften geführt haben.

Eine gegenüber ökologischen Gruppen differenziertere Standortbeurteilung ist mit Hilfe von **Zeigerwerten** (ELLENBERG 1979) möglich.

> Zeigerwerte sind zahlenmäßige Angaben über die Beziehungen der Pflanzen zu ihren abiotischen Standortfaktoren.

Zwischen Zeigerwerten und ökologischen Gruppen besteht ein enger Zusammenhang, da Arten mit einander entsprechenden Zeigerwerten eine ökologische Gruppe bilden. Die Angaben über das ökologische Verhalten der einzelnen Ackerpflanzen im Anhang des Buches wurden ELLENBERG (Zeigerwerte der Gefäßpflanzen Mitteleuropas, 1979) entnommen. Das ökologische Verhalten wird gegenüber den Faktoren **Temperatur** (T), **Kontinentalität** (K), **Feuchtig-**

Ackerunkrautgesellschaften

keit (F), **Bodenreaktion** (R) und **Stickstoffversorgung** (N) in einer neunteiligen Skala angegeben. Darin besitzt 1 das geringste, 9 das größte Ausmaß des jeweiligen Faktors.

Das praktische Vorgehen der **Standortbeurteilung mit Zeigerwerten** wird anhand einer Vegetationsaufnahme aus Nordostbayern (NEZADAL 1975) erläutert (s. Tab. 7). Aus den Einzelangaben der Zeigerwerte lassen sich die **mittleren Zeigerwerte**, z. B. die mittlere Temperaturzahl (T_m), die mittlere Feuchtezahl (F_m), die mittlere Bodenreaktionszahl (R_m) und die mittlere Stickstoffzahl (N_m) errechnen und für die Beurteilung verwenden. Die auffallend hohe mittlere Reaktionszahl (R_m 7,8) weist auf einen kalkhaltigen Boden des untersuchten Roggenbestandes hin. Aus der für Kalkböden relativ hohen mittleren Stickstoffzahl (N_m 5,5) kann man auf einen gut bis mäßig mit Stickstoff versorgten Untergrund schließen. Eine Reihe von Pflanzenarten mit Stickstoffzahlen zwischen 6 bis 8 deuten als Fruchtwechselreste auf die im Vorjahr angebauten Hackfrüchte und eine intensive Düngung hin. Die mittlere Feuchtezahl (F_m 4,4) und die mittlere Temperaturzahl (T_m 5,7) zeigen, daß es sich um einen relativ trockenen und warmen Standort handelt.

So überzeugend die Beurteilung eines Standortes mit Hilfe von ökologischen Gruppen und Zeigerwerten ist, so muß an dieser Stelle doch vor einer voreiligen und unkritischen Anwendung gewarnt werden. Gerade in Ackerunkrautgesellschaften können leicht Arten dominieren, die gegen einen oder mehrere Standortfaktoren indifferent sind, während Arten mit guter Aussagekraft den Intensivierungsmaßnahmen zum Opfer gefallen sind. Da die Zeigerwerte lediglich einen Mittelwert wiedergeben, wird bei dieser Methode außerdem die weite ökologische Amplitude, durch die sich viele Pflanzen auszeichnen, nicht hinreichend berücksichtigt. Die Bewertung der Standortverhältnisse durch Zeigerpflanzen sollte daher nach Möglichkeit durch ökologische Messungen ergänzt und bestätigt werden.

Bestimmung von Ackerunkrautgesellschaften

Mit Hilfe der ökologischen Gruppen und des Bestimmungsschlüssels (s. Tab. 8) ist es auch möglich, Ackerunkrautgesellschaften zu bestimmen. Dazu werden die ökologischen Gruppen, die in einem Pflanzenbestand vertreten sind, nach dem Beispiel der Tab. 6 ermittelt. Außerdem benötigt man Angaben über den Boden (s. ,,Kopf" der Vegetationsaufnahme in Tab. 5). Im Beispiel des ausgewählten Kartoffelackers gelangt man im Bestimmungsschlüssel über die Schritte 1, 4 und 5 zum Verband der Fingerhirsen-Borstenhirsen-Gesellschaften *(Digitario-Setarion)*. Für die Bestimmung des Assoziationsnamens muß man die Vegetationstabelle des herausgefundenen Verbandes mit der vorliegenden Vegetationsaufnahme vergleichen. Die Tabelle der Fingerhirsen-Borstenhirsen-Gesellschaften auf S. 162 enthält die Fingerhirsen-Assoziation *(Digitarietum ischaemi)* und die Kleinblütige-Franzosenkraut-Assoziation *(Setario-Galinsoge-*

Tabelle 7. Beurteilung des Standorts mit Zeigerwerten

Arbeitsschritte:
1. Anfertigen einer Vegetationsaufnahme
2. Notieren der Zeigerwerte nach Angaben im Anhang
3. Ermitteln der mittleren Zeigerwerte als Quotienten aus der Summe der Zeigerwerte und der Zahl der einzelnen Arten (Angaben über indifferentes Verhalten werden nicht berücksichtigt!)

1. Vegetationsaufnahme
(nach NEZADAL 1975; Tab. 9, Aufn. 34; Adonisröschen-Assoziation)
Fundort: Ortspitz, Nordostbayern; MTB 6333/1
Deckung Kulturart (Roggen): 60 %
Deckung Unkraut: 20 %

2.

	Art	T	F	R	N
+	Acker-Haftdolde *(Caucalis platycarpos)*	6	4	9	4
+	Sommer-Adonisröschen *(Adonis aestivalis)*	6	3	8	3
+	Kleiner Orant *(Chaenarrhinum minus)*	6	4	8	4
+	Blauer Gauchheil *(Anagallis foemina)*	7	4	9	5
+	Flug-Hafer *(Avena fatua)*	x	6	7	x
+	Ackerröte *(Sherardia arvensis)*	6	5	8	5
1	Kleine Wolfsmilch *(Euphorbia exigua)*	6	4	8	4
+	Acker-Lichtnelke *(Silene noctiflora)*	5	3	8	5
1	Hundspetersilie *(Aethusa cynapium)*	5	5	8	7
1	Feld-Rittersporn *(Consolida regalis)*	7	4	8	5
1	Finkensame *(Neslia paniculata)*	5	4	8	4
+	Persischer Ehrenpreis *(Veronica persica)*	x	5	7	7
+	Acker-Senf *(Sinapis arvensis)*	5	x	8	6
+	Sonnenwend-Wolfsmilch *(Euphorbia helioscopia)*	x	5	7	7
1	Klatsch-Mohn *(Papaver rhoeas)*	6	5	7	6
+	Hopfen-Schneckenklee *(Medicago lupulina)*	5	4	8	x
+	Gemeine Sichelmöhre *(Falcaria vulgaris)*	7	3	9	3
+	Acker-Stiefmütterchen *(Viola arvensis)*	5	x	x	x
+	Gemeiner Windenknöterich *(Fallopia convolvulus)*	x	x	x	x
+	Schmalblättrige Wicke *(Vicia angustifolia)*	5	x	x	x
+	Acker-Vergißmeinnicht *(Myosotis arvensis)*	5	5	x	6
+	Acker-Gauchheil *(Anagallis arvensis)*	6	5	x	6
+	Stengelumfassende Taubnessel *(Lamium amplexicaule)*	6	4	7	7
+	Vogel-Knöterich *(Polygonum aviculare)*	x	x	x	x
+	Acker-Winde *(Convolvulus arvensis)*	6	4	7	x
1	Weißer Gänsefuß *(Chenopodium album)*	x	4	x	7
+	Vogelmiere *(Stellaria media)*	x	4	7	8
+	Acker-Hellerkraut *(Thlaspi arvense)*	5	5	7	6
+	Gemeine Kuhblume *(Taraxacum officinale)*	x	5	x	7
+	Gemeine Schafgarbe *(Achillea millefolium)*	x	4	x	5
+	Kornblume *(Centaurea cyanus)*	x	x	x	x
+	Kriechender Hahnenfuß *(Ranunculus repens)*	x	7	x	x
	Summe der Zeigerwerte	120	115	163	127
3.	Zahl der bewerteten Arten	21	26	21	23
	Mittlere Zeigerwerte	5,7	4,4	7,8	5,5

Ackerunkrautgesellschaften

Tabelle 8. Schlüssel zum Bestimmen der Verbände von Ackerunkrautgesellschaften

1	Ackerunkrautgesellschaften im Wintergetreide	 2
1*	Ackerunkrautgesellschaften in Hackfruchtkulturen, in Weinbergen und Gärten; auch im Sommergetreide	 4
2	Auf kalkreichen Böden; mit Arten der Rittersporn-Gruppe	Verband der Haftdolden-Gesellschaften *(Caucalidion lappulae)* S. 157
2*	Auf kalkarmen Böden; mit Arten der Kamillen- bzw. der Sandmohn-Gruppe, Arten der Rittersporn-Gruppe fehlen oder treten zurück	 3
3	Auf Böden geringer bis mittlerer Basensättigung; ohne Arten der Lammkraut-Gruppe	Verband der Ackerfrauenmantel-Gesellschaften *(Aphanion arvensis)* S. 152
3*	Auf nährstoff- und basenarmen Sandböden; mit Arten der Lammkraut-Gruppe	Verband der Lammkraut-Gesellschaften *(Arnoseridion minimae)* S. 151
4	Auf nährstoff- und basenreichen Böden; mit vielen Arten der Erdrauch- und Ackersenf-Gruppe	Verband der Erdrauch-Wolfsmilch-Gesellschaften *(Fumario-Euphorbion)* S. 168
4*	Auf Böden geringer bis mittlerer Basenversorgung; mit Arten der Knäuel- und Hederich-Gruppe, Vertreter der Erdrauch- und Ackersenf-Gruppe relativ selten	 5
5	Auf relativ frischen Böden; Arten der Hühnerhirsen-Gruppe treten zurück	Verband der Knöterich-Spergel-Gesellschaften *(Polygono-Chenopodion)* S. 164
5*	Auf leicht erwärmbaren Böden; mit Arten der Hühnerhirsen-Gruppe	Verband der Fingerhirsen-Borstenhirsen-Gesellschaften *(Digitario-Setarion)* S. 162

tum parviflorae). Die erste läßt sich durch die Kahle Fingerhirse *(Digitaria ischaemum)* und die zweite durch das Kleinblütige Franzosenkraut *(Galinsoga parviflora)* und die Gemeine Hühnerhirse *(Echinochloa crus-galli)* charakterisieren. Da in der ausgewählten Vegetationsaufnahme sowohl die Charakterarten der ersten als auch der zweiten Assoziation vorkommen, entscheidet man sich aufgrund des weitaus stärkeren Hervortretens der Kahlen Fingerhirse und des lockeren und leicht erwärmbaren Sandbodens für die Fingerhirsen-Assoziation *(Digitarietum ischaemi).*

Standortbedingungen

Der Acker als anthropogenes Ökosystem

Äcker gehören zu den am stärksten vom Menschen beeinflußten Ökosystemen. Im Gegensatz zu vielen naturnahen Lebensräumen wie z. B. Wäldern und Seen, die sich durch große Formenmannigfaltigkeit auszeichnen, sind Äcker gleichförmig strukturierte und einseitig genutzte **Monokulturen.** Diese gestatten den Einsatz einer modernen und rationellen Landbautechnik und ermöglichen die Erzeugung hoher landwirtschaftlicher Erträge. Monokulturen führen zu erheblichen Verschiebungen und Vereinfachungen des Nahrungsketten- und Kreislaufgefüges. Der größte Teil der produzierten Biomasse gelangt nicht wieder in das Ökosystem zurück, sondern wird dem Bestand alljährlich mit der Ernte entzogen. Die Verluste werden durch Zufuhr von Dünger ausgeglichen. Dadurch kommt es zu Veränderungen der natürlichen Bodeneigenschaften des Ackers und zur Belastung angrenzender Ökosysteme. Die natürliche Regulationsfähigkeit und das biologische Gleichgewicht werden weitgehend gestört. Monokulturen begünstigen die Vermehrung und schnelle Ausbreitung pflanzlicher und tierischer Schädlinge wie Rostpilze, Brand, Mehltau, Kartoffelkäfer u. a. Wegen des Fehlens der natürlichen Feinde von Pflanzenschädlingen ist die Widerstandsfähigkeit der ausgedehnten und einseitig genutzten Kulturpflanzenbestände erheblich geschwächt. Durch gezielte und kontrollierte Maßnahmen des Pflanzenschutzes, insbesondere durch den Einsatz von Herbiziden, Fungiziden und Insektiziden wird der populationsökologisch extreme Zustand der Monokulturen aufrechterhalten.

Überblick über die Standortbedingungen

Das Leben der Pflanzen auf dem Acker wird durch abiotische und biotische Standortfaktoren bestimmt (s. Abb. 12). Die abiotischen Faktoren lassen sich nach Klima und Boden untergliedern. Zu den Klimafaktoren gehören Licht und Temperatur, Atmosphäre mit Kohlendioxid, Sauerstoff und Stickstoff sowie Niederschläge und Wind. Wichtige Bodenfaktoren sind Bodentyp und Bodenart, Basen- und Nährstoffversorgung sowie Wasser- und Wärmehaushalt des Bodens. Durch Meliorationsmaßnahmen wie Flurbereinigung und Entwässerung, durch Bodenbearbeitung, Düngung sowie Unkraut- und Schädlingsbekämpfung begünstigt der Mensch die Lebensbedingungen der Nutzpflanzen. Die einzelnen Standortbedingungen bilden zusammen einen Komplex ineinandergreifender Faktoren. So hängt z. B. die Wasserführung des Bodens nicht nur

Standortbedingungen

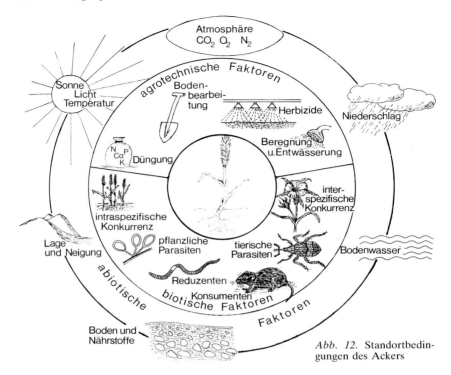

Abb. 12. Standortbedingungen des Ackers

von den Niederschlägen ab, sondern wird auch von Bodenart, Bewirtschaftungsweise und Vegetation beeinflußt.

> Als **Standort** wird die Gesamtheit aller Faktoren bezeichnet, die an einem bestimmten Wuchsort wirksam sind und die Lebensprozesse der Organismen beeinflussen.

Für das Verständnis der Standortbedingungen und der Beziehungen zwischen Pflanzengesellschaften und ihrem Standort kommt außer den genannten Standortfaktoren den Erscheinungen der Konkurrenz und der ökologischen Valenz eine besondere Bedeutung zu.

> Unter **Konkurrenz (= Wettbewerb)** versteht man die Wechselwirkungen nahe beieinander wachsender Pflanzen, die dazu führen, daß einige Pflanzen die Vorherrschaft erlangen und andere in ihrer Entwicklung mehr oder weniger gehemmt oder ganz unterdrückt werden.

Überblick über die Standortbedingungen

Bei der Besiedlung eines neuangelegten Ackers (z. B. nach Umbruch einer Wiese) und bei der alljährlichen Bestellung beginnt zwischen den Pflanzen ein Wettbewerb um Licht, Wasser und Nährstoffe. Pflanzen, die den vorherrschenden Standortbedingungen gut angepaßt sind, setzen sich anderen gegenüber wirkungsvoll durch. Nach veränderten Umweltbedingungen z. B. nach Absenkung des Grundwasserstandes, starker Düngung oder Herbizideinsatz kommt es über Verschiebungen der Konkurrenzverhältnisse zu Veränderungen in der Artenzusammensetzung eines Pflanzenbestandes. Konkurrenzbeziehungen zwischen den Individuen einer Art werden als **innerartliche (intraspezifische) Konkurrenz** und diejenigen zwischen verschiedenen Arten als **zwischenartliche (interspezifische) Konkurrenz** bezeichnet.

Unter **ökologischer Valenz** versteht man die Fähigkeit der Organismen, Schwankungen von Umweltfaktoren unter den Bedingungen der Konkurrenz zu ertragen. Je größer die ökologische Valenz einer Pflanzenart ist, desto unterschiedlicher kann der Standort sein, auf dem sie zu gedeihen vermag.

Nach der ökologischen Valenz kann man zwischen Pflanzen mit einer weiten **(euryöke Arten)** und einer engen ökologischen Amplitude **(stenöke Arten)** unterscheiden. Die Charakterarten der Ackerunkraut-Assoziationen besitzen meistens eine recht enge ökologische Amplitude und sind deshalb zur Kennzeichnung der jeweiligen Standortfaktoren besonders gut geeignet.

Das Wachstum der Pflanzen wird gegenüber bestimmten Standortfaktoren durch ein Minimum und ein Maximum begrenzt. Als Optimum gilt der Bereich, bei dem eine Art die günstigsten Lebensbedingungen vorfindet. **Minimum**, **Maximum** und **Optimum** stellen die **Kardinalpunkte** dar (s. Abb. 13).

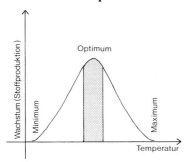

Abb. 13. Kardinalpunkte des Pflanzenwachstums in Abhängigkeit von der Temperatur

Von der ökologischen Valenz muß die **physiologische Valenz** unterschieden werden. Man bezeichnet damit die Fähigkeit der Organismen, Schwankungen der Umweltfaktoren ohne Beeinflussung durch die Konkurrenz anderer Organismen zu ertragen. Durch Eingriffe des Menschen kann die Konkurrenz von wildlebenden Pflanzen und Tieren oft stark gemindert werden.

Standortbedingungen

Klimafaktoren

Klimafaktoren sind häufig die ausschlaggebenden Faktoren für den Anbau bestimmter Kulturarten und das Vorkommen der charakteristischen Ackerbegleitflora. Sonneneinstrahlung sowie Kohlendioxid, Sauerstoff, Stickstoff und Wasser liefern die Voraussetzungen für die zum Leben notwendigen biochemischen und physikalischen Prozesse. Durch die Photosynthese erzeugt die grüne Pflanze mit Hilfe des Sonnenlichtes aus Wasser und Kohlendioxid organische Substanzen. Dieser Vorgang bildet die Grundlage der gesamten Pflanzenproduktion und des Lebens auf der Erde. Andere Stoffwechselvorgänge der Höheren Pflanzen wie Aufnahme, Transport und Transpiration des Wassers, aber auch der mikrobielle Stoffabbau im Boden sind ebenfalls ohne die Einwirkungen von Klimafaktoren undenkbar.

Das Wachstum der Pflanzen hängt maßgeblich von der **Temperatur** ab. In den verschiedenen Entwicklungsstadien der Pflanzen erweist sich die Temperatur als wichtiger Steuerungsfaktor. Ihr Einfluß auf den Keimvorgang von Getreidearten ist in der Tab. 9 zusammengestellt.

Für den gemäßigten Klimabereich Mitteleuropas ist die untere Temperaturgrenze der begrenzende Faktor für den Anbau der Kulturarten. Ohne Schnee-

Tabelle 9. Kardinalpunkte der Keimtemperaturen in °C bei Ackerwildkräutern (Angaben nach Lauer 1953) und Getreidearten (Angaben nach v. Boguslawski 1981)

	Minimum	Optimum	Maximum
Feld-Rittersporn *(Consolida regalis)*	2–5	7	20
Gemeiner Ackerfrauenmantel *(Aphanes arvensis)*	2–5	2– 7	25
Efeu-Ehrenpreis *(Veronica hederifolia)*	2–5	2– 5	20
Klatsch-Mohn *(Papaver rhoeas)*	2–5	7–13	35
Acker-Gauchheil *(Anagallis arvensis)*	2–5	7–20	30
Vogelmiere *(Stellaria media)*	2–5	13	30
Weißer Gänsefuß *(Chenopodium album)*	2–5	20	35
Persischer Ehrenpreis *(Veronica persica)*	2–5	20	35
Acker-Spergel *(Spergula arvensis)*	2–5	20–25	35
Zurückgebogener Amarant *(Amaranthus retroflexus)*	7	35–45	40
Gemeines Greiskraut *(Senecio vulgaris)*	7	25	35
Einjähriges Bingelkraut *(Mercurialis annua)*	7	20–35	35
Rauhe Gänsedistel *(Sonchus asper)*	7	35	35
Gemeine Hühnerhirse *(Echinochloa crus-galli)*	20	30–35	35
Floh-Knöterich *(Polygonum persicaria)*	25	35	35
Vielsamiger Gänsefuß *(Chenopodium polyspermum)*	20	?	40
Roggen *(Secale cereale)*	3– 4	25	30–32
Saat-Weizen *(Triticum aestivum)*	1– 2	25	30
Gerste *(Hordeum vulgare)*	3– 4	20	28–30
Hafer *(Avena sativa)*	4– 5	25	30
Mais *(Zea mays)*	8–10	32–35	40–44

decke kann Roggen Temperaturen bis zu −25 °C, Winterweizen bis −20 °C, Wintergerste bis −15 °C, Sommergerste bis −4 °C, Kartoffeln und Mais bis 0 °C ertragen. Die Widerstandsfähigkeit gegenüber tiefen Temperaturen wird als **Kälteresistenz** bezeichnet.

Die Abhängigkeit der wildwachsenden Ackerpflanzen von den Temperaturbedingungen zeigt sich besonders deutlich an ihrem unterschiedlichen **Keimverhalten**. In Tab. 9 sind die Ansprüche verschiedener Unkrautarten an die Temperatur zur Zeit der Keimung dargestellt. Für jede Unkrautart sind das Minimum und Maximum angegeben. Dazwischen liegt der für die Keimung optimale Temperaturbereich, der sich nicht unbedingt in der Mitte zwischen Minimum und Maximum befinden muß. Der Zurückgebogene Amarant *(Amaranthus retroflexus)* keimt in einem verhältnismäßig weiten Temperaturbereich, erreicht sein Optimum aber erst bei 35–40 °C (s. Abb. 14). Das erklärt, daß

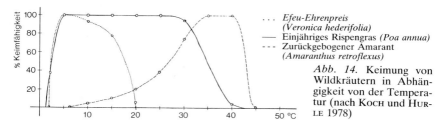

... *Efeu-Ehrenpreis (Veronica hederifolia)*
— Einjähriges Rispengras *(Poa annua)*
--- Zurückgebogener Amarant *(Amaranthus retroflexus)*

Abb. 14. Keimung von Wildkräutern in Abhängigkeit von der Temperatur (nach KOCH und HURLE 1978)

diese Pflanzenart in kühleren Gebieten fehlt oder selten ist und nur in wärmeren Gebieten oder auf kleinklimatisch begünstigten Standorten auffallend in Erscheinung tritt. Ein anderes Verhalten zeigt der Efeu-Ehrenpreis *(Veronica hederifolia)*, bei dem die minimalen und optimalen Keimtemperaturen bei 2–5 °C zusammenfallen, während die maximalen bei 20 °C liegen. Ein Beispiel für eine Pflanze mit sehr weitem Temperaturbereich bei der Keimung liefert das Einjährige Rispengras *(Poa annua)*.

Das unterschiedliche Keimverhalten der verschiedenen Unkräuter erklärt nicht nur das schwerpunktmäßige Vorkommen einzelner Arten unter bestimmten Klimabedingungen, sondern macht die Unterschiede in der Zusammensetzung von Ackerunkrautgesellschaften verständlich, die auf der Vergesellschaftung mit Hackfrüchten und Halmfrüchten beruhen. Ausschlaggebend für die Ausbildung einer Halm- bzw. einer Hackfruchtgesellschaft ist in erster Linie der Zeitpunkt der letzten Bearbeitung. Liegt dieser im Spätherbst oder im Frühling, entsteht eine mehr oder weniger typische Getreideunkrautgesellschaft mit zahlreichen Kältekeimern; wird der Boden dagegen noch einmal im Mai oder Juni bearbeitet, so entwickelt sich eine Hackfruchtgesellschaft, die sich durch das Auftreten vieler Wärmekeimer auszeichnet.

Für die Konkurrenzverhältnisse zwischen den Pflanzen des Ackers spielt der **Lichtfaktor** eine große Rolle. Gerade in dichten Getreidebeständen gelangt nur ein Teil des gesamten Sonnenlichts auf den bodennahen Bereich. Wicken-Arten

Standortbedingungen

(*Vicia* spec.), Acker-Winde *(Convolvulus arvensis),* Kletten-Labkraut *(Galium aparine)* u. a. sind mit speziellen Klettereinrichtungen ausgestattet, um einen höheren Lichtgenuß zu erlangen.

Der **Wind** hat eine wichtige Funktion bei Entwicklungsvorgängen der Pflanze, wie z. B. bei der Bestäubung des Getreides und bei der Verbreitung von Samen und Früchten. In Gebieten mit lockeren Sandböden kann es durch den Wind zu erheblichen Erosionsschäden kommen.

Das von der Bodenoberfläche unabhängige **Großklima (Makroklima)** eines Ortes wird in Mitteleuropa durch seine Lage zum Meer geprägt. Je näher ein Ort zur Küste liegt, desto **atlantischer** ist das Klima getönt. Die Sommer- und Wintertemperaturen sind ausgeglichen, die Niederschläge hoch. Mit der Entfernung von der Küste wird das Klima kontinentaler, es zeichnet sich durch größere Temperaturgegensätze (warme Sommer und kalte Winter) und niedrigere Niederschlagsmengen aus. Ein abgeschwächtes Klima wird als **subatlantisch** bzw. **subkontinental** bezeichnet. Den Einfluß, den das Klima auf das Vorkommen einzelner Ackerwildkräuter ausübt, kann man recht anschaulich aus den Verbreitungskarten vom Grannen-Ruchgras *(Anthoxanthum puelii)* (s. Abb. 15) und der Acker-Lichtnelke *(Silene noctiflora)* (s. Abb. 16) ersehen. Das Klima hängt aber nicht nur von der geographischen Lage, sondern auch von der Höhenlage eines Ortes ab. Mit steigender Höhe nimmt der **humide** Standortcharakter zu: Die Niederschläge werden höher, die Temperaturen sinken.

Für die Ausbildung verschiedenartiger Pflanzengesellschaften kommt dem Klima der bodennahen Luftschicht **(Mikroklima)** ein besonderes Gewicht zu. Ein flachgründiger Kalkverwitterungsboden an einem südexponierten Hang kann beispielsweise die Einstrahlungsintensität von Wärme und Licht verstärken und die Existenzbedingungen wärmebedürftiger Pflanzenarten verbessern. Die z. B. an eine Ackerlandschaft angrenzenden freien Wasserflächen oder Waldstücke erhöhen die Luftfeuchtigkeit und mindern die Temperaturgegensätze. Dadurch werden in einem kontinental getönten Klimabereich Pflanzenarten begünstigt, die sonst nur unter atlantisch geprägten Klimabedingungen zu finden sind.

Bodenfaktoren

> Der Boden stellt das unter dem Einfluß zahlreicher Umweltfaktoren entstandene Umwandlungsprodukt aus mineralischen und organischen Substanzen dar, das mit Wasser, Luft und Lebewesen durchsetzt ist und den höheren Pflanzen als Standort dient.

Ackerböden dienen nicht nur der Erzeugung landwirtschaftlicher Produkte, sondern haben auch eine bedeutende Aufgabe im Stoffkreislauf der Natur, indem sie Wasser und Nährstoffe speichern, gegenüber verschiedenen Umwelt-

Bodenfaktoren

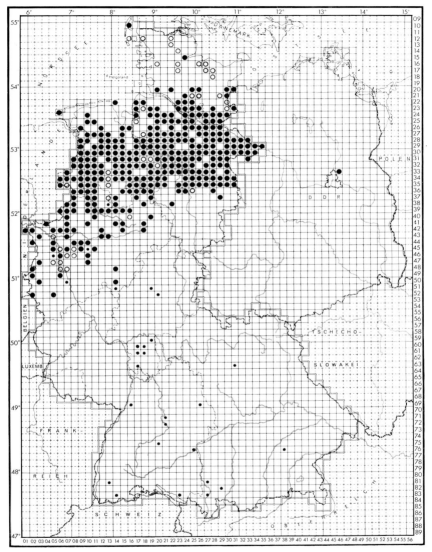

Abb. 15. Verbreitung des Grannen-Ruchgrases *(Anthoxanthum puelii)* in der Bundesrepublik Deutschland. Rasterkarte nach Unterlagen der Floristischen Kartierung.
● – Vorkommen nach 1945
○ – Vorkommen vor 1945
• – unbeständiges Vorkommen

Standortbedingungen

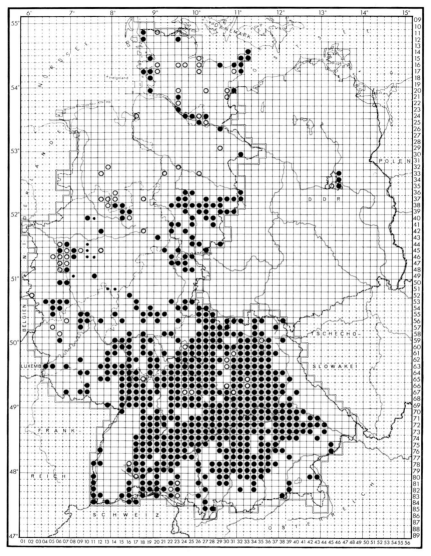

Abb. 16. Verbreitung der Acker-Lichtnelke *(Silene noctiflora)* in der Bundesrepublik Deutschland. Rasterkarte nach Unterlagen der Floristischen Kartierung.
● – Vorkommen nach 1945
○ – Vorkommen vor 1945
• – unbeständiges Vorkommen

belastungen als Puffer wirken, Schadstoffe filtrieren und die Bildung sauberen Grundwassers ermöglichen. Aufgrund dieser Eigenschaften gehören Böden zu den kostbarsten und damit schützenswertesten Gütern der Menschheit.

Die Untersuchung und Beschreibung der Bodenfaktoren fällt in das Gebiet der **Bodenkunde**. Ausführliche Darstellungen zu den einzelnen Fragestellungen finden sich in den Lehrbüchern dieses Fachgebietes (KUBIENA 1953; MÜCKENHAUSEN 1976; SCHLICHTUNG und BLUME 1976; KUNTZE u. a. 1981; SCHROEDER 1984; SCHACHTSCHABEL u. a. 1984) sowie in den entsprechenden Kapiteln der Lehrbücher des Ackerbaus (KLAPP 1967; GEISLER 1980; VON BOGUSLAWSKI 1981).

Bodenart, Bodengefüge und Gründigkeit

Die **Bodenarten** Sand, Schluff, Lehm und Ton setzen sich aus verschiedenen Korngrößenfraktionen zusammen und werden durch deren jeweiliges Mengenverhältnis definiert. Davon kann man sich bei einer Schlämmanalyse (s. Abb. 17) leicht eine Vorstellung verschaffen. Eine Bodenprobe wird in einem Stand-

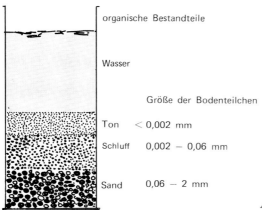

Abb. 17. Schlämmanalyse

zylinder mit Wasser aufgefüllt, kräftig geschüttelt und anschließend abgestellt. Dabei kann man beobachten, daß sich die Bodenteilchen ihrer Fallgeschwindigkeit und ihrem Durchmesser entsprechend absetzen. Die groben Sandpartikel sinken zuerst, dann sedimentieren die Feinsande und wesentlich später die Schluff- und Tonpartikel, deren kleinste Teilchen oft erst nach Tagen zur Ablagerung gelangen. Durch eine Schlämmanalyse kann eine Bodenprobe in verschiedene Korngrößen zerlegt werden. Die einzelnen Fraktionen werden als Sandfraktion (2–0,06 mm $\emptyset$), Schlufffraktion (0,06–0,002 mm $\emptyset$) und Tonfraktion (<0,002 mm $\emptyset$) bezeichnet.

Die in der Bodenkunde gebräuchlichen Dreiecksdiagramme (s. Abb. 18)

Standortbedingungen

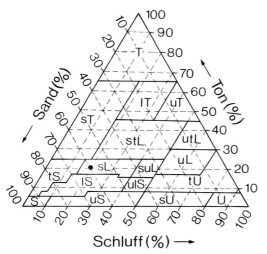

Abb. 18. Dreiecksdiagramm der Bodenarten nach SCHACHTSCHABEL u. a. 1984). S = Sand, s = sandig, U = Schluff, u = schluffig, L = Lehm, l = lehmig, T = Ton, t = tonig. Beispiel: Der Punkt • entspricht einem Gehalt des Bodens an der Fraktion Sand = 50 %, Schluff = 20 % und Ton = 30 %

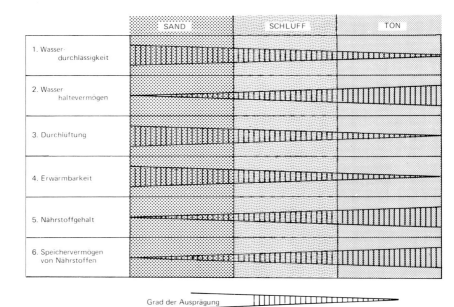

Abb. 19. Bedeutung der Bodenart für das Leben der Pflanzen

geben die Hauptbodenarten mit ihren Übergängen wieder und gestatten es, den prozentualen Anteil der einzelnen Fraktionen an der Zusammensetzung der verschiedenen Bodenarten abzulesen. Für Übergangsformen sind die Begriffe sandig, schluffig, lehmig und tonig gebräuchlich.

Die Abb. 19 zeigt, daß die jeweilige Bodenart den Wasser-, Luft-, Temperatur- und Nährstoffhaushalt der Böden beeinflußt und damit einen wichtigen Faktor für das Wachstum und die Ertragfähigkeit der Kulturpflanzen sowie die Verbreitung der Ackerwildkräuter darstellt. Sandböden zeichnen sich durch gute Durchlüftung, leichte Erwärmbarkeit und Bearbeitbarkeit aus; sie sind aber nur mäßig mit Nährstoffen und Basen versorgt und besitzen eine geringe Fähigkeit, Nährstoffe und Wasser zu speichern. Trockenheits- und Magerkeitszeiger kommen relativ häufig vor. Tonböden besitzen dagegen gute chemische Bodeneigenschaften; sie sind aber schwer zu bearbeiten und neigen aufgrund ihrer geringen Wasserdurchlässigkeit leicht zu stauender Nässe. Hier sind Feuchtezeiger regelmäßig vertreten. Schluff- und Lehmböden mittleren Tongehalts gehören zu den leistungsfähigsten Ackerstandorten, auf denen die anspruchsvollsten Kulturarten hervorragend gedeihen und Spitzenerträge erbringen. Für eine grobe Bestimmung der Bodenart im Gelände hat sich die Fingerprobe bewährt. Sie läßt sich nach der Anweisung der Tab. 10 schnell und ohne Geräte durchführen.

Tabelle 10. Fingerprobe zur Bestimmung der Bodenart

Anleitung: Eine gleichmäßig durchfeuchtete Bodenprobe wird zwischen Daumen und Zeigefinger gerieben, anschließend geknetet und zwischen den Handflächen ausgerollt. Anschließend vergleicht man das Ergebnis der Untersuchung mit nachfolgender Tabelle. Dabei ist zu berücksichtigen, daß es zwischen den einzelnen Hauptbodenarten Übergänge gibt.

Bodenart	Rauhigkeit	Schmierfähigkeit	Plastizität	Rollfähigkeit
Sand	rauh und körnig, Einzelkörner sicht- und fühlbar	nicht beschmutzend	nicht formbar	zerrieselnd
Schluff	mehlig	haftet in Fingerrillen	nicht oder kaum formbar	nicht ausrollbar
Lehm	Einzelkörner sichtbar, viel Feinsubstanz	beschmutzend	formbar	etwa bleistiftdick ausrollbar, dann zerbröckelnd
Ton	Gleitfläche glatt und glänzend	stark beschmutzend	gut formbar	gut ausrollbar

Standortbedingungen

Als **Bodengefüge** wird die Art der räumlichen Anordnung der Bodenteilchen bezeichnet. Von der Form der Bodenteilchen hängt es ab, wie groß das Volumen der im Boden vorhandenen Poren ist. Bodengefüge und Porenvolumen beeinflussen den Wasser-, Luft-, Wärme- und Nährstoffhaushalt sowie die Durchwurzelbarkeit eines Bodens. Nach dem Zusammenhalt der einzelnen Körner werden folgende Gefügeformen unterschieden:

Einzelkorngefüge: Bodenteilchen liegen lose nebeneinander und sind nicht miteinander verklebt (z. B. Sand).

Kohärentgefüge: Bodenteilchen werden durch Kohäsionskräfte zusammengehalten und bilden eine einheitliche Masse (z. B. Tonschichten und Ortsteinhorizonte).

Aggregatgefüge: Bodenteilchen bilden durch lockere Aneinanderlagerung Aggregate unterschiedlicher Form und Größe, z. B. Krümel (abgerundete Aggregate); Polyeder, Prismen, Säulen und Platten (kantige Aggregate).

Unter **Gründigkeit** wird die Mächtigkeit des Lockermaterials über dem festen Gestein verstanden. Dabei lassen sich folgende Stufen unterscheiden:

sehr flachgründig	< 15 cm
flachgründig	15–30 cm
mittelgründig	30–60 cm
tiefgründig	60–100 cm
sehr tiefgründig	> 100 cm

Organische Bestandteile

An der Zusammensetzung des Bodens sind außer mineralischen Bestandteilen auch organische Substanzen beteiligt. Die organische Bodensubstanz bildet den Humus; sie umfaßt alle abgestorbenen, mehr oder weniger zersetzten Bodenbestandteile pflanzlicher und tierischer Herkunft.

Der humushaltige und stark belebte Oberboden wird als Mutterboden bezeichnet. Pflughorizonte von Ackerböden (A_p-Horizonte) weisen einen Gehalt von 1,5–4 % organischer Substanz auf. In Mooren liegt der Humusgehalt jedoch weit über 30 % und kann bis zu 100 % betragen. Die Klassifizierung des Humusgehalts ist in der Tab. 11 zusammengestellt.

Die **Verwesung** der abgestorbenen pflanzlichen und tierischen Stoffe (Wurzeln, Ernterückstände, Körpersubstanzen der Mikroflora und -fauna) erfolgt in drei Phasen:
– biochemische Initialphase mit der Aufspaltung hochpolymerer Stoffe in einfachere, z. B. Stärke in Zucker, Eiweiße in Peptide
– Phase der mechanischen Zerkleinerung und Vermischung mit mineralischen Bodenteilchen durch die Metazoenfauna

Tabelle 11. Bezeichnung des Humusgehaltes der Böden
(nach SCHACHTSCHABEL u. a. 1984)

Gehalt der organischen Substanzen im Oberboden (A_h) in %	Bezeichnung
< 1 %	humusarm
1– 2 %	schwach humos
2– 4 %	mäßig humos
4– 8 %	stark humos
8–15 %	sehr stark humos
15–30 %	humusreich (torfig)

– Phase des mikrobiellen Abbaus mit Kohlendioxid (CO_2), Wasser (H_2O), Ammoniak (NH_3) und verschiedenen Mineralstoffen als Abbauprodukten. Die Freisetzung dieser Stoffe aus der organischen Substanz bezeichnet man als **Mineralisierung**. Die Abbaugeschwindigkeit wird von der stofflichen Zusammensetzung der organischen Substanz und den Umweltfaktoren (Temperatur, Wasserführung, Durchlüftung, Basen- und Nährstoffversorgung) beeinflußt.

Neben der Mineralisierung kommt es im Boden aber auch zur **Humifizierung**. Dabei werden hochmolekulare Verbindungen von meist dunkler Farbe, die sogenannten **Huminstoffe**, aufgebaut. Huminstoffe besitzen eine große spezifische Oberfläche und können Wasser und Nährstoffe anlagern und zu einem späteren Zeitpunkt wieder abgeben.

Die Gesamtheit der im Boden lebenden Organismen wird als **Edaphon** bezeichnet. Einen Überblick über die große Zahl der verschiedenen Organismengruppen vermittelt die Tab. 12. Zur Mikroflora gehören Bakterien einschließlich der Strahlenpilze (Actinomycetes), Pilze und Algen. Die Bedeutung dieser Lebewesen liegt im Abbau der organischen Substanzen und der Bereitstellung pflanzenverfügbarer Nährstoffe und Kohlendioxid (CO_2). Unter den Bakterien gibt es außerdem zahlreiche Spezialisten, die z. B. als nitrifizierende Bakterien (Nitrosomas und Nitrobacter) Ammoniak (NH_3) zu Stickoxiden (NO_2 und NO_3) oxydieren oder als stickstoffbindende Bakterien (Rhizobium) den Stickstoff der Luft in organisch gebundenen überführen. Neben den in der Tab. 12 angeführten Tiergruppen kommen auch verschiedene Säugetiere vor, die wie Maulwurf, Wühlmaus und Hamster an das Leben im Boden angepaßt sind. Die Bodentiere zerkleinern abgestorbene Pflanzen und Tiere, tragen zu einer Verlagerung der organischen Substanz im Boden bei und beeinflussen durch das Auflockern der Bodenhorizonte die physikalischen Eigenschaften des Bodens.

Tabelle 12. Ungefähre Menge und ungefähres Gewicht von Kleinlebewesen in der 15 cm mächtigen obersten Bodenschicht eines landwirtschaftlich genutzten Bodens mittlerer Qualität (Angaben nach v. BOGUSLAWSKI 1981)

Mikroflora	Anzahl je g	Lebendgewicht kg/ha
Bakterien	600 000 000	10 000
Pilze	400 000	10 000
Algen	100 000	140

Mikrofauna	Anzahl je 1000 cm^3	Lebendgewicht kg/ha
Protozoen	1 500 000 000	370

Metazoenfauna	Anzahl je 1000 cm^3	Lebendgewicht kg/ha
Fadenwürmer	50 000	50
Springschwänze	200	6
Milben	150	4
Kleine Borstenwürmer	20	15
Tausendfüßler	14	50
Insekten/Käfer/Spinnen	6	17
Weichtiere	5	40
Regenwürmer	2	4 000

Bodenwasser und Bodenluft

Die ausreichende Wasserversorgung des Bodens stellt eine wichtige Voraussetzung für das Gedeihen von Kulturpflanzen und ihrer Ackerbegleitflora dar. Aus dem **Bodenwasser** entnehmen die Pflanzen die zum Aufbau des Pflanzenkörpers und zur Photosynthese benötigten Wassermengen. Aber auch andere Stoffwechselprozesse wie der Nährstoffumbau und der Stofftransport sind an das Vorhandensein von Wasser gebunden. Indirekt wirkt das Bodenwasser über verschiedene Bodenbildungsprozesse (Verwitterung, Humusbildung und Verlagerung von Bodenteilchen) auf die höheren Pflanzen ein. Das Bodenwasser entstammt zum weitaus größten Teil den Niederschlägen der Atmosphäre, es kann aber auch durch den kapillaren Aufstieg aus dem Grundwasser nachgeliefert werden. Etwa 60 % der Niederschläge dringen in den Boden ein, der Rest verdunstet sofort auf den Blättern der Pflanzen und der Erdoberfläche oder fließt als **Oberflächenwasser** in Vorfluter (Gräben, Bäche und Flüsse) ab. Das in den Boden gelangte Wasser verbleibt teilweise als **Haftwasser** in den oberen Bodenschichten, der andere Teil bewegt sich als **Sickerwasser** in tiefere Zonen (s. Abb. 20). Die Abwärtsbewegung des Wassers kann durch schwer durchlässige Schichten gehemmt werden. Wasseranreicherungen, die das ganze Jahr über bestehen, werden als **Grundwasser**, oberflächlich und nur zeitlich auftre-

Bodenfaktoren

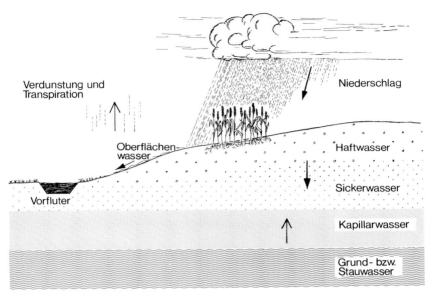

Abb. 20. Wasserhaushalt des Ackers

tende dagegen als **Stauwasser** bezeichnet. Stauwasserbeeinflußte Böden sind wechselfeucht, d. h. im Winter und zeitigen Frühjahr feucht bis naß, im Sommer dagegen mehr oder minder trocken. Bei dem größten Teil des Haftwassers handelt es sich um **Kapillarwasser**, das durch die Haarröhrchenwirkung des Porensystems in den oberen Bodenschichten verbleibt. Der andere Teil des Haftwassers wird von den Oberflächen der Bodenteilchen angesaugt und **Adsorptionswasser** genannt (s. Abb. 21). Die Menge des adsorptiv gebundenen Wassers hängt von der Größe der Oberfläche der Bodenteilchen ab und wächst mit zunehmendem Humus- und Tongehalt.

Das Bodenwasser ist nur zu einem Teil für die Pflanzen **verfügbar**, der andere Teil wird mit so großen Bindungskräften festgehalten, daß Pflanzen dieses Wasser nicht aufnehmen können.

Bei der Beurteilung der Standortfaktoren muß auch die **Wasserkapazität**

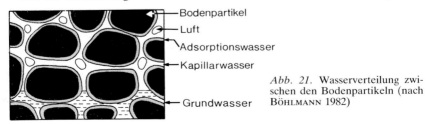

Abb. 21. Wasserverteilung zwischen den Bodenpartikeln (nach BÖHLMANN 1982)

201

Tabelle 13. Schätzung des aktuellen Bodenfeuchtezustandes (verändert nach BENZLER u. a. 1982)

Bezeichnung	Zustand bindiger Proben (bindig: an Händen und Geräten festklebend) Ton >17%	Zustand nicht bindiger Proben Ton <17%
trocken	Probe fühlt sich trocken an; hart (Trockenrisse); helle Bodenfarbe, dunkelt bei Wasserzugabe stark nach	Probe fühlt sich trocken an; locker u. staubig; helle Bodenfarbe, dunkelt bei Wasserzugabe stark nach
frisch	Probe fühlt sich frisch an; halbfest, formbar, aber zerbröckelnd; Bodenfarbe dunkelt bei Wasserzugabe wenig nach	Probe fühlt sich frisch an; Bodenprobe dunkelt bei Wasserzugabe wenig nach
feucht	Probe fühlt sich feucht an; Finger werden deutlich feucht; ausrollbar, ohne zu zerbröckeln; dunkelt bei Wasserzugabe nicht nach	Probe fühlt sich feucht an; Finger werden deutlich feucht; dunkelt bei Wasserzugabe nicht nach
naß	breiig, quillt beim Pressen in der Faust zwischen Finger hindurch	bei Entnahme der Probe Wasseraustritt

berücksichtigt werden. Sie gibt an, welche Wassermenge ein Boden speichern kann.

Eine grobe Schätzung des aktuellen Bodenfeuchtezustandes ist mit Hilfe der Tab. 13 möglich. Dazu wird eine Bodenprobe mit der Hand zusammengedrückt, anschließend wird versucht, den Boden auszurollen und zu kneten. Eine weitere Probe befeuchtet man mit Wasser und stellt die Farbe vor und nach der Wasserzugabe fest. Dieses Verfahren ist nicht unmittelbar nach längerem Regen durchführbar.

Die Wasserverhältnisse werden durch die in der Standortkunde gebräuchlichen Begriffe ,,trocken – frisch – feucht – naß" angegeben, Zwischenstufen kennzeichnet man durch den Zusatz ,,mäßig".

Der Luftgehalt des Bodens hängt in erster Linie von der Größe der **Bodenporen** und damit von der Bodenart ab. Alle Bodenporen, die nicht mit Wasser gefüllt sind, enthalten Luft. Von gut mit Wasser versorgten Böden besitzen Tonböden auf Grund ihrer kleinen Poren ein Luftvolumen von etwa 5–10%, Lehmböden von etwa 10–25% und Sandböden von etwa 30–40% (SCHACHTSCHABEL u. a. 1984).

Die Zusammensetzung der **Bodenluft** wird durch biologische Vorgänge, besonders durch die Atmung der Bodenorganismen, beeinflußt. Der Sauerstoffgehalt der Bodenluft ist niedriger als in der Atmosphäre, weil der verbrauchte Sauerstoff nicht so schnell ergänzt werden kann, der Kohlendioxidgehalt dagegen ist höher. Die Bodenluft unterscheidet sich auch hinsichtlich der größeren Luftfeuchtigkeit von der Luft oberhalb des Erdbodens. Eine ungenügende Durchlüftung des Bodens beeinflußt die aerobe Mikroflora, die Bodenfauna und das Wurzelwachstum der höheren Pflanzen und begünstigt anaerobe Vorgänge (Fäulnis statt Verwesung). Störungen in der Vitalität der Pflanzen und Einbußen in der Ertragsbildung sind die Folgen.

Nährstoff- und Basenversorgung

Unter Nährstoffversorgung versteht man die Versorgung der Böden mit Stickstoff und Phosphorverbindungen, unter Basenversorgung die Sättigung mit Calcium, Magnesium, Kalium und Natrium.

Der Nährstoffgehalt vieler Böden stimmt annähernd mit der Basenversorgung überein. Es gibt aber auch Standorte, die gleichzeitig basenreich und nährstoffarm sind bzw. umgekehrt.

Der überwiegende Teil der **Bodennährstoffe** entstammt dem durch Verwitterungsprozesse umgewandelten Ausgangsgestein. Ein weiterer Teil ist über Niederschläge, stickstoffbindende Bakterien, Düngung oder auch durch Grundwasser in den Boden gelangt. Als Hauptnährelemente werden von den Pflanzen Stickstoff (N), Phosphor (P), Schwefel (S), Kalium (K), Calcium (Ca) und Magnesium (Mg) benötigt. Dazu kommen die Spurenelemente, die in geringen Mengen aufgenommen werden, aber lebensnotwendig für die Pflanzen sind.

Von dem im Boden befindlichen Nährstoffvorrat liegt nur ein kleiner Anteil ungebunden in der Bodenlösung vor und ist für die Pflanzen sofort **verfügbar.** Der größte Teil der Nährelemente ist mehr oder weniger fest an die Oberflächen organischer und anorganischer Bodenteilchen gebunden und für die Pflanzen nicht unmittelbar zugänglich.

Für die Versorgung der Pflanzen mit Nährstoffen spielen Austauschvorgänge zwischen den Bodenteilchen, die bestimmte Nährstoffe adsorbieren, und der Bodenlösung eine wesentliche Rolle. Zum Austausch gelangen zum überwiegenden Teil Kationen (Ca^{2+}, Mg^{2+}, K^+, Na^+, Al^{3+}, H^+, NH_4^+, u. a.). Die Summe der austauschbaren Ionen, die sogenannte **Austauschkapazität**, hängt u. a. von der Größe der Oberfläche der Bodenteilchen ab, sie nimmt mit der Menge der Tonminerale und der organischen Substanz zu. Die Fähigkeit des Bodens, über Austauschvorgänge Nährstoffe zu speichern und für die Pflanze verfügbar zu machen, gilt als wesentliches Kennzeichen der Bodenfruchtbarkeit.

Für den **Basengehalt** von Ackerstandorten ist das Ausgangsmaterial, aus dem sich die Böden entwickelt haben, von entscheidender Bedeutung:

Standortbedingungen

Carbonatgestein, das von Süddeutschland bis Südniedersachsen gebietsweise weit verbreitet ist, zeichnet sich durch besonders hohen Basenreichtum aus. Kalkgestein besitzt einen Calciumcarbonat-($CaCO_3$-)Gehalt von 75–100 %, Mergel von 25–75 %.
Silikatgestein, im Bereich vieler Mittelgebirge verbreitet, bildet sowohl Böden mittlerer bis guter Basenversorgung (z. B. auf Basalt und Gabbro) als auch geringer bis mittlerer Basenversorgung (z. B. auf Granit, Grauwacke, Gneis).
Sandstein, den man häufig in Buntsandstein-, Keuper- und Kreidegebieten antrifft, ist durch die geringe Basensättigung und den hohen Quarzitgehalt gekennzeichnet.

Zu den **Lockersedimenten** gehören Sand, Lehm, Schluff (Löß) und Ton. Hinsichtlich des Nährstoff- und Basengehaltes weisen Lockersedimente recht unterschiedliche Eigenschaften auf. Das Hauptverbreitungsgebiet von Löß liegt am Rande der deutschen Mittelgebirge und in einigen Flußtälern. Sande, Tone und Mergel kommen in den Moränengebieten als Ablagerungen der Eiszeit (Diluvium, Pleistozän) vor, im Bereich der Flüsse und Küste als Ablagerungen der Nacheiszeit (Alluvium, Holozän).

Die Bedeutung der Basenversorgung für die Vegetation läßt sich unter anderem daran erkennen, daß auf kalkhaltigen Böden andere Pflanzen vorkommen als auf kalkarmen. Dementsprechend besitzen Pflanzen einen hohen Indikatorwert für die abgestufte Versorgung des Bodens mit Kalk.

Zur Schätzung des **Kalkgehalts** im Gelände wird eine kleine Bodenprobe mit etwas verdünnter Salzsäure versetzt. Die Stärke des Aufbrausens ist ein ungefähres Maß für den Kalkgehalt des Bodens:

Aufbrausen	Kalkgehalt
keinerlei Aufbrausen	<1 %
schwaches, nicht anhaltendes Aufbrausen	1–3 %
starkes, nicht anhaltendes Aufbrausen	3–5 %
starkes, anhaltendes Aufbrausen	>5 %

Die Basenversorgung der Böden läßt sich recht gut durch den **pH-Wert** zum Ausdruck bringen. Der pH-Wert kennzeichnet die saure, neutrale und alkalische Reaktion des Bodens. Er ist ein Maß für die Menge der H_3O^+-(Hydronium-)Ionen in der Bodenlösung. Der Einfachheit halber werden die H_3O^+-Ionen als H^+-Ionen bezeichnet. Je größer der Anteil der H^+-Ionen ist, desto saurer reagiert der Boden.

Der pH-Wert ist der negative Logarithmus der Wasserstoffionenkonzentration.

Tabelle 14. Reaktionsbereiche von Böden (nach SCHACHTSCHABEL u. a. 1984)

Reaktionsbezeichnung	pH	Reaktionsbezeichnung	pH
neutral	7,0	schwach alkalisch	7,1– 8,0
schwach sauer	6,9–6,0	mäßig alkalisch	8,1– 9,0
mäßig sauer	5,9–5,0	stark alkalisch	9,1–10,0
stark sauer	4,9–4,0	sehr stark alkalisch	10,1–11,0
sehr stark sauer	3,9–3,0	extrem alkalisch	>11,0
extrem sauer	<3,0		

Der pH-Wert gehört zu den Faktoren, welche die chemischen und physikalischen Bodeneigenschaften und das Pflanzenwachstum besonders stark beeinflussen. Er wirkt sich auf das Bodengefüge, die Lebensbedingungen der Bodenorganismen, die Verfügbarkeit von Nährstoffen, die Nitrifizierung und das Auftreten toxischer Stoffe aus. Für den Anbau der verschiedenen Kulturarten hat sich die Berücksichtigung eines optimalen pH-Bereiches als günstig erwiesen. Die Reaktionsbereiche wichtiger Nutzpflanzen sind in Abb. 22 dargestellt.

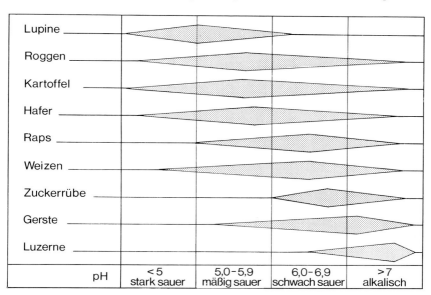

Abb. 22. Reaktionsbereich der wichtigsten Kulturpflanzen (verändert nach KLAPP 1967)

Die **Versauerung** der Böden kann durch verschiedene Ursachen ausgelöst werden:
– Bei der mikrobiellen Tätigkeit und der Wurzelatmung wird Kohlensäure

Standortbedingungen

(H_2CO_3) erzeugt, die zur Erniedrigung des pH-Wertes führt.
- Infolge der Luftbelastung mit Schwefel- und Stickoxiden führt der „saure Regen" zur Erhöhung des Säuregrades.
- Durch die Verwendung physiologisch saurer Dünger (z. B. Harnstoff, Ammoniumsalze) entstehen im Boden zusätzlich Salpeter- bzw. Schwefelsäure.
- Auch bei der Nitrifizierung kann es zu einem Überschuß an H^+-Ionen kommen.

Die Messung des pH-Wertes ist im Gelände mit einem Hellige-Pehameter leicht durchführbar (s. Abb. 23).

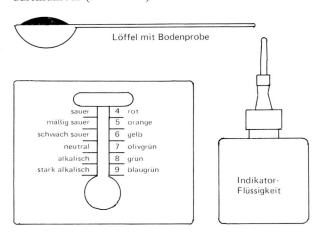

Abb. 23. Boden – Pehameter nach Hellige

Bodentypen

Bodenbildungsprozesse führen zur Ausbildung von parallel zur Bodenoberfläche verlaufenden, annähernd einheitlichen **Bodenhorizonten**. Zu den wichtigsten Umwandlungsprozessen gehören Verwitterung, Verlehmung und Verwesung sowie die Verlagerung von Humusstoffen, Salzen und Tonmineralien.

Ein senkrechter Schnitt durch die verschiedenen Bodenhorizonte von der Oberfläche bis zum Ausgangsgestein bildet das Bodenprofil, das mit seinen typischen Merkmalen die Entstehungsgeschichte des jeweiligen Bodens widerspiegelt. Böden, die den gleichen Entwicklungszustand und eine gleichartige Horizontabfolge aufweisen, bilden einen Bodentyp.

Für die Untersuchung von Bodenprofilen kommen bereits vorhandene Aufschlüsse wie Steinbrüche, Sandgruben, Wegeinschnitte und Grabenränder in

Bodenfaktoren

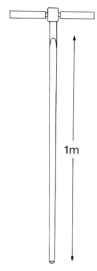

Abb. 24. Erdbohrstock

Betracht. Da das sonst übliche Ausheben spezieller Bodengruben auf Äckern nicht möglich ist, werden Profiluntersuchungen häufig mit Hilfe eines Erdbohrstocks durchgeführt. Der Erdbohrstock nach Pürckhauer (s. Abb. 24) besteht aus einem 1 m langen Stahlhalbrohr mit Schlagkopf und abnehmbarem Griff. Die 2 cm weite, sich nach unten etwas verjüngende Rinne des Rohres dient zur Aufnahme der Bodenprobe. Der Bohrstock wird bis zur gewünschten Tiefe mit einem schweren Hammer in den Boden geschlagen und anschließend durch Drehen mit Boden gefüllt. Mit einem Messer glättet man die Oberfläche der entnommenen Erdsäule und beschreibt die Horizonte.

Zur Kennzeichnung der Bodenhorizonte dienen Symbole, welche die Eigenschaften des betreffenden Horizontes deutlich wiedergeben.

Die Großbuchstaben beziehen sich auf die Haupthorizonte, die mit Hilfe der Kleinbuchstaben genauer erläutert werden. Bei Übergangshorizonten stellt man die jeweiligen Horizontbezeichnungen nebeneinander, z. B. A/C-Horizont; schwach ausgeprägte Horizonte werden in Klammern gesetzt, z. B. (B_v).

Bezeichnungen der Bodenhorizonte
(S. 208 ff.)

- O Organische Auflage, dem Mineralboden aufliegend
- A Oberboden, Mineralhorizont mit organischer Substanz vermischt
- A_h mit Humus angereichert, dunkelgefärbt
- A_p durch Pflügen verändert
- A_e Auswaschung (eluvere = auswaschen) von Humusstoffen, dadurch gebleicht (Podsolierung)
- A_l Auswaschung von Ton (Lessivierung), dadurch aufgehellt
- B Unterboden; Mineralboden (durch Verwitterung oder Anreicherung entstanden)
- B_v Verwitterung des Ausgangsgesteins, Anreicherung von Ton, Verbraunung durch Eisen-Freisetzung (Braunerde)
- B_t mit Ton angereichert (Parabraunerde)
- B_h mit Humus angereichert (Podsol)
- B_s mit Sesquioxiden (Eisenoxiden) angereichert (Podsol)
- C Untergrund: Ausgangsgestein (Gestein oder Lockersediment)
- C_v in Verwitterung begriffenes Ausgangsgestein
- G Grundwasserbeeinflußter Horizont (Gley)

Standortbedingungen

G_o Oxydationshorizont
G_r Reduktionshorizont
M Horizont aus sedimentiertem Material in Flußauen (migrare = wandern)
P Horizont durch Verwitterung von Ton (pelos = Ton)
S Stauwasserbeeinflußter Horizont (Pseudogley)
S_w Staunässeleiter (W von Wasser)
S_d Staunässesohle (d von dicht)
T Torfhorizont der Moore

Beschreibung wichtiger Bodentypen

Ranker

A_h humoser Oberboden

C kalkfreies oder kalkarmes Ausgangsgestein

Name: Österreichischer Name für Berghalde/Steilhang.
Vorkommen: In Hanglagen der Gebirge mit starker Bodenabtragung, auf quarz- oder silikatreichem Ausgangsgestein.
Eigenschaften: Flachgründig, Böden geringer bis mittlerer Basenversorgung und geringer Wasserkapazität.
Nutzung: Vorwiegend als Wald und extensive Weide, seltener als Acker.

Regosole besitzen ähnliche Eigenschaften. Sie sind aber aus Lockersedimenten (Dünensand, erodierte Landoberflächen) hervorgegangen. Bei landwirtschaftlicher Nutzung bedürfen sie organischer Düngerzufuhr und künstlicher Beregnung.

Rendzina

A_h tiefschwarzer, humusreicher Oberboden

C helles Kalkgestein

Name: Polnischer Herkunft; bedeutet kratzendes Geräusch beim Pflügen.
Vorkommen: Auf kalkhaltigem Ausgangsgestein des Hügel- und Berglandes.

Eigenschaften: Flachgründig; günstige Basenversorgung, hoher Humusgehalt, große biologische Aktivität und gutes Krümelgefüge; bei sonnseitiger Exposition stark erwärmbar und trocken.
Nutzung: Wegen Flachgründigkeit und Hanglage meistens als Wald und extensives Grünland; bei größerer Tiefgründigkeit Anbau von Getreide.

Pararendzinen sind ebenfalls A-C-Böden. Sie sind aber aus Sand- oder Lehmmergel (Kalkgehalt 2–70 %) hervorgegangen und besitzen einen höheren Sand- und Schluffgehalt.

Schwarzerde

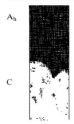

A_h grauschwarzer, humoser Schluff (Lößlehm)

C gelblicher Lößlehm

Name: Für dunkel gefärbte Böden (syn.: Tschernosem).
Vorkommen: Ausgedehntes Schwarzerdegebiet von der Magdeburger Börde bis zur Hildesheimer Börde, in anderen Gebieten Deutschlands kleinflächig und degradiert (z. B. Mainzer Becken, Soester und Warburger Börde, Limburger Becken); fast immer aus Löß und unter Einfluß kontinental getönter Klimabedingungen hervorgegangen.
Eigenschaften: Tiefgründig; A_h 40 cm mächtig, normalerweise entkalkt, pH-Wert schwach sauer, gute Humusversorgung (2–6 %), ausgezeichnete Speicherfähigkeit für Nährstoffe und Wasser, optimale Durchwurzelbarkeit und Durchlüftung; C-Horizont bisweilen mit mit Humus ausgefüllten Gängen und Höhlen von Bodentieren.
Nutzung: Ausgezeichnete Bodeneigenschaften; Anbau von Weizen und Zuckerrüben.

Degradierte Schwarzerden sind an der Aufhellung des A_h-Horizontes erkennbar (Entkalkung und Tonverlagerung). Sie stellen häufig Übergänge zu Parabraunerden dar und sind gute Ackerböden, die aber nicht die Leistungsfähigkeit der Schwarzerden erreichen.

Standortbedingungen

Braunerde

A_h		graubrauner, humoser Oberboden
B_v		intensiv braun gefärbter Unterboden
C		Ausgangsgestein

Name: Nach brauner Farbe des B_v-Horizontes (Freisetzung von Eisen bei Gesteinsverwitterung).

Vorkommen: Im Mittelgebirge auf Schiefer, Grauwacke, Granit und Basalt; auch auf fluviatilen und glazialen Sanden.

Eigenschaften und Nutzung: Nach Ausgangsmaterial lassen sich unterscheiden: eutrophe Braunerden auf relativ basenreichem Substrat, meist flachgründig, häufig Standorte von Rotbuchenwäldern, für Ackerbau weniger gut geeignet; oligotrophe Braunerden auf relativ basenarmem Ausgangsgestein, Standort von bodensauren Laub-Mischwäldern, nach hinreichender Düngung und Zufuhr von Wasser als Ackerland nutzbar; häufig Übergänge zum Podsol (gefördert durch Nadelholzforste und Heide).

Pelosole haben sich aus tonreichem Ausgangsmaterial entwickelt. Zwischen A_h-Horizont und C-Horizont liegt der P-Horizont (pelos = Ton). Wegen hohen Tongehaltes schwer bearbeitbar und nur ausnahmsweise zum Ackerbau geeignet; in der Regel Standorte von Wäldern oder Grünland.

Parabraunerde

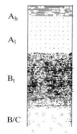

A_h		graubrauner, humoser Oberboden
A_l		humusarmer, an Ton verarmter Oberboden
B_t		hellbrauner Tonanreicherungshorizont
B/C		Übergang zum Ausgangsmaterial

Name: Beruht auf Ähnlichkeit mit Braunerden, von denen sich Parabraunerden durch andersartige Entstehung des B-Horizontes unterscheiden.

Vorkommen: In Löß- und Moränengebieten sowie auf eiszeitlichen Schotterflächen Süddeutschlands.

Eigenschaften: Entstehung aus Lockersedimenten; entscheidendes Kennzeichen der Parabraunerden ist Tonverlagerung aus dem A_l-Horizont in den B_t-Horizont; A_l-Horizont ist heller gefärbt und tonärmer als B_t-Horizont, Horizontgrenzen sind deutlich.
Nutzung: Wertvolle Ackerstandorte; auf Grund guter Eigenschaften im Wasser-, Luft- und Nährstoffhaushalt zum Anbau vieler Kulturarten geeignet.

Podsol

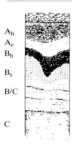

A_h	dunkler, humoser Oberboden
A_e	aschefarbener, bleicher Oberboden
B_h	tiefschwarzer Humusanreicherungshorizont
B_s	rostroter, verdichteter Eisenanreicherungshorizont
B/C	Übergangshorizont mit dunklen Bändern (Eisen)
C	Ausgangsmaterial

Name: Der russischen Sprache entnommen, bedeutet Asche-Boden.
Vorkommen: Auf sandigen Sedimenten Nordwestdeutschlands, in geringerem Maße auch in Süddeutschland (Nürnberg, Oberpfalz), auch auf festem Ausgangsgestein der Mittelgebirge (z. B. Sandstein, Granit und Gneis).
Eigenschaften: Auswaschung und Verlagerung von löslichen Humusstoffen sowie von Eisen- und Aluminium-Oxiden führen zur Bleichung des A_e-Horizontes und zur Bildung des B_h- und B_s-Horizontes; Einwaschungshorizonte werden als Orterde, bei besonders starker Verfestigung als Ortstein bezeichnet; Voraussetzung für Entstehung: humides Klima mit hohen Niederschlägen und niedrigen mittleren Jahrestemperaturen, basenarmes Ausgangsmaterial mit hoher Wasserdurchlässigkeit und geringer Wasserkapazität sowie eine Vegetation aus Nadelgehölzen und Heidekrautgewächsen, die sauren Humus produzieren.
Nutzung: Von Natur aus Standorte bodensaurer Laub-Mischwälder; nach Bewässerung und starker Düngung leistungsfähige Ackerstandorte; flachliegende Ortsteinschichten (< 60 cm unter der Erdoberfläche) werden durch Tiefpflügen aufgebrochen; harte Schollen zerfallen innerhalb weniger Jahre.

Standortbedingungen

Gley

A_l		dunkelbrauner, humoser Oberboden
G_o		Oxydationshorizont rostbraun, stark eisenfleckig (nach unten abnehmend)
G_r		Reduktionshorizont graugrün bis blaugrün

Name: Entstammt dem Russischen und heißt schlammiger Boden.
Vorkommen: In Talniederungen und Senken mit hochanstehendem Grundwasser.
Eigenschaften: Extrem naß, vom Grundwasser beeinflußt.
Nutzung: Durch wasserertragende Wälder und Wiesen; Ackerbau nur bei Böden mit niedrigem Grundwasserstand oder nach Absenkung des Grundwassers.

Marschen sind Böden im Küstenbereich der Nordsee, die aus Meeresablagerungen hervorgegangen sind und eine Horizontabfolge aufweisen, die den Gleyböden ähnelt. Junge, kalkhaltige Marschen stellen ausgezeichnete Ackerböden dar; viele Marschen werden als Grünland genutzt.

Auenböden sind Böden im Überschwemmungsgebiet der Flüsse; sie gehen aus Sedimenten verschiedenartiger Beschaffenheit (Schotter, Sand, Schluff und Ton, mit und ohne Kalk) hervor. Dementsprechend besitzen Auenböden recht unterschiedliche Eigenschaften; sie unterliegen starken Schwankungen des Grundwasserstandes und tragen als natürliche Vegetation Auenwälder, die heute aber weitgehend durch Grünland und nach Eindeichung, Flußregulierung und Absenkung des Grundwasserstandes durch Ackerland ersetzt sind.

Bodenfaktoren

Pseudogley

A_h — dunkelbrauner, humoser Oberboden

S_w — Stauwasserhorizont
grauweißer, gebleichter,
schluffiger Boden mit rostroten Flecken

S_a — Staunässezone
rotbraun, stark eisenfleckiger Ton

Name: Auf Grund der Ähnlichkeit mit Gleyböden.
Vorkommen: Auf staunassen Standorten.
Eigenschaften: Weißlichgraue bis rostrote Marmorierung durch Wechsel von trockenen und feuchten Phasen hervorgerufen; meistens nährstoff- und basenarm, im Frühjahr stark vernäßt und schwer erwärmbar; trocknet im Sommer stark aus, verhärtet und bildet plattige Aggregate.
Nutzung: Häufig Standorte von Wäldern und Grünland; für Ackerbau wegen extremer Schwankungen des Wassers, des ungünstigen Bodengefüges und der schweren Bearbeitbarkeit wenig geeignet.

Bodenbewertung

In Deutschland wurde 1934 mit dem Bodenschätzungsgesetz die Möglichkeit geschaffen, die Ertragsfähigkeit landwirtschaftlich genutzter Böden zahlenmäßig zu erfassen.

Nach Bodenart, geologischem Alter und der Zustandsstufe der Böden haben die einzelnen Böden bestimmte **Bodenzahlen** erhalten. Diese Zahlen stellen relative Wertzahlen dar, die zu den fruchtbarsten und mit 100 Bodenpunkten bewerteten Schwarzerdeböden der Magdeburger Börde in Beziehung gesetzt werden.

In dem für die Bodenschätzung entwickelten Ackerschätzrahmen (s. Tab. 15) werden als Bodenarten Sand, anlehmiger Sand, lehmiger Sand, stark sandiger Lehm, sandiger Lehm, Lehm, toniger Lehm und Ton berücksichtigt. Nach dem geologischen Alter gliedert man die Böden in Alluvialböden (Al; Fluß- und Meeresablagerungen der Nacheiszeit, Holozän), Diluvialböden (D; Lockersedimente der Eiszeit, Pleistozän), Löß (Lö) sowie Verwitterungsböden (V), die aus dem festen Gestein des Mesozoikums (Erdmittelalter) und des Paläozoikums (Erdaltertum) entstanden sind. Der Begriff Zustandsstufe gibt den Entwick-

Standortbedingungen

Tabelle 15. Ausschnitt aus dem Ackerschätzrahmen zur Ermittlung der Bodenzahlen nach v. BOGUSLAWSKI 1981
(Übergänge zwischen den Hauptbodenarten sind nicht berücksichtigt)

Boden-art	Ent-stehung	Zustandsstufe						
		1	2	3	4	5	6	7
Sand	D		41–34	33–27	26–21	20–16	15–12	11– 7
	Al		44–37	36–30	29–24	23–19	18–14	13– 9
	V		41–34	33–27	26–21	20–16	15–12	11– 7
Lehm	D	90–82	81–74	73–66	65–58	57–50	49–43	42–34
	Lö	100–92	91–83	82–74	73–65	64–56	55–46	45–36
	Al	100–90	89–80	79–71	70–62	61–54	53–45	44–35
	V	91–83	82–74	73–65	64–56	55–47	46–39	38–30
Ton	D		71–64	63–56	55–48	47–40	39–30	29–18
	AL		74–66	65–58	57–50	49–41	40–31	30–18
	V		71–63	62–54	53–45	44–36	35–26	25–14

lungsgrad an, den ein Boden vom Beginn seiner Entwicklung als Rohboden über die Stufe höchster Leistungsfähigkeit bis zu einer fortgeschrittenen Verschlechterung durchlaufen hat. Die Kennzeichnung erfolgt nach einer siebenteiligen Skala. Dabei bezeichnet 1 einen sehr guten Bodenzustand, wie er bei tiefgründigen, nährstoff- und basenreichen Böden mit sehr guten physikalischen Eigenschaften vorliegt. Bei der Zustandsstufe 7 handelt es sich um eine extrem ungünstige Zustandsform, wie sie entweder bei wenig entwickelten Rohböden oder nach einer langanhaltenden Verarmung, Versauerung und Verdichtung anzutreffen ist.

Da die Ertragsleistungen eines Ackers aber auch vom Klima, der Lage und dem Grundwasserstand beeinflußt werden, werden bei einer Bodenbeurteilung auch diese Faktoren berücksichtigt und der Bodenzahl zugeschlagen. Diese modifizierte Bodenzahl wird den spezifischen Standortfaktoren gerecht und wird als **Ackerzahl** bezeichnet. Hohe Niederschläge wirken sich z. B. für die Leistungsfähigkeit von Sandböden positiv aus, so daß zur Bodenzahl ein Zuschlag erteilt werden kann. Auf schweren Tonböden können hohe Niederschläge dagegen nachteilige Folgen hervorrufen, was durch eine Verringerung der Bodenzahl zum Ausdruck gebracht wird.

Bewirtschaftungsfaktoren

Zu den regelmäßig durchgeführten Bewirtschaftungsmaßnahmen des Ackerbaus gehören Bodenbearbeitung, Düngung, Saat und Ernte sowie Bekämpfung von Unkräutern und Schädlingen. In zunehmendem Maße werden in den letzten Jahrzehnten außerdem Flurbereinigungen und Regulierungen des Wasserhaushaltes durchgeführt. Ausführliche Darstellungen über die verschiedenen

Bewirtschaftungsverfahren findet man in den Lehrbüchern des Ackerbaus (z. B. KLAPP 1967; GEISLER 1970, 1980; BÄUMER 1978; V. BOGUSLAWSKI 1981).

Bodenbearbeitung und Erosion

Mit der **Bodenbearbeitung** wird eine Lockerung des Bodens angestrebt. Sie dient der Verbesserung des Bodengefüges und damit des Wasser-, Luft- und Wärmehaushalts und fördert die biologische Aktivität. Gleichzeitig werden Ernterückstände sowie organische und mineralische Düngemittel in die Ackerkrume eingearbeitet und nährstoff- bzw. basenhaltige Bodenbestandteile aus dem Untergrund in den Wurzelbereich der Pflanzen gebracht. Weitere Arbeiten dienen der Saatbettvorbereitung und der Pflege der angebauten Kulturen.

Die unter den gemäßigten Klimabedingungen Mitteleuropas bevorzugte Bodenbearbeitung in Form einer lockernden Bodenwendung kann aber auch schwerwiegende Erosionsschäden hervorrufen.

Unter **Bodenerosion** versteht man den Abtrag von Bodenmaterial durch Wasser und Wind. Während die Wassererosion nur bei Böden in Hanglage auftritt, zieht die Winderosion auch ebene Flächen in Mitleidenschaft.

Vom Ausmaß der Bodenerosion kann man sich ein anschauliches Bild verschaffen, wenn nach wolkenbruchartigen Regenfällen beträchtliche Mengen des wertvollen Bodenmaterials von den Hängen abgeschwemmt werden und das abfließende Wasser in charakteristischer Weise verfärbt ist. Genauere Messungen über die Bodenverluste ackerbaulich genutzter Flächen wurden 1978–1984 im Kraichgauer Hügelland (Baden-Württemberg) durchgeführt (QUIST 1984). Zu Beginn der Vegetationsperiode wurden Nägel so in den Boden eingeschlagen, daß ihre Köpfe mit der Bodenoberfläche eine Ebene bildeten. Nach kräftigen Niederschlägen konnte aus der Höhe der aus dem Boden ragenden Nägelköpfe die Menge des abgeschwemmten Bodenmaterials ermittelt werden (s. Abb. 25). Die maximalen jährlichen Bodenabträge betrugen 420 t/ha, die durchschnittlichen jährlichen Bodenverluste 112 t/ha (Hanglage von 7°, Höhendifferenz 150 m) bzw. 63 t/ha (Hangneigung 4°, Höhendifferenz 50 m).

Von der Wassererosion sind besonders schluffhaltige Böden (Lößböden) betroffen. Durch den Anbau spät deckender Kulturarten wie Zuckerrüben und Mais, die Verlängerung der hängigen Ackerfluren in Gefällerichtung und den Einsatz schwerer Maschinen wird die Erosionsgefahr noch wesentlich erhöht.

Zur **Erosionsminderung** werden von QUIST (1984) folgende Maßnahmen empfohlen:
- Abschwächung der Aufprallwirkung von Niederschlägen durch Zwischenfruchtanbau; Mulchen (Abdecken des Bodens mit organischen Stoffen), Belassen von Ernterückständen auf dem Feld; Unkrauttoleranz; Untersaaten; keine weitständigen, spät deckenden Feldfrüchte

Standortbedingungen

Abb. 25. Bodenerosion – Kraichgau

- Schaffung einer stabilen Bodenstruktur mit hoher Wasserkapazität durch nicht wendende Bodenbearbeitung; reduzierte/minimierte Bodenbearbeitung, rauhe Bodenoberfläche, intensive organische Düngung, Förderung des aktiven Bodenlebens
- Verlangsamung und Ableitung des Oberflächenwassers durch Flureinteilung und Bewirtschaftung quer zum Gefälle.

Gebietsweise kann auch die **Winderosion** große Schäden verursachen. Betroffen sind in erster Linie humus- und tonarme Schluff- und Feinsandböden. Zu den Maßnahmen gegen die Winderosion gehören die Verbesserung des Bodengefüges und das Erhalten bzw. Anlegen von Windschutzpflanzungen, wie sie sich in Niedersachsen und Schleswig-Holstein bewährt haben (SCHACHTSCHABEL u. a. 1984). Windschutzstreifen bremsen nicht nur den Wind, sondern verlangsamen auch die Verdunstung und damit die Austrocknung der obersten Bodenschicht.

Fruchtfolge

Für die Ertragsbildung eines Ackers und die Erhaltung seiner Bodenfruchtbarkeit kommt der Auswahl geeigneter Kulturarten und der Einhaltung bestimmter Fruchtfolgen eine große Bedeutung zu.

Unter Fruchtfolge versteht man den regelmäßigen Wechsel verschiedener Kulturarten auf demselben Acker.

Im modernen Ackerbau werden Fruchtfolgen mit 2-Felder-Gliedern (Blattfrucht, Getreide), 3-Felder-Gliedern (Blattfrucht, Getreide, Getreide) sowie 4-Felder-Gliedern (Blattfrucht, Getreide, Getreide, Getreide) bevorzugt. Der Fruchtwechsel wirkt dem einseitigen Nährstoffentzug entgegen, wie er beim wiederholten Anbau einer Kulturart zwangsläufig auftreten würde. Außerdem führt er zu einer Verminderung von Krankheiten und Schädlingen, die an bestimmte Kulturarten gebunden sind (Fruchtfolgekrankheiten). Der Wechsel von Kulturarten und die damit verbundenen unterschiedlichen Bewirtschaftungsmaßnahmen bewirken außerdem eine Änderung der Konkurrenzbedingungen gegenüber den Unkräutern und tragen zu einer wirksamen Unkrautbekämpfung bei. Mit der Bevorzugung bestimmter Kulturarten geht die fruchtfolgespezifische Wirkung verloren und führt z. B. beim wiederholten Anbau von Wintergetreide dazu, daß Arten wie Gemeiner Windhalm *(Apera spica-venti)* oder Acker-Fuchsschwanz *(Alopecurus myosuroides)* sich massenhaft ausbreiten und zu echten Problemunkräutern werden können. Durch einen Wechsel der Kulturarten wird dagegen die Vielfalt an wildwachsenden Pflanzenarten gefördert.

Düngung

Als Düngung bezeichnet man alle Maßnahmen, die dem Ausgleich der durch Bodennutzung entstehenden Verluste und Veränderungen sowie zur Verbesserung der Nährstoffversorgung dienen.

Düngemittel lassen sich in organische und mineralische Dünger unterteilen. Zu den **organischen Düngemitteln** werden Stallmist und Flüssigmist (Jauche und Gülle) sowie Ernterückstände, Kompost und Klärschlamm gezählt. Die Bedeutung dieser Substanzen beruht nicht nur auf der Übertragung von Nährstoffen, sondern vor allem auf der Verbesserung des Bodengefüges und der biologischen Aktivität. Als eine besondere Form der organischen Düngung hat sich in vielen Gebieten die **Gründüngung** bewährt. Zu diesem Zweck werden verschiedene Kleearten, Lupinen, Erbsen, Wicken sowie Raps, Rübsen, Senf, Öl-Rettich und Phacelie meist im Zwischenfruchtbau kultiviert. Die Einarbeitung von Stroh in den Boden bereitet insofern Schwierigkeiten, als dieses Material sehr stickstoffarm ist und zu seinem Abbau zusätzliche Stickstoffgaben notwendig sind. Die durch die Gründüngung in den Boden eingearbeiteten organischen Substanzen werden dagegen relativ schnell abgebaut und stehen den folgenden Kulturarten als Nährstoffquelle zur Verfügung.

Für die erheblichen Ertragssteigerungen haben die **mineralischen Düngergaben** während der letzten Jahrzehnte eine immer größere Bedeutung gewonnen. Nach den wichtigsten Nährelementen kann man Stickstoff- (N), Phosphor- (P) und Kaliumdünger (K) unterscheiden. In der Landwirtschaft werden vielfach

Standortbedingungen

Mehrnährstoffdünger verwendet, die in zahlreichen Kombinationen Verbindungen des Stickstoffs, Phosphors und Kaliums enthalten. Die Wirkung der Kalkung (Ca-Düngung) beruht in einer Beeinflussung der Bodenreaktion. Falsche bzw. hohe Düngergaben, insbesondere von Stickstoff, haben in den letzten Jahren zu einer Belastung der Umwelt geführt, indem die Anfälligkeit von Nutzpflanzen gegenüber „Schädlingen" vergrößert, das Boden- und Grundwasser mit Schadstoffen angereichert und die Existenz von Pflanzen und Tieren in angrenzenden Lebensräumen bedroht wird.

Unkrautbekämpfung

Unter den Bewirtschaftungsfaktoren spielt die Bekämpfung von Unkräutern eine herausragende Rolle, weil die Erträge der angebauten Feldfrüchte durch das massenweise Auftreten von unerwünschten Pflanzen erheblich herabgemindert werden können. Aber auch die Qualität des Erntegutes kann durch Verunreinigungen verschlechtert werden, wie z. B. früher durch giftige Samen der Kornrade *(Agrostemma githago)*. Für die heute üblichen Pflege- und Erntetechniken als hinderlich erweisen sich kletternde und windende Pflanzenarten wie beispielsweise Kletten-Labkraut *(Galium aparine)* oder Acker-Winde *(Convolvulus arvensis)*. Schließlich können Unkräuter als Zwischen- oder Endwirte von parasitären Krankheiten auftreten und die Vernichtung von Schädlingen erschweren (z. B. verschiedene Kreuzblütler als Endwirt der Kohlhernie, *Plasmodiophora brassicae*).

Bei der Beurteilung der Schadwirkung darf aber nicht außer acht gelassen werden, daß eine leichte Verunkrautung keine nennenswerten Ertragseinbußen mit sich bringt, sondern sich im Gegenteil günstig auf die Entwicklung der Kulturpflanzen auswirken kann. Der **positive Einfluß der Unkräuter** beruht auf einer Erhöhung der Bodenfruchtbarkeit. Die Wurzeln lockern die oberste Bodenschicht und wirken Erosionserscheinungen entgegen, die oberirdischen Pflanzenteile beschatten den Boden und verhindern eine Austrocknung durch Sonne und Wind. Unkräuter schaffen ein günstiges Mikroklima, das optimale Bedingungen für die Bodenorganismen bewirkt, durch deren Tätigkeit wiederum die Bodengüte erhöht wird. Vor jeder Bekämpfungsaktion sollte deshalb geprüft werden, ob der finanzielle und zeitliche Aufwand einen Eingriff überhaupt rechtfertigt.

Von den auf Äckern vorkommenden Wildkräutern sind unter den heutigen Produktionsbedingungen nur 24 Arten Unkräuter im Sinne von Schaden verursachenden Pflanzenarten (s. Tab. 16).

Eine Zusammenstellung von Unkräutern, die im Weltmaßstab die größten Ertragseinbußen verursachen, findet man bei HOLM u. a. (1977) in dem Buch „The World's Worst Weeds". Als „schlimmstes" Unkraut nennen die Autoren das Runde Zypergras *(Cyperus rotundus),* das aus Indien stammt und in den wärmeren Klimagebieten, in Europa bis zum Alpensüdrand, weit verbreitet ist.

Tabelle 16. Liste der heutigen Problemunkräuter

Verbreitungsschwerpunkt in Halmfruchtkulturen	
Gemeine Quecke	*(Agropyron repens)*
Acker-Fuchsschwanz	*(Alopecurus myosuroides)*
Gemeiner Windhalm	*(Apera spica-venti)*
Flug-Hafer	*(Avena fatua)*
Kletten-Labkraut	*(Galium aparine)*
Echte Kamille	*(Matricaria chamomilla)*
Geruchlose Kamille	*(Tripleurospermum inodorum)*

Verbreitungsschwerpunkt in Hackfruchtkulturen	
Weißer Gänsefuß	*(Chenopodium album)*
Kahle Fingerhirse	*(Digitaria ischaemum)*
Gemeine Hühnerhirse	*(Echinochloa crus-galli)*
Zottiges Franzosenkraut	*(Galinsoga ciliata)*
Kleinblütiges Franzosenkraut	*(Galinsoga parviflora)*
Purpurrote Taubnessel	*(Lamium purpureum)*
Ampfer-Knöterich	*(Polygonum lapathifolium)*
Floh-Knöterich	*(Polygonum persicaria)*
Grüne Borstenhirse	*(Setaria viridis)*
Schwarzer Nachtschatten	*(Solanum nigrum)*
Acker-Hellerkraut	*(Thlaspi arvense)*
Persischer Ehrenpreis	*(Veronica persica)*

Verbreitungsschwerpunkt in Halmfrucht- und Hackfruchtkulturen	
Gemeines Hirtentäschel	*(Capsella bursa-pastoris)*
Acker-Kratzdistel	*(Cirsium arvense)*
Gemeiner Windenknöterich	*(Fallopia convolvulus)*
Vogelmiere	*(Stellaria media)*
Acker-Stiefmütterchen	*(Viola arvensis)*

Von den in Deutschland vorkommenden Ackerpflanzen nimmt die Hühnerhirse *(Echinochloa crus-galli)* hinsichtlich ihrer Schadwirkung weltweit den dritten Platz ein; zu den 18 ,,gefürchtetsten" Unkräutern gehören ferner Gemüse-Portulak *(Portulaca oleracea)*, Weißer Gänsefuß *(Chenopodium album)*, Blutrote Fingerhirse *(Digitaria sanguinalis)*, Acker-Winde *(Convolvulus arvensis)*, Flug-Hafer *(Avena fatua)* und Grünähriger Amarant *(Amaranthus hybridus)*.

Die Bekämpfung der Unkräuter im Ackerbau erfolgt heute zum überwiegenden Teil mit Herbiziden. Herbizide sind chemische Wirkstoffe, die sich durch ihre selektive Wirkung auszeichnen, indem sie Unkräuter schädigen, ohne die Kulturpflanzen zu beeinträchtigen.

Herbizide haben die früher fast ausschließlich angewendeten mechanischen Verfahren weitgehend abgelöst. Der Herbizideinsatz begann erst Anfang der 1950er Jahre und wurde durch die Verknappung landwirtschaftlicher Arbeits-

Standortbedingungen

kräfte und die Verteuerung der Lohnkosten sehr gefördert. Der Verbrauch an sogenannten Pflanzenschutzmitteln betrug 1980 in der Bundesrepublik über 30 000 t, davon entfielen etwa zwei Drittel auf Herbizide, der Rest auf **Fungizide** (chemische Stoffe zur Bekämpfung von Pilzen), **Insektizide** (chemische Stoffe zur Bekämpfung von Insekten) und andere chemische Bekämpfungsmittel. Für die zur Zeit vorhandenen Präparate sind Vorsaat-, Vorauflauf- und Nachauflaufverfahren gebräuchlich.

In der Bundesrepublik werden für die chemische Unkrautbekämpfung mehrere hundert verschiedene Handelsprodukte angeboten, die den Erfordernissen der angebauten Kultursorten und der jeweiligen Standortbedingungen Rechnung tragen. Nach dem Ort der Aufnahme der Wirkstoffe durch die Pflanzen lassen sich Bodenherbizide und Blattherbizide unterscheiden.

Unter **Bodenherbiziden** versteht man Mittel, die von der Pflanze über die unterirdischen Pflanzenteile aus dem Boden aufgenommen werden. Die Schädigungen erfolgen hierbei als Störungen der Stoffwechsel- bzw. Wachstumsvorgänge. Bodenherbizide werden bevorzugt zur Bekämpfung von Gräsern im Vorauflaufverfahren eingesetzt.

Im Gegensatz zu den Bodenherbiziden gelangen **Blattherbizide** mit der Spritzflüssigkeit auf die Blattflächen der behandelten Pflanzen. Nach der Wirkungsweise gibt es **Kontaktherbizide**, die zu einer direkten Vernichtung der Blätter führen, und **systemische Herbizide**, bei denen die Wirkstoffe ein verstärktes Wachstum auslösen (Wuchsstoffmittel) oder die Zellteilung und den Aufbau organischer Substanzen blockieren. Blattherbizide mit Kontaktwirkung werden besonders zur Bekämpfung zweikeimblättriger Unkräuter im Getreide eingesetzt. Wurzelunkräuter erfahren über Verätzungen oberirdischer Pflanzenteile nur eine vorübergehende Schädigung, gegenüber Gräsern sind Kontaktherbizide nahezu unwirksam. Die selektive Wirkung beruht auf der unterirdischen morphologischen Beschaffenheit und Stellung der Blattflächen. Während die Spritztropfen von den mehr senkrecht stehenden, schmalen und durch eine wachsartige Schicht geschützten Getreideblättern herabrollen, bleiben sie auf den waagerecht gestellten, breiteren Blättern der Unkräuter haften und zerstören das Gewebe (s. Abb. 26 u. 27).

Kontakt- und Wuchsstoffmittel haben sehr unterschiedliche Wirkungsspektren. Durch Kombination verschiedener Substanzen lassen sich die Wirkungslücken stark einengen. Für Herbizide, die mehrere Wirkstoffe enthalten und gegen viele Unkräuter wirksam sind, hat sich der Begriff „**Breitbandherbizide**" eingebürgert.

Der unsachgemäße Umgang mit Herbiziden führt häufig zu erheblichen Schädigungen der angrenzenden Lebensräume. Ursachen können z. B. das Mitspritzen der Wegränder, das Ausspülen der Herbizidkanister in Bächen oder Tümpeln oder der schnelle Abtransport der Herbizide in Bäche und Flüsse beim Spritzen vor und während stärkerer Regenfälle sein.

Die Möglichkeiten der chemischen Unkrautbekämpfung haben in weiten Kreisen der Landwirtschaft zu einer gewissen Euphorie geführt. Zur Vermei-

Bewirtschaftungsfaktoren

Abb. 26. Herbizideinsatz – Nördliches Harzvorland
Abb. 27. Herbizidwirkung auf zweikeimblättrige Pflanzen; hier Raps *(Brassica napus)* aus der Vorkultur – Südniedersachsen

Standortbedingungen

dung eines Risikos werden jedes Jahr große Flächen mit Herbiziden behandelt, die es eigentlich nicht nötig hätten. Notwendigkeit und Intensitität der kostenaufwendigen, chemischen Bekämpfung sollten deshalb sorgfältig geprüft werden. Als eine sowohl ökologischen als auch ökonomischen Interessen gerecht werdende Methode gilt heute die Schadschwellenermittlung (EGGERS und NIEMANN 1980).

> Unter **Schadschwelle** versteht man die Unkrautdichte, bei deren Überschreitung ein Schaden entsteht, der höher ist als die Kosten der Abwendung.

Dieser Schwellenwert ist keine feste Größe und besitzt je nach Kulturart und deren Bestandsdichte, den verschiedenen Bodeneigenschaften und unterschiedlichen Witterungseinflüssen, aber auch der Betriebsstruktur sowie dem Ertragsniveau eine mehr oder weniger große Schwankungsbreite. Für den Acker-Fuchsschwanz *(Alopecurus myosuroides)* hat man in Wintergetreidebeständen eine Schadschwelle von etwa 30 Pflanzen/m^2 ermittelt (KOCH 1972; NIEMANN 1978; EGGERS und NIEMANN 1980).

Im heutigen Ackerbau werden verstärkt Überlegungen angestellt, in welcher Weise die chemische Unkrautbekämpfung sinnvoll durch alternative Methoden ergänzt oder gar ersetzt werden kann. Das Konzept des **integrierten Pflanzenschutzes**, das die Kombination verschiedenartiger Maßnahmen anstrebt, hat sich als erfolgversprechend erwiesen. Neben dem Einsatz von Herbiziden werden im integrierten Pflanzenschutz vor allem Verfahren der mechanischen Unkrautbekämpfung praktiziert. Das beginnt mit der Bodenbearbeitung wie Schälen, Pflügen, Grubbern (Grubber sind mit Hacken versehene Ackergeräte) und Eggen zwischen Ernte und Neuaussaat. Bei vielen Kulturarten ist zwischen Aussaat und Auflauf, aber auch noch nach der Verwurzelung der gekeimten Kulturpflanzen eine Bekämpfung mit Eggen und Netzeggen (Unkrautstriegel) möglich. In bereits entwickelten Pflanzenbeständen kommen mechanische Bekämpfungsmaßnahmen (Hacken und das zeitaufwendige Jäten) zwischen den Reihen der Kulturpflanzen in Betracht. Der Mangel an Arbeitskräften und hohe Lohnkosten erschweren allerdings die Durchführung dieser Methoden. Zur Unterdrückung der Problemunkräuter können neben der direkten Bekämpfung zahlreiche acker- und pflanzenbauliche Maßnahmen beitragen. Dazu gehören die Vermeidung einseitiger Fruchtfolgen, der Anbau geeigneter Zwischenfrüchte, die standortgerechte Auswahl der Kulturarten, die Wahl des richtigen Saattermins sowie eine ausgewogene Düngung. Eine weitere Möglichkeit, die Schadwirkungen eines Unkrautbestandes zu reduzieren, beruht auf einer Veränderung der Konkurrenzverhältnisse zwischen den vorherrschenden Arten. So haben sich in Weinbergen Pflanzenarten wie z. B. die Acker-Winde *(Convolvulus arvensis),* die wegen ihrer tiefreichenden Wurzelsysteme gegenüber dem Herbizideinsatz weitgehend unempfindlich sind, zu starken Konkurrenten der Weinrebe entwickelt. Über die Ansiedlung bodendeckender und flachwurzelnder Pflanzenarten wie Vogelmiere *(Stellaria media)* können die unerwünschten

Tiefwurzler zurückgedrängt werden. Artenreiche Unkrautbestände mit einer nicht zu hohen Individuendichte sind auch aus wirtschaftlichen Erwägungen erstrebenswerter als artenarme und zugleich individuenreiche. In einer artenreichen Ackerbegleitflora sind immer zahlreiche Pflanzenarten vertreten, die mit ihren gegenüber den Kulturarten andersartigen Standortansprüchen und Wuchseigenschaften als Konkurrenten bedeutungslos sind und kaum Schaden verursachen.

Gefährdung und Schutz der Ackerbegleitflora

Veränderungen und ihre Ursachen

In den letzten Jahrzehnten ist es zu einem starken Wandel der Ackerbegleitflora gekommen. Der Rückgang von vertrauten und buntblühenden Ackerwildkräutern gehört zu den augenfälligsten Erscheinungen dieser Entwicklung. Über tiefgreifende Veränderungen, die sich in der floristischen Zusammensetzung der verschiedenen Ackerunkrautgesellschaften vollzogen haben, wird aus Nord- und Westdeutschland (MEISEL 1972, 1978; MEISEL und HÜBSCHMANN 1976), Südniedersachsen und Hessen (STÄHLIN 1970; CALLAUCH 1981), Baden-Württemberg (MITTNACHT 1980), der Schweiz (BRUN-HOOL 1973; WALDIS-MEYER 1978), Bayern (BACHTHALER 1968, 1970; DANCAU und BACHTHALER 1968; BRAUN 1981), Österreich (NEURURER 1965; HOLZNER 1973 b), der DDR (MAHN 1969) und Polen (ROLA 1973) berichtet. In verschiedenen Arbeiten werden vegetationskundliche Untersuchungen aus der Zeit vor 1960 mit Erhebungen neueren Datums verglichen. Andere Autoren haben die Auswirkungen unterschiedlicher und verschieden intensiver Bewirtschaftungsmaßnahmen für die Ausbildung von Ackerunkrautgemeinschaften experimentell herausgestellt:

– Ackerbiotope haben ihre ökologische und floristische Vielfalt weitgehend eingebüßt.
– Die Artenzahlen in den Ackerunkrautbeständen haben sich deutlich verringert. Auf ehemals artenreichen Standorten gingen die Artenzahlen um etwa 30–40 % zurück.
– Stark abgenommen hat in der Regel auch der Deckungsgrad der Unkrautbestände. In ausgeprägten Ackerbaugebieten herrschen nahezu unkrautfreie Kulturbestände vor.
– In den Unkrautgemeinschaften hat eine Umschichtung stattgefunden. Anstelle der zurückgedrängten Arten haben sich andere stark ausgebreitet.

Die Veränderungen in der Zusammensetzung der Ackerbegleitflora wurden durch Intensivierungsmaßnahmen im Ackerbau hervorgerufen, die wiederum durch das Bemühen um Produktionssteigerung und durch die Verknappung und Verteuerung menschlicher Arbeitskräfte ausgelöst wurden.

Durch die **Rationalisierung und Intensivierung** ging die Standortsvielfalt der Ackerlandschaft verloren. Charakteristische Strukturelemente wie Hecken und

Acker-Goldstern *(Gagea villosa)* – Südliches Münsterland

Gefährdete Frühjahrsgeophyten der Weinberge

Wilde Tulpe *(Tulipa sylvestris)* – Elsaß

Weinbergs-Traubenhyazinthe *(Muscari racemosum)* – Kraichgau

Feldränder wurden beseitigt, feuchte Flächen durch Entwässerungsmaßnahmen (Gräben, Drainage) in ertragssichere Standorte überführt und kleine Ackerstücke zu großen Einheiten zusammengefaßt. Derartige Maßnahmen wurden oft im Rahmen der Flurbereinigung durchgeführt und haben zur Nivellierung der Standorte und ihrer Flora geführt (s. Abb. 4, S. 125).

Der Wandel der Ackerbegleitflora ist jedoch in besonders starkem Maße auf die **rapide Zunahme des Herbizideinsatzes** in den vergangenen Jahrzehnten zurückzuführen. Vom Rückgang sind in erster Linie Arten mit extremen Standortansprüchen betroffen; oft handelt es sich um Arten am Rand ihres Hauptverbreitungsgebietes bzw. um pflanzensoziologische Charakterarten. Das gilt in großem Umfang für Kalkzeiger wie Acker-Haftdolde *(Caucalis platycarpos),* Venuskamm *(Scandix pecten-veneris),* Sommer-Adonisröschen *(Adonis aestivalis),* aber auch für Säurezeiger wie Lämmersalat *(Arnoseris minima).* Der Rückgang von Kornblume *(Centaurea cyanus)* und Mohnarten *(Papaver argemone, P. dubium, P. rhoeas)* auf Ackerflächen dürfte ebenfalls auf die Anwendung von Herbiziden zurückzuführen sein, da diese Arten bereits auf einfache Wuchsstoffherbizide empfindlich reagieren.

Während zahlreiche Wildkräuter durch chemische Unkrautbekämpfungsmittel zurückgedrängt sind, werden andere durch den Herbizideinsatz gefördert. Dieser Vorgang beruht auf der Auslese widerstandsfähiger Arten und wird als **Kompensation** bezeichnet (EGGERS 1975). Werden Herbizide einer speziellen Wirkungsweise über einen längeren Zeitraum angewendet, können sich bestimmte Pflanzenarten in einem außergewöhnlichen Maße ausbreiten. So herrschten z. B. in Maiskulturen bis zur Einführung von Herbiziden breitblättrige Arten vor. Wegen der geringen Wirksamkeit der im Mais gegenüber Hirsearten einsetzbaren chemischen Unkrautbekämpfungsmittel haben sich gebietsweise Gemeine Hühnerhirse *(Echinochloa crus-galli),* Borstenhirse-Arten (*Setaria* spec.) und Fingerhirse-Arten (*Digitaria* spec.) stark entwickelt. Auf diese Weise ist es zur Ausbildung von artenarmen, aber individuenreichen Unkrautbeständen gekommen.

Das langjährige Spritzen mit gleichartigen chemischen Unkrautbekämpfungsmitteln kann aber auch eine Auslese resistenter Sippen auslösen (intraspezifische Selektion). Individuen von manchen Pflanzenarten, die gegenüber bestimmten Herbiziden anfänglich empfindlich reagieren, können resistent werden und sich dann verstärkt ausbreiten.

Die ansteigenden Düngergaben (besonders Stickstoff) haben die Konkurrenz zwischen den angebauten Feldfrüchten und der Ackerbegleitflora ebenfalls stark mitverändert. Während es zu einer Abnahme der früher weitverbreiteten Magerkeitszeiger, z. B. der Charakterarten der Lammkraut-Assoziation, und der Säurezeiger Einjähriger Knäuel *(Scleranthus annuus),* Acker-Spergel *(Spergula arvensis)* und Kleiner Sauerampfer *(Rumex acetosella)* gekommen ist, konnten sich nitrophile Unkräuter wie Kletten-Labkraut *(Galium aparine),* Vogelmiere *(Stellaria media),* Taubnessel-Arten (*Lamium* spec.) und Geruchlose Kamille *(Tripleurospermum inodorum)* verstärkt ausbreiten.

Die Zusammensetzung der Ackerbegleitflora wird auch durch Kulturpflanzen mit ihren jeweiligen art- bzw. sortenspezifischen Wuchseigenschaften und unterschiedlichen Saat- und Ernteterminen geprägt. So erweist sich z. B. der durch die angebauten Feldfrüchte bedingte Beschattungsrhythmus für die Entwicklung der Wildpflanzen als besonders wichtig. Die Bevorzugung kurzstrohiger Arten und die Verwendung von Halmverkürzungsmitteln begünstigt die lichtbedürftigen Bodenpflanzen Vogelmiere *(Stellaria media)*, Einjähriges Rispengras *(Poa annua)* und verschiedene Ehrenpreis-Arten (*Veronica* spec.) sowie die Kletterpflanzen Kletten-Labkraut *(Galium aparine)* und Gemeinen Windenknöterich *(Fallopia convolvulus)*. Von dem eingeengten Fruchtwechsel mit bevorzugtem Getreideanbau profitieren die Wildgräser Gemeiner Windhalm *(Apera spica-venti)*, Acker-Fuchsschwanz *(Alopecurus myosuroides)* und Flug-Hafer *(Avena fatua)*.

Der Einsatz moderner Geräte und Maschinen führt zu einer Verschiebung der Saat- und Erntetermine. Die mähdruschbedingte Herauszögerung der Getreideernte begünstigt das Ausreifen zahlreicher Wildgräser wie Gemeiner Windhalm *(Apera spica-venti)* und Acker-Fuchsschwanz *(Alopecurus myosuroides)*. So werden bei der Ernte von den noch nicht auf den Boden gefallenen Samen große Mengen durch die Mähdrescher herausgeschleudert.

Durch eine verbesserte Saatgutreinigung sind Wildkräuter mit großen Samen aus der Ackerlandschaft verschwunden. Das bekannteste Beispiel ist die Kornrade *(Agrostemma githago)*, die vor einigen Jahrzehnten noch regelmäßig in den Roggenbeständen anzutreffen war und heute fast ausgestorben ist.

Einige Kulturarten besitzen eine spezifische Ackerbegleitflora, die verschwindet, wenn diese Kulturpflanzen nicht mehr angebaut werden. Die Aufgabe des Leinanbaus hatte z. B. das Aussterben der Lein-Unkräuter Lein-Seide *(Cuscuta epilinum)*, Gezähnter Leindotter *(Camelina alyssum)*, Lein-Loch *(Lolium remotum)* und Flachs-Leinkraut *(Silene linicola)* zur Folge.

„Rote Listen"

Der drastische Rückgang von Tier- und Pflanzenarten hat zur Erarbeitung von sogenannten „Roten Listen" bzw. „Red Data Books" geführt, in denen ausgestorbene und in ihrem Bestand gefährdete Arten aufgelistet sind. Seit 1974 existiert eine „Rote Liste" von ausgestorbenen Pflanzenarten in der Bundesrepublik Deutschland, die inzwischen in der 3. Fassung vorliegt (Stand: 31. 12. 1982) (BLAB et al. 1984). Danach kommen in der Bundesrepublik Deutschland 2476 wildwachsende Gefäßpflanzenarten vor (ohne Neophyten), von denen 862 Arten (34,8 %) ausgestorben oder gefährdet sind.

„Rote Listen" haben immer nur für den Bereich Gültigkeit, für den sie erarbeitet wurden. Pflanzenarten, die in der gesamten Bundesrepublik Deutschland in ihrem Bestand nicht als gefährdet gelten, können in Teilgebieten bereits ausgestorben oder verschollen sein, wie z. B. der Acker-Wachtelweizen

(Melampyrum arvense) in Schleswig-Holstein und West-Berlin. Daher ist es sinnvoll, auch für kleinere, meist politisch abgegrenzte Gebiete ,,Rote Listen" zu erstellen. Inzwischen liegen für alle Bundesländer, mit Ausnahme von Hamburg, ,,Rote Listen" der ausgestorbenen und gefährdeten Pflanzenarten vor, viele davon bereits in der 2. oder 3. Fassung. Da sich die Kenntnis über die Verbreitung und Gefährdung der Pflanzenarten ständig verbessert, müssen ,,Rote Listen" fortgeschrieben werden. Die neuen Fassungen zeigen, daß weitere Arten an ihren letzten bekannten Vorkommen verschwunden sind oder die bisherigen Schätzungen der Gefährdung vielfach zu optimistisch waren. Dieses gilt in besonderem Maß für viele Ackerwildkräuter, deren Bestandssituation sich in den letzten Jahrzehnten ständig verschlechtert hat.

In den ,,Roten Listen" werden im allgemeinen die ausgestorbenen und verschollenen Pflanzenarten der Kategorie ,,0" (früher ,,1.1") zugeordnet und die gefährdeten Arten in die Gefährdungskategorien ,,1" (früher ,,1.2"), ,,2", ,,3" und ,,4" eingeteilt. Die Bundesländer Schleswig-Holstein und Bayern verzichten auf die Gefährdungskategorie ,,4". Die heute allgemein gültigen Gefährdungskategorien, die aber regional z. T. etwas abweichend definiert werden, sind in Tab. 17 zusammengestellt (in Anlehnung an BLAB et al. 1984).

Trotz mancher Kritik, die den ,,Roten Listen" entgegengebracht wird, haben sie sich bei der aktuellen Naturschutzarbeit bewährt und sind unverzichtbar geworden. ,,Rote Listen" sind kein Selbstzweck, sondern Arbeitsunterlagen, die auf anschauliche Weise aufzeigen, wie sich die Überlebenssituation der einzelnen Arten verändert. Einige **Ziele der ,,Roten Listen"** lassen sich wie folgt zusammenfassen (in Anlehnung an HARMS et al. 1983, BLAB et al. 1984):

- Die ,,Rote Liste" will den Bürger, d. h. die Öffentlichkeit und die Behörden, informieren, welche Arten gefährdet sind und wie groß ihre Gefährdung ist.
- Sie dient als Entscheidungshilfe und Beweismittel für Naturschutzbehörden bei Anträgen auf Ausweisung von Schutzgebieten für gefährdete Arten und zur Abwehr von Eingriffen in Schutzgebiete.
- Sie dient als Entscheidungshilfe und Beweismittel für alle Institutionen, die Eingriffe in die Landschaft oder die Natur planen, durchführen oder verhindern wollen.
- Sie will dem privaten Naturschutz Argumente liefern, wenn es darum geht, einen Antrag auf Schutz eines Gebietes zu stellen oder naturschutzfeindliche Planungen abzuwenden.
- Sie will die Gerichte und andere Justizbehörden bei dem Bemühen unterstützen, den Naturschutzwert von Streitflächen objektiv zu bewerten.
- Sie will die Wissenschaftler dazu anregen zu erforschen, warum bestimmte Arten im Bestand zurückgehen und wie diesen Arten am besten zu helfen ist.
- Sie will dazu beitragen, daß der Artenschutz in der Öffentlichkeit einen höheren Stellenwert erhält als bisher.

Die 3. Fassung der ,,Roten Liste" der Bundesrepublik Deutschland enthält 93 Ackerwildkrautarten (10,8 % aller gefährdeten Arten), von denen bereits 15 Arten ausgestorben sind (25,0 % aller ausgestorbenen Arten), wie z. B.

Randstreifen mit Kornblume *(Centaurea cyanus)* und Klatsch-Mohn *(Papaver rhoeas)* – Tübingen

Venuskamm *(Scandix pecten-veneris)* – Teutoburger Wald

Kornrade *(Agrostemma githago)* – Neusiedler See

Gefährdung und Schutz der Ackerbegleitflora

Tabelle 17. Gefährdungskategorien der ,,Roten Liste"
für Pflanzenarten und -gesellschaften

0 – ausgestorben oder verschollen
Arten oder Gesellschaften, die in dem betreffenden Gebiet ausgestorben, ausgerottet oder verschollen sind und denen bei Wiederauftreten besonderer Schutz gewährt werden muß.

Dabei handelt es sich um Arten oder Gesellschaften, die nachweisbar ausgestorben sind oder ausgerottet wurden, bzw. um solche, deren früheres Vorkommen belegt ist, die aber seit längerer Zeit (mindestens 10 Jahre) trotz Suche nicht mehr nachgewiesen wurden, so daß der begründete Verdacht besteht, daß ihr Vorkommen erloschen ist (verschollene Arten bzw. Gesellschaften).

1 – vom Aussterben bedroht
Arten oder Gesellschaften, die in dem betreffenden Gebiet vom Aussterben bedroht sind und für die Schutzmaßnahmen dringend notwendig sind. Das Überleben dieser Arten oder Gesellschaften ist unwahrscheinlich, wenn die verursachenden Faktoren weiterhin einwirken oder bestandserhaltende Schutzmaßnahmen nicht unternommen werden.

Dabei handelt es sich entweder um Arten bzw. Gesellschaften, deren Bestände durch lang anhaltenden, starken Rückgang auf eine bedrohliche bis kritische Größe zusammengeschmolzen sind oder die nur an wenigen Stellen in kleinen bis sehr kleinen Beständen vorkommen und dort durch gegebene oder absehbare Eingriffe ernsthaft bedroht sind.

2 – stark gefährdet
Arten oder Gesellschaften, die in dem betreffenden Gebiet stark gefährdet sind und für die Schutzmaßnahmen unbedingt empfohlen werden.

Dabei handelt es sich um Arten oder Gesellschaften mit kleinen Beständen, die insgesamt signifikant zurückgehen und/oder regional bereits verschwunden sind.

3 – gefährdet
Arten oder Gesellschaften, die in dem betreffenden Gebiet durch eine allgemeine Rückgangstendenz, die meist am Arealrand besonders ausgeprägt ist, gefährdet sind und die in Schutzvorhaben einbezogen werden sollten.

Dabei handelt es sich entweder um Arten bzw. Gesellschaften mit lokal kleinen Beständen, die vielerorts Rückgangstendenzen aufweisen und/oder regional bereits verschwunden sind, oder um Gesellschaften, deren einzelne Arten zwar nicht gefährdet sind, die aber in ihrer typischen Artenzusammensetzung einen erkennbaren Rückgang aufweisen, bei den Ackerunkraut-Gesellschaften speziell durch den Einsatz von Herbiziden und Düngung (Verarmung der Gesellschaften).

4 – potentiell gefährdet
Arten oder Gesellschaften, die in dem betreffenden Gebiet potentiell durch ihre Seltenheit gefährdet sind und für die Schutzmaßnahmen empfohlen werden.

Dabei handelt es sich um Arten oder Gesellschaften, die nur wenige kleine Vorkommen haben oder die in kleinen Beständen am Arealrand vorkommen, sofern sie nicht bereits wegen ihrer aktuellen Gefährdung zu den Gefährdungskategorien 1 bis 3 gerechnet werden müssen. Auch wenn eine aktuelle Gefährdung heute nicht besteht, können solche Arten oder Gesellschaften wegen ihrer großen Seltenheit durch unvorhergesehene lokale Eingriffe schlagartig ausgerottet werden.

Acker-Meier *(Asperula arvensis)*, Lein-Lolch *(Lolium remotum)*, Warzen-Knorpelkraut *(Polycnemum verrucosum)*, Lauch-Hellerkraut *(Thlaspi alliaceum)* u. a. Diese Zahlen belegen eindrucksvoll, daß die Pflanzen der Äcker einen großen Anteil aller gefährdeten Pflanzenarten ausmachen. So verwundert es nicht, daß die Ackerwildkrautgesellschaften zusammen mit den Pflanzengesellschaften der Trockenrasen, der Moore und der Feuchtwiesen zu denjenigen Vegetationstypen Deutschlands gehören, die die meisten bedrohten Pflanzenarten enthalten (KORNECK et al. 1981).

Der **Rückgang von Pflanzenarten** kann durch Rasterkarten verdeutlicht werden. Abb. 16 und 28 (S. 194 und 232) zeigen derartige Rasterkarten der Acker-Lichtnelke *(Silene noctiflora)* und des Rundblättrigen Hasenohrs *(Bupleurum rotundifolium)* nach den Unterlagen der Floristischen Kartierung der Bundesrepublik Deutschland (HAEUPLER in litt.). Das Grundfeld für diese Rasterkartierung ist die topographische Karte 1:25 000 (Meßtischblatt) mit einer Fläche von ca. 120 km^2. Der ausgefüllte Kreis bedeutet dabei, daß für das entsprechende Meßtischblatt ein Fundnachweis nach 1945 vorliegt, der offene Kreis belegt eine Fundangabe vor 1945, und der kleine Punkt weist ein unbeständiges, vorübergehendes Vorkommen (z. B. an Bahn-, Industrie- oder Hafenanlagen) aus. Die Nummer des entsprechenden Meßtischblattes läßt sich anhand der Zahlen am rechten und unteren Bildrand rekonstruieren. Die beiden Arten zeigen eine unterschiedliche Rückgangstendenz. Die Acker-Lichtnelke *(Silene noctiflora)* ist im Süden der Bundesrepublik Deutschland recht weit verbreitet, hat aber im Norden und Nordwesten eine deutliche Rückgangstendenz. Für die gesamte Bundesrepublik Deutschland gilt die Acker-Lichtnelke daher als nicht gefährdet (BLAB et al. 1984), in den nördlichen und westlichen Bundesländern ist sie in den regionalen ,,Roten Listen" jedoch enthalten (s. Tab. 18). Das Rundblättrige Hasenohr *(Bupleurum rotundifolium)* kam einst auf warmen Kalkäckern in fast allen Bundesländern vor, doch hat ein bedrohlicher Bestandsrückgang eingesetzt, so daß nach 1945 nur noch wenige Funde bekannt wurden. Dabei muß berücksichtigt werden, daß einige der nach 1945 gemeldeten Fundorte inzwischen nachweislich erloschen sind. In drei Bundesländern ist die Art jetzt verschollen, in vier weiteren vom Aussterben bedroht.

Betrachtet man die **Ursachen der Gefährdung und des Artenrückgangs**, so ergibt sich, daß die Landwirtschaft der größte Verursacher ist (SUKOPP et al. 1978). Etwa 30 % aller Arten sind allein durch die Eingriffe der Landwirtschaft gefährdet. Bei weiteren knapp 50 % ist die Landwirtschaft neben anderen Verursachern beteiligt (BUTTLER 1983). Diesen Zahlen liegt allerdings nicht nur der Lebensraum Acker zugrunde, sondern auch andere landwirtschaftlich genutzte Flächen (z. B. Grünland). BLAB et al. (1984) konkretisieren die Gründe für den Artenrückgang: ,,Hauptursachen für das Verschwinden oder den Rückgang zahlreicher Arten sind: Veränderungen der landwirtschaftlichen Bewirtschaftung. An die Stelle vielfältiger, kleinflächiger Nutzung sind großflächige, einseitige Kulturen getreten; weniger produktive Standorte wurden flurbereinigt, entwässert, aufgegeben, aufgeforstet oder überbaut; ökologische

Gefährdung und Schutz der Ackerbegleitflora

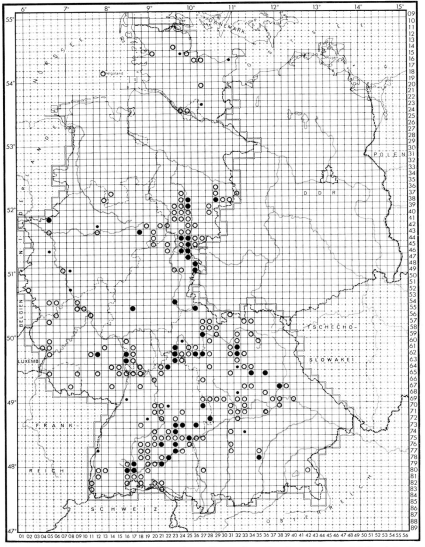

Abb. 28. Verbreitung des Rundblättrigen Hasenohrs *(Bupleurum rotundifolium)* in der Bundesrepublik Deutschland. Rasterkarte nach Unterlagen der Floristischen Kartierung.
● – Vorkommen nach 1945
○ – Vorkommen vor 1945
• – unbeständiges Vorkommen

"Rote Listen"

Tabelle 18. Liste gefährdeter und verschollener Ackerpflanzen in der Bundesrepublik Deutschland und der DDR

Bereich Bearbeitungsstand 19..	S-H 82	NDS 83	BER 81	HES 79	N-W 78	R-P 85	SAA 79	B-W 83	BAY 74	DDR 78	BRD 82
Adonis aestivalis	U	1	U	2	1	2	2	3	2	2	3
Adonis flammea	−	1	−	0	0	0	−	1	1	1	1
Agrostemma githago	1	1	2	1	1	1	2	1	1	1	1
Ajuga chamaepitys	−	1	−	2	1	2	0	2	2	2	3
Allium oleraceum	+	+	1	+	+	+	+	+	+	+	+
Allium rotundum	−	−	−	3	0	3	1	3	2	2	3
Allium vineale	3	+	+	+	+	+	+	+	+	+	+
Alopecurus myosuroides	+	+	2	+	+	+	+	+	+	+	+
Anagallis foemina	U	3	+	+	+	+	+	3	1	3	+
Anthemis arvensis	+	+	2	+	+	+	+	+	+	+	+
Anthemis cotula	3	+	2	+	3	2	+	+	+	+	+
Anthoxanthum puelii	3	+	3	U	3	U	−	U	U	+	+
Aphanes arvensis	+	+	2	+	+	+	+	+	+	+	+
Aphanes microcarpa	3	+	1	+	+	+	2	3	2	2	+
Arenaria leptoclados	−	+	1	+	+	+	+	+	+	+	+
Arnoseris minima	3	2	2	1	2	2	1	1	+	3	2
Avena fatua	+	+	3	+	+	+	+	+	+	+	+
Bidens tripartita	+	+	3	+	+	+	+	+	+	+	+
Bromus arvensis	+	3	3	+	0	+	+	3	+	+	3
Bromus secalinus	2	U	3	0	0	2	+	3	2	2	2
Buglossoides arvensis	2	3	2	+	+	+	+	+	+	3	+
Bunium bulbocastanum	U	2	−	3	+	+	3	2	U	U	+
Bupleurum rotundifolium	U	1	−	1	0	0	0	1	1	2	2
Calendula arvensis	−	−	−	0	−	2	0	2	0	0	2
Camelina microcarpa	0	2	1	+	2	+	U	2	+	3	+
Camelina sativa	0	0	−	+	U	+	U	3	+	+	+
Campanula rapunculoides	+	+	3	+	+	+	+	+	+	+	+
Caucalis platycarpos	U	2	U	2	1	2	1	3	1	2	3
Centaurea cyanus	+	3	3	+	+	+	+	+	+	3	+
Centunculus minimus	2	2	1	3	2	3	2	3	+	3	3
Cerastium glomeratum	+	+	1	+	+	+	+	+	+	+	+
Chenopodium glaucum	+	+	+	+	+	+	3	+	+	+	+
Chenopodium hybridum	1	+	+	+	+	+	+	+	+	+	+
Chenopodium rubrum	+	+	+	+	+	+	3	+	+	+	+
Chrysanthemum segetum	3	3	2	3	+	3	+	0	2	3	+
Conringia orientalis	U	0	−	2	0	0	0	2	2	3	2
Consolida regalis	2	3	3	3	3	2	2	+	+	3	+
Coronopus squamatus	+	2	1	2	3	2	2	3	+	+	3
Crepis tectorum	+	+	+	+	4	+	U	3	+	+	+
Diplotaxis muralis	+	+	+	3	2	+	+	+	U	+	+
Eragrostis megastachya	−	U	−	0	U	U	−	+	U	−	+
Erucastrum gallicum	U	+	+	+	4	+	−	+	+	U	+
Euphorbia exigua	1	+	0	+	+	+	+	+	+	3	+
Euphorbia falcata	−	−	−	1	−	1	−	0	U	2	1
Euphorbia platyphyllos	−	2	−	4	−	3	+	+	+	3	+
Falcaria vulgaris	1	+	+	+	+	+	3	+	+	+	+
Filago arvensis	3	2	0	+	1	3	3	3	+	2	3

Gefährdung und Schutz der Ackerbegleitflora

Bereich Bearbeitungsstand 19..	S-H 82	NDS 83	BER 81	HES 79	N-W 78	R-P 85	SAA 79	B-W 83	BAY 74	DDR 78	BRD 82
Fumaria officinalis	+	+	3	+	+	+	+	+	+	+	+
Fumaria parviflora	−	−	−	2	1	1	−	0	1	2	1
Fumaria schleicheri	−	−	−	2	−	2	−	3	+	0	+
Fumaria vaillantii	−	3	U	+	3	+	3	+	+	+	3
Gagea villosa	0	3	1	3	1	+	0	3	2	2	3
Galeopsis angustifolia	U	+	1	+	+	+	+	+	+	+	+
Galeopsis ladanum	3	1	1	+	−	+	+	+	+	3	+
Galeopsis pubescens	2	−	+	+	U	−	−	+	+	+	+
Galeopsis segetum	+	2	−	+	+	+	+	3	2	3	+
Galeopsis speciosa	+	+	0	+	4	+	−	+	+	+	+
Galium spurium	U	2	1	+	3	2	+	3	+	+	+
Galium tricornutum	1	2	−	3	2	3	3	3	+	3	3
Geranium columbinum	+	+	4	+	+	+	+	+	+	+	+
Geranium rotundifolium	−	−	−	+	1	+	+	+	1	−	+
Gypsophila muralis	0	2	2	+	1	3	+	3	+	3	3
Holosteum umbellatum	1	3	2	+	+	+	+	+	+	+	+
Hyoscyamus niger	2	2	3	+	3	3	4	2	2	3	3
Hypericum humifusum	+	+	2	+	+	+	+	+	+	+	+
Hypochoeris glabra	3	2	2	2	2	1	+	2	2	3	2
Illecebrum verticillatum	2	2	0	1	+	0	1	0	0	3	3
Kickxia elatine	1	2	−	+	+	+	+	3	+	3	+
Kickxia spuria	U	1	−	+	2	+	+	3	+	3	+
Knautia arvensis	+	+	3	+	+	+	+	+	+	+	+
Lamium hybridum	+	3	−	+	+	−	+	−	−	+	+
Lamium maculatum	+	+	1	+	+	+	+	+	+	+	+
Lathyrus aphaca	U	U	U	1	1	2	+	3	U	1	3
Lathyrus hirsutus	U	U	U	1	1	2	1	3	+	U	2
Lathyrus nissolia	−	U	−	1	−	U	2	1	+	U	2
Legousia hybrida	1	2	−	2	2	3	1	1	1	2	2
Legousia speculum-veneris	−	1	−	2	+	3	+	3	+	1	3
Lepidium campestre	+	3	+	+	+	+	+	+	+	+	+
Lolium temulentum	1	U	2	0	0	0	+	0	2	1	0
Melampyrum arvense	0	2	0	+	+	+	+	+	+	3	+
Misopates orontium	3	2	1	3	+	3	+	2	+	2	3
Muscari neglectum	−	−	−	0	−	2	+	3	+	−	3
Muscari racemosum	−	U	−	2	0	2	1	3	2	U	+
Myosotis discolor	+	3	1	+	3	+	3	+	+	+	3
Myosotis stricta	+	+	+	+	+	+	3	+	+	+	+
Myosurus minimus	+	3	2	3	+	+	2	3	2	+	+
Neslia paniculata	1	1	1	2	0	0	+	3	+	+	3
Nigella arvensis	U	0	0	2	0	1	−	1	2	2	2
Odontites verna	+	+	+	+	3	+	+	−	+	+	+
Orlaya grandiflora	−	0	−	0	0	0	0	1	1	1	1
Ornithogalum nutans	U	3	+	+	+	+	+	+	+	+	+
Ornithogalum umbellatum	U	3	+	+	+	+	3	+	+	+	+
Ornithopus perpusillus	+	+	+	+	+	3	+	+	2	+	+
Papaver argemone	+	+	3	+	+	+	+	3	+	+	+
Papaver hybridum	−	U	−	0	−	2	−	U	U	2	2

„Rote Listen"

Bereich Bearbeitungsstand 19..	S-H 82	NDS 83	BER 81	HES 79	N-W 78	R-P 85	SAA 79	B-W 83	BAY 74	DDR 78	BRD 82
Papaver lecoqii	−	+	−	−	−	−	−	−	+	−	3
Peplis portula	3	+	2	+	+	+	3	3	+	+	+
Phragmites australis	+	+	3	+	+	+	+	+	+	+	+
Polycnemum arvense	−	0	1	1	0	0	−	1	1	2	2
Polycnemum majus	−	0	−	−	−	1	−	1	+	2	2
Ranunculus arvensis	1	2	1	3	3	2	+	+	+	2	2
Ranunculus sardous	3	4	2	+	+	3	1	2	+	3	3
Rapistrum rugosum	U	U	3	0	U	3	+	+	+	U	+
Sagina ciliata	1	+	2	3	3	3	+	+	+	+	+
Sagina micropetala	2	+	2	3	3	3	+	+	+	3	3
Scandix pecten-veneris	1	1	−	1	2	1	1	2	1	2	2
Sherardia arvensis	3	3	2	+	+	+	+	+	+	3	+
Silene noctiflora	2	3	2	+	3	+	2	+	+	+	+
Solanum luteum	0	1	+	U	U	−	U	U	+	+	+
Spergularia rubra	+	+	+	+	+	+	+	3	+	+	+
Stachys annua	1	1	−	2	1	2	+	3	2	+	3
Stachys arvensis	+	3	0	3	+	3	+	3	2	2	+
Teesdalea nudicaulis	+	+	3	3	+	+	3	2	2	+	+
Torilis arvensis	U	0	0	+	U	+	−	3	2	2	3
Tulipa sylvestris	2	2	−	3	1	2	−	+	1	+	2
Turgenia latifolia	U	0	U	0	0	0	1	1	1	1	1
Vaccaria hispanica	U	2	U	0	U	0	0	1	2	1	2
Valerianella carinata	1	0	1	+	+	+	+	+	2	+	+
Valerianella dentata	+	3	1	3	+	3	2	+	+	+	+
Valerianella locusta	+	+	3	+	+	+	+	+	+	+	+
Valerianella rimosa	1	1	1	+	+	2	2	3	+	2	3
Veronica agrestis	+	+	2	+	+	+	+	+	+	+	+
Veronica opaca	3	1	1	2	3	2	−	2	+	3	3
Veronica polita	2	+	+	+	+	+	+	+	+	+	+
Veronica praecox	−	2	1	3	2	+	−	2	+	+	3
Veronica triphyllos	+	3	2	+	3	+	+	3	+	+	+
Veronica verna	1	2	2	+	0	+	+	3	+	+	+
Vicia villosa	2	+	+	+	+	+	+	+	+	+	+
Viola tricolor	+	+	3	+	+	+	+	+	+	+	+

Abkürzungen:

S-H – Schleswig-Holstein
NDS – Niedersachsen und Bremen
BER – Berlin
HES – Hessen
N-W – Nordrhein-Westfalen
R-P – Rheinland-Pfalz
SAA – Saarland
B-W – Baden-Württemberg
BAY – Bayern
DDR – Deutsche Demokratische Republik
BRD – Bundesrepublik Deutschland

0 – ausgestorben oder verschollen
1 – vom Aussterben bedroht
2 – stark gefährdet
3 – gefährdet
4 – potentiell gefährdet

\+ – die Art kommt im betreffenden Bereich vor und ist nicht gefährdet
− – die Art kommt im betreffenden Bereich nicht vor
U – die Art kommt im betreffenden Bereich unbeständig vor, d. h. unregelmäßig und nur vorübergehend

Gefährdung und Schutz der Ackerbegleitflora

Nischen wie Übergangsbereiche zwischen Wald und Grasland, Brachen, Hekken, Steinhaufen, Wegränder, Raine, Baumgärten, Streuwiesen usw. sind verschwunden; früher verbreitete Kulturpflanzen wie Lein, Buchweizen und alte Getreidesorten werden kaum noch angebaut, und mit ihnen verschwinden ihre typischen Begleitpflanzen; die Verstädterung der Dörfer, die Saatgutreinigung und die zunehmende Anwendung von Kunstdünger und Herbiziden haben viele Arten verdrängt . . ." Naturschutz- und Artenschutzmaßnahmen sollten sich daher verstärkt auch auf landwirtschaftliche Bereiche erstrecken. Die dabei entstehenden Kosten und Nutzungsausfälle können aber nicht zu Lasten der einzelnen Landwirte gehen, sondern sollten von anderen Stellen (z. B. von den Landwirtschaftsministerien) getragen werden. Spezielle Schutzmaßnahmen für den Lebensraum Acker sind auf S. 239 erläutert.

In Tab. 18 (S. 233) sind alle Ackerwildkräuter aufgeführt, die in diesem Buch behandelt sind und die in mindestens einem Bundesland auf der jeweiligen ,,Roten Liste" stehen. Autoren und Titel der einzelnen ,,Roten Listen" sind im Literaturverzeichnis enthalten. Für die einzelnen Bundesländer, die Bundesrepublik Deutschland und die DDR sind die Gefährdungskategorien angegeben. Nicht berücksichtigt wurden dabei die regionale Differenzierung des Gefährdungsgrades in Niedersachsen (Flachland – Hügelland) und diejenigen Arten, die nicht direkt auf der ,,Roten Liste" stehen, sondern im Anhang aufgeführt sind (s. Niedersachsen und Baden-Württemberg).

Im Gegensatz zu den ,,Roten Listen" von Pflanzenarten, die seit längerer Zeit für die verschiedenen Teile der Bundesrepublik Deutschland existieren, steht die Erarbeitung **,,Roter Listen" von Pflanzengesellschaften** noch am Anfang. Ihre Aufstellung und Anwendung wird durch den gegenüber floristischen Listen komplexeren Charakter erschwert. Umso mehr ist es zu begrüßen, daß inzwischen für Schleswig-Holstein (DIERSSEN 1983) und Niedersachsen (PREISING 1984) die ersten ,,Roten Listen" von Pflanzengesellschaften vorliegen und für weitere Bundesländer vorbereitet werden. Die in diesem Buch für den gesamten Bereich der Bundesrepublik Deutschland vorgenommene Bewertung des Gefährdungsgrades von Ackerunkrautgesellschaften trägt lediglich vorläufigen Charakter.

,,Rote Listen" von Pflanzengesellschaften stellen für die Naturschutzarbeit eine wichtige Argumentationshilfe dar. Durch Pflanzengesellschaften lassen sich die Standortbedingungen besonders gut charakterisieren und Prognosen über die Weiterentwicklung von konkreten Pflanzenbeständen treffen. Die Gefährdung von Pflanzengesellschaften hängt nicht allein von der Zahl der ,,Rote Liste"-Arten ab. Es gibt Pflanzengesellschaften, die keine gefährdeten Arten enthalten, aber dennoch gefährdet sind. Das gilt auch für die meisten Pflanzengesellschaften der Äcker, die infolge der intensiven landwirtschaftlichen Bewirtschaftung einem rapiden Rückgang von bezeichnenden, aber nicht unbedingt gefährdeten Pflanzenarten unterworfen sind. Viele Arten, z. B. die verschiedenen Mohnarten (*Papaver* spec.), weichen auf Ersatzstandorte wie Straßenböschungen, Wegränder und Schuttplätze aus und zeigen trotz ihrer allgemein weiten Verbreitung auf Ackerstandorten eine deutlich rückläufige Tendenz (s. Taf. III, S. 118). In der Tab. 19 (S. 238) sind die in diesem Buch behandelten Ackerunkrautgesellschaften nach dem Grad ihrer Gefährdung zusammengestellt. In Anlehnung an die floristischen Listen werden fünf Gefährdungskategorien unterschieden (s. S. 230). Bei der Bewertung des Gefährdungsgrades von Pflanzengesellschaften kommt es nicht nur auf die Präsenz der betreffenden Pflanzengesellschaft an, sondern auch auf die Vielfalt ihres Artengefüges, ihrer Physiognomie und ihrer standörtlichen Ausbildungsformen. In der Gefährdungskategorie 3 (gefährdet) sind Pflanzengesellschaften aufgenommen, die zwar noch regelmäßig zu finden sind, aber ihren ursprünglichen Charakter weitgehend verloren haben. Gesellschaften, die in erster Linie durch Verarmung ihres ursprünglichen Artengefüges und ihrer Ausbildungsvielfalt gefährdet sind, werden durch eine hochgesetzte ,,[1]" gekennzeichnet.

Die Tab. 19 zeigt, daß zu den vom Aussterben bedrohten und stark gefährdeten Ackerunkrautgesellschaften besonders diejenigen gehören, die extreme Standorte besiedeln. Das gilt für die Adonisröschen-Assoziation *(Caucalido-Adonidetum aestivalis)* auf flachgründigen Kalkverwitterungsböden, die Lammkraut-Assoziation *(Teesdalio-Arnoseridetum minimae)* auf nährstoff- und basenarmen Sandböden und für die Weinberslauch-Assoziation *(Geranio-Allietum vinealis)* in besonders wärmebegünstigten Lagen von Weinbergen. Die Adonisröschen-Assoziation *(Caucalido-Adonidetum aestivalis)* und die Weinberslauch-Assoziation *(Geranio-Allietum vinealis)* zeichnen sich gegenüber allen anderen Ackerunkraut-Assoziationen durch eine außergewöhnlich große Zahl hochgradig gefährdeter Pflanzenarten aus. Zu den stark gefährdeten Gesellschaften gehören ferner die Finkensamen-Assoziation *(Sedo-Neslietum paniculatae)*, die Nachtlichtnelken-Assozation *(Lathyro-Melandrietum noctiflori)* und die Tännelkraut-Assoziation *(Kickxietum spuriae)*. Von den gefährdeten Ackerunkrautgesellschaften kommt die Saatwucherblumen-Assoziation *(Spergulo-Chrysanthemetum segetum)* im nordwestdeutschen Küstenbereich teilweise häufig und üppig entwickelt vor, weiter südöstlich an ihrer Arealgrenze ist sie stark im Rückgang begriffen. Entsprechendes gilt für die subkontinentale Klimabereiche bevorzugende Sandmohn-Assoziation *(Papaveretum argemones)*.

Zu den durch Verarmung gefährdeten Ackerunkrautgesellschaften gehört auch die Echte Kamillen-Assoziation *(Aphano-Matricarietum chamomillae)*, die als charakteristische Halmfruchtgesellschaft der fruchtbaren Ackerbaugebiete der Bundesrepublik angesehen werden kann. Durch die verschiedenen Intensivierungsmaßnahmen ist sie von einer starken Verarmung und Vereinheitlichung des Artengefüges betroffen. Durch die Nivellierung der Standortbedingungen sind auch die Bestände dieser Assoziation vereinheitlicht. Die Vielfalt und Verschiedenartigkeit der Ausbildungsformen, die früher unterschiedliche Nährstoffversorgung und Wasserführung der Böden angezeigt haben, sind in vielen Gebieten heute nicht mehr vorhanden. Auch die Physiognomie dieser Gesellschaft mit ihrem farbenfrohen Sommeraspekt (s. Taf. V, S. 174) ist weitgehend verlorengegangen.

Gefährdung und Schutz der Ackerbegleitflora

Tabelle 19. Gefährdung der Ackerunkrautgesellschaften in der Bundesrepublik Deutschland und deren hauptsächliche Gefährdungsursachen

Gefährdungs-kategorien	Ackerunkraut-Assoziationen	hauptsächliche Gefährdungsursachen
0 ausgestorben	Leinlolch-Assoziation *(Sileno linicolae-Linetum)*	Aufgabe des Leinanbaus
1 vom Aussterben bedroht	Adonisröschen-Assoziation *(Caucalido-Adonidetum aestivalis)*	Herbizideinsatz
	Weinbergslauch-Assoziation *(Geranio-Allietum vinealis)*	tiefgreifende Bodenbearbeitung
2 stark gefährdet	Lammkraut-Assoziation *(Teesdalio-Arnoseridetum minimae)*	Herbizideinsatz, Mineraldüngung
	Finkensamen-Assoziation *(Sedo-Neslietum paniculatae)*	
	Nachtlichtnelken-Assoziation *(Lathyro-Melandrietum noctiflori)*	
	Tännelkraut-Assoziation *(Kickxietum spuriae)*	
3 gefährdet	Sandmohn-Assoziation *(Papaveretum argemones)*	allgemeine Intensivierungsmaßnahmen, insbesondere Herbizideinsatz und Mineraldüngung
	Saatwucherblumen-Assoziation *(Spergulo-Chrysanthemetum segetum)*	
	Echte Kamillen-Assoziation[1] *(Aphano-Matricarietum chamomillae)*	
	Fingerhirsen-Assoziation[1] *(Digitarietum ischaemi)*	
	Kleinblütige Franzosenkraut-Assoziation[1] *Setario-Galinosegetum parviflorae)*	
	Vielsamige Gänsefuß-Assoziation[1] *(Oxalido-Chenopodietum polyspermi)*	
	Glanzehrenpreis-Assoziation[1] *(Thlaspio-Veronicetum politae)*	
	Gemeine Erdrauch-Assoziation[1] *(Thlaspio-Fumarietum officinalis)*	
	Ackerehrenpreis-Assoziation[1] *(Soncho-Veronicetum agrestis)*	
	Einjährige Bingelkraut-Assoziation[1] *(Mercurialietum annuuae)*	
4 potentiell gefährdet	Liebesgras-Assoziation *(Digitario-Eragrostietum)*	Rand der Verbreitungsgrenze
nicht gefährdet	Stechende Hohlzahn-Assoziation *(Holco-Galeopsietum)*	

[1] Gefährdung durch Verarmung des ursprünglichen Artengefüges und der Ausbildungsvielfalt

Vom Rückgang sind die Pflanzengesellschaften der Halmfruchtbestände stärker betroffen als die Bestände der Hackfrüchte. Als Folge intensiver Düngung haben sich einige stickstoffbedürftige Pflanzenarten stärker ausgebreitet. Artenreichtum und Vielgestaltigkeit haben aber auch hier abgenommen, so daß für diese Gesellschaften ebenfalls die Kriterien der Gefährdungskategorie 3 zutreffen. Bei der Bewertung des Gefährdungsgrades von Pflanzengesellschaften in Maisbeständen, in denen nach intensiver Düngung und Herbizidanwendung die Kahle Fingerhirse *(Digitaria ischaemum)* massenhaft auftreten kann, ist Vorsicht geboten, da es sich hierbei oftmals um Kompensationsbestände (s. S. 226) handeln kann, die an der Gesamtartenzusammensetzung zu erkennen sind (OBERDORFER 1983b). Kompensationsbestände kommen für eine Bewertung mit Hilfe der ,,Roten Listen" aber nicht in Betracht, auch wenn Charakterarten der gefährdeten Gesellschaften vorhanden sind.

Schutzmaßnahmen

Eine vordringliche Aufgabe des Natur- und Landschaftsschutzes muß es sein, Pflanzengesellschaften der Äcker in die Schutzprogramme aufzunehmen und sowohl Erhaltungs- und Rückzugs- als auch Ausbreitungsgebiete für die bedrohte Ackerbegleitflora zu schaffen. In der Weise, wie wir uns für die Erhaltung alter Bauwerke einsetzen, sollte es eine kulturelle Verpflichtung sein, Maßnahmen zum Schutz bedrohter Pflanzenarten und -gesellschaften zu ergreifen.

Die Einbeziehung von Ackerunkrautgesellschaften in Schutzgebiete bereitet insofern Schwierigkeiten, als es sich um Pflanzenformationen handelt, die im extremen Maße von der regelmäßigen Bewirtschaftung des Menschen abhängig sind. Für die Erhaltung einer artenreichen Ackerflora ist nichts gewonnen, wenn man die für den Schutz in Betracht kommenden Flächen aus den Nutzungsverhältnissen ausklammert und sich selbst überläßt. Es ist erforderlich, die Feldfluren in der herkömmlichen Weise zu bewirtschaften, wobei allerdings eine starke mineralische Düngung und jeglicher Herbizideinsatz zu unterlassen sind. Für Schutzmaßnahmen kommen in erster Linie Bestände in Betracht, die bislang möglichst extensiv genutzt wurden und noch eine vielfältige Artenausstattung aufweisen sowie Bestände in der Nachbarschaft von Naturschutzgebieten.

Das erste **Feldflora-Reservat** der Bundesrepublik Deutschland wurde 1970 auf dem Beutenlay bei Münsingen in der Schwäbischen Alb eingerichtet (SCHLENKER und SCHILL 1979; RODI 1982). Feldfrüchte wie Dinkel, Lein und Buchweizen werden in einer altertümlichen Dreifelderwirtschaft angebaut und bieten zahlreichen Wildkräutern eine geeignete Lebensstätte. In Form eines Freilandmuseums wird interessierten Bevölkerungskreisen ein Einblick in kulturhistorisch bedeutsame Nutzungsformen gewährt und eine Erinnerung an die einstigen blumengeschmückten Kornfelder geboten. Weitere Feldflora-Reservate sind in der Nähe von Schwäbisch Gmünd (RODI 1982) und im östlichen

Meißnervorland in Hessen (CALLAUCH 1984) eingerichtet. Auch der in Verbindung mit bäuerlichen Freilichtmuseen, z. B. Rheinisches Freilichtmuseum Kommern (SCHUMACHER 1979), praktizierte Anbau alter Kulturpflanzen und die Bevorzugung unrentabler Bewirtschaftungsformen hat sich für die Ansiedlung seltener und gefährdeter Ackerwildkräuter als günstig erwiesen.

Besonders aussichtsreich ist ein Modellversuch des Bundesministeriums für Ernährung, Landwirtschaft und Forsten in der Nordeifel mit **herbizidfreien Randstreifen**. Hier wird untersucht, inwieweit die Wildkrautflora dadurch erhalten werden kann, daß etwa drei Meter breite Randstreifen von der Herbizidanwendung ausgespart bleiben. Für die Ertragsausfälle erhalten die Landwirte jährlich eine Entschädigung von 7,5 Pfennige pro m^2. Aus den mehrjährigen Beobachtungen lassen sich folgende Ergebnisse ableiten (SCHUMACHER div. Publ.):

– Halmfruchtgesellschaften mit ihren charakteristischen Arten (darunter vielen gefährdeten) lassen sich auf herbizidfreien Randstreifen erhalten. Auf nährstoffarmen Sandböden muß auch die Mineraldüngung reduziert werden.
– Ein Wiederauftreten verschollener und seltener Arten ist am ehesten in den ungespritzten Randstreifen zu erwarten.
– Geeignete Flächen zur Erhaltung schützenswerter Ackerunkrautgesellschaften sind besonders im Hügelland und in Sandgebieten zu finden, weniger in den intensiv genutzten Bördengebieten.
– Der Schutz von Wildkräutern hat sich nicht nur von der ökologischen Seite, sondern auch von der organisatorischen und finanziellen Seite als praktikabel erwiesen.

Die bunten und artenreichen Ackerstreifen der Eifel, die sich von dem einförmigen Ton des Bestandsinneren wohltuend abheben, wirken auf den Besucher beeindruckend und regen an, auch in anderen Gebieten entsprechende Schutzmaßnahmen zu ergreifen. Für den Schutz von Ackerwildkräutern kommen besonders flachgründige Kalkverwitterungsböden und nährstoffarme Sandböden in Betracht, die als Grenzertragsböden für eine intensive Nutzung wenig geeignet sind. Es ist erstrebenswert, daß in allen größeren Naturräumen eine genügend große Zahl herbizidfreier Ackerrandstreifen angelegt wird. Planungen und Versuche dazu sind in den meisten Bundesländern angelaufen. In der Bundesrepublik Deutschland, mit deutlichem Schwerpunkt in Nordrhein-Westfalen, blieben im Sommer 1986 bereits 2000 km Ackerrandstreifen vom Herbizideinsatz verschont (SCHUMACHER mdl. Mitt.).

Neben der Schaffung herbizidfreier Randstreifen kommt für die Erhaltung einer vielfältigen Ackerbegleitflora auch die Anpachtung ganzer Äcker in Betracht. Der Vorteil des **Flächenkonzeptes** liegt in der Erhaltung und im Schutz der standortgemäßen Ackerwildkrautgesellschaften, die im Inneren eines Bestandes typischer ausgebildet sind als am Feldrand. Auf Äckern, die zu Naturschutzzwecken bewirtschaftet werden, können gleichzeitig früher übliche Fruchtfolgen mit extensiven Unkrautbekämpfungs- und Düngemethoden praktiziert werden.

Eine wichtige Voraussetzung für den Schutz von Ackerwildkräutern ist die positive Einstellung der ansässigen Landwirte zu den erforderlichen Schutzmaßnahmen. Landwirte stehen auf Grund ihrer langjährigen Berufspraxis der Einrichtung von Ackerrandstreifen anfangs oft skeptisch gegenüber, selbst wenn ihnen für ihre Ernteausfälle angemessene Entschädigungen in Aussicht gestellt werden. Als Hauptargument gegen eine Beteiligung am Schutzprogramm werden besonders die Folgewirkungen angeführt. Viele Bauern befürchten die Verunkrautung großer Flächen und die Gefahr, ,,sich mit ihren unordentlichen Feldern dem Gespött ihrer Berufskollegen auszusetzen". Die mehrjährigen Versuche mit herbizidfreien Randstreifen in Nordrhein-Westfalen haben gezeigt, daß es in keinem Fall zu einer nennenswerten Verunkrautung des gesamten Ackers gekommen ist. Von der Möglichkeit, bei massenhaftem Auftreten von Problemunkräutern wie Kletten-Labkraut *(Galium aparine)* oder Acker-Kratzdistel *(Cirsium arvense)* selektiv vorzugehen, haben die Landwirte bisher keinen Gebrauch gemacht (SCHUMACHER 1980, 1984). Es ist inzwischen keine Seltenheit mehr, daß sie sich nach anfänglicher Zurückhaltung tatkräftig an dem Schutzprogramm beteiligen. Für die Bemühungen, Landwirte für die Belange des Ackerwildkrautschutzes zu interessieren, ist die Unterstützung von landwirtschaftlichen Berufsverbänden notwendig, die bei den Betroffenen mehr Vertrauen besitzen als die Vertreter des Naturschutzes.

Obwohl Maßnahmen zum Schutz der bedrohten Ackerbegleitflora erst seit wenigen Jahren praktiziert werden, sind die Anfänge bereits ermutigend. Der weitere Erfolg wird auch durch die Information über die Lebensgrundlagen der Wildkräuter auf dem Acker und die Notwendigkeit ihres Schutzes mitbestimmt. Wir hoffen, daß das vorliegende Buch dazu einen Beitrag liefern kann und anregt, sich eingehender mit der Problematik der Ackerwildkräuter zu befassen und sich für ihren Schutz einzusetzen.

Anhang

Verzeichnis der Zeigerwerte, ökologischen Gruppen und pflanzensoziologischen Rangstufen der Ackerwildkräuter

(Berücksichtigung fanden Pflanzenarten, die in diesem Buch behandelt und bei ELLENBERG 1979 durch Zeigerwerte belegt sind).

Zeichenerklärung:

T = Temperaturzahl
1 = Kältezeiger
2 = zwischen 1 u. 3 stehend
3 = Kühlezeiger
4 = zwischen 3 u. 5 stehend
5 = Mäßigwärmezeiger
6 = zwischen 5 und 7 stehend
7 = Wärmezeiger
8 = zwischen 7 u. 9 stehend
9 = extremer Wärmezeiger

K = Kontinentalitätszahl
1 = euatlantisch
2 = atlantisch
3 = zwischen 2 u. 4 stehend
4 = subatlantisch
5 = intermediär
6 = subkontinental
7 = zwischen 6 u. 8 stehend
8 = kontinental
9 = eukontinental

F = Feuchtezahl
1 = Starktrockniszeiger
2 = zwischen 1 u. 3 stehend
3 = Trockniszeiger
4 = zwischen 3 u. 5 stehend
5 = Frischezeiger
6 = zwischen 5 u. 7 stehend
7 = Feuchtezeiger
8 = zwischen 7 u. 9 stehend
9 = Nässezeiger
10 = Wechselwasserzeiger

R = Reaktionszahl
1 = Starksäurezeiger
2 = zwischen 1 u. 3 stehend
3 = Säurezeiger
4 = zwischen 3 u. 5 stehend
5 = Mäßigsäurezeiger
6 = zwischen 5 und 7 stehend
7 = Schwachsäure- bis Schwachbasenzeiger
8 = zwischen 7 u. 9 stehend
9 = Basen- und Kalkzeiger

N = Stickstoffzahl
1 = stickstoffärmste Standorte anzeigend
2 = zwischen 1 u. 3 stehend
3 = auf stickstoffarmen Standorten häufiger als auf mittelmäßigen bis reichen
4 = zwischen 3 u. 5 stehend
5 = mäßig stickstoffreiche Standorte anzeigend
6 = zwischen 5 u. 7 stehend
7 = an stickstoffreichen Standorten häufiger als an armen bis mittelmäßigen
8 = ausgesprochene Stickstoffzeiger
9 = an übermäßig stickstoffreichen Standorten konzentriert

? = ökologisches Verhalten ungeklärt
× = indifferentes Verhalten
* = der bei ELLENBERG angegebene Wert liegt zu niedrig

Zeigerwerte, ökologische Gruppen und pflanzensoziologische Rangstufen

Ökologische Gruppen

1	=	Haftdolden-Gruppe	9 =	Erdrauch-Gruppe
2	=	Rittersporn-Gruppe	10 =	Bingelkraut-Gruppe
3	=	Ackersenf-Gruppe	11 =	Hühnerhirsen-Gruppe
4	=	Kamillen-Gruppe	12 =	Vielsamige Gänsefuß-Gruppe
5	=	Sandmohn-Gruppe	13 =	Vogelmieren-Gruppe
6	=	Hederich-Gruppe	14 =	Sumpfruhrkraut-Gruppe
7	=	Knäuel-Gruppe	15 =	Kriechhahnenfuß-Gruppe
8	=	Lammkraut-Gruppe	16 =	Sumpfkresse-Gruppe

– = keiner Gruppe zuzuordnen, da ökologische Amplitude zu weit oder Verbreitungsschwerpunkt außerhalb der Äcker

Pflanzensoziologische Rangstufen

AC = Charakterart der Assoziation KC = Charakterart der Klasse
B = Begleiter OC = Charakterart der Ordnung
DA = Differentialart der Assoziation VC = Charakterart des Verbandes
DV = Differentialart des Verbandes

Ackerunkrautgesellschaften

1   = Ordnung der Windhalm-Gesellschaften
1.1   = Verband der Lammkraut-Gesellschaften
1.1.1 = Lammkraut-Assoziation
1.2   = Verband der Ackerfrauenmantel-Gesellschaften
1.2.1 = Sandmohn-Assoziation
1.2.2 = Echte Kamillen-Assoziation
1.2.3 = Stechende Hohlzahn-Assoziation
2   = Ordnung der Klatschmohn-Gesellschaften
2.1   = Verband der Haftdolden-Gesellschaften
2.1.1 = Adonisröschen-Assoziation
2.1.2 = Finkensamen-Assoziation
2.1.3 = Nachtlichtnelken-Assoziation
2.1.4 = Tännelkraut-Assoziation
3   = Ordnung der Knöterich-Gänsefuß-Gesellschaften
3.1   = Verband der Liebesgras-Gesellschaften
3.1.1 = Liebesgras-Assoziation
3.2   = Verband der Fingerhirsen-Borstenhirsen-Gesellschaften
3.2.1 = Fingerhirsen-Assoziation
3.2.2 = Kleinblütige Franzosenkraut-Assoziation
3.3   = Verband der Knöterich-Spergel-Gesellschaften
3.3.1 = Saatwucherblumen-Assoziation
3.3.2 = Vielsamige Gänsefuß-Assoziation
3.4   = Verband der Erdrauch-Wolfsmilch-Gesellschaften
3.4.1 = Glanzehrenpreis-Assoziation
3.4.2 = Gemeine Erdrauch-Assoziation
3.4.3 = Ackerehrenpreis-Assoziation
3.4.4 = Einjährige Bingelkraut-Assoziation
3.4.5 = Weinbergslauch-Assoziation
4   = Ordnung der Rauken-Gesellschaften

Anhang

Deutscher Name	T	K	F	R	N	Ökolog. Gruppe	Soziolog. Rangstufe	Wissenschaftlicher Name
Ackerfrauenmantel, Gemeiner	5	2	6	×	5	4	VC 1.2	*Aphanes arvensis*
Ackerfrauenmantel, Kleinfrüchtiger	7	2	5	4	4	8	AC 1.1.1	*Aphanes microcarpa*
Ackerkohl	6	5	3	9	8	1	VC 2.1	*Conringia orientalis*
Ackerröte	6	3	5	8	5	2	VC 2.1	*Sherardia arvensis*
Adonisröschen, Flammen-	6	6	3	9	2	1	AC 2.1.1	*Adonis flammea*
Adonisröschen, Sommer-	6	7	3	8	3	1	AC 2.1.1	*Adonis aestivalis*
Amarant, Aufsteigender	8	3	4	×	8	10	KC	*Amaranthus lividus*
Amarant, Griechischer	8	×	4	7	8	10	KC	*Amaranthus graecizans*
Amarant, Grünähriger	9	7	4	×	7	10	KC	*Amaranthus hybridus*
Amarant, Zurückgebogener	9	7	4	×	9	10	KC	*Amaranthus retroflexus*
Ampfer, Krauser	5	3	6	×	5	15	B	*Rumex crispus*
Ampfer, Stumpfblättriger	5	3	6	×	9	15	B	*Rumex obtusifolius*
Bauernsenf	6	2	3	1	1	8	DA 1.1.1	*Teesdalea nudicaulis*
Beinwell, Gemeiner	6	3	8	×	8	16	B	*Symphytum officinale*
Berufkraut, Kanadisches	×	×	4	×	4	–	OC 4	*Conyza canadensis*
Besenrauke, Gemeine	6	7	4	×	6	–	OC 4	*Descurainia sophia*
Bilsenkraut, Schwarzes	6	×	4	7	9	10	B	*Hyoscyamus niger*
Bingelkraut, Einjähriges	7	3	4	7	8	10	AC 3.4.4	*Mercurialis annua*
Binse, Kröten-	×	×	7	3	?	14	B	*Juncus bufonius*
Borstenhirse, Fuchsrote	7	4	4	5	6	11	VC 3.2	*Setaria glauca*
Borstenhirse, Grüne	6	×	4	×	7	11	VC 3.2	*Setaria viridis*
Borstenhirse, Quirlige	8	4	4	×	8	11	OC 3	*Setaria verticillata*
Breitsame, Strahlen-	6	2	3	7	?	1	AC 2.1.1	*Orlaya grandiflora*
Brennessel, Große	×	×	6	6	8	–	B	*Urtica dioica*
Brennessel, Kleine	6	×	5	×	8	10	OC 4	*Urtica urens*
Doppelsame, Mauer-	8	3	4	8	5	–	DA 3.1.1	*Diplotaxis muralis*
Ehrenpreis, Acker-	4	2	6	7	7	9	AC 3.4.3	*Veronica agrestis*
Ehrenpreis, Dreiteiliger	7	3	3	×	4	5	AC 1.2.1	*Veronica triphyllos*
Ehrenpreis, Efeu-	6	3	5	7	7	4	VC 1.2	*Veronica hederifolia*
Ehrenpreis, Feld-	5	3	5	6	×	–	KC	*Veronica arvensis*
Ehrenpreis, Früher	8	5	2	8	1	–	B	*Veronica praecox*
Ehrenpreis, Frühlings-	7	5	1	4	1	–	B	*Veronica verna*
Ehrenpreis, Glanz-	6	3	4	8	7	9	AC 3.4.1	*Veronica polita*

Deutscher Name								Code	Wissenschaftlicher Name
Ehrenpreis, Glanzloser	5	4	4	5	8	6	9	VC 3.4	Veronica opaca
Ehrenpreis, Persischer	X	4	5	X	7	7	9	OC 3	Veronica persica
Erdrauch, Gemeiner	X	3	3	5	6	7	9	VC 3.4	Fumaria officinalis
Erdrauch, Vaillantii	6	5	5	6	8	5	2	VC 2.1	Fumaria vaillantii
Feldsalat, Gefurchter	7	2	4	4	7	X	2	DV 2.1	Valerianella rimosa
Feldsalat, Gekielter	8	3	4	4	8	X	2	DV 2.1	Valerianella carinata
Feldsalat, Gemeiner	5	3	5	5	7	X	—	KC	Valerianella locusta
Feldsalat, Gezähnter	5	2	4	2	7	6	2	DV 2.1	Valerianella dentata
Ferkelkraut, Kahles	7	2	3	3	7	1	8	DA 1.1.1	Hypochoeris glabra
Fetthenne, Purpur-	6	X	4	2	2	X	2	DV 2.1	Sedum telephium
Fingerhirse, Blutrote	7	3	3	3	7	4	—	DA 3.1.1	Digitaria sanguinalis
Fingerhirse, Kahle	6	4	4	5	5	3	7	AC 3.2.1	Digitaria ischaemum
Fingerkraut, Gänse-	5	X	X	2	2	7	15	B	Potentilla anserina
Fingerkraut, Kriechendes	6	3	3	6	X	5	15	B	Potentilla reptans
Finkensame	5	5	5	4	8	4	2	AC 2.1.2	Neslia paniculata
Franzosenkraut, Kleinblütiges	6	3	3	5	5	8	11	AC 3.2.2	Galinsoga parviflora
Franzosenkraut, Zottiges	7	3	5	3	7	7	11	OC 3	Galinsoga ciliata
Frauenspiegel, Echter	7	4	4	4	4	8	2	OC 2	Legousia speculum-veneris
Frauenspiegel, Kleinblütiger	8	2	2	4	8	X	2	VC 2.1	Legousia hybrida
Fuchsschwanz, Acker-	6	3	3	6	?	7	3	KC	Alopecurus myosuroides
Gänsedistel, Acker-	5	X	X	5	7	X	—	KC	Sonchus arvensis
Gänsedistel, Kohl-	5	X	X	4	7	8	9	KC	Sonchus oleraceus
Gänsedistel, Rauhe	5	X	X	6	8	7	9	OC 3	Sonchus asper
Gänsefuß, Feigenblättriger	7	7	6	7	7	7	—	KC	Chenopodium ficifolium
Gänsefuß, Gestreifter	7	7	3*	7	X	6	—	OC 4	Chenopodium strictum
Gänsefuß, Graugrüner	6	7	6	7	X	9	—	B	Chenopodium glaucum
Gänsefuß, Roter	X	X	6	X	X	9	—	B	Chenopodium rubrum
Gänsefuß, Unechter	5	7	5	X	8	8	12	KC	Chenopodium hybridum
Gänsefuß, Vielsamiger	5	4	5	8	X	7	13	DA 3.3.2	Chenopodium polyspermum
Gänsefuß, Weißer	X	X	4*	X	X	X	—	OC 3	Chenopodium album
Gauchheil, Acker-	6	3	5	X	9	6	1	KC	Anagallis arvensis
Gauchheil, Blauer	7	5	4	9	X	5	14	VC 2.1	Anagallis foemina
Gipskraut, Acker-	6	5	7	7	3	3	2	B	Gypsophila muralis
Glockenblume, Acker-	7	4	4	4	8	2	9	DV 2.1	Campanula rapunculoides
Goldstern, Acker-	7	5	5	4	X	?	—	AC 3.4.5	Gagea villosa
Greiskraut, Frühlings-	7	6	6	4	7	5	5	OC 4	Senecio vernalis
Greiskraut, Gemeines	X	X	X	5	X	8	13	OC 3	Senecio vulgaris

Anhang

Deutscher Name	T	K	Zeigerwerte F	R	N	Ökolog. Gruppe	Soziolog. Rangstufe	Wissenschaftlicher Name
Günsel, Gelber	8	2	4	9	2	1	VC 2.1	*Ajuga chamaepitys*
Gundermann	5	3	6	x	7	15	B	*Glechoma hederacea*
Hafer, Flug-	x	6	6	7	x	3	KC	*Avena fatua*
Haftdolde, Acker-	6	5	4	9	4	1	AC 2.1.1	*Caucalis platycarpos*
Hahnenfuß, Acker-	6	3	4	x	8	2	VC 2.1	*Ranunculus arvensis*
Hahnenfuß, Kriechender	x	5	7	x	7	15	B	*Ranunculus repens*
Hahnenfuß, Rauher	7	4	8	x	3	14	B	*Ranunculus sardous*
Hartheu, Liegendes	x	2	7	3	3	14	B	*Hypericum humifusum*
Hasenohr, Rundblättriges	7	4	3	9	4	1	VC 2.1	*Bupleurum rotundifolium*
Hederich	5	3	5	x	5	6	OC 1	*Raphanus raphanistrum*
Hellerkraut, Acker-	5	x	x	7	6	9	VC 3.4	*Thlaspi arvense*
Hirtentäschel, Gemeines	7	x	x	x	5	13	KC	*Capsella bursa-pastoris*
Hohlsame, Strahlen-	7	4	3	9	?	1	VC 2.1	*Bifora radians*
Hohlzahn, Acker-	x	5	5	4	3	2	DV 2.1	*Galeopsis ladanum*
Hohlzahn, Saat-	6	2	4	3	3	8	DA 1.1.1	*Galeopsis segetum*
Hohlzahn, Schmalblättriger	7	4	2	8	4	2	DV 2.1	*Galeopsis angustifolia*
Hohlzahn, Stechender	x	3	5	x	7	–	DA 1.2.3	*Galeopsis tetrahit*
Hohlzahn, Weichhaariger	5	4	4	x	5	–	lok.DA 1.2.3	*Galeopsis pubescens*
Honiggras, Weiches	5	2	5	2	3	–	DA 1.2.3	*Holcus mollis*
Hornkraut, Gemeines	x	x	5*	5	5	–	B	*Cerastium holosteoides*
Hornkraut, Knäuel-	x	3	5	5	5	12	AC 3.3.2	*Cerastium glomeratum*
Hühnerhirse, Gemeine	7	5	5	x	8	11	VC 3.2	*Echinochloa crus-galli*
Huflattich	x	3	6	8	6	15	B	*Tussilago farfara*
Hundskamille, Acker-	6	5	4	3	6	6	KC	*Anthemis arvensis*
Hundskamille, Stink-	7	3	4	5	6	6	KC	*Anthemis cotula*
Hundspetersilie	5	3	5	8	7	9	VC 3.4	*Aethusa cynapium*
Hundsrauke, Französische	6	4	4	8	4	1	lok.AC 3.4.4	*Erucastrum gallicum*
Hungerblümchen, Frühlings-	6	3	3	x	2	5	DA 1.2.1	*Erophila verna*
Kamille, Echte	5	5	6	6	5	4	AC 1.2.2	*Matricaria chamomilla*
Kamille, Geruchlose	x	3	x	x	6	–	KC	*Tripleurospermum inodorum*
Kamille, Strahlenlose	5	3	5	7	8	13	B	*Matricaria discoidea*
Klee, Hasen-	5	3	2	2	1	8	DA 1.1.1	*Trifolium arvense*
Kleinling, Acker-	6	3	7	4	4	14	B	*Centunculus minimus*

Zeigerwerte, ökologische Gruppen und pflanzensoziologische Rangstufen

Deutscher Name								Lateinischer Name	Rang
Klettenkerbel, Feld-	6	3	4	9	3		2	Torilis arvensis	VC 2.1
Klettenkerbel, Gemeiner	6	3	5	8	8		–	Torilis japonica	B
Knäuel, Einjähriger	5	4	×	2	4		7	Scleranthus annuus	OC 1
Knautie, Acker-	5	3	4	×	×		2	Knautia arvensis	DV 2.1
Knöterich, Ampfer-	6	4	7	×	8		13	Polygonum lapathifolium	OC 3
Knöterich, Floh-	5	3	3*	×	7		13	Polygonum persicaria	OC 3
Knöterich, Vogel-	×	×	×	×	×		–	Polygonum aviculare	B
Knöterich, Wasser- (Landform)	5	×	8	×	6		16	Polygonum amphibium	B
Knorpelmiere, Quirlige	7	2	7	2	2		14	Illecebrum verticillatum	B
Kornblume	×	×	×	×	×		–	Centaurea cyanus	OC 1
Kornrade	×	×	×	×	×		–	Agrostemma githago	OC 1
Krähenfuß, Gemeiner	7	3	3	7	7		15	Coronopus squamatus	B
Kratzbeere	5	3	3	7	7		–	Rubus caesius	B
Kratzdistel, Acker-	×	×	×	×	×		–	Cirsium arvense	KC
Kresse, Schutt-	×	7	×	4	6		–	Lepidium ruderale	B
Krummhals, Acker-	6	6	4	×	4		6	Anchusa arvensis	lok. VC 3.3
Kuhblume, Gemeine	×	×	5	×	5		–	Taraxacum officinale	B
Kuhnelke, Saat-	6	×	2	9	?		2	Vaccaria hispanica	VC 2.1
Labkraut, Dreihörniges	7	3	3	8	3		–	Galium tricornutum	VC 2.1
Labkraut, Kleinfrüchtiges Kletten-	×	5	5	8	5		3	Galium spurium	KC
Labkraut, Kletten-	5	3	×	6	8		13	Galium aparine	B
Lämmersalat (Lammkraut)	6	2	4	3	4		8	Arnoseris minima	AC 1.1.1
Lauch, Gemüse-	×	4	3	7	4		9	Allium oleraceum	AC 3.4.5
Lauch, Weinberg-	7	3	4	×	7		9	Allium vineale	AC 3.4.5
Leindotter, Kleinfrüchtiger	6	7	4	8	3		–	Camelina microcarpa	OC 1
Leinkraut, Gemeines	5	5	3	7	3		–	Linaria vulgaris	B
Lichtnelke, Acker-	5	4	3	8	5		2	Silene noctiflora	AC 2.1.3
Liebesgras, Großes	7	×	×	8	3		–	Eragrostis megastachya	AC 3.1.1
Liebesgras, Kleines	7	5	3	×	3		–	Eragrostis minor	DA 3.1.1
Löwenmaul, Feld-	7	3	3	5	4		–	Misopates orontium	OC 3
Lolch, Taumel-	7	5	4	5	5		3	Lolium temulentum	OC 1
Mäuseschwänzchen	7	7	3	3	3		14	Myosurus minimus	B
Malve, Weg-	6	5	7	×	9		10	Malva neglecta	OC 4
Mastkraut, Aufrechtes	×	2	5	4	5		–	Sagina apetala	B
Mastkraut, Liegendes	×	3	6	7	6		14	Sagina procumbens	B
Melde, Spieß-	×	×	6	9	9		13	Atriplex prostrata	B
Melde, Spreizende	5	5	5	7	7		9	Atriplex patula	VC 3.4

Anhang

Deutscher Name	T	Zeigerwerte K	F	R	N	Ökolog. Gruppe	Soziolog. Rangstufe	Wissenschaftlicher Name
Milchstern, Dolden-	6	4	5	7	5	9	AC 3.4.5	*Ornithogalum umbellatum*
Minze, Acker-	x	x	8	x	x	15	B	*Mentha arvensis*
Möhre, Wilde	6	5	4	5	4	–	B	*Daucus carota*
Mohn, Klatsch-	6	3	5	7	6	3	KC	*Papaver rhoeas*
Mohn, Saat-	6	3	4	5	5	5	AC 1.2.1	*Papaver dubium*
Mohn, Sand-	7	2	4	5	5	5	AC 1.2.1	*Papaver argemone*
Nachtschatten, Schwarzer	6	3	5	7	8	10	OC 3	*Solanum nigrum*
Orant, Kleiner	6	3	3	8	4	2	DV 2.1	*Chaenarrhinum minus*
Pippau, Dach-	x	7	3	x	6	–	OC 4	*Crepis tectorum*
Platterbse, Knollen-	6	6	4	8	4	2	VC 2.1	*Lathyrus tuberosus*
Platterbse, Ranken-	6	3	3	x	x	2	VC 2.1	*Lathyrus aphaca*
Platterbse, Rauhhaarige	6	4	4	7	x	2	VC 2.1	*Lathyrus hirsutus*
Portulak, Gemüse-	8	3	4	7	7	10	DA 3.1.1	*Portulaca oleracea*
Quecke, Gemeine	x	7	5	x	x	–	B	*Agropyron repens*
Rainkohl, Gemeiner	x	3	5	x	8	–	DA 1.2.3	*Lapsana communis*
Rauke, Weg-	6	5	4	7	7	–	OC 4	*Sisymbrium officinale*
Raygras, Englisches	5	3	5	x	7	–	B	*Lolium perenne*
Raygras, Italienisches	7	3	4	x	7	–	B	*Lolium multiflorum*
Reiherschnabel, Gemeiner	x	5	3	x	x	6	B	*Erodium cicutarium*
Ringelblume, Acker-	8	3	3	8	5	3	AC 3.4.5	*Calendula arvensis*
Rispengras, Einjähriges	x	5	6	x	8	–	B	*Poa annua*
Rispengras, Gemeines	x	3	5	x	7	15	B	*Poa trivialis*
Rittersporn, Feld-	7	6	4	8	5	2	VC 2.1	*Consolida regalis*
Ruchgras, Grannen-	7	2	x	2	3	8	AC 1.1.1	*Anthoxanthum puelii*
Ruhrkraut, Sumpf-	x	x	7	4	4	14	B	*Gnaphalium uliginosum*
Sandkraut, Quendel-	5	4	4	x	x	–	B	*Arenaria serpyllifolia*
Sauerampfer, Kleiner	5	3	5	2	2	7	B	*Rumex acetosella*
Sauerklee, Europäischer	6	5	5	5	7	12	AC 3.3.2	*Oxalis fontana*
Sauerklee, Gehörnter	7	?	4	x	6	–	B	*Oxalis corniculata*
Schachtelhalm, Acker-	x	x	6	x	3	15	B	*Equisetum arvense*
Schafgarbe, Gemeine	x	x	4	x	5	–	B	*Achillea millefolium*
Schilf, Gemeines	5	x	10	7	5	16	B	*Phragmites australis*
Schmalwand, Acker-	x	3	4	4	4	6	DA 1.2.1	*Arabidopsis thaliana*

Zeigerwerte, ökologische Gruppen und pflanzensoziologische Rangstufen

Deutscher Name							Rang	Wissenschaftlicher Name
Schneckenklee, Hopfen-	5	x	4	8	x	–	B	*Medicago lupulina*
Schöterich, Acker-	x	x	5	7	7	13	KC	*Erysimum cheiranthoides*
Schuppenmiere, Rote	x	5	6	3	4	14	B	*Spergularia rubra*
Schwarzkümmel, Acker-	7	5	3	9	3	1	VC 2.1	*Nigella arvensis*
Segge, Behaarte	6	3	6	x	5	–	B	*Carex hirta*
Senf, Acker-	5	3	x	8	6	3	KC	*Sinapis arvensis*
Sichelmöhre, Gemeine	7	6	3	9	3	1	DV 2.1	*Falcaria vulgaris*
Spergel, Acker-	x	3	5	2	x	7	OC 3	*Spergula arvensis*
Spurre, Dolden-	6	5	3	x	7	5	DA 1.2.1	*Holosteum umbellatum*
Steinsame, Acker-	x	5	x	7	5	2	VC 2.1	*Buglossoides arvensis*
Stiefmütterchen, Acker-	5	3	x	x	3	–	KC	*Viola arvensis*
Stiefmütterchen, Wildes	x	5	2	x	x	–	B	*Viola tricolor*
Storchschnabel, Rundblättriger	6	5	5	x	6	1	AC 3.4.5	*Geranium rotundifolium*
Storchschnabel, Schlitzblättriger	6	3	4	x	4	9	VC 3.4	*Geranium dissectum*
Storchschnabel, Weicher	6	3	5	5	5	–	B	*Geranium molle*
Storchschnabel, Zwerg-	5	5	3	x	4	–	OC 4	*Geranium pusillum*
Straußgras, Rotes	x	x	3	3	3	–	B	*Agrostis tenuis*
Straußgras, Weißes	x	x	6	x	5	15	B	*Agrostis stolonifera*
Sumpfkresse, Gemeine	x	5	9	x	8	16	B	*Rorippa palustris*
Sumpfkresse, Wasser-	5	7	10	7	8	16	B	*Rorippa amphibia*
Sumpfkresse, Wilde	6	3	8	3	6	16	B	*Rorippa sylvestris*
Sumpfquendel	5	3	7	3	?	14	B	*Peplis portula*
Tännelkraut, Eiblättriges	7	2	4	7	3	2	AC 2.1.4	*Kickxia spuria*
Tännelkraut, Spießblättriges	6	2	4	7	3	2	AC 2.1.4	*Kickxia elatine*
Taubnessel, Purpurrote	x	3	5	x	x	9	OC 3	*Lamium purpureum*
Taubnessel, Stengelumfassende	6	5	4	7	7	9	OC 3	*Lamium amplexicaule*
Traubenhyazinthe, Weinbergs-	7	3	3	8	7	2	AC 3.4.5	*Muscaria racemosum*
Trespe, Acker-	x	4	4	2	8	2	KC	*Bromus arvensis*
Trespe, Roggen-	x	3	4	x	x	–	OC 1	*Bromus secalinus*
Trespe, Taube	7	4	4	x	7	–	OC 4	*Bromus sterilis*
Tulpe, Wilde	8	5	3	9	5	9	AC 3.4.5	*Tulipa sylvestris*
Turgenie	7	3	3	8	9	1	AC 2.1.1	*Turgenia latifolia*
Venuskamm	5	5	5	x	8	1	AC 2.1.1	*Scandix pecten-veneris*
Vergißmeinnicht, Acker-	7	2	3	6	2	–	KC	*Myosotis arvensis*
Vergißmeinnicht, Buntes	x	3	4	3	3	7	B	*Myosotis discolor*
Vergißmeinnicht, Sand-	5	5	3	4	2	8	DA 1.2.1	*Myosotis stricta*
Vogelfuß	5	2	2	2	3	–	DA 1.1.1	*Ornithopus perpusillus*

Anhang

Deutscher Name	T	Zeigerwerte K	F	R	N	Ökolog. Gruppe	Soziolog. Rangstufe	Wissenschaftlicher Name
Vogelmiere	X	X	4	7	8	13	KC	*Stellaria media*
Wachtelweizen, Acker-	6	5	3	8	3	1	VC 2.1	*Melampyrum arvense*
Wasserdarm, Gemeiner	5	3	8	X	8	16	B	*Myosoton aquaticum*
Wasserpfeffer	5	X	8	4	8	14	B	*Polygonum hydropiper*
Wegerich, Breit-	X	X	5	X	6	–	B	*Plantago major*
Wegerich, Kleiner	X	X	7	5	4	14	B	*Plantago intermedia*
Wicke, Rauhhaar-	5	5	X	X	3	6	OC 1	*Vicia hirsuta*
Wicke, Schmalblättrige	5	3	5	X	X	–	KC	*Vicia angustifolia*
Wicke, Viersamige	5	5	5	3	4	4	OC 1	*Vicia tetrasperma*
Wicke, Vogel-	X	X	5	X	4	–	B	*Vicia cracca*
Wicke, Zierliche	8	2	4	4	4	–	OC 1	*Vicia tenuissima*
Wicke, Zottel-	6	5	4	4	5	5	AC 1.2.1	*Vicia villosa*
Winde, Acker-	6	X	4	7	X	–	B	*Convolvulus arvensis*
Windenknöterich, Gemeiner	X	X	X	X	X	–	KC	*Fallopia convolvulus*
Windhalm, Gemeiner	7	4	5	X	5	4	OC 1	*Apera spica-venti*
Wolfsmilch, Breitblättrige	6	3	4	7	5	3	KC	*Euphorbia platyphyllos*
Wolfsmilch, Garten-	6	2	4	4	8	9	VC 3.4	*Euphorbia peplus*
Wolfsmilch, Kleine	X	3	5	8	4	2	VC 2.1	*Euphorbia exigua*
Wolfsmilch, Sonnenwend-	6	3	5	7	7	9	VC 3.4	*Euphorbia helioscopia*
Wucherblume, Saat-	6	2	4	5	5	6	AC 3.3.1	*Chrysanthemum segetum*
Zahntrost, Roter	X	3	5	X	X	–	B	*Odontites rubra*
Ziest, Acker-	6	2	5	5	6	6	lok.VC 3.3	*Stachys arvensis*
Ziest, Einjähriger	6	4	3	8	4	2	VC 2.1	*Stachys annua*
Ziest, Sumpf-	5	X	7	7	7	15	B	*Stachys palustris*
Zweizahn, Dreiteiliger	X	X	8	X	8	16	B	*Bidens tripartita*

Literaturverzeichnis

ADOLPHI, K., 1985: Die häufigsten Fehlerquellen bei der Bildung der Namen von Syntaxa. Tuexenia 5: 555–559.
BACHTHALER, G., 1968: Die Entwicklung der Ackerunkrautflora in Abhängigkeit von veränderten Feldbaumethoden. Z. Acker-Pflanzenbau 127: 149–170, 326–358.
—, 1970: Getreidestarke Fruchtfolgen vom Standpunkt der Unkrautbiologie und -bekämpfung. Nachrichtenbl. Dtsch. Pflanzenschutzdienstes 22 (5): 65–71.
BAEUMER, K., 1978: Allgemeiner Pflanzenbau. UTB 18. 2. Aufl. Stuttgart.
BARKMAN, J. J.; MORAVEC, J.; RAUSCHERT, S., 1976: Code der pflanzensoziologischen Nomenklatur. Vegetatio 32: 131–185.
BEGEROW, G.-G.; RODI, D.; BAY, F.; KRIEGLSTEINER, G. J., 1978: Thema Acker. IPN-Einheitenbank Curriculum Biologie. Köln.
BEHRENDT, S.; HANF, M., 1979: Ungräser des Ackerlandes. Ludwigshafen.
BEURET, E., 1972: Auswirkung der Bodenbearbeitung auf den Unkrautsamenvorrat im Boden. Mitt. Schweizer Landwirtschaft 30: 5–11.
BLAB, J.; NOWAK, E.; TRAUTMANN, W.; SUKOPP, H. (Hrsg.), 1984: Rote Liste der gefährdeten Tiere und Pflanzen in der Bundesrepublik Deutschland. 4. Aufl. Greven.
BLASZYK, R.; GARBURG, W.; KEES, H., et al., 1980: So bekämpft man Unkraut auf Acker- und Grünland. Frankfurt/M.
BOAS, F., 1958: Zeigerpflanzen. Umgang mit Unkräutern in der Ackerlandschaft. Hannover.
BÖHLMANN, D., 1982: Ökophysiologisches Praktikum. Grundlagen des Pflanzenwachstums. Pareys Studientexte 33. Berlin u. Hamburg.
BOGUSLAWSKI, E. von, 1981: Ackerbau, Grundlagen der Pflanzenproduktion. Frankfurt/M.
BORNKAMM, R., 1961: Zur Lichtkonkurrenz von Ackerunkräutern. Flora 151: 126–143.
BRAUN, W., 1978: Die Pflanzendecke. Erläuterungen Bodenkarte Bayern 1:25 000; Blatt 7029 Oettingen i. Bayern. S. 56–72. München.
—, 1981: Auswirkungen unterschiedlicher Bewirtschaftungsmaßnahmen auf die Zusammensetzung der Wildkrautflora. Bayer. Landwirtsch. Jahrb. 58: 300–312.
BRAUN-BLANQUET, J., 1964: Pflanzensoziologie. 3 Aufl. Wien.
BRAUNS, A., 1985: Agrarökologie im Spannungsfeld des Umweltschutzes. Braunschweig.
BRUCKER, G.; KALUSCHE, D., 1976: Bodenbiologisches Praktikum. Biol. Arbeitsbücher 19. Heidelberg.
BRUN-HOOL, J., 1963: Ackerunkrautgesellschaften der Nordschweiz. Beitr. Geobot. Landesaufn. Schweiz 43. Bern.
BURRICHTER, E., 1963: Das *Linarietum spuriae* Krusem. et Vlieg. 1939 in der Westfälischen Bucht. Mitt. Flor.-soz. Arbeitsgem. N. F. 10: 109–115.
BUTTLER, K. P., 1983: Mein Hobby: Pflanzen kennenlernen. München.
CALLAUCH, R., 1981: Ackerunkraut-Gesellschaften auf biologisch und konventionell bewirtschafteten Äckern in der weiteren Umgebung von Göttingen. Tuexenia 1: 25–48.
—, 1984: Das Feldflora-Reservat „Hielöcher" im östlichen Meißnervorland. Natursch. Nordhessen 7: 43–51.
DANCAU, B.; BACHTHALER, G., 1968: Standortkundliche und pflanzenbauliche Betrachtungen der Unkrautflora in Fruchtfolgeversuchen an 4 Standorten Südbayerns. Z. Pflanzenkrankh. Pflanzenschutz, Sonderheft 4: 37–53.
DIECKMANN, K., 1968: Unsere Nutzpflanzen. Berlin u. Hamburg.
DIERKING-WESTPHAL, U.; EIGNER, J.; THIESSEN, H., 1982: Rote Listen der Pflanzen und Tiere Schleswig-Holsteins. Schriftenr. Landesamt Natursch. Landschaftspfl. Schl.-Holst. 5. Kiel.
DIERSSEN, K., 1983: Rote Liste der Pflanzengesellschaften Schleswig-Holsteins. Schriftenr. Landesamtes Natursch. Landschaftspfl. Schl.-Holst. 6. Kiel.

Anhang

EGGERS, Th., 1975: Konkurrenz der Unkräuter untereinander. Z. Pflanzenkrankh. Pflanzenschutz, Sonderheft 7: 87–94.
—, 1979: Werden und Wandel der Ackerunkraut-Vegetation. Ber. Int. Sympos. Int. Vereinigung Vegetationsk. S. 503–527.
—, 1984a: Wandel der Unkrautvegetation der Äcker. Schweiz. Landw. Fo. 23: 47–61.
—, 1984b: Some remarks on endangered weed species in Germany. 7th Int. Sympos. Weed Biology. S. 395–402.
—, NIEMANN, P., 1980: Zum Begriff des Unkrauts und über Schadschwellen bei der Unkrautbekämpfung. Ber. Landwirtsch. 58: 264–272.
EHRENDORFER, F., 1973: Liste der Gefäßpflanzen Mitteleuropas. 2. Aufl. Stuttgart.
ELLENBERG, H., 1950: Unkrautgemeinschaften als Zeiger für Klima und Boden. Landwirtschaftl. Pflanzensoz. I. Stuttgart/Ludwigsburg.
—, 1956: Grundlagen der Vegetationsgliederung. 1. Teil: Aufgaben und Methoden der Vegetationskunde. In: WALTER, H. (Hrsg.): Einführung in die Phytologie. Bd. 4. Stuttgart.
—, 1979: Zeigerwerte der Gefäßpflanzen Mitteleuropas. Scripta Geobot. 9. 2 Aufl. Göttingen.
—, 1982: Vegetation Mitteleuropas mit den Alpen in ökologischer Sicht. 3. Aufl. Stuttgart.
ENGEL, H., 1973: Der Einfluß der Massenvermehrung von Amarant- und Wildhirsearten im Mais- und Gemüsebau auf die Biozönose. Gesunde Pfl. 25: 88–94.
FISCHBECK, G.; HEYLAND, K.-U.; KNAUER, N., 1982: Spezieller Pflanzenbau. UTB 111. 2. Aufl. Stuttgart.
FOERSTER, E.; LOHMEYER, W.; PATZKE, E.; RUNGE, F., 1979: Rote Liste der in Nordrhein-Westfalen gefährdeten Arten von Farn- und Blütenpflanzen (*Pteridophyta* et *Spermatophyta*). Schriftenr. Landesanst. Ökol., Landschaftsentw. Forstplanung Nordrh.-Westf. 4: 19–34.
FUKAREK, F., 1964: Pflanzensoziologie. WTB 14. Berlin.
GARCKE, A., 1972: (Hrsg.: K. v. WEIHE): Illustrierte Flora. Deutschland und angrenzende Gebiete. 23. Aufl. Berlin u. Hamburg.
GARVE, E., 1986: Liste der gefährdeten und ausgestorbenen Ackerwildkräuter in Niedersachsen. Informationsdienst Natursch. 6 (4). Hrsg.: Nieders. Landesverwaltungsamt. Hannover.
GEHU, J. M.; RICHARD, J. L.; TÜXEN,R., 1972: Compte rendu de l'excursion de l'association internationale de Phytosociologie dans le Jura en Juin 1967. Doc. Phytosoc. 2: 1–44.
GEISLER, G., 1980: Pflanzenbau. Berlin u. Hamburg.
GÖRS, S., 1966: Die Pflanzengesellschaften der Rebhänge am Spitzberg. In: Landesstelle f. Naturschutz u. Landschaftspflege Baden-Württemberg (Hrsg.): Die Natur- und Landschaftsschutzgebiete Baden-Württembergs. Bd. 3: 476–534. Ludwigsburg.
GREY-WILSON, Ch.; BLAMEY, M., 1980: Pareys Bergblumenbuch. Hamburg u. Berlin.
GRÜMMER, G.; NATHO, J., 1958: Ackerunkräuter. Wittenberg.
HAEUPLER, H., 1969a: Eine Hilfe zum Ansprechen einiger Ackerehrenpreise der *Veronica agrestis*-Gruppe. Gött. Flor. Rundbr. 1 (Nachdruck): 8–10.
—, 1969b: Die Blütenhüllen der heimischen *Rumex*-Arten bei Fruchtreife. Gött. Flor. Rundbr. 3: 63.
—, 1976a: Die verschollenen und gefährdeten Gefäßpflanzen Niedersachsens. Ursachen ihres Rückgangs und zeitliche Fluktuationen der Flora. Schriftenr. Vegetationskunde 10: 125–131.
—, 1976b: Atlas zur Flora Südniedersachsens. Scripta Geobot. 10. Göttingen.
—, MONTAG, A.; WÖLDECKE, K.; GARVE, E., 1983: Rote Liste Gefäßpflanzen Niedersachsen und Bremen. 3. Fassung vom 1. 10. 1983. Niedersächs. Landesverwaltungsamt (Hrsg.); Merkblatt 18.
—, SCHÖNFELDER, P., 1987: Atlas der Farn- und Blütenpflanzen der Bundesrepublik Deutschland. (im Druck).

Literaturverzeichnis

HAFFNER, P.; SAUER, E.; WOLFF, P., 1979: Rote Liste der im Saarland ausgestorbenen und gefährdeten höheren Pflanzen. Wiss. Schriftenr. Obersten Naturschutzbeh. 1. Saarbrücken.

HANF, M., 1982: Ackerunkräuter Europas mit ihren Keimlingen und Samen. 2. Aufl. München.

HARMS, K. H.; PHILIPPI, G.; SEYBOLD, S., 1983: Verschollene und gefährdete Pflanzen in Baden-Württemberg. Rote Liste der Farne und Blütenpflanzen (*Pteridophyta* et *Spermatophyta*) (2., neu bearbeitete Fassung, Stand 1. 5. 1983). Beih. Veröff. Natursch. Landschaftspfl. Bad.-Württ. 32. Karlsruhe.

HEGI, G., 1912–1985: Illustrierte Flora von Mitteleuropa. Bd. I–VI. 1.–3. Auflage. München, Berlin u. Hamburg.

HESS, H. E.; LANDOLT, E.; HIRZEL, R., 1976, 1977, 1980: Flora der Schweiz und angrenzender Gebiete. Bd. 1–3. 2. Aufl. Basel u. Stuttgart.

HEYDEMANN, B., 1983: Aufbau von Ökosystemen im Agrarbereich und ihre langfristigen Veränderungen. Daten Dokumente Umweltsch. 35. Sonderr. Umwelttagung. S. 53–83.

HILBIG, W., 1967: Die Ackerunkrautgesellschaften Thüringens. Feddes Repert. 76: 83–191.

—, 1973: Übersicht über die Pflanzengesellschaften des südlichen Teils der DDR. VII. Die Unkrautvegetation der Äcker, Gärten und Weinberge. Hercynia N. F. 10: 394–428.

HOFMEISTER, H., 1970: Pflanzengesellschaften der Weserniederung oberhalb Bremens. Dissert. Bot. 10. Lehre.

—, 1975: Ackerunkrautgesellschaften des ostbraunschweigischen Hügellandes. Mitt. Flor.-soz. Arbeitsgem. N. F. 18: 25–39.

—, 1981: Ackerunkraut-Gesellschaften des Mittelleine-Innerste-Berglandes (NW Deutschland). Tuexenia 1: 49–62.

—, 1983: Lebensraum Wald. Ein Weg zum Kennenlernen von Pflanzengesellschaften und ihrer Ökologie. 2. Aufl. Hamburg u. Berlin.

HOLM, L. G.; PLUCKNETT, D. L.; PANCHO, J. V.; HERBERGER, J. P., 1977: The World's Worst Weeds. Distributation and Biology. Honolulu.

HOLZNER, W., 1973a: Die Ackerunkrautvegetation Niederösterreichs. Mitt. Bot. Arbeitsgem. Oberöster. Landesmus. 5 (1). Linz.

—, 1973b: Forschungsergebnisse der modernen Ökologie in ihrer Bedeutung für Biologie und Bekämpfung der Unkräuter. Bodenkultur 24: 61–74.

—, 1981: Ackerunkräuter. Bestimmung, Verbreitung, Biologie und Ökologie. Graz u. Stuttgart.

—, 1984: The origin of weeds: an ecological approach. Schweiz. Landw. Fo. 23: 63–67.

HUG, W.; BUSLAY, H., 1975: Geschichtliche Weltkunde. Band 1: Von den frühen Zeit der Menschen bis zum Beginn der Neuzeit. 3. Aufl. Frankfurt/M., Berlin u. München.

JÄKEL, B., 1983: Schutzmöglichkeiten unserer heimischen Ackerbegleitflora – Beispiel Rosche (LK Uelzen). Jahrb. Naturwiss. Ver. Fürstent. Lüneburg 36: 235–244.

JAGE, H., 1972: Ackerunkrautgesellschaften der Dübener Heide und des Flämings. Hercynia N. F. 9: 317–391.

KALHEBER, H.; KORNECK, D.; MÜLLER, R., et. al., 1980: Rote Liste der in Hessen ausgestorbenen, verschollenen und gefährdeten Farn- und Blütenpflanzen. 2. Fassung. Stand 31. 12. 1979. Hrsg.: Hess. Landesanst. Umwelt. Wiesbaden.

KING, L., 1966: Weeds of the World. New York.

KLAPP, E., 1967: Lehrbuch des Acker- und Pflanzenbaues. 6. Aufl. Berlin u. Hamburg.

—, 1981: Taschenbuch der Gräser. 11. Aufl. Berlin u. Hamburg.

KNAPP, H. D., JESCHKE, L., SUCCOW, M., 1985: Gefährdete Pflanzengesellschaften auf dem Territorium der DDR. Berlin.

KNAPP, G., 1964: Ackerunkraut-Vegetation im unteren Neckar-Land. Ber. Oberhess. Ges. Nat.-Heilkunde Gießen, N. F., Naturwiss. Abt. 33: 395–402.

KNAPP, R., 1971: Einführung in die Pflanzensoziologie. Stuttgart.

Anhang

Koch, W., 1970: Unkrautbekämpfung. Stuttgart.
—, Hurle, H., 1978: Grundlagen der Unkrautbekämpfung. UTB 513. Stuttgart.
Köhler, H., 1962: Vegetationskundliche Untersuchungen in der mitteldeutschen Ackerlandschaft. Ackerunkrautgesellschaften einiger Auengebiete an Elbe und Mulde. Wiss. Z. Univ. Halle, Math.-Nat. 11: 207–250.
Korneck, D.; Lang, W.; Reichert, H., 1986: Rote Liste der in Rheinland-Pfalz ausgestorbenen, verschollenen und gefährdeten Farn- und Blütenpflanzen (zweite Fassung, Stand 31. 12. 1985). Hrsg.: Ministerium Umwelt Gesundheit. Mainz
Korsmo, E., 1930: Unkräuter im Ackerbau der Neuzeit. Berlin.
Krause, W., 1956: Über die Herkunft der Unkräuter. Natur Volk 86: 109–119.
Kreeb, K.-H., 1983: Vegetationskunde. Stuttgart.
Kreuzer, A.; Schweda, R., 1984: Ackerwildkrautschutz. Ein Beispiel zur Erhaltung antropogen bedingter Vielfalt. Dipl.-Arbeit (unveröff.) Inst. Landschaftspfl. Natursch. Univ. Hannover. Hannover.
Krusemann, G.; Vlieger, J., 1939: Akkerassociaties in Nederland. Ned. Kriudk. Arch. 49: 327–398.
Künne, H., 1974: Rote Liste bedrohter Farn- und Blütenpflanzen in Bayern. Stand: März 1974. Schriftenr. Natursch. Landschaftspfl. 4: 1–43.
Küster, H., 1985: Herkunft und Ausbreitungsgeschichte einiger *Secalietea*-Arten. Tuexenia 5: 89–98.
Lang, G., 1973: Die Vegetation des westlichen Bodenseegebietes. Pflanzensoz. 17. Jena.
Lauer, E., 1953: Über die Keimtemperatur von Ackerunkräutern und deren Einfluß auf die Zusammensetzung von Unkrautgesellschaften. Flora 140: 551–595.
Mahn, E. G., 1969: Untersuchungen zur Bestandsdynamik einiger charakteristischer Segetalgesellschaften unter Berücksichtigung des Einsatzes von Herbiziden. Arch. Natursch. Landschaftsforsch. 9: 3–42.
Malato-Belitz, J.; Tüxen. J. u. R., 1960: Zur Systematik der Unkrautgesellschaften der west- und mitteleuropäischen Wintergetreidefelder. Mitt. Flor.-soz. Arbeitsgem. N. F. 8: 145–147.
Mayer, P.; Seufert, M., 1985: Wie die neue Umweltkatastrophe noch zu verhindern ist. Rettet den Boden. Ein Stern-Report. Hamburg.
Meisel, K., 1967: Über die Artenverbindung des *Aphanion arvensis* J. et. R. Tüxen 1960 im west- und nordwestdeutschen Flachland. Schriftenr. Vegetationsk. 2: 123–135.
—, 1969: Verbreitung und Gliederung der Winterfrucht-Unkrautbestände auf Sandböden des nordwestdeutschen Flachlandes. Schriftenr. Vegetationskd. 4: 7–22.
—, 1970: Ackerunkrautgesellschaften im Hochsolling. Schriftenr. Vegetationskd. 5: 115–119.
—, 1972: Probleme des Rückgangs von Ackerunkräutern. Schriftenr. Landschaftspfl. Natursch. 7: 103–110.
—, 1973: Ackerunkrautgesellschaften. In: Trautmann, W.: Vegetationskarte der Bundesrepublik Deutschland 1:200 000. Potentielle natürliche Vegetation – Blatt CC 5502 Köln. Schriftenr. Vegetationskd. 6: 46–57.
—, 1979: Ackerunkrautgesellschaften. – In: Krause, A.; Schröder, L.: Vegetationskarte der Bundesrepublik Deutschland 1:200 000. Potentielle natürliche Vegetation – Blatt CC 3118 Hamburg-West. Schriftenr. Vegetationskd. 14: 93–100.
—, 1981: Ackerunkrautgesellschaften. In: Bohn, U.: Vegetationskarte der Bundesrepublik Deutschland 1:200 000. Potentielle natürliche Vegetation – Blatt CC 5518 Fulda. Schriftenr. Vegetationskd. 15: 206–215.
—, Hübschmann, A. v., 1976: Veränderung der Acker- und Grünlandvegetation im nordwestdeutschen Flachland in jüngerer Zeit. Schriftenr. Vegetationskd. 10: 109–124.
Mittnacht, A., 1980: Segetalflora der Gemarkung Mehrstetten 1975–78 im Vergleich zu 1948/49. Dissertation. Univ. Hohenheim.

MÜLLER, G., 1963/64: Die Bedeutung der Ackerunkrautgesellschaften für die pflanzengeographische Gliederung West- und Mitteldeutschlands. Hercynia N. F. 1: 82–166, 213–313.

MÜLLER, S., 1969: Böden unserer Heimat. Stuttgart.

MÜLLER, W., (Arbeitsgruppe Bodenkunde), 1982: Bodenkundliche Kartieranleitung. Hrsg.: Bundesanstalt Geowiss. Rohstoffe Geolog. Landesämtern Bundesrepublik Deutschland. 3. Auflage. Hannover.

MÜLLER-DOMBOIS, D.; ELLENBERG, H., 1974: Aims and methods of Vegetation Ecology. New York.

NEURURER, H., 1965: Beobachtungen über Veränderungen in der Unkrautgesellschaft als Folge pflanzenbaulicher und pflanzenschutzlicher Maßnahmen. Z. Pflanzenkrankh. Pflanzensch., Sonderheft 3: 39–43.

NEZADAL, W., 1975: Ackerunkrautgesellschaften Nordostbayerns. Hoppea 34: 17–149.

—, 1980: Naturschutz für Unkräuter? Zur Gefährdung der Ackerunkräuter in Bayern. Schriftenr. Natursch. Landschaftspfl. 12: 17–27.

OBERDORFER, E., 1983a: Pflanzensoziologische Exkursionsflora. 5. Aufl. Stuttgart.

—, 1983b: Süddeutsche Pflanzengesellschaften. Teil III. 2. Aufl. Stuttgart.

OESAU, A., 1973: Ackerunkrautgesellschaften im Pfälzer Wald. Mitt. Pollichia 20: 5–32.

OTTE, A., 1984: Bewirtschaftungsgradienten in Sandmohn- und Fingerhirse-Gesellschaften *(Papaveretum argemone, Digitarietum ischaemi)* im Tertiären Hügelland (Oberbayern). Tuexenia 4: 103–124.

PASSARGE, H., 1964: Pflanzengesellschaften des nordostdeutschen Flachlandes I. Pflanzensoz. 13. Jena.

PFAFF, K. H., 1976: Zum Artenpaar *Anthemis cotula* L. / *Anthemis arvensis* L. Gött. Flor. Rundbr. 10: 66–69.

PHILIPPI, G., 1971: Zur Kenntnis einiger Ruderalgesellschaften der nordbadischen Flugsandgebiete um Mannheim und Schwetzingen. Beitr. naturkdl. Forsch. Südw. Deutschl. 30: 113–131.

PREISING, E., 1984: Bestandsentwicklung, Gefährdung und Schutzprobleme der Pflanzengesellschaften in Niedersachsen. Vervielf. Manuskr. (unveröffentl.).

QUIST, D., 1984: Zur Bodenerosion im Zuckerrübenanbau des Kraichgaus. Diss. Univ. Heidelberg.

RAABE, U., 1985: Bemerkenswerte Ackerunkräuter am Weldaer Berg bei Warburg. Veröff. Naturkdl. Ver. Egge-Weser S. 25–28.

RADEMACHER, B., 1948: Gedanken über Begriff und Wesen des ,,Unkrauts". Z. Pflanzenkrankh. Pflanzensch. 55: 1–10.

—, 1968: Gedanken zur Fortentwicklung der Unkrautforschung und Unkrautbekämpfung. Z. Pflanzenkrankh. Pflanzensch., Sonderheft 4: 11–22.

RAUH, W., 1983: Unkräuter. Winters naturwissenschaftl. Taschenb. 7. Berlin u. Stuttgart.

—, SENGHAS, K., 1982: Schmeil – Fitschen. Flora von Deutschland und seinen angrenzenden Gebieten. 87. Aufl. Heidelberg.

RAUSCHERT, S., 1963: Beitrag zur Vereinheitlichung der soziologischen Nomenklatur. Mitt. Flor.-soz. Arbeitsgem. N. F. 10: 232–249.

—, 1978: Liste der in der Deutschen Demokratischen Republik erloschenen und gefährdeten Farn- und Blütenpflanzen (Stand: 14. 1. 1978). Berlin.

REICHELT, G.; WILMANNS, O., 1973: Vegetationsgeographie. In: FELS, E. et al. (Hrsg): Das geographische Seminar. Praktische Arbeitsweisen. Braunschweig.

RITTER, M.; WALDIS, R., 1983: Übersicht zur Bedrohung der Segetal- und Ruderalflora der Schweiz. Beitr. Natursch. Schweiz 5. Basel.

ROCHOW, M. v., 1951: Die Pflanzengesellschaften des Kaiserstuhls. Pflanzensoz. 8. Jena.

RODI, D., 1961: Die Vegetations- und Standortsgliederung im Einzugsgebiet der Lein (Kreis Schwäb. Gmünd). Veröff. Landesst. Natursch. Landschaftspfl. Bad.-Württ. 27/28: 76–167.

Anhang

—, 1967: Die Sandmohnflur (*Papaveretum argemones* [Libb. 32] Krusem. et Vlig. 39) der Sandäcker des Tertiär-Hügellandes (Oberbayern). Mitt. Flor.-soz. Arbeitsgem. N. F. 11/12: 203–205.

—, 1982: Feldflora-Reservat Beutenlay. In: Stadt Münsingen (Hrsg.): Münsingen. Geschichte. Landschaft. Kultur. S. 659–672. Sigmaringen.

ROHRER, N., 1982: UN-KRAUT. Schweiz. Bund für Natursch. (Hrsg.). Basel.

ROLA, J., 1973: Der Einfluß der Intensivierung der Landwirtschaft auf die Segetalgemeinschaften. Probleme der Agrogeobotanik. Wiss. Beitr. Martin-Luther Univ. Halle-Wittenbg. 11: 139–145.

ROSER, W., 1962: Vegetations- und Standortsuntersuchungen im Weinbaugebiet der Muschelkalktäler Nord-Württembergs. Veröff. Landesst. Natursch. Landschaftspfl. Bad.-Württ. 30: 31–147.

ROTHMALER, W., 1982: (Hrsg.: R. SCHUBERT u. W. VENT): Exkursionsflora für die Gebiete der DDR und der BRD. Band 4. Kritischer Band. 5. Aufl. Berlin.

RUNGE, F., 1980: Die Pflanzengesellschaften Mitteleuropas. 6./7. Aufl. Münster.

SCHACHT, W., 1976: Blumen Europas. Ein Naturführer für Blumenfreunde. Berlin u. Hamburg.

SCHACHTSCHABEL, P.; BLUME, H.-P.; HARTGE, K.-H.; SCHWERTMANN, U., 1984: Scheffer/Schachtschabel. Lehrbuch der Bodenkunde. 11. Aufl. Stuttgart.

SCHLENKER, G.; SCHILL, G., 1979: Das Feldflora-Reservat auf dem Beutenlay bei Münsingen. Mitt. Ver. Forstl. Standortskd. Forstpflanzenzücht. 27: 55–59.

SCHNEDLER, W., 1976: *Raphanus sativus* L. ssp. *oleiferus* (STOKES) METZG. Gött. Flor. Rundbr. 10: 56–58.

—, 1977: Drei Senf-Arten: *Sinapis alba* L., *Brassica juncea* (L.) Czern. und *Brassica nigra* (L.) KOCH. Gött. Flor. Rundbr. 11: 92–95.

SCHÖNFELDER, P. u. I., 1980: Der Kosmos Heilpflanzenführer. Stuttgart.

SCHOLZ, H., 1958/59: Die Systematik des europäischen *Polygonum aviculare* L. I. u. II. Ber. Deutsch. Bot. Ges. 71: 427–434; 72: 63–72.

—, 1960: Bestimmungsschlüssel für die Sammelart *Polygonum aviculare* L. Verh. Bot. Ver. Prov. Brandb. 98–100: 180–182.

SCHRÖDER, D., 1984: Bodenkunde in Stichworten. 4. Aufl. Kiel.

SCHUBERT, R.; MAHN, E.-G., 1968: Übersicht über die Ackerunkrautgesellschaften Mitteldeutschlands. Feddes Repert. 80: 133–304.

SCHUMACHER, W., 1979: Flora und Vegetation der Äcker, Raine und Ruderalplätze. Deutscher Naturschutzring (Hrsg.). Siegburg.

—, 1980: Schutz und Erhaltung gefährdeter Ackerwildkräuter durch Integration von landwirtschaftlicher Nutzung und Naturschutz. Natur Landsch. 55: 447–453.

—, 1981: Artenschutz für Kalkackerunkräuter. Z. Pflanzenkrankh. Pflanzensch., Sonderheft 9: 95–100.

—, 1984: Gefährdete Ackerwildkräuter können auf ungespritzten Feldrändern erhalten werden. Mitt. LÖLF 9 (1): 14–20.

STÄHLIN, A., 1970: Über die Aussagekraft von Ackerunkrautgemeinschaften bei der Beurteilung von Standortseigenschaften unter intensiver Bewirtschaftung. Z. Acker-Pflanzenbau 132: 169–188.

STEUBING, L., 1965: Pflanzenökologisches Praktikum. Berlin u. Hamburg.

SUKOPP, H.; AUHAGEN, A.; BENNERT, W.; BÖCKER, R., et al., 1981: Liste der wildwachsenden Farn- und Blütenpflanzen von Berlin (West). Hrsg.: Landesbeauftr. Natursch. Landschaftspfl. Berlin. Berlin.

—, TRAUTMANN, W.; KORNECK, D., 1978: Auswertung der Roten Liste gefährdeter Farn- und Blütenpflanzen in der Bundesrepublik Deutschland für den Arten- und Biotopschutz. Schriftenr. Vegetationskd. 12. Bonn-Bad Godesberg.

TIMSON, J., 1963: The taxonomy of *Polygonum lapathifolium* L., *P. nodosum* PERS., and *P. tomentosum* SCHRANK. Watsonia 5: 386–395.

TISCHLER, W., 1965: Agrarökologie. Jena.

TRENTEPOHL, H., 1956: Ackerunkrautgesellschaften westlich von Darmstadt. Schriftenr. Naturschutzst. Darmstadt 3: 151–206.
TÜXEN, J., 1958: Stufen, Standorte und Entwicklung von Hackfrucht- und Gartenunkrautgesellschaften und deren Bedeutung für Ur- und Siedlungsgeschichte. Angew. Pflanzensoz. 16. Stolzenau.
TÜXEN, R., 1937: Die Pflanzengesellschaften Nordwestdeutschlands. Mitt. Flor.-soz. Arbeitsgem. 3: 1–170.
—, 1950: Grundriß einer Systematik der nitrophilen Unkrautgesellschaften in der Eurosibirischen Region Europas. Mitt. Flor.-soz. Arbeitsgem. N. F. 2: 94–175.
—, 1955: Das System der nordwestdeutschen Pflanzengesellschaften. Mitt. Flor.-soz. Arbeitsgem. N. F. 5: 155–176.
—, 1962: Gedanken zur Zerstörung der mitteleuropäischen Ackerbiozoenosen. Mitt. Flor.-soz. Arbeitsgem. N. F. 9: 60–61.
TUTIN, T. G.; HEYWOOD, V. H., et al., 1964–1980: Flora Europaea. Vol. 1–5. Cambridge.
ULLMANN, J., 1977: Die Vegetation des südlichen Maindreiecks. Hoppea 36: 5–190.
VOLLRATH, H., 1966: Über Ackerunkrautgesellschaften in Ostbayern. Denkschr. Regensburg. Bot. Ges. 26: 117–158.
—, 1973: *Medicago sativa* in Mitteleuropa angebaut und verwildert? Gött. Flor. Rundbr. 7: 9–13.
WAGENITZ, G.; MEYER, G., 1981: Die Unkrautflora der Kalkäcker bei Göttingen und im Meißnervorland und ihre Veränderungen. Tuexenia 1: 7–23.
WALDIS-MEYER, R., 1978: Die Verarmung der Unkrautflora und einige Gedanken zu ihrer Erhaltung. Mitt. Ver. Forstl. Standortskd. Forstpflanzenzücht. 26: 70–71.
WALTER, H., 1960: Einführung in die Phytologie, Bd. III; Grundlagen der Pflanzenverbreitung, 1. Teil: Standortslehre. 2. Aufl. Stuttgart.
WALTHER, K., 1977: Die Vegetation des Elbtales. Die Flußniederung von Elbe und Seege bei Gartow. Abh. Verh. Naturwiss. Ver. Hamburg N. F. 20: 1–123.
WEDECK, H., 1970: Ackerunkrautgesellschaften auf Kalkböden im östlichen Hessen. Ber. oberhess. Ges. Naturk. Heilk., naturwiss. Abt. 37: 131–139.
—, 1972: Unkrautgesellschaften der Hackfruchtkulturen in Osthessen. – Philippia 1: 194–212.
WEHSARG, O., 1954: Ackerunkräuter. Berlin.
WILLERDING, U., 1981: Ur- und frühgeschichtliche sowie mittelalterliche Unkrautfunde in Mitteleuropa. Z. Pflanzenkrankh. Pflanzensch., Sonderheft 9: 65–75.
—, 1983: Zum ältesten Ackerbau in Niedersachsen. Frühe Bauernkulturen in Niedersachsen. Veröff. vorgeschichtl. Samml. Landesmus. Hannover; S. 179–219.
WILMANNS, O., 1975: Wandlungen des *Geranio-Allietum* in den Kaiserstühler Weinbergen? Pflanzensoziologische Tabellen als Dokumente. Beitr. naturkdl. Forsch. Südwest-Deutschl. 34: 429–443.
—, 1978: Ökologische Pflanzensoziologie. UTB 269. 2. Aufl. Heidelberg.
WOLFF-STRAUB, R., 1985: Umweltschutz und Landwirtschaft. Schutzprogramm für Ackerwildkräuter. Schriftenr. Ministers Umwelt, Raumordnung Landwirtschaft Landes Nordrh.-Westf. 3. Düsseldorf.
ZEIDLER, H., 1965: Ackerunkrautgesellschaften in Ostbayern. Bayer. Landw. Jahrb. 42: 13–30.

Bildnachweis

Photographien

Aussem, H.: S. 225 unten links
Brinkmann, H.: S. 9 unten rechts, S. 12 oben links und unten rechts, S. 126 unten links
Drachenfels, O. v.: S. 225 unten rechts
Fuhrmann, B.: S. 175 unten
Garve, E.: S. 9 oben und unten links, S. 118 oben, unten links und rechts, S. 126 oben, S. 229 oben; Abb. 4, 26, 27
Hofmeister, H.: S. 175 oben
Mey, H.: S. 12 oben rechts und unten links, S. 171 unten links
Quist, D.: Abb. 25
Raabe, U.: S. 126 unten rechts, S. 171 unten rechts, S. 225 oben, S. 229 unten links und rechts
Schumacher, W.: Abb. 5
Wagenitz, G.: Titelbild
Wolff-Straub, R.: S. 171 oben

Zeichnungen

Röttger, Petra, Hildesheim: S. 16–21, Abb. 1, 2, 3, 8–16, 20, 22, 28

Die Zeichnungen von S. 35 bis S. 117 wurden aus folgenden Büchern entnommen:

Garcke, August: Illustrierte Flora. Deutschland und angrenzende Gebiete. Gefäßkryptogamen und Blütenpflanzen. Hrsg. v. Weihe, K. 23. völlig neu bearb. Aufl. 1972. Berlin und Hamburg: Verlag Paul Parey.
S. 35, **1, 2, 3**, 7; S. 39, **1**, 6, 7; S. 41, **1, 4–7**; S. 43, **1**, 3, 7; S. 45, **1–7**; S. 49, **1**, 4; S. 51, **1**; S. 53, **3, 5–7**; S. 55, **1, 4**; S. 57, **1, 3–6**; S. 59, **1–3**, **5–7**; S. 61, **3–6**; S. 63, **4**; S. 65, **1–4**; S. 69, **6**; S. 71, **1–3, 6**; S. 73, **2, 4**; S. 75, **6**; S. 77, **1**, 3, **5–7**; S. 79, **1–6**; S. 81, **4–7**; S. 83, **1–3**; S. 85, **1–4**; S. 87, **1**, 4, **5**; S. 88 a, b; S. 91, **5**; S. 93, 2; S. 97, **4**; S. 99, **1, 2, 4, 6**; S. 101, **1**, 3–7; S. 105, **1**, 3–5, **7**; S. 107, **1–3**, 5; S. 109, **1**, 2, **7**; S. 111, **1, 2, 6, 7**; S. 113, **2, 4**; S. 115, **1**; S. 117, **6**

Haeupler, Henning (Hrsg.): Göttinger Floristische Rundbriefe. Zeitschrift für Arealkunde, Floristik und Systematik. Göttingen: Verlag E. Goltze.
S. 49, **6, 7**; S. 91, **1–4**; S. 101, **5–7**; S. 107, **5, 6**

Grey-Wilson, Christopher/Blamey, Marjorie: Pareys Bergblumenbuch. Wildblühende Pflanzen der Alpen, Pyrenäen, Apenninen, der skandinavischen und britischen Gebirge. Aus d. Engl. übers. u. bearb. v. Reisigl, Herbert 1980. Hamburg und Berlin: Verlag Paul Parey.
S. 39, **5**; S. 49, **5**

Hegi, Gustav: Illustrierte Flora von Mitteleuropa. Monocotyledones. Band II 2. Teil. München: J. F. Lehmanns Verlag 1909.
S. 107, **4, 6, 7**

Hegi, Gustav: Illustrierte Flora von Mitteleuropa. Pferidophyta, Spermatophyta. Hrsg. v. Conert, Hans, J./Hamann, Ulrich/Schultze-Motel, Wolfram/Wagenitz, Gerhard. Berlin und Hamburg: Verlag Paul Parey.
Band 3: Angiospermae. Dicotyledones, 1. Teil 1981, 1979, 1974
Tl 1: S. 49, **7**
Tl 2: S. 40, **5, 5a**; S. 41, **3**; S. 43, **6**; S. 45, **4**; S. 47, **1–4**, **6** ; S. 49, **3**
Tl 3: S. 35, **6**

Band 4: Angiospermae. Dicotyledones, 2. Teil 1986, 1964
Tl 1: S. 55, **2, 3**; S. 57, **7**; S. 59, **4, 4a, 5**; S. 67, **1, 2**
Tl 3: S. 69, **3**; S. 71, **4, 7**; S. 73, **3**; S. 75, **1–5**
Band 5: Angiospermae. Dicotyledones, 3. Teil 1966, 1964
Tl 1: S. 53, **4**; S. 61, **7**; S. 62, **3, 6**; S. 63, **3, 6**
Tl 2: S. 77, **2, 4, 7**
Tl 4: S. 85, **5, 6**; S. 93, **3–5**
Band 6: Angiospermae. Dicotyledones, 4. Teil 1974, 1966–1986
Tl 1: S. 89, **2–4**; S. 91, **4**
Tl 2: S. 81, **4–7**; S. 99, **7**; S. 101, **2**; S. 105, **2, 5, 6**
Tl 3: S. 99, **3**

Hess, Hans/Landolt, Elias/Hirzel, Rosmarie: Flora der Schweiz und angrenzender Gebiete. 3 Bde. Basel: Birkhäuser Verlag.
Band 1: Pteridophyta – Caryophyllaceae. 2. Aufl. 1976
Band 2: Nymphaeaceae bis Primulaceae. 2. durchges. Aufl. 1977
Band 3: 2. durchges. Aufl. 1980
Band 1: S. 41, **2**; S. 43, **2, 4, 5**; S. 45, **2**; S. 47, **5, 6**; S. 51, **2–6**; S. 53, **1**; S. 113, **1, 3**
Band 2: S. 35, **4, 5**; S. 37, **1–7**; S. 39, **1–4**; S. 53, **2**; S. 55, **5, 6**; S. 57, **2**; S. 61, **1, 2**; S. 62, **2, 4–6**; S. 63, **1, 2, 5**; S. 65, **5–7**; S. 67, **3–6**; S. 69, **1, 2, 4–7**; S. 71, **5**; S. 73, **1, 5**
Band 3: S. 81, **1–3**; S. 83, **4–6**; S. 87, **2, 3, 6, 7**; S. 89, **1–6**; S. 91, **6**; S. 93, **1, 6**; S. 95, **1–7**; S. 97, **1–3, 5, 6**; S. 99, **5**

Hofmeister, Heinrich: Lebensraum Wald. 2., revidierte Aufl. 1983. Hamburg und Berlin: Verlag Paul Parey.
Abb. 17, 19, 23; Abb. S. 208, 210, 211, 212.

Klapp, Ernst: Taschenbuch der Gräser. Erkennung und Bestimmung, Standort und Vergesellschaftung, Bewertung und Verwendung. Bearb. v. Boeker, Peter. 11. überarb. Aufl. 1983. Berlin und Hamburg: Verlag Paul Parey.
S. 109, **3–6**; S. 111, **3–5**; S. 113, **1–4**; S. 115, **1–7**; S. 117, **1–5**

Sachregister

abiotische Faktoren 187, 188
Ackerbau, Geschichte 119
Ackerbegleitflora 127
– Definition 127
– Schutz 239
– Veränderungen 224
Ackernutzung 123
Ackerschätzrahmen 124
Ackerunkrautgesellschaften 127, 135, 150
– Bestimmung 184, 186
– systematische Gliederung 140, 148
– Untersuchung 135
Ackerwildkraut 127
Ackerzahl 214
Adsorptionswasser 201
Aggregatgefüge 198
Agrarreform 121
Allmende 121
Anemochorie 131
Archäophyt 128, 129
Areal 130
Artmächtigkeit 138, 139
Assoziation 140, 144
Auenboden 212
Austauschkapazität 203
Autochorie 131

Basenversorgung 177, 203
Begleiter 142
Bewirtschaftungsfaktor 214
Bewirtschaftungsrhythmus 130
biotische Faktoren 187, 188
Blattherbizid 220
Boden 192
Bodenart 195
– Bedeutung 196
– Bestimmung 197
– Definition 195
Bodenbearbeitung 215
Bodenbewertung 213
Bodenbildung 206
Bodenfaktor 192
Bodenfeuchte 202
Bodengefüge 198
Bodenherbizid 220
Bodenhorizont 206, 207, 208
Bodenkunde 195
Bodenluft 200, 203
Bodennährstoffe 203
Bodenporen 202
Bodenprofil 206

Bodenreaktion 184
Bodenwasser 200
Bodentypen 206
Bodenzahl 213, 214
Brache 120
Braunerde 210
Breitbandherbizid 220

Carbonatgestein 204
Chamaephyt 134
Charakterart 141

Deckungsgrad 138
Diasporen 130
Differentialart 141, 176
Dreifelderwirtschaft 120, 122
Düngung 122, 217, 226

Edaphon 199
Einzelkorngefüge 198
Erosion 215
Ersatzgesellschaft 148
Ertragssteigerung 122
euryök 189

Fazies 147
Feldflora-Reservat 239
Feuchtezahl 184
Feuchtezeiger 181
Fingerprobe Bodenart 197
– Bodenfeuchtigkeit 202
Flächenkonzept 240
Fragmentgesellschaft 145
Fruchtfolge 216
Fruchtwechselrest 148

Gefährdungskategorie 230
Geophyt 133
Gesellschaft 145
Gley 212
Gründigkeit 198
Gründüngung 217
Grundwasser 200

Haftwasser 200
Hemikryptophyt 134
Herbizid 219, 226
Heterocarpie 132
Humifizierung 199
Humus 198
Humusgehalt 199

indigen 128
Intensivierung 123, 224

Sachregister

Kälteresistenz 191
Kalkbevorzugende 177
Kalkgehalt 204
Kalkzeiger 177
Kapillarwasser 201
Kardinalpunkte 189, 190
Keimtemperatur 190
Klasse 140
Klima 192
Klimafaktor 190
Kohärentgefüge 198
Kompensation 226, 239
Konkurrenz 188
– interspezifisch 189
– intraspezifisch 189
Kontaktgesellschaft 148
Kontaktherbizid 220
Kontinentalitätszahl 183
Korngrößenfraktion 195
Krumenfeuchtezeiger 180

Lehm 195, 197, 204
Licht 191
Lockersediment 204
Löß 204

Makroklima 192
Marschboden 212
Melioration 121
Mikroklima 192
Mineraldüngung 217
Mineralisierung 199
Minimal-Areal 138
Monokultur 187
Mutterboden 198

Nährstoffversorgung 203
Nässezeiger 181
Neophyt 128, 130
Niederschlag 200
Nitrifikation 199

Oberboden 207
Oberflächenwasser 200
ökologische Gruppe 176, 177, 181
Ordnung 140
Ortstein 211

Parabraunerde 210
Pararendzina 209
Pelosol 210
Pflanzengemeinschaft 135
Pflanzengesellschaft 135
– Benennung 140, 142
– Definition 135
– System 143, 148
Pflanzenschutz, integrierter 222
Pflanzensoziologie 135
Pflughorizont 198
pH-Meter 206
pH-Wert 204, 205, 206
Podsol 211
Problemunkraut 219
Pseudogley 213

Randstreifen, herbizidfrei 240
Ranker 208
Rasse, Pflanzengesellschaft 147
Rationalisierung 123, 224
Reaktionszahl 184
Regosol 208
Rendzina 208
Rhizomgeophyt 133
Rotationsgesellschaft 148
Rote Liste, Pflanzenarten 227, 230, 233
Rote Liste, Pflanzengesellschaften 230, 236, 238
Ruderalflora 127

Säurebevorzugende 178
Säurezeiger 178
Samenunkraut 130
Sand 195, 197, 204
Sandstein 204
Schadschwelle 222
Schlämmanalyse 195
Schluff 195, 197, 204
Schutzmaßnahmen 239
Schwarzerde 209
Segetalflora 127
Selbstverbreitung 131
Sickerwasser 200
Silikatgestein 204
Sommereinjährige 132, 133
Soziabilität 139
Standort 188
Stauffeuchtezeiger 181
Stauwasser 201
stenök 189
Stetigkeit 144
Stickstoffzahl 184
Stickstoffzeiger 179
Subassoziation 140, 146
Subvariante 140, 147

Temperatur 190
Temperaturzahl 183
Therophyt 130
Tierverbreitung 131
Ton 195, 197, 204

Sachregister

Unkraut 127
Unkrautbekämpfung 218
Unterboden 207
Untergrund 207

Valenz, ökologische 189
Valenz, physiologische 189
Variante 140, 147
Vegetationsaufnahme 136, 137
Vegetationskunde 135
Verband 140
Verbreitungskarte 193, 194, 232

Vitalität 139

Wasserkapazität 201
Wind 192
Windverbreitung 131
Wintereinjährige 132, 133
Wurzelgeophyt 133

Zeigerpflanzen 176
Zeigerwert 183
Zoochorie 131
Zwiebelgeophyt 133

Register der Art-, Familien- und Gesellschaftsnamen

Fettdruck = eingehende Behandlung der Arten, Familien und Gesellschaften

Achillea millefolium **100**
Ackerehrenpreis-Assoziation 168, **172**, 238
Ackerfrauenmantel, Gemeiner **64**, 129, 154, 156, 178, 190
Ackerfrauenmantel-Gesellschaften **152**, 178, 179, 186
Ackerfrauenmantel, Kleinfrüchtiger **64**
Ackerfuchsschwanz-Kamillen-Assoziation 155
Ackerkohl 9, **58**
Ackerkrummhals-Assoziation 166
Ackerröte **78**, 146, 158, 159, 160, 177
Ackerziest-Assoziation 166
Adonis aestivalis 9, **36**, 129, 158, 177, 226
Adonis flammea **36**
Adonisröschen, Flammen- **36**
Adonisröschen, Sommer- 9, **36**, 129, 158, 177, 226
Adonisröschen-Assoziation 157, **158**, 177, 238
Aegilops squarrosa 112
Aethusa cynapium **78**, 146, 169, 179
Agropyron repens **114**, 128, 133, 219
Agrostemma githago **42**, 128, 129, 218, 227, 229
Agrostis alba 108
Agrostis spica-venti 110
Agrostis stolonifera **108**
Agrostis tenuis **108**
Ajuga chamaepitys **92**
Alchemilla arvensis 64
Alchemilla microcarpa 64
Allium oleraceum **106**
Allium rotundum **106**
Allium vineale **106**, 173
Alopecuro-Matricarietum 154, 155
Alopecurus agrestis 116
Alopecurus myosuroides **116**, 146, 177, 217, 219, 222, 227
Amarant, Aufsteigender **44**
Amarant, Griechischer **44**
Amarant, Grünähriger **44**, 219
Amarant, Zurückgebogener **44**, 148, 161, 173, 179, 190, 191
Amarantgewächse 28, **44**
Amaranthaceae 28, **44**
Amaranthus angustifolius 44
Amaranthus ascendens 44

Amaranthus chlorostachys 44
Amaranthus graecizans **44**
Amaranthus hybridus **44**, 219
Amaranthus lividus **44**
Amaranthus retroflexus **44**, 148, 161, 173, 179, 190, 191
Ampfer, Krauser **48**, 131
Ampfer, Stumpfblättriger **48**
Anagallis arvensis **64**, 190
Anagallis coerulea 64
Anagallis foemina **64**, 177
Anagallis minima 64
Anchusa arvensis **84**, 165, 166, 178
Anthemis arvensis **100**, 129, 178
Anthemis cotula **100**, 129
Anthoxanthum aristatum 116
Anthoxanthum puelii **116**, 152, 179, 193
Antirrhinum orontium 86
Apera spica-venti **110**, 129, 133, 152, 154, 178, 217, 219, 227
Aperetalia spicae-venti 149, **151**
Aphanes arvensis **64**, 129, 154, 156, 178, 190
Aphanes microcarpa **64**
Aphanion arvensis **152**, 178, 179, 186
Aphano-Matricarietum chamomillae 152, **154**, 174, 238
Apiaceae 26, **76**
Arabidopsis thaliana **58**, 146, 178
Arenaria leptoclados **40**
Arenaria serpyllifolia **40**
Arnoseridion minimae **151**, 178, 179, 186
Arnoseris minima **104**, 126, 151, 179, 226
Asparagus officinalis **106**
Asperula arvensis 231
Asteraceae 31, **98**
Atriplex hastata 48
Atriplex patula **48**, 171, 179
Atriplex prostrata **48**
Atriplex triangularis 48
Avena fatua **110**, 160, 177, 219, 227
Avena sativa **112**, 190
Avena sterilis 112

Baldriangewächse 26, **80**
Bauernsenf **60**, 179
Beinwell, Futter- **84**
Beinwell, Gemeiner **84**, 181

263

Register der Art-, Familien- und Gesellschaftsnamen

Beinwell, Rauher **84**
Berg-Ackerfrauenmantel-Assoziation 156
Berufkraut, Kanadisches **98**, 130
Besenrauke, Gemeine 52
Beta vulgaris **48**
Bidens tripartita **98**, 181
Bifora radians **76**
Bilderdykia convolvulus 52
Bilsenkraut, Schwarzes **84**
Bingelkraut, Einjähriges **62**, 172, 179, 190
Binse, Kröten- **108**, 147, 180
Binsengewächse 25, **108**
Blutweiderichgewächse 27, **74**
Boraginaceae 32, **82**
Borretschgewächse 82
Borstenhirse, Fuchsrote **116**, 148, 164, 180
Borstenhirse, Grüne **116**, 148, 161, 162, 163, 164, 173, 180, 219
Borstenhirse, Quirlige **116**
Brassica juncea **54**
Brassica napus **54**
Brassica nigra **54**
Brassica oleracea **54**
Brassica rapa **54**
Brassicaceae 30, **52**
Braunwurzgewächse 33, **86**
Breitsame, Strahlen- **76**, 128, 129
Brennessel, Große **38**
Brennessel, Kleine **38**, 179
Brennesselgewächse 27, **38**
Brombeere, Bereifte 66
Bromus arvensis **110**
Bromus secalinus **110**
Bromus sterilis **110**
Buchweizen, Echter **50**, 239
Büschelschön 82
Buglossoides arvensis **82**, 177
Bunium bulbocastanum **78**
Bupleurum rotundifolium **78**, 232

Calendula arvensis **102**
Camelina alyssum 227
Camelina microcarpa **58**
Camelina pilosa **58**
Camelina sativa **58**
Campanula rapunculoides **96**, 146, 159
Campanulaceae 32, **96**
Cannabaceae 27, **38**
Capsella bursa-pastoris **60**, 131, 133, 180, 219
Carex hirta **108**
Caryophyllaceae 30, **38**

Caucalidion lappulae **157**, 177, 178, 179, 186
Caucalido-Adonidetum aestivalis 157, **158**, 177, 238
Caucalis daucoides 76
Caucalis lappula 76
Caucalis latifolia 76
Caucalis platycarpos **76**, 132, 158, 177, 226
Centaurea cyanus **98**, 133, 226
Centunculus minimus **64**
Cerastium caespitosum 42
Cerastium fontanum 42
Cerastium glomeratum **42**, 166, 180
Cerastium holosteoides **42**
Cerastium vulgatum 42
Chaenarrhinum minus **86**
Chamomilla recutita 100
Chamomilla suaveolens 98
Chenopodiaceae 28, **44**
Chenopodietea 149
Chenopodio-Oxalidetum fontanae 166
Chenopodium album **46**, 166, 180, 190, 219
Chenopodium ficifolium **46**
Chenopodium glaucum **46**
Chenopodium hybridum **46**
Chenopodium polyspermum **46**, 128, 166, 180, 190
Chenopodium rubrum **46**
Chenopodium strictum **46**
Chenopodium suecicum **46**
Chenopodium viride 46
Chrysanthemum segetum **102**, 165, 178
Cirsium arvense **98**, 133, 219
Comfrey 84
Compositae 98
Conringia orientalis 9, **58**
Consolida regalis 12, **34**, 129, 133, 158, 177, 190
Convolvulaceae 32, **82**
Convolvulus arvensis **82**, 133, 174, 192, 218, 219, 222
Conyza canadensis **98**, 130
Coronopus procumbens 58
Coronopus squamatus **58**
Crassulaceae 28, **66**
Crepis tectorum **104**
Cruciferae 52
Cuscuta epilinum 227
Cyperaceae 24, **108**

Daucus carota **76**
Delphinium consolida 34

Descurainia sophia **52**
Dickblattgewächse 28, **66**
Digitaria ischaemum **114**, 126, 162, 179, 219, 239
Digitaria sanguinalis **114**, 161, 164, 219
Digitarietum ischaemi **162**, 238
Digitario-Eragrostietum **161**, 238
Digitario sanguinalis-Galinsogetum parviflorae 164
Digitario-Setarion **162**, 178, 179, 186
Dinkel 239
Diplotaxis muralis **56**, 161
Dipsacaceae 31, **82**
Doldengewächse 26, **76**
Doppelsame, Mauer- **56**, 161
Draba verna 60

Echinochloa crus-galli **114**, 133, 148, 163, 173, 175, 180, 190, 219, 226
Echte Kamillen-Assoziation 152, **154**, 174, 183, 238
Ehrenpreis, Acker- **90**, 172
Ehrenpreis-Bastardtaubnessel-Assoziation 170
Ehrenpreis, Dreiteiliger **88**, 133, 153, 178
Ehrenpreis, Dreizähniger **88**
Ehrenpreis, Efeu- **88**, 133, 178, 190, 191
Ehrenpreis-Erdrauch-Assoziation 172
Ehrenpreis, Feld- **88**
Ehrenpreis, Früher **88**
Ehrenpreis, Frühlings- **88**
Ehrenpreis, Glanz- **90**, 169, 179
Ehrenpreis, Glanzloser **90**, 170
Ehrenpreis, Hain- **88**
Ehrenpreis, Persischer **90**, 133, 146, 171, 172, 179, 190, 219
Einjährige Bingelkraut-Assoziation 168, **172**, 176, 180, 238
Einjährige Ruderal- und Ackerunkrautgesellschaften 148
Einkorn 119
Elymus repens 114
Emmer 112, 119
Equisetaceae 24, **34**
Equisetum arvense **34**, 133, 147, 181
Eragrostion **161**
Eragrostis cilianensis 108
Eragrostis megastachya **108**, 161
Eragrostis minor **108**, 161
Eragrostis poaeoides **108**
Erbse **70**, 119, 121
Erdkastanie 78
Erdrauch, Gemeiner **38**, 171, 179
Erdrauch, Kleinblütiger **38**
Erdrauch, Schleichers **38**

Erdrauch, Vaillants 9, **38**, 177
Erdrauch-Wolfsmilch-Gesellschaften **168**, 178, 179, 186
Erdrauchgewächse 29, **38**
Erigeron canadensis 98
Erodium cicutarium **72**, 132, 163, 166, 178
Erophila verna **60**, 132, 178
Erucastrum gallicum **52**
Erucastrum pollichii 52
Erysimum cheiranthoides **54**
Esparsette, Saat- **70**, 121
Euphorbia exigua **62**, 146, 158, 159, 160, 169, 177
Euphorbia falcata **62**
Euphorbia helioscopia **62**, 146, 169, 171, 172, 179
Euphorbia peplus **62**, 179
Euphorbia platyphyllos **62**
Euphorbiaceae 26, **62**
Euphorbio-Melandrietum 159, 170

Fabaceae 31, **66**
Fagopyrum esculentum **50**
Fagopyrum vulgare 50
Falcaria vulgaris **78**
Fallopia convolvulus **52**, 219, 227
Feldsalat, Gefurchter **80**
Feldsalat, Gekielter **80**
Feldsalat, Gemeiner **80**
Feldsalat, Gezähnter **80**
Ferkelkraut, Kahles **104**, 179
Fetthenne, Große 66
Fetthenne, Purpur- **66**, 159
Filago arvensis 98
Filzkraut, Acker- 98
Fingerhirse, Blutrote **114**, 161, 219
Fingerhirse, Kahle **114**, 126, 162, 179, 219, 239
Fingerhirsen-Assoziation **162**, 238
Fingerhirsen-Borstenhirsen-Gesellschaften **162**, 178, 179, 186
Fingerkraut, Gänse- **64**, 134, 147, 181
Fingerkraut, Kriechendes **64**
Finkensame 12, **58**, 159, 177
Finkensamen-Assoziation 157, **159**, 238
Flachs 72
Franzosenkraut, Kleinblütiges **102**, 130, 132, 163, 180, 219
Franzosenkraut, Zottiges **102**, 219
Frauenspiegel, Echter 9, **96**
Frauenspiegel, Kleinblütiger 12, **96**
Fuchsschwanz, Acker- **116**, 146, 177, 217, 219, 222, 227
Fuchsschwanz, Aufsteigender 44

Fuchsschwanz, Griechischer 44
Fuchsschwanz, Grünähriger 44
Fuchsschwanz, Zurückgebogener 44
Fuchsschwanzgewächse 44
Fumaria officinalis **38**, 171, 179
Fumaria parviflora **38**
Fumaria schleicheri **38**
Fumaria vaillantii 9, **38**, 177
Fumariaceae 29, **38**
Fumario-Euphorbion **168**, 178, 179, 186
Futterrübe **48**, 121, 122, 123

Gänsedistel, Acker- **104**
Gänsedistel, Kohl- **104**, 179
Gänsedistel, Rauhe **104**, 171, 172, 179, 190
Gänsefuß, Feigenblättriger **46**
Gänsefuß, Gestreifter **46**
Gänsefuß, Graugrüner **46**
Gänsefuß, Grüner **46**
Gänsefuß, Roter **46**
Gänsefuß, Unechter **46**
Gänsefuß, Vielsamiger **46**, 128, 166, 180, 190
Gänsefuß, Weißer **46**, 166, 180, 190, 219
Gänsefußgewächse 28, **44**
Gagea arvensis 104
Gagea villosa **104**, 134, 173, 225
Galeopsio-Aphanetum arvensis 156
Galeopsio-Chenopodietum 166, 167
Galeopsio-Sperguletum arvensis 156
Galeopsis angustifolia **94**
Galeopsis bifida **94**, 156
Galeopsis dubia 94
Galeopsis ladanum **94**
Galeopsis ochroleuca 94
Galeopsis pubescens **94**
Galeopsis segetum **94**, 126
Galeopsis speciosa **94**, 178
Galeopsis tetrahit **94**, 147, 156, 159, 163, 167
Galinsoga ciliata **102**, 219
Galinsoga parviflora **102**, 130, 132, 163, 180, 219
Galinsoga quadriradiata 102
Galium aparine **80**, 128, 132, 192, 218, 219, 226, 227
Galium spurium **80**
Galium tricornutum **80**
Gauchheil, Acker- **64**, 190
Gauchheil, Blauer **64**, 177
Gemeine Erdrauch-Assoziation 168, **171**, 238
Geraniaceae 30, **72**
Geranio-Allietum vinealis 168, **173**, 238

Geranium columbinum **74**
Geranium dissectum **74**, 179
Geranium molle **74**
Geranium pusillum **74**
Geranium rotundifolium **74**, 173
Gerste, Mehrzeilige **112**, 119, 122, 123, 124, 190, 205
Gerste, Zweizeilige **112**
Getreide-Unkrautgesellschaften 149
Gipskraut, Acker- **42**
Glanzehrenpreis-Assoziation 168, **169**, 238
Glechoma hederacea **92**
Glockenblume, Acker- **96**, 146, 159
Glockenblumengewächse 32, **96**
Gnaphalium uliginosum **98**, 147, 180
Goldstern, Acker- **104**, 134, 173, 225
Gramineae 108
Greiskraut, Frühlings- **100**
Greiskraut, Gemeines **100**, 173, 180, 190
Grünkohl 54
Günsel, Gelber **92**
Gundermann **92**
Gypsophila muralis **42**

Hafer, Flug- **110**, 160, 177, 219, 227
Hafer, Saat- **112**, 122, 123, 124, 190, 205
Hafer, Taub- 112
Haftdolde, Acker- **76**, 131, 158, 177, 226
Haftdolde, Breitblättrige 76
Haftdolden-Gesellschaften **157**, 177, 178, 179, 186
Hahnenfuß, Acker- **34**, 129, 130, 177
Hahnenfuß, Knolliger **34**
Hahnenfuß, Kriechender **34**, 134, 147, 167, 181
Hahnenfuß, Rauher **34**, 155
Hahnenfußgewächse 28, **34**
Hanfgewächse 27, **38**
Hartheu, Liegendes **52**
Hartheugewächse 29, **52**
Hasenohr, Rundblättriges **78**, 232
Hederich **56**, 129, 130, 146, 166, 178
Hellerkraut, Acker- **60**, 146, 169, 171, 179, 219
Hellerkraut, Lauch- 231
Hirtentäschel, Gemeines **60**, 131, 133, 180, 219
Hohlsame, Strahlen- **76**
Hohlzahn, Acker- **94**
Hohlzahn, Bunter **94**, 178
Hohlzahn, Kleinblütiger **94**, 156
Hohlzahn, Saat- **94**, 126
Hohlzahn, Schmalblättriger **94**
Hohlzahn-Spergel-Assoziation 156

Hohlzahn, Stechender **94**, 147, 156, 159, 163, 167
Hohlzahn, Weichhaariger **94**
Holco-Galeopsietum 152, **156**, 238
Holcus mollis **110**, 147, 156, 163, 167
Holosteum umbellatum **40**
Honiggras-Hohlzahn-Assoziation 156
Honiggras, Weiches **110**, 147, 156, 163, 167
Hopfen **38**
Hordeum agriocrithon 112
Hordeum distichon **112**
Hordeum polystichon 112
Hordeum spontaneum 112
Hordeum vulgare **112**, 119, 190
Hornkraut, Gemeines **42**
Hornkraut, Knäuel- **42**, 166, 180
Hühnerhirse-Gänsefuß-Assoziation 166
Hühnerhirse, Gemeine **114**, 133, 148, 163, 173, 175, 180, 190, 219, 226
Huflattich **102**, 133, 147, 181
Humulus lupulus **38**
Hundskamille, Acker- **100**, 129, 178
Hundskamille, Stink- **100**, 129
Hundspetersilie **78**, 146, 169, 179
Hundsrauke, Französische **52**
Hungerblümchen, Frühlings- **60**, 131, 178
Hydrophyllaceae 33, **82**
Hyoscyamus niger **84**
Hypericaceae 29, **52**
Hypericum humifusum **52**
Hypochoeris glabra **104**, 179

Illecebrum verticillatum **40**

Juncaceae 25, **108**
Juncus bufonius **108**, 147, 180

Kamille, Echte **100**, 154, 174, 178, 219
Kamille, Geruchlose **100**, 219, 226
Kamille, Strahlenlose **98**
Kardengewächse 31, **82**
Kartoffel **84**, 118, 121, 122, 123, 124, 205
Kickxia elatine **86**, 160, 177
Kickxia spuria 12, **86**, 160, 177
Kickxietum spuriae 157, **160**, 238
Klatschmohn-Gesellschaften 149, **157**
Klee, Alexandriner- **70**
Klee, Hasen- **70**, 179
Klee, Persischer **70**
Klee, Saat-Rot- **70**, 121
Kleinblütige Franzosenkraut-Assoziation 162, **163**, 175, 180, 238
Kleinling, Acker- **64**
Klettenkerbel, Feld- **76**

Klettenkerbel, Gemeiner **76**
Knäuel, Einjähriger **42**, 142, 146, 152, 178, 226
Knautia arvensis **82**
Knautie, Acker- **82**
Knöterich, Ampfer- **50**, 167, 219
Knöterich, Filziger **50**
Knöterich, Floh- **50**, 167, 180, 190, 219
Knöterich-Gänsefuß-Gesellschaften 149, **161**
Knöterich-Spergel-Gesellschaften **164**, 178, 179, 186
Knöterich, Vogel- **50**
Knöterich, Wasser- **50**, 181
Knöterichgewächse 27, **48**
Knollenkümmel, Echter **78**
Knorpelkraut, Acker- **44**
Knorpelkraut, Großes **44**
Knorpelkraut, Warzen- 231
Knorpelmiere, Quirlige **40**
Kohl, Gemüse- **54**
Kohl, Ruten- **54**
Kohlrübe **54**
Korbblütengewächse 31, **98**
Kornblume **98**, 133, 226
Kornrade **42**, 128, 129, 218, 227, 229
Krähenfuß, Gemeiner **58**
Kratzbeere **66**, 134
Kratzdistel, Acker- **98**, 131, 133, 219
Kresse, Feld- **60**
Kresse, Schutt- **60**
Kreuzblütengewächse 30, **52**
Krummhals, Acker- **84**, 165, 166, 178
Kuhblume, Gemeine **102**
Kuhnelke, Saat- **44**

Labiatae 92
Labkraut, Dreihörniges **80**
Labkraut, Kleinfrüchtiges Kletten- **80**
Labkraut, Kletten- **80**, 128, 131, 192, 218, 219, 226, 227
Lämmersalat **104**, 126, 151, 226
Lamiaceae 32, **92**
Lamium amplexicaule **96**, 179
Lamium hybridum **96**, 170
Lamium incisum 96
Lamium moluccellifolium **96**
Lamium purpureum **96**, 133, 179, 219
Lammkraut 104, 151, 179
Lammkraut-Assoziation **151**, 179, 238
Lammkraut-Gesellschaften **151**, 178, 179, 186
Lapsana communis **102**, 128, 147, 156, 159, 167

Lathyro-Melandrietum noctiflori 157, **159**, 238
Lathyro-Silenetum noctiflori 159, 170
Lathyrus aphaca **66**
Lathyrus hirsutus **66**
Lathyrus nissolia **66**
Lathyrus tuberosus **66**, 160, 177
Lauch, Gemüse- **106**
Lauch, Runder **106**
Lauch, Weinberg- **106**, 173
Legousia hybrida 12, **96**
Legousia speculum-veneris 9, **96**
Lein, Saat- **72**, 119, 239
Lein, Schmalblättriger 72
Leindotter, Behaarter **58**
Leindotter, Gezähnter 227
Leindotter, Kleinfrüchtiger **58**
Leindotter, Saat- **58**
Leingewächse 31, **72**
Leinkraut, Flachs- 227
Leinkraut, Gemeines **86**
Leinlolch-Assoziation 238
Lens culinaris 119
Lepidium campestre **60**
Lepidium ruderale **60**
Lichtnelke, Acker- **42**, 129, 159, 169, 177, 194, 231
Lichtnelke, Nacht- 42
Liebesgras-Assoziation **161**, 238
Liebesgras-Gesellschaften **161**
Liebesgras, Großes **108**, 161
Liebesgras, Kleines **108**, 161
Liliaceae 25, **104**
Liliengewächse 25, **104**
Linaceae 31, **72**
Linaria elatine 86
Linaria minor 86
Linaria spuria 86
Linaria vulgaris **86**
Linarietum spuriae 160
Linse 119
Linum angustifolium 72
Linum usitatissimum **72**, 119
Lippenblütengewächse 32, **92**
Lithospermum arvense 82
Löwenmaul, Feld- **86**, 174
Lolch, Lein- 227, 231
Lolch, Taumel- **114**
Lolium multiflorum **114**
Lolium perenne **114**
Lolium remotum 227, 231
Lolium temulentum **114**
Lupine, Blaue **70**
Lupine, Gelbe **70**
Lupine, Schmalblättrige 70

Lupine, Weiße **70**
Lupinus albus **70**
Lupinus angustifolius **70**
Lupinus luteus **70**
Luzerne, Bastard- **72**, 121, 123, 205
Luzerne, Saat- 72
Luzerne, Sichel- 72
Lycopsietum arvensis 166
Lycopsis arvensis 84
Lythraceae 27, **74**
Lythrum portula 74

Mäuseschwänzchen **34**, 155, 181
Mäuseschwänzchen-Ackerfuchsschwanz-Assoziation 155
Mais **116**, 121, 190
Malachium aquaticum 42
Malva neglecta **60**
Malvaceae 29, **60**
Malve, Weg- **60**
Malvengewächse 29, **60**
Mastkraut, Aufrechtes **40**
Mastkraut, Kronblattloses **40**
Mastkraut, Liegendes **40**, 181
Mastkraut, Wimper- **40**
Matricaria chamomilla **100**, 154, 174, 178, 219
Matricaria discoidea **98**
Matricaria inodora 100
Matricaria maritima 100
Matricaria matricarioides 98
Matricaria perforata 100
Medicago falcata 72
Medicago lupulina **72**
Medicago sativa 72
Medicago × *varia* **72**
Meier, Acker- 231
Melampyrum arvense **86**, 177
Melandrium noctiflorum 42
Melde, Spieß- **48**
Melde, Spreizende **48**, 171, 179
Mentha arvensis **92**, 147, 167, 181
Mercurialietum annuae 168, **172**, 180, 238
Mercurialis annua **62**, 172, 179, 190
Milchstern, Dolden- **106**, 133, 173
Milchstern, Nickender **106**
Minze, Acker- **92**, 147, 167, 181
Misopates orontium **86**, 174
Möhre, Garten- **76**
Möhre, Wilde **76**
Mohn, Bastard- **36**
Mohn, Klatsch- **36**, 118, 131, 133, 146, 158, 160, 174, 177, 190
Mohn, Lecoques **36**
Mohn, Saat- **36**, 153, 178

Mohn, Sand- **36**, 153, 178
Mohngewächse 29, **36**
Muscari neglectum **106**
Muscari racemosum **106**, 134, 173, 225
Myosotis arenaria 82
Myosotis arvensis **82**
Myosotis discolor **82**
Myosotis micrantha 82
Myosotis stricta **82**
Myosotis versicolor 82
Myosoton aquaticum **42**, 181
Myosuro-Alopecuretum myosuroidis 155
Myosurus minimus **34**, 155, 181

Nachtlichtnelken-Assoziation 157, **159**, 183, 238
Nachtschatten, Gelbbeeriger **84**
Nachtschatten, Rotbeeriger **84**
Nachtschatten, Schwarzer **84**, 131, 179, 219
Nachtschattengewächse 33, **84**
Nelkengewächse 30, **38**
Neslia paniculata 12, **58**, 159, 177
Nigella arvensis **34**

Odontites rubra 86
Odontites verna **86**
Odontites vulgaris **86**
Oglifa arvensis 98
Onobrychis sativa 70
Onobrychis viciifolia **70**
Orant, Kleiner **86**
Orlaya grandiflora **76**, 128, 129, 130
Ornithogalum nutans **106**
Ornithogalum umbellatum **106**, 133, 173
Ornithopus perpusillus **72**, 179
Ornithopus sativus **72**
Oxalidaceae 30, **72**
Oxalido-Chenopodietum polyspermi 165, **166**, 180, 238
Oxalis corniculata **72**
Oxalis europaea 72
Oxalis fontana **72**, 167, 180
Oxalis stricta 72

Panico-Chenopodietum 166, 167
Panicum ischaemum 114
Panicum sanguinale 114
Papaver argemone **36**, 153, 178, 226
Papaver dubium **36**, 153, 178, 226
Papaver hybridum **36**
Papaver lecoqii **36**
Papaver rhoeas **36**, 118, 132, 133, 146, 158, 160, 174, 177, 190, 226
Papaveraceae 29, **36**

Papaveretum argemones 152, **153**, 178, 238
Papaveri-Melandrietum noctiflori 159
Papilionaceae 66
Peplis portula **74**
Pferdebohne 68
Phacelia tanacetifolia **82**
Phacelie, Rainfarn- **82**
Phragmites australis **110**, 181
Phragmites communis 110
Pippau, Dach- **104**
Pisum sativum **70**, 119
Plantaginaceae 32, **90**
Plantago intermedia **90**, 147, 180
Plantago major **90**
Platterbse, Gras- **66**
Platterbse, Knollen- **66**, 160, 177
Platterbse, Ranken- **66**
Platterbse, Rauhhaarige **66**
Poa annua **108**, 191, 227
Poa trivialis **108**
Poaceae 25, **108**
Polycnemum arvense **44**
Polycnemum majus **44**
Polycnemum verrucosum 231
Polygonaceae 27, **48**
Polygono-Chenopodietalia 149, **161**
Polygono-Chenopodion **164**, 178, 179, 186
Polygonum amphibium **50**, 181
Polygonum aviculare **50**
Polygonum convolvulus 52
Polygonum hydropiper **50**, 147
Polygonum lapathifolium **50**, 167, 219
Polygonum persicaria **50**, 167, 180, 190, 219
Polygonum tomentosum 50
Portulaca oleracea **48**, 161, 219
Portulacaceae 29, **48**
Portulak, Gemüse- **48**, 161, 219
Portulakgewächse 29, **48**
Potentilla anserina **64**, 134, 147, 181
Potentilla reptans **64**
Primelgewächse 33, **64**
Primulaceae 33, **64**

Quecke, Gemeine **114**, 128, 133, 219

Radieschen 56
Rainkohl, Gemeiner **102**, 128, 147, 156, 159, 167
Ranunculaceae 28, **34**
Ranunculus arvensis **34**, 129, 130, 177
Ranunculus bulbosus **34**
Ranunculus repens **34**, 134, 147, 167, 181

Ranunculus sardous **34**, 155
Raphanus raphanistrum **56**, 129, 130, 146, 166, 178
Raphanus sativus **56**
Rapistrum rugosum **58**
Raps **54**, 118, 121, 122, 205
Rapsdotter, Runzliger **58**
Rauhblattgewächse 32, **82**
Rauke, Weg- **52**
Rauken-Gesellschaften 149
Raygras, Englisches **114**
Raygras, Italienisches **114**
Reiherschnabel, Gemeiner **72**, 131, 163, 166, 178
Rettich 56
Rettich, Öl- **56**
Ringelblume, Acker- **102**
Rispengras, Einjähriges **108**, 191, 227
Rispengras, Gemeines **108**
Rittersporn, Feld- 12, **34**, 129, 133, 158, 177, 190
Rötegewächse 25, **78**
Roggen **112**, 122, 123, 124, 190, 205
Rorippa amphibia **56**
Rorippa islandica 56
Rorippa palustris **56**
Rorippa sylvestris **56**, 181
Rorippo-Chenopodietum polyspermi 166, 167
Rosaceae 30, **64**
Rosengewächse 30, **64**
Rosenkohl 54
Rubiaceae 25, **78**
Rubus caesius **66**, 134
Ruchgras, Grannen- **116**, 152, 179, 193
Rübe, Wilde 48
Rübsen **54**, 121
Ruhrkraut, Sumpf- **98**, 147, 180
Rumex acetosella **48**, 146, 152, 163, 179, 226
Rumex crispus **48**
Rumex obtusifolius **48**
Runkelrübe **48**

Saatwucherblumen-Assoziation **165**, 175, 238
Sagina apetala **40**
Sagina ciliata **40**
Sagina micropetala **40**
Sagina procumbens **40**, 181
Sandkraut, Dünnstengeliges **40**
Sandkraut, Quendel- **40**
Sandmohn-Assoziation 152, **153**, 178, 238

Saubohne **68**
Sauerampfer, Kleiner **48**, 146, 152, 163, 179, 226
Sauergräser 24, **108**
Sauerklee, Europäischer **72**, 167, 180
Sauerklee, Gehörnter **72**
Sauerkleegewächse 30, **72**
Scandix pecten-veneris **76**, 158, 177, 226, 229
Schachtelhalm, Acker- **34**, 133, 147, 181
Schachtelhalmgewächse 24, **34**
Schafgarbe, Gemeine **100**
Schilf, Gemeines **110**, 181
Schmalwand, Acker- **58**, 146, 178
Schmetterlingsblütengewächse 31, **66**
Schneckenklee, Hopfen- **72**
Schöterich, Acker- **54**
Schuppenmiere, Rote **38**
Schwarzkümmel, Acker- **34**
Sclerantho-Arnoserietum 151
Scleranthus annuus **42**, 146, 152, 178, 226
Scrophulariaceae 33, **86**
Secale cereale **112**, 190
Secale montanum 112
Secalietalia 149, **157**
Secalietea 149
Sedo-Neslietum paniculatae 157, **159**, 238
Sedum maximum 66
Sedum telephium **66**, 159
Segge, Behaarte **108**
Seide, Lein- 227
Senecio vernalis **100**
Senecio vulgaris **100**, 173, 180, 190
Senf, Acker- **56**, 131, 133, 146, 158, 160, 169, 171, 177
Senf, Sarepta- 54
Senf, Schwarzer **54**
Senf, Weißer **56**
Serradella **72**
Setaria glauca **116**, 148, 164, 180
Setaria lutescens 116
Setaria pumila 116
Setaria verticillata **116**
Setaria viridis **116**, 148, 162, 163, 164, 173, 180, 219
Setario-Galinsogetum parviflorae 162, **163**, 175, 180, 238
Setario glaucae-Galinsogetum parviflorae 164
Setario-Stachyetum arvensis 166
Setario-Veronicetum politae 170
Sherardia arvensis **78**, 146, 158, 159, 160, 177
Sichelmöhre, Gemeine **78**

Silene linicola 227
Silene noctiflora **42**, 129, 159, 169, 177, 194, 231
Sileno linicolae-Linetum 238
Sinapis alba **56**
Sinapis arvensis **56**, 131, 133, 146, 158, 160, 169, 171, 177
Sisymbrietalia officinalis 149
Sisymbrium officinale **52**
Sisymbrium sophia 52
Solanaceae 33, **84**
Solanum alatum **84**
Solanum luteum **84**
Solanum nigrum **84**, 179, 219
Solanum tuberosum **84**
Solanum villosum 84
Soncho-Veronicetum agrestis 168, **172**, 238
Sonchus arvensis **104**
Sonchus asper **104**, 171, 172, 179, 190
Sonchus oleraceus **104**, 179
Spargel **106**
Spergel, Acker- **40**, 146, 152, 163, 166, 179, 190, 226
Spergula arvensis **40**, 146, 152, 163, 166, 179, 190, 226
Spergularia rubra 38
Spergulo-Chrysanthemetum segetum **165**, 175, 238
Spergulo-Echinochloetum cruris-galli 163, 164
Spergulo-Oxalidion 164
Spergulo-Panicetum cruris-galli 163
Spurre, Dolden- **40**
Stachys annua **92**
Stachys arvensis **92**, 165
Stachys palustris **92**, 147, 167, 181
Stechende Hohlzahn-Assoziation 152, **156**, 238
Steckrübe 54
Steinsame, Acker- **82**, 177
Stellaria media **40**, 128, 133, 180, 190, 219, 223, 226, 227
Stellaria pallida **40**
Stellarietea mediae 148
Sternmiere, Bleiche **40**
Stiefmütterchen, Acker- **52**, 131, 219
Stiefmütterchen, Wildes **52**
Stoppelrübe 54
Storchschnabel, Rundblättriger **74**, 173
Storchschnabel, Schlitzblättriger **74**, 179
Storchschnabel, Tauben- **74**
Storchschnabel, Weicher **74**
Storchschnabel, Zwerg- **74**

Storchschnabelgewächse 30, **72**
Straußgras, Rotes **108**
Straußgras, Weißes **108**
Süßgräser 25, **108**
Sumpfkresse, Gemeine **56**
Sumpfkresse, Wasser- **56**
Sumpfkresse, Wilde **56**, 181
Sumpfquendel **74**
Symphytum asperum **84**
Symphytum officinale **84**, 181
Symphytum × *uplandicum* **84**

Tännelkraut-Assoziation 157, **160**, 238
Tännelkraut, Eiblättriges 12, **86**, 160, 177
Tännelkraut, Spießblättriges **86**, 160, 177
Taraxacum officinale **102**
Taubnessel, Bastard- **96**, 170
Taubnessel, Mittlere **96**
Taubnessel, Purpurrote **96**, 133, 179, 219
Taubnessel, Stengelumfassende **96**, 179
Teesdalea nudicaulis **60**, 179
Teesdalio-Arnoseridetum minimae **151**, 179, 238
Thlaspi alliaceum 231
Thlaspi arvense **60**, 146, 169, 171, 179, 219
Thlaspio-Fumarietum officinalis 168, **171**, 238
Thlaspio-Veronicetum politae 168, **169**, 238
Torilis arvensis **76**
Torilis japonica **76**
Traubenhyazinthe, Übersehene **106**
Traubenhyazinthe, Weinbergs- **106**, 134, 173, 225
Trespe, Acker- **110**
Trespe, Roggen- **110**
Trespe, Taube **110**
Trifolium alexandrinum **70**
Trifolium arvense **70**, 179
Trifolium pratense **70**
Trifolium resupinatum **70**
Trifolium suaveolens **70**
Tripleurospermum inodorum **100**, 219, 226
Triticum aestivum **112**, 190
Triticum dicoccon 112, 119
Triticum monococcum 119
Triticum tauschii 112
Tulipa sylvestris **106**, 134, 225
Tulpe, Wilde **106**, 134, 225
Turgenia latifolia **76**
Turgenie **76**
Tussilago farfara **102**, 133, 147, 181

Umbelliferae 76
Urtica dioica **38**
Urtica urens **38**, 179
Urticaceae 27, **38**

Vaccaria hispanica **44**
Vaccaria pyramidata 44
Valerianaceae 26, **80**
Valerianella carinata 80
Valerianella dentata 80
Valerianella locusta 80
Valerianella olitoria 80
Valerianella rimosa 80
Veilchengewächse 29, **52**
Venuskamm **76**, 158, 177, 226, 229
Vergißmeinnicht, Acker- **82**
Vergißmeinnicht, Buntes **82**
Vergißmeinnicht, Sand- **82**
Veronica agrestis **90**, 172
Veronica arvensis **88**
Veronica hederifolia **88**, 133, 178, 190, 191
Veronica opaca **90**, 170
Veronica persica **90**, 133, 146, 171, 172, 179, 190, 219
Veronica polita **90**, 169, 179
Veronica praecox **88**
Veronica sublobata **88**
Veronica tournefortii 90
Veronica triloba **88**
Veronica triphyllos **88**, 133, 153, 178
Veronica verna **88**
Veronico-Fumarietum 172
Veronico-Lamietum hybridae 169, 170
Vicia angustifolia **68**
Vicia cracca **68**
Vicia dasycarpa 68
Vicia faba **68**
Vicia hirsuta **68**, 129, 178
Vicia narbonensis 68
Vicia pseudovillosa 68
Vicia sativa **68**
Vicia tenuissima **68**
Vicia tetrasperma **68**, 154, 178
Vicia villosa **68**, 153, 178
Vielsamige Gänsefuß-Assoziation 165, **166**, 180, 238
Viola arvensis **52**, 219
Viola tricolor **52**
Violaceae 29, **52**
Vitaceae 25, **78**
Vitis vinifera **78**
Vogelfuß **72**, 179

Vogelia paniculata 58
Vogelmiere **40**, 128, 133, 180, 190, 219, 223, 226, 227

Wachtelweizen, Acker- **86**, 177
Wasserblattgewächse 33, **82**
Wasserdarm, Gemeiner **42**, 181
Wasserpfeffer **50**, 147, 181
Wegerich, Breit- **90**
Wegerich, Kleiner **90**, 147, 180
Wegerichgewächse 32, **90**
Weinbergslauch-Assoziation 168, **173**, 238
Weinrebe **78**
Weinrebengewächse 25, **78**
Weißkohl 54
Weizen, Saat- **112**, 122, 123, 124, 190, 205
Wicke, Falsche Vogel- **68**, 153, 178
Wicke, Maus- 68
Wicke, Rauhhaar- **68**, 129, 178
Wicke, Saat- **68**
Wicke, Schmalblättrige **68**
Wicke, Viersamige **68**, 154, 178
Wicke, Vogel- **68**
Wicke, Zierliche **68**
Wicke, Zottel- **68**, 153, 178
Winde, Acker- **82**, 133, 174, 192, 218, 219, 222
Windengewächse 32, **82**
Windenknöterich, Gemeiner **52**, 219, 227
Windhalm, Gemeiner **110**, 129, 133, 152, 154, 178, 217, 219, 227
Windhalm-Gesellschaften 149, **151**
Wolfsmilch, Breitblättrige **62**
Wolfsmilch, Garten- **62**, 179
Wolfsmilch, Kleine **62**, 146, 158, 159, 160, 169, 177
Wolfsmilch, Sichel- **62**
Wolfsmilch, Sonnenwend- **62**, 146, 169, 171, 172, 179
Wolfsmilchgewächse 26, **62**
Wucherblume, Saat- **102**, 165, 178

Zahntrost, Acker- **86**
Zahntrost, Roter **86**
Zea mays **116**, 190
Ziest, Acker- **92**, 165
Ziest, Einjähriger **92**
Ziest, Sumpf- **92** , 147, 167, 181
Zitterlinse 68
Zuckerrübe **48**, 122, 123, 124, 205
Zweizahn, Dreiteiliger **98**, 181

Pareys Naturführer: Die Zuverlässigen.

Von Heinrich Hofmeister erschien ferner:

Lebensraum Wald
Ein Weg zum Kennenlernen von Pflanzengesellschaften und ihrer Ökologie. 2., revidierte Auflage. 1983. 252 Seiten und 8 Farbtafeln; 375 Abbildungen, davon 15 farbig. Kartoniert 32,– DM

Richard Fitter/Alastair Fitter/Marjorie Blamey
Pareys Blumenbuch
Wildblühende Pflanzen Deutschlands und Nordwesteuropas. Aus dem Engl. übersetzt und bearbeitet von K. von Weihe. 2., neubearbeitete und erweiterte Auflage. 1986. 336 Seiten mit 3120 Abbildungen, davon 2950 farbig. Kartoniert 29,80 DM

Christopher Grey-Wilson/Marjorie Blamey
Pareys Bergblumenbuch
Wildblühende Pflanzen der Alpen, Pyrenäen, Apenninen, der skandinavischen und britischen Gebirge. Aus dem Engl. übersetzt, bearbeitet und ergänzt von H. Reisigl. 1980. 411 Seiten mit 4040 Einzeldarstellungen, davon 2750 farbig, 2 farbigen Karten und 1 farbigen Höhenprofil. Kartoniert 34,– DM

Ernst Klapp
Taschenbuch der Gräser
Erkennung und Bestimmung, Standort und Vergesellschaftung, Bewertung und Verwendung. 11., überarbeitete Auflage. 1983. 261 Seiten mit 740 Abbildungen. Gebunden 36,– DM

Erich Volger
Gräserbestimmung nach Photos
Eine Anleitung für die Praxis. 2. Auflage. 1982. 107 Seiten mit 63 Gräsern in 193 Abbildungen. Gebunden 24,– DM

Alan Mitchell/John Wilkinson
Pareys Buch der Bäume
Nadel- und Laubbäume in Europa nördlich des Mittelmeeres. Aus dem Engl. übersetzt und bearbeitet von P. Schütt. 1982. 272 Seiten mit 2440 Einzeldarstellungen, davon 2400 farbig. Kartoniert 32,– DM

Alan Mitchell
Die Wald- und Parkbäume Europas
Ein Bestimmungsbuch für Dendrologen und Naturfreunde. Aus dem Engl. übersetzt und bearbeitet von G. Krüssmann. 2. Auflage. 1979. 419 Seiten und 40 Farbtafeln; 1098 Abbildungen, davon 380 farbig, auf Tafeln und im Text. Gebunden 48,– DM

Gordon Corbet/Denys Ovenden
Pareys Buch der Säugetiere
Alle wildlebenden Säugetiere Europas. Aus dem Engl. übersetzt und bearbeitet von R. Kraft. 1982. 240 Seiten mit 655 Einzeldarstellungen, davon 493 farbig, sowie 144 mehrfarbige Verbreitungskarten. Kartoniert 29,80 DM

Heinz Sielmann
Das Wild unserer Wälder und Felder
Der Naturführer für jung und alt über Lebensweise, Vorkommen und Ökologie. 1981. 192 Seiten mit 352 Abbildungen, davon 174 farbig. Kartoniert 9,80 DM

Preisstand: Herbst 1986
Änderungen vorbehalten

**Verlagsbuchhandlung
Paul Parey
Spitalerstraße 12
2000 Hamburg 1**

Pareys Naturführer: Die Zuverlässigen.

Hermann Heinzel/Richard Fitter/John Parslow
Pareys Vogelbuch
Alle Vögel Europas, Nordafrikas und des Mittleren Ostens. Aus dem Engl. übersetzt und bearbeitet von G. Niethammer und H. E. Wolters. 4. Auflage (196.–255. Tsd.). 1983. 336 Seiten mit 2255 farbigen Einzeldarstellungen und 585 farbigen Verbreitungskarten. Kartoniert 22,80 DM

Roger Peterson/Guy Mountfort/Philip A. D. Hollom
Die Vögel Europas
Ein Taschenbuch für Ornithologen und Naturfreunde über alle in Europa lebenden Vögel. Übersetzt und bearbeitet von G. Niethammer und H. E. Wolters. 14., verbesserte Auflage (237.–246. Tausend). 1985. 535 Seiten mit 1500 Abbildungen, davon 1295 farbig auf 77 Vogel- und 8 Eiertafeln, 362 zweifarbigen Verbreitungskarten und einem sechsseitigen Vogelstimmen-Bestimmungsschlüssel. Gebunden 39,80 DM

Michael Chinery
Insekten Mitteleuropas
Ein Taschenbuch für Zoologen und Naturfreunde. Aus dem Engl. übersetzt und bearbeitet von I. Jung und D. Jung. 3., bearbeitete Auflage. 1984. 444 Seiten mit 1580 Abbildungen, davon 924 farbig, im Text, auf Vorsatzblättern und 64 Tafeln. Gebunden 48,– DM

Lionel G. Higgins/Norman D. Riley
Die Tagfalter Europas und Nordwestafrikas
Ein Taschenbuch für Biologen und Naturfreunde. Aus dem Engl. übersetzt und bearbeitet von W. Forster. 2., neubearbeitete und ergänzte Auflage. 1978. 377 Seiten und 60 Farbtafeln; 1145 Abbildungen, davon 760 farbig. Gebunden 44,– DM

Jiří Zahradnik
Käfer Mittel- und Nordwesteuropas
Ein Bestimmungsbuch für Biologen und Naturfreunde. 1985. 498 Seiten und 782 Abbildungen, davon 622 farbig, im Text und auf 64 Tafeln. Gebunden 58,– DM

Edwin N. Arnold/John A. Burton
Pareys Reptilien- und Amphibienführer Europas
Ein Bestimmungsbuch für Biologen und Naturfreunde. Aus dem Engl. übersetzt und bearbeitet von C. Groß. 2. Auflage. 1983. 270 Seiten und 40 Farbtafeln; 630 Abbildungen, davon 260 farbig, im Text und auf Tafeln. Gebunden 48,– DM

Michael Kerney/Robert A. D. Cameron/Jürgen H. Jungbluth
Die Landschnecken Nord- und Mitteleuropas
Ein Bestimmungsbuch für Biologen und Naturfreunde. Illustriert von G. Riley. 1983. 384 Seiten und 24 Farbtafeln; 965 Abbildungen, davon 408 farbig, im Text, auf Tafeln und Vorsatzblättern sowie 368 zweifarbige Verbreitungskarten. Gebunden 58,– DM

Dietmar Schröder
Unser täglich Brot
Die moderne Agrarproduktion unter Anklage. Ein Beitrag zur Versachlichung der Diskussion. 1984. 71 Seiten mit 9 Abbildungen und 6 Tabellen. Kartoniert 16,80 DM

Preisstand: Herbst 1986
Änderungen vorbehalten

Verlagsbuchhandlung
Paul Parey
Spitalerstraße 12
2000 Hamburg 1